中国社会科学院学部委员专题文集
ZHONGGUOSHEHUIKEXUEYUAN XUEBUWEIYUAN ZHUANTI WENJI

类族辨物

"民族"与"族群"概念之中西对话

郝时远◎著

中国社会科学出版社

图书在版编目(CIP)数据

类族辨物："民族"与"族群"概念之中西对话／郝时远著．—北京：中国社会科学出版社，2013.1

（中国社会科学院学部委员专题文集）

ISBN 978 - 7 - 5161 - 2079 - 8

Ⅰ.①类…　Ⅱ.①郝…　Ⅲ.①民族问题—中国—文集

Ⅳ.①D633.1 - 53

中国版本图书馆 CIP 数据核字（2013）第 015495 号

出 版 人	赵剑英
出版策划	曹宏举
责任编辑	顾世宝
责任校对	孙洪波
责任印制	戴 宽

出　　版	中国社会科学出版社
社　　址	北京鼓楼西大街甲 158 号（邮编100720）
网　　址	http://www.csspw.cn
	中文域名:中国社科网　010 - 64070619
发 行 部	010 - 84083685
门 市 部	010 - 84029450
经　　销	新华书店及其他书店

印刷装订	环球印刷(北京)有限公司
版　　次	2013 年 1 月第 1 版
印　　次	2013 年 1 月第 1 次印刷

开　　本	710×1000　1/16
印　　张	21.25
插　　页	2
字　　数	338 千字
定　　价	66.00 元

前　　言

　　哲学社会科学是人们认识世界、改造世界的重要工具，是推动历史发展和社会进步的重要力量。哲学社会科学的研究能力和成果是综合国力的重要组成部分。在全面建设小康社会、开创中国特色社会主义事业新局面、实现中华民族伟大复兴的历史进程中，哲学社会科学具有不可替代的作用。繁荣发展哲学社会科学事关党和国家事业发展的全局，对建设和形成有中国特色、中国风格、中国气派的哲学社会科学事业，具有重大的现实意义和深远的历史意义。

　　中国社会科学院在贯彻落实党中央《关于进一步繁荣发展哲学社会科学的意见》的进程中，根据党中央关于把中国社会科学院建设成为马克思主义的坚强阵地、中国哲学社会科学最高殿堂、党中央和国务院重要的思想库和智囊团的职能定位，努力推进学术研究制度、科研管理体制的改革和创新，2006 年建立的中国社会科学院学部即是践行"三个定位"、改革创新的产物。

　　中国社会科学院学部是一项学术制度，是在中国社会科学院党组领导下依据《中国社会科学院学部章程》运行的高端学术组织，常设领导机构为学部主席团，设立文哲、历史、经济、国际研究、社会政法、马克思主义研究学部。学部委员是中国社会科学院的最高学术称号，为终生荣誉。2010 年中国社会科学院学部主席团主持进行了学部委员增选、荣誉学部委员增补，现有学部委员 57 名（含已故）、荣誉学部委员 133 名（含已故），均为中国社会科学院学养深厚、贡献突出、成就卓著的学者。编辑出版《中国社会科学院学部委员专题文集》，即是从一个侧面展示这些学者治学之道的重要举措。

　　《中国社会科学院学部委员专题文集》（下称《专题文集》），是中国社会科学院学部主席团主持编辑的学术论著汇集，作者均为中国社会科学院学部委员、荣誉学部委员，内容集中反映学部委员、荣誉学部委员在相关学科、专业方向中的专题性研究成果。《专题文集》体现了著作者在科学研究实践中长期关注的某一专业方向或研究主题，历时动态地展现了著作者在这一专题中不断深化的研究路径和学术心得，从中不难体味治学道路之铢积寸累、循序渐进、与时俱进、未有穷期的孜孜以求，感知学问有道之修养理论、注重实证、坚持真理、服务社会的学者责任。

2011 年，中国社会科学院启动了哲学社会科学创新工程，中国社会科学院学部作为实施创新工程的重要学术平台，需要在聚集高端人才、发挥精英才智、推出优质成果、引领学术风尚等方面起到强化创新意识、激发创新动力、推进创新实践的作用。因此，中国社会科学院学部主席团编辑出版这套《专题文集》，不仅在于展示"过去"，更重要的是面对现实和展望未来。

这套《专题文集》列为中国社会科学院创新工程学术出版资助项目，体现了中国社会科学院对学部工作的高度重视和对这套《专题文集》给予的学术评价。在这套《专题文集》付梓之际，我们感谢各位学部委员、荣誉学部委员对《专题文集》征集给予的支持，感谢学部工作局及相关同志为此所做的组织协调工作，特别要感谢中国社会科学出版社为这套《专题文集》的面世做出的努力。

《中国社会科学院学部委员专题文集》编辑委员会

2012 年 8 月

目　　录

自　序
概念是理论的支点

君子以类族辨物。类犹聚也，族谓人之族属。

——（宋）蔡渊：《周易卦爻经传训解》

概念绝非漫无目标的玄学思辨，而是根源于特定地域，成长于特殊社会背景，成型于既定历史时空。

——［英］埃里克·霍布斯鲍姆：《民族与民族主义》

人类社会是一个民族大千世界。具有历史原初意义的"民族"是人类群体最稳定的一种共同体形式，它依托于不同地域、不同生存环境而形成了语言、生产方式、生活习俗乃至衣食住行等方面的差异，呈现出文化多样性及其互动过程中的自我认同与他识归类。这就是中文语境中的"民族"。因此，"民族"一词是中国传统文化中"类族辨物"的分类概念之一。

自从西方民族国家（nation－state）模式出现和资本主义世界性的殖民扩张影响全球以来，建构民族国家层面的民族（nation）成为每一个国家的任务。然而，如何定义"民族"这一概念，却成为学术界长久以来的未解之题。尤其在中西互动的对话中，中文的"民族"如何对接主要是西方强势话语中的"族类"概念及其理论阐释，也成为了问题。

在这方面，英国史学家霍布斯鲍姆曾"诗学化"地指出："试想，在核战浩劫后的一天，一位来自银河系外的星际史学家，在接收到地球毁于核战的信息后，横渡银河，亲赴战争后满目疮痍的地球，想一探地球毁灭之因。他或她（暂且不论银河系外的生物繁衍问题），殚尽心力，从残存的图书与文献中，找寻地球毁灭之因的蛛丝马迹——显然，精良的核武器已达成其全面毁灭人类的目的，但却奇怪地将人类的财物保留了下来。经过一番详细的调查，这位星际史学家的结论是，若想一窥近两世纪以降的地球历史，则非从'民族'（nation）以及衍生自民族的种种概念入手不可。'民族'这个字眼，阐述了纷扰人事的重要意义，但是，到底民族对人类有何意义可言？这个问题即是揭发人类毁灭的奥秘所在。"① 或许，就当前的情势而言，需要对霍布斯鲍姆有关星际史学家的遐想作一些与时俱进的补充。

如果真有那样一天，也许这位星际史学家所见到的地球文献及其探究人类毁灭奥秘的关键词已经不再是民族（nation）而是族群（ethnic group/ethnicity）了。因为民族（nation）不过是"想象的共同体"，而衍生的族群（ethnic group/ethnicity）似乎才是人类社会"真实"、非"人为划分"的"族类"实体。当然，"族群化"现象在解构"想象的共同体"的同时，也在挑战民族国家的合法性及其现实格局，而现实的民族国家格局中只有极少数是基本上由单一或同质的"族类"共同体组成的，绝大多数民族国家都包含了人口比例不一的多种或异质的"族类"共同体。因此，在世界范围，这种"族群化"的挑战，不同程度地发生在后一种民族国家当中，其中也包括了诸多"族群"对"一族一国"的传统民族国家模式的追求。

按照霍氏的看法，人类社会民族现象正在发生着两种相反的变化：在未来世界舞台上扮演主要角色的，一是类似欧盟那种"超民族"的将诸多民族国家整合起来的更大的"想象的共同体"——"欧洲人"；二是已经或正在以政治的、文化的或军事的乃至恐怖主义的方式证明"我是谁"的那些具有历史原初意义的，以及谋求建立民族国家这种"想象的共同体"的"下民族"。这些所谓的"下民族"，无疑就是西方当代"族类"话语体系中

---

① ［英］埃里克·霍布斯鲍姆：《民族与民族主义》，李金梅译，上海人民出版社2000年版，第1页。

的流行概念"族群"（ethnic group/ethnicity）。因此，就人类社会的"族类"共同体而言，不仅界定"想象"与"真实"之间的标准或要素交叠在一起难以区分，而且由于"族群化"的所谓"真实"之中包括了"民族想象"，使"族类"话语变得更加复杂。

对于我们这个民族大千世界来说，"族类"话语的确复杂多样。倘若这位星际史学家刚巧降落在中国的土地上，那么他或她所面临的调查研究和需要解读的文本较之英语世界会是另一番天地。因为中文"民族"一词，不仅对应英文的 nation，而且也对应 nationality、ethnos、ethnic group/ethnicity、people 之类。同时，目前已呈流行之势的中文"族群"话语，在对应 ethnic group/ethnicity 的同时，也正在将形形色色的"群体"们（groups）纳入其话语范畴。"族群"一词，在试图将中文"民族"一词挤压在"想象的共同体"边界之内时，正在将那些也称为或被称为"民族"（nationality）的群体改称为"族群"，并对其内部继续进行"族群化"分解。既然如此，当这位远道而来的星际史学家面对着一个虚构的民族（nation）和不计其数且意义完全不同的"族群"时，其茫然、困惑、不知所措之窘境似乎不难想象。

中国是一个"族类"观念极其发达的国家。先秦时期形成的"类族辨物"观念，使"族"字成为中国古代应用广泛的分类学概念。诸如我们今天耳熟能详的"家族"、"氏族"、"宗族"、"部族"、"种族"、"民族"等概念，虽然古今含义有所不同，但均为古汉语固有之名词而非外来语。古代"族"字用于自然万物的分类传统，至今仍在延续，诸如现代"水族馆"一名的"水族"之类。比较而言，恐怕世界上任何其他语言中，都没有词语能够准确对应中文使用如此广泛的"族"字。因此，"族"字在对应英文等外文时表现出"以不变应万变"的特点。诸如，与"族"字相对应的英文，就包括 family、clan、tribe、race 等。而以中文"族类"话语中既有的"家族"、"氏族"、"部族"、"种族"对应这些英文词语则更加确切。

近世以来，中文"族"字的分类学意义在自然科学领域中保持了古代的传统和泛指某种同类生物或物质聚集的意义，其应用颇为广泛。但是，在人文社会科学领域，特别是在与现实生活联系紧密的话题中，"民族"一词则属最具活力的"族类"话语之一。既然人类社会是一个民族大千世界，世界上的各个国家或各个民族也不可避免地具有各自的"族类"观及其概念。而这些不同的"族类"概念在交流互动中，也势必关涉概念置换和话语对应问题。中文的"民族"一词，在对应英语等外语的相应"族类"概念中扮演了最重要的角色，由此也引起了以中文"民族"一词对应外文多词且出现歧义的现象。从技术角度说，这似乎是一个翻译的问题。但其本质是对概念的理解问题。

中文"民族"一词，作为指称人类群体的概念有其确指性，即通常意义上的在历史上形成的具有不同语言、不同聚居地域、不同经济生活、不同文化类型、不同生活习俗和不同心理积淀等要素的人类共同体，其中也包括因宗教信仰而产生的某些特征，如当代中国的汉、满、蒙古、维吾尔、藏、苗等 56 个民族。在中文语境中，"民族"一词的广义放大，可以延伸到中国古代社会具有上述特征某些要素的"华夏、蛮、夷、戎、狄"及其后裔；"民族"一词的狭义凝聚，则确指现代民族国家的国民统一的"族类"归属，即中华民族（Chinese Nation），以及构成中华民族的 56 个民族（56 nationalities）。同样，"民族"一词的上述内涵与外延，也成为国人面对人类社会民族大千世界的通用概念。

进入 20 世纪 80 年代以来，中国的学术界拓宽了国际学术交流的视野，重新恢复与苏联民族学界的交流，日益增强与西方人类学界的互动，使中国民族学、人类学界面对着纷至沓来的"族类"新概念及其相关理论。其中，苏联民族学家勃罗姆列伊研究的"族类"（этнос /ethnos）理论开始为国人译介和解读。对国内学界而言这是一套新的概念体系和理论，但对苏联民族学界而言则属"夕阳无限好，只是近黄昏"之说，因为这套理论不仅在苏联民族理论界备受争议，而且遭遇了西方人类学理论的挑战。不过，国内民族学界对这套理论及其相关概念的研究并不深入或难以深入，其原因主要是勃氏的"族类"概念体系涵盖了人类社会民族现象形成发展过程中的各个阶段的共同体，即"民族（этнос）这个术语应当用来表示多种多样的民族共同体类型——从最小、最古老的类型（部落）

到最大、最现代的类型（现代大民族），也就是民族共同体在其所有历史发展阶段上的任何类型"①。而这些"族类"概念在翻译和应用于中国的多民族国情时，又不得不在既定的"民族"范畴内加以归类，这使中文"民族"一词在对应 этнос（ethnos）理论体系中的一系列不同层级、各种类型的"族类"概念时，出现了"捉襟见肘"的窘境，形成了"民族"套"民族"的困扰，出现了一系列诸如"民族共同体"、"大（泛）民族共同体"、"基本民族共同体"、"狭义民族共同体"、"亚民族"、"民族集团"、"少数民族"等冠以或缀以"民族"的概念话语。显然，这些概念无论是用于中国本土还是用于世界范围都难以一一对号入座。况且 1985 年以后，苏联在"新思维"的改革进程中已呈现出日益激化的族际冲突，"苏维埃民族学"在服务于解决民族问题方面的作用正在被实践证明其"祝酒词"式的失败，这也使中国民族学的理论研究自然而然地冷落了以勃氏为代表的 этнос（ethnos）话语体系。

与此同时，西方民族学、人类学、社会学、政治学等学术理论和概念也接踵而至。在西方话语和文本中流行的 ethnic group、ethnicity 等"族类"概念及其理论也对中文的翻译提出了新的要求。台湾民族学界自 20 世纪 50 年代开始使用的族群（ethnic group）一词，②迅即填补了大陆学界"族类"概念的缺失。时至今日，虽然英文的 ethnic group 一词在中文话语中仍存在"民族"、"民族群体"、"种群"、"种族群体"、"族类群体"、"族裔群体"等多种译法，但是"族群"之于 ethnic group 的对应关系已经成为主流。"族群"一词，正在成为或已经成为中国民族学、人类学等学科构建新话语体系的"关键词"和具有普适性的概念。

在以往相对单一的"民族"概念体系外，出现了一个新的话语系统引起了学人极大的兴趣和从以往的"民族"话语体系中"脱困"的

---

① ［苏］K. B. 契斯托夫：《二十世纪三十一八十年代苏联民族学史片断》，《民族译丛》1984 年第 2 期。

② 就笔者所见资料，以"族群"一词对应英文 ethnic group 的用法首次出现在 1950 年台湾学者的论文中，参见卫惠林《台湾土著族群研究的趋向及其问题》，《台湾文献》第十三卷第二期，台湾文献委员会，1962 年，第 120 页。故有关这一用法首次出现于 20 世纪 60、70、80 年代的观点均属不确之说。

激情。但是，这种热衷"族群"概念及其理论的取向，并没有建立在对这些概念深入研究的基础上。概念只有在应用中才能实现其理论说明和科学价值。概念及其定义，是对相关要素、特征的概括和理论阐释的支点。因此，沃勒斯坦认为：社会科学文献的翻译事实上是概念的翻译问题，因为社会科学的讨论往往以概念为核心，而概念又是经过作者自己清晰界定和应用的。概念是公诸众人的意义参照，也是资料、数据的综合描述，是对现实世界的分类。同时，由概念引起的矛盾也比比皆是。①

在"族群"（ethnic group）这一概念引进以后，其应用之广泛不仅形成了取代中华民族一词以外所有"民族"话语的趋势，而且作为新的"族类"概念在对中国包括汉族在内的各民族不断进行所谓人类学"精细"分解的同时，也已经广泛渗透到社会生活之中，阶层、职业、行为、偏好、嗜欲、时尚、性取向等所有"新新人类"之群体的名称，都缀以"族群"而堂皇于世。中文"族群"一词已经成为一个无所不包、漫无边际、随意使用、对象泛化的"族类"概念。如果在中文语境中对西方的族群（ethnic group）概念与苏联的этнос（ethnos）概念进行比较，前者属于包括种族在内的所有"族类"群体和其他社会各类群体的泛称，后者则属于限于人类社会民族不同发展阶段"族类"群体的泛称；前者对"族类"范畴的氏族、部族、民族、种族均以"族群"冠之，以"一律平等"的原则消弭了其中的类型和认知区别，后者则在对"族类"现象加以统一归类的基础上区分其不同时期、不同状态的群体形式和特征。对于科学研究来说，更为严谨的态度是前者抑或后者？

1975 年，美国学者伊萨克（Harold R. Isaacs）出版了 *Idols of the Tribe*（《部落偶像》）一书。30 年后台湾出版了中文译本，取名为《族群：集体认同与政治变迁》。译者对该书所使用的诸多"族类"概念——nation（国族）、nationality（民族）、ethnic group（族群）、ethnicity（族群性）、tribe（部落）、clan（氏族）、race（种族），将其概括为"族群"，并发

---

① 转引自［美］麦克洛斯基等《社会科学的措辞》，许宝强等编译，三联书店 2000 年版，第 283 页。

表感想说："语言是人类沟通最基本的工具，但在某些地方，可能也是一种高度不稳定的符码。同一件东西或事情，即便使用同一语词表达出来，却可能产生不同的认知与理解。在语言所指涉的对象是人类经验时，这种情形尤其常见，甚至在力求严谨的学术领域也在所难免。"①的确如此。不过，需要注意的是，译者使用"族群"一词是为了统称那些学界约定俗成的"族类"群体——国族、民族、部落、氏族、种族等——而非其他。但是，在海峡两岸"族群"概念应用泛化的情势下，"族群"一词概念包容的增加和指称对象的放大，却使"力求严谨的学术领域"面临更大的困境。

事实上，"族群"一词之所以如此有"魅力"而为描述、归类社会各类群体的人们所青睐，并非由于这一概念的科学普适性，而在于其定义的不确定性和流变性。因此，即便在欧美国家，学术界对 ethnic group 一词的解读仍处于众说纷纭、莫衷一是的状态。在繁简不一、难以尽数的定义或解释中，最核心的要素是"自我认同"。但是，这是不是意味着所有"自我认同"的群体都可以称为族群（ethnic group）？"族类"认同的相对稳定甚至具有原初性意义的基本要素，与社会生活中已经形成或正在形成的"万花筒"式的社会学意义上的群体所认同的要素，可谓大相径庭。

当然，由于中文"民族"一词的现实意义具有确指性——民族学视野中的古今中外"族类"群体——而不能放大到其他社会群体范围，这也为"族群"一词提供了随意畅想、无度应用的空间，并且以被誉为或被认为具有"诗学化"特质和"文化化"属性而成为改变中国民族学、人类学等学科关键词——民族（nationality）——的替代品。马克斯·韦伯的"脱魅"（或"去魅"，disenchantment）理论，是对近代以来业已形成的理论体系流变的一种解读。如果说，中文的族群（ethnic group）正在使且战且退的"民族脱魅"（disenchantment of the nationality），那么包括民族（nation /nationality）在内的社会生活中形形色色的群体则正在大张旗鼓地

① 邓伯宸：《从"民族"到"国家"——翻译上的一点感想与困惑》，[美]伊萨克《族群：集体认同与政治变迁》，邓伯宸译，台湾，立绪文化事业有限公司2004年版，第14页。

"复魅"（reenchantment）于"去族之群"（groups）。

　　然而，这一"脱魅"、"复魅"的过程是使民族学等学科的"族类"研究更加科学理性，还是徒增功利化、盲目性的烦恼？问题在于当族群（ethnic group）一词"去族化"而变为泛化的"族群"（groups）后，"同一语词"表达的"不同认知与理解"及其所产生的概念与理论的困扰，是否比"民族"一词表达"中华民族"（Chinese Nation）和"56 个民族"（nationalities）要少或小？用"民族"一词指称上述两类群体所表达的意义，在中国已经约定俗成，必要时加以说明即可。而"族群"一词所指称的无数种群体所表达的意义，是否更加清晰确定且无须说明？如若不然，为什么一定要用"族群"取代"民族"？

　　自 20 世纪 80 年代以来，有关"民族"、"族群"概念的辨析一直不断。学界发表的文论之多难以尽数。当然，这绝非技术标准性的"名实之辩"，概念是理论的支点，对概念的厘清、借鉴和接受，实际上就是对其理论的理解、应用和接纳。在相关的研究中，国内学界众多的论文和一些著作都把理解和界定"族群"一词作为中心，在国外的相关研究中情况也是如此，几乎在每一部以 Ethnic group 或 Ethnicity 为主题或关键词的论著中，定义这些概念都是不可或缺的部分。这说明，族群（ethnic group）概念无论在英语世界的应用还是在中国的本土化过程，都还未形成共识的定义。

　　事实上，对基础性研究仍相当薄弱的中国民族学、人类学等学科而言，在民族（nation /nationality/ethnos /people）和族群（ethnic group/ethnicity）及其相关理论方面的研究，不过处于初级阶段而已。在这方面既无权威，也无愚氓，这只是中国民族学、人类学等学科在对国际社会全方位开放进程中的一个探索过程。就这一过程而言，"西来之说"的"本土化"固然重要，因为它体现了吸收与借鉴的必然要求；而"本土之说"的国际化又何尝不是这个过程的题中之义？开放、吸收、借鉴的目的不是追求同一化，更何况这种同一化并非全人类相关智慧的综合和升华，而是美国等西方国家主导的话语所使然。

　　因此，正如族群（ethnic group）或在中文语境中泛用的"族群"都在彰显差异性的自我认同和新的主体立场，那么在"族类"研究的差异话语体系中，为什么要放弃自身的"民族"话语传统？为什么不能将其作为自身独具特色的话语资源加入全球化的互动与交流之中？在全球化时代，经济文化扮演着举足轻重的角色，而学术界的作用则是以理性视角和智力支持来服务于这种交流，这意味着不仅要通过学术之桥使国人了解国际社会，同时中国的传统知识和现代观念也需要为世界所认知和理解，特别是在世界都关注中国和愿意了解中国的情势下，这一点无疑十分重要。如果说西方人认为全球化始于哥伦布发现"新大陆"所展现的那样一种单向出击，那么今天的全球化则是世界各国各民族共同参与的进程，尽管参与者的能力有强有弱，但它是互动的模式而不是单向的移植。人类学强调"本土知识"的意义不正是如此吗？

当年，国学大师王国维面对近世"西学东渐"不胫而走的大量新概念曾说："故我国学术而欲进步系虽在闭关独立之时代，犹不得不造新名。况西洋之学术骎骎而入中国，则言语之不足用，固自然之势也。"①何况今天我们所面临的是全球化时代。在这样一个承认甚至逐步崇尚文化多样性的时代，学术研究的视角也呈多样化的散射，全球化的进程给学人更加多样的选择。一系列新的术语、概念乃至理论境界正在"骎骎而入中国"，为学人提供了新视野、新理念甚至可以标新立异地加以发挥的新观点。或许它们的产生符合发达的、后现代的西方社会的时代特征，甚至它们也正在被谋求现代化的发展中国家用作证明其融入国际社会的标志。但是，作为中国学者的首要学术责任是立足于国情实际的科学研究，而不是对西方话语的"翻译"或"西式中文"的论说以及削足适履式的生搬硬套。

人们在全球化时代对"本土知识"的眷恋，固然反映了对"我是谁"的重新寻觅、伸张甚至建构中的保守，但是又何尝不是力图将"本土知识"推向世界的自尊、自信乃至自立的开放。在这一过程中，"犹不得不造新名"应属常态，而以"新名"取代"旧名"却需要斟酌。"的士"可以等同或取代"出租车"，"巴士"可以等同或取代"公共汽车"，但是"族群"却不能等同或取代"民族"。

---

① 王国维：《论新学语之输入》，《王国维论学集》，中国社会科学出版社1997年版，第387页。

毋庸置疑，时代、阶段、社会制度、意识形态等界限，在西方发达国家主导的全球化进程中，的确在很大程度上被淡化或变得模糊，即如社会"麦当劳化"的现象让人们走遍世界似乎都可以在汉堡、薯条和可乐中获得安全感，而无须担心面对那些不知所云的菜单去判断是菜还是汤、是辣还是咸所产生的犹疑乃至造成的尴尬。欧洲大陆的超国家联盟虽然由众多主权独立、领土完整的民族—国家所组成，但是加入《申根协定》国家之间的边界已经"不复存在"，所谓世界范围新的"游牧者"和"全球人"概念正在形成。的确，人们的视野在放大，而世界正在变小，民族国家的主权正在为"让度"、"衰落"等说法所贬斥，正在为国际组织、跨国公司和NGO所"侵蚀"，当然也正在成为某些强势国家干涉他国内政、输出自身理念的全球行动口实。这一切，似乎都在消弭族际的和国际的边界。

但是，人类社会民族现象及其问题的长期性、复杂性并没有也不会因族群（ethnic group）概念的产生、流变和所谓"文化化"的理解而被缩短和简化。因为这一概念本身就是为了在更微观的层面去划分"族类"的差异性，从而使族群性（ethnicity）的认同从想象的民族认同（national identity）中"解放"出来而彰显族群认同（ethnic identity），从解构"宏大历史叙事"的观念中寻回自我的"主体立场"，等等。可以说，族群（ethnic group）概念在中文语境中的应用，正在使问题变得更加复杂，而非"简单明了"。"去民族"的"族群化"、"去政治化"的"文化化"不可能消弭"族类"概念的争论，也不可能消除"族群政治"的困扰。因为，在国家、历史、主流（或主体）社会等所谓"宏大叙事"被解构的同时，微型化、差异性、流动性、片断性、地方性、碎片化等一系列描述后现代、后民族、后……的话语，却正在确立"我是谁"的新边界和构建维护这种边界的话语霸权，甚至开展新形式的"族类"政治行动。

正如已经置身于超国家形态——欧盟范围的民族国家——中的那些被归类为ethnic groups的"族群"们，并没有因所谓"去政治化"的"文化化"属性而更加认同自身的国家，反而谋求在超国家联盟中的地方－族裔主权地位。"诸如苏格兰、威尔士、巴斯克和加泰罗尼亚之类的西欧分离主义，它们想要追求的目标，是避开其全国政府，径行以'区域'身份与布鲁塞尔（Brussell）进行直接往来。"① 1991 年，在荷兰海牙成立的所谓联合国"无代表民族和人民组织"（The Unrepresented Nations and Peoples Organization，UNPO），其遍布世界各大洲的六十多个成员，除了土著人（Indigenous people/aborigine）组织外，都是西方"族类"话语中的"族群"（ethnic group），而它们无不以独立建国的民族建构（nation biulding）为目标。那种认为改"民族"为"族群"就可以消弭分裂主义、分离主义的说法，不仅是天方夜谭式的神话，而且也是对"族群"概念的误读。正确使用概念是学术研究的基本条件，理解概念也只能建立在对概念进行充分研究的基础之上。

对"族群"与"民族"概念的研究，不可缺少的要素是对这些概念的历史探究、过程流变、应用实证和内涵辨析。历史探究和过程流变，旨在勾画这些概念产生的历史背景及其衍变过程中的主要变化；应用实证和内涵辨析，则是通过实践的指称对象以论述这些概念的意义。同时，无论是"族群"还是"民族"，对这两个概念的研究始终主要涉及中、英文之间的概念对应问题。然而，在实践中，国人翻译外文著述时存在着一个普遍的缺憾，即对概念或术语的翻译往往未能括注原文，而且原书所附的术语索引也常常被省略（或许是出版社的原因）。其结果是造成一些基本概念在话语置换的翻译过程中出现了失真。例如，英文著述中的 nation、nationality、ethnos、ethnicity、ethnic group、people 在翻译为中文时经常会译为"民族"，但是如果不括注原文，对这个中文的"民族"的理解，就难免或必然出现概念认知的误会和理论阐释的误解，从而陷入应用的误区。

在具有跨语际特点的研究实践中，概念不仅是翻译的核心内容，而且也是应用者理解和阐释理论的支点。概念的翻译（主要指理解）直接影响到应用。正所谓"只要它们的内涵不清，我们在科学认识论研究中便无法使用它们"，所以需要通过分析哲学置换概念的方法来进行辨识，其出发

---

① ［英］埃里克·霍布斯鲍姆：《民族与民族主义》，李金梅译，上海人民出版社 2000 年版，第 217 页。

点就是"收集所要解释置换的词的各种使用习惯"。根据这种方法，置换概念包括了"事实部分"和"界定部分"，"事实部分源自于日常语言使用中的范例，界定部分在于人为划分"①。对于民族学、人类学等诸多学科使用频率已经相当高的"族群"等相关概念来说，概念的研究也必须遵循"事实部分"和"界定部分"的分析方法。

对族群（ethnic group/ethnicity）和民族（nation /nationality）等"族类"概念及其意义的研究，是人文社会科学诸多学科关注的问题，并非局限于民族学、社会学乃至人类学范畴的论说。因此，对这类概念的理解和研究也必须有开放的视野，不能为了证明自己的理解正确而无视其他学科的见解。正如克里斯托弗·贝里在其以"奢侈"概念为研究对象的著述中所说："其研究价值不仅表现在要为这一概念在诸多学科中都有它的身影找到解释，同时也要找出这一概念不断演变所具有的历史背景及其意义。"②或许，这也是以概念为研究对象时所应遵循的一种原则。

20 世纪 90 年代中期，古本根基金会（The Calouste Gulbenkian Foundation）在华勒斯坦的主持下，开展了一项有关社会科学的现状与未来发展的研究，参加者包括来自各国的社会学、科学技术、物理学、历史学、哲学、语言学、政治学、化学和人类学等方面的著名专家。这项研究的研究报告回顾了科学事业及其学科性分类发展的历史过程，阐述了随着社会发展如何对业已形成的学术分工提出质疑，讨论了如何使已经形成的这种科学组织结构再度开放，等等。这些自然科学、人文科学、社会科学的杰出专家在报告的结论部分指出："我们感到，推动社会科学去反对知识的零碎化，这能够使社会科学达到一种有意义的客观性程度。我们感到，坚持让社会科学朝着兼收并蓄的方向发展（从学者的来源、对多种文化经验的开放性、合法研究主体的范围等方面来说），这能够增进获取更多客观的知识的可能性。我们感到，强调一切社会现象的历史性，这能够减少从现

---

① ［德］汉斯·波塞尔：《科学：什么是科学》，李文潮译，上海三联书店 2002 年版，第 26—27 页。

② ［美］克里斯托弗·贝里：《奢侈的概念——概念及历史的探究》，江红译，上海世纪出版集团 2005 年版，第 2 页。

实中得出某些不成熟的、基本上是天真的抽象概念的倾向。"①这些出自不同学术背景的学者所达成的共识，无疑应该成为中国学界努力探索的方向。

目前的全球化语境，从本质上来讲基本上是一种西方语言霸权特别是英语霸权的语境，因此在理论上也存在着一种力图使任何话语符号都向西方，尤其是向英语看齐的倾向。然而，如果真正想要达到全人类互相理解，就必须尊重世界上各民族及其文化的多样性。相应地，如果想要使一些民族学理论问题的研究获得更为可观的进展，就必须更多地研究各国家、各民族看待民族现象的话语系统。中国的民族学界应该建构和完善自己的话语系统，也应该把本土积淀深厚的"类族辨物"分类体系及其"族类"概念作出科学阐释以使之为国际学界所了解和理解。在这方面，中国和非西方国家的民族学、人类学等学科面对着营造多话语系统并存的对话语境的紧迫任务。

中文语境的"民族"这种共同体，经历了血缘氏族、亲属部落、地缘部落、部落联盟、古代民族、现代民族的不同发展阶段。就世界范围而言，依托于民族国家模式整合国民的民族建构（nation building）工程，依然面对着一些处于前现代不同发展阶段的"族类"群体遗存，诸如巴西亚马逊流域热带雨林中印第安人的氏族部落，非洲大陆诸多地缘性、酋邦式的部落联盟，整合于统一国家中的类似于中国56个民族的"族类"群体，以及脱离了自身"民族母体"的移民群体——族群（ethnic group）。"族群"这一概念，源自西方国家高度城市化进程中对移民群体的概括，是后工业社会中"族类"群体碎片化、融散化的产物，它不仅包含了种族视点，而且包括了语言、文化、宗教、生活习俗等因素的自我认同和他识归类特征。尤其是在社会心理、人际感情甚至行为取向的认同现象被社会化"放大"的形势下，当非"族类"的各种社会群体（social groups）被纳入了"族群"视野之后，用"族群"概念及其话语体系取代中国的"民族"概念及其话语体系，也就成为脱离国情实际的选择。

自2002年以来，鉴于"族群"话语的流行及其引发的概念困扰和应

---

① ［美］华勒斯坦等：《开放社会科学》，刘锋译，三联书店1997年版，第99页。

用混乱,甚至出现那种无端地将马克思主义民族理论改称"马克思主义族群理论"的标新立异"发明",笔者陆续发表了一系列讨论族群(ethnic group)等相关"族类"概念及其应用的论文。①这些论文以及后续的相关研究,在收入这部专题论集时进行了必要的修订、编排,题目也因内容方面的重组而有所改动,其中也包括将尚未发表的一些相关研究片段补充进来,以期使这一专题的内容在逻辑关系上更加清晰,在结构上比较完整。无论如何,我认为这仍是一项未竟的研究任务,所以抛砖引玉在这里就绝非客套的用语了。

郝时远

2012 年 6 月 12 日

---

① 如《Ethnos(民族)和 Ethnic group(族群)的早期含义与应用》,《民族研究》2002 年第 4 期;《美国等西方国家社会裂变中的"认同群体"与 ethnic group》,《世界民族》2002 年第 4 期;《对西方学界有关族群(ethnic group)释义的辨析》,《广西民族学院学报》2002 年第 4 期;《美国等西方国家应用 ethnic group 的实证分析》,《中南民族大学学报》2002 年第 4 期;《中文语境中的"族群"及其应用泛化的检讨》,《思想战线》2002 年第 5 期;《答"问难"族群——兼谈"马克思主义族群理论"说》,《广西民族学院学报》2003 年第 2 期;《重读斯大林民族定义》(系列 1—3),《世界民族》2003 年第 4—6 期;《前苏联—俄罗斯民族学理论中的民族(этнос)》(上、下),《西北民族研究》2004 年第 1、2 期;《台湾的"族群"与"族群政治"析论》,《中国社会科学》2004 年第 2 期;《先秦文献中的"族"与"族类观"》,《民族研究》2004 年第 2 期;《中文"民族"一词源流考辨》,《民族研究》2004 年第 6 期;《辛亥革命与中华民族内涵之演变》,《民族研究》2011 年第 4 期;等等。

先秦文献中的"族"与"族类"观

群分类聚，凡物皆有族，族皆有谱。

——（明）林俊：《见素集》

　　1903 年，法国社会人类学家爱弥尔·涂尔干和马塞尔·莫斯发表了被誉为"社会学年鉴"学派最富启发性和最重要的作品之一的《原始分类》。在这篇论文中，作者指出："所谓分类，是指人们把事务、事件以及有关世界的事实划分成类和种，使之各有归属，并确定它们的包含关系或排斥关系的过程。"同时，作者对澳洲、美洲部落和中国社会的"原始分类"观念进行了研究。该文有关澳洲、美洲的分类研究是以氏族、胞族、部落为对象的分析，而关于中国的讨论则是星象、占卜乃至四季、节令的分类观念，因为他们认为"中国没有氏族的观念"。这显然是错误的判断。即便在他们所了解的中国主流社会中早已不存在类似于澳洲、美洲那样的氏族部落，但是被作者提出却未用于中国的"我们把某种类别称之为'族'（family）"的分类概念，却是中国最古老且延续至今的分类概念。因此，在这篇论文被译为英文时，罗德尼·尼达姆在长篇的导言中针对原作者有关中国分类观念的相关部分作出了"空口无凭的假定"和"他们借以支持其论断的有关中国的证明都是查无实据的"之类的批评。[①]当然，不仅涂尔干等人对中国传统"类族辨物"、"群分类聚"的分类学了解甚少，即便是中国学人自身也对"族"字的传统分类学意义缺乏关注。

　　[①] ［法］爱弥尔·涂尔干、马塞尔·莫斯：《原始分类》，汲哲译、渠东校，上海人民出版社 2000 年版，第 4、78、8、108 页。

在中国的文化传统中，"族"的概念源远流长。在先秦文献中，"族"字颇多见。根据笔者对《十三经》原文的粗略统计，"族"字在这些文献中（除《春秋公羊传》和《孝经》外）出现多达二百二十余处，其中可以作为复合名词释读的用法亦多达数十种，诸如"九族"、"宗族"、"世族"、"公族"、"王族"、"邦族"、"百族"、"国族"、"父族"、"官族"、"凶族"、"卿族"、"同族"、"他族"、"异族"、"族姓"、"族长"、"族人"、"族子"、"族姻"、"族属"、"族类"、"族夏"、"族历"、"族师"、"族嗣"、"族曾祖父母"、"族祖父母"、"族父母"、"族昆弟"，等等。而冠之以姓氏、数字的"族"也不乏其例。那么，这些"族"究竟意味着什么？这种"族"的观念与我们今天耳熟能详的"民族"有什么渊源关系？这正是本文试图探讨的问题。

（一）"族"字的原意与分类学意义

甲骨文中的"族"字从字形上表达了"旗所以标众、矢所以杀敌"的意思，代表了古代以家族或氏族为单位的军事组织。① 金文中"族"字也是如此，如毛公鼎等"诸铭中的族均是亲族单位"，而且也是一种"作战单位"。②因此，汉朝许慎在《说文解字》中对"族"的解释也突出了这种含义，称其意为"矢锋也，束之族，族也"。③宋人徐铉校定时增加反切，即"昨木切"，音入声，意为成束之箭镞。同期成书的《释名》称弓弩所射为"天指"，又谓"箭"、"镝"，"齐人谓之镞。镞，族也，言其所中皆族灭也"。④同时，由于"族"字与凑、辏、簇、聚等为同源字，均有聚集的意思，⑤因此"族"字的"标众"和"矢"的结合是其原初含义，或者说"族应该是以家族氏族为本位的军事组织"。⑥不过，这种含义应该

---

① 徐中舒主编：《甲骨文字典》，四川辞书出版社 1988 年版，第 734 页。

② 许倬云：《西周史》，三联书店 2001 年版，第 161 页。

③ 许慎：《说文解字》，中华书局 1963 年版，第 141 页。

④ 刘熙：《释名》卷七，"释兵"二十三，《四部丛刊初编·经部》，上海商务印书馆 1922 年影印本。

⑤ 参见王力主编《王力古汉语字典》，中华书局 2000 年版，第 422、604 页。

⑥ 周策纵：《原族》，《读书》2003 年第 2 期。

主要适用于氏族部落社会阶段，在进入国家组织的发展阶段，军旅之属逐步成为国家机器的常备力量而为统治阶级所掌控，氏族部落组织本身的军事性质为国家力量所抽吸而转化为庶民之属。"族"字在淡化"矢锋"含义的同时保留和突出了"标众"的意思。傅斯年曾对先秦时期的"人"、"黎"、"民"三词含义的流变进行过考证，他认为这些词"其始为广漠之部族，曰人、曰黎、曰民，似皆为丁口众多之种类，及其丧师，夷为下贱，新兴者口少而居上，旧有者口多而居下，于是人也黎也民也皆成为社会阶级之名，即社会中之下层也。最后则黎民二字亦失其阶级性而为广泛的众庶之称，人乃更为溥被，成为圆颅方趾之达名矣"①。这一观点，对认识"族"字含义的变化是有启发意义的。

在先秦文献和后人的释读中，可以看出"族"字的含义在不断扩展，如在表达"聚结"、"集中"、"群"、"众"等含义方面的"木族生为灌"，后人释义为："族丛也"，"丛生者为灌"，即指灌木丛。②又如"云气不待族而雨"，③"工不族居"、"族不乡别"，④这些例证都突出了"聚集"、"群"的意思，但是与"军事组织"或"战斗单位"已无干系了。同时，"族"字作为一种分类概念，也反映出"物以类聚"的含义，如后人注"瓜"、"瓞"云："然则瓜之族类本有二种，大者曰瓜，小者曰瓞，此则其种别也。"⑤当然，"族"作为一种分类概念，不仅用于自然万物，而且用于人类社会的群体。如《周易》所记"君子以类族辨物"，即后人所谓"族，聚也。君子法此，同人以类而聚也；辨物为分辨事物，各同其党使自相同不间杂也"⑥。这种以"自相同"、"不间杂"为界限的"人以群分"观念及其所形成的"族聚"，在先秦时期依托于"家族"、"宗族"而对中国社会文化产生了深远的影响。因此，中国古代"族"的观念，既包括"有血缘关系之亲属的合称"⑦，如家族、宗族、氏族之类；也有"品类"

---

① 傅斯年：《民族与古代中国史》，河北教育出版社 2002 年版，第 346 页。
② 《尔雅注疏》卷九，"释木"，阮元校刻《十三经注疏》，中华书局 1980 年版，第 2638 页。
③ 《庄子》"外篇·在宥"第十一。
④ 《逸周书》卷第一，"程典解第十二"，《四部丛刊初编·史部》。
⑤ 《毛诗正义》卷十六之二，"大雅"，阮元校刻《十三经注疏》，第 509 页。
⑥ 《周易正义》卷二，"同人"，阮元校刻《十三经注疏》，第 29 页。
⑦ 《辞源》二，商务印书馆 1984 年版，第 1393 页。

之意，如后人理解的"族，犹类也。同宗者生相近、死相迫也者"。①因此，"族"也成为划分人群的分类学概念。

先秦的历史，从盘古开天地到"三皇五帝"，继而夏、商、周到春秋、战国，无论是远古传说还是文献史证，都反映了中华先民从野蛮走向文明的进程，也就是从血亲氏族、血缘部落到地缘部落或部落联盟和国家的演进及其对"族类"共同体的塑造过程。在这一过程中，"族类"共同体的塑造和国家的形式始终是联系在一起的，在"族"与国家并行不悖的发展过程中，国家的统治力量对"族类"共同体的塑造表现出不断强化的作用。如果从当时的国家形态角度讲，无论是王之"天下"还是诸侯之国，"民"以"族居"或"民"以"族聚"都反映了"族"的分类意义。不过，对于早期的中国社会来说，"族"的观念主要是指宗族。如南朝人撰《玉篇》释"族"字为"徂鹿切，类也，又宗族"②。宋人的《广韵》则释"族"字为"宗族，昨木切"③。"宗"指来源，意指祖先，而"族者凑也、聚也，谓恩爱相流凑，生相亲爱、死相哀痛，有会聚之道，故谓之族也"④。因此，血缘关系、同姓是宗族归属的基础，反之为"异族"，如小宗伯之职"及执事，大敛小敛，率异族而佐"⑤。这里所说的"异族"是指异姓亲属，如甥舅之属，是相对于父系为宗族而言的。

中国是最早使用"姓"的国家。"姓"源于血亲氏族阶段的图腾或徽记，本身就有分类学的意义。"氏"为"姓"的分支组织形式，是血缘家庭分衍发展而形成的同姓群体，称为氏族。在远古传说中的盘古氏、天皇氏、地皇氏等数以百计的"某某氏"，都具有群体含义。不过"姓"、"氏"之分犹如鸡与蛋的关系，或有姓而有氏，或有氏而有姓。如神农氏，称炎帝，其后为姜姓；如黄帝，姓公孙，名轩辕，号有熊氏。姓氏之说是一个不断发展、关系互换、逐步合二为一的现象。⑥无论如何，"姓"象征

---

① 《周礼注疏》卷十，"大司徒"，阮元校刻《十三经注疏》，第706页。

② 顾野王：《玉篇》卷第十七，《四部丛刊初编·经部》。

③ 《广韵》卷五，《四部丛刊初编·经部》。

④ 《尔雅注疏》卷四，"释亲"，阮元校刻《十三经注疏》，第2592页。

⑤ 《周礼注疏》卷十九，"小宗伯"，阮元校刻《十三经注疏》，第767页。

⑥ 参见袁义达、张诚《中国姓氏——群体遗传和人口分布》，华东师范大学出版社2002年版，第3—4页。

同祖的血缘集团，"氏"则是这种血缘集团中的社会组织，以同姓家庭组成的血缘氏族群体是"同族"、"异族"之分的基本符号，同姓为"宗"所形成的宗族，即是包容多个同姓氏族的亲族组织。因此，"同氏者必然同姓，而同姓者不必同氏"①。当然，见诸先秦文献的宗族姓氏群体，基本上都属于统治阶级范围。

但是，中国古代社会宗族组织的发展，也有一个逐步从血缘关系到地缘关系过渡的过程，一方面是建立在世系基础上的"同宗"支系及其相互联宗，形成"一种同姓地缘联盟"；另一方面是更具共同祖先想象力的异姓联宗，形成"一种更为典型而松散的地缘联盟"。②两者事实上都更多地依托于地缘关系的聚合，所谓祖先、血统、世系等原初的个体宗族记忆则越来越"包弘"和模糊，尤其是异姓联宗。这种地缘关系的放大和建立更加宽容、宗族边界模糊的认同，也正是国家统治力量对"国民"进行"通天下之志"整合的结果。因此，在夏、商以降的先秦历史中，"族"的分类意义依托于家族、宗族而逐步扩展到国家、社会层面，使"族"的分类意义在血缘纽带的基础上具有了国人归属和反映社会政治地位的含义。

（二）从"家族"、"宗族"到"国族"、"国人"

中国历史进入国家过程之后，天子因统辖天下"百官兆民"故其民众称为"群姓"，诸侯有国其民众仅为"百姓"。因此，就周人将国家组织与宗庙社稷结合在一起的统治模式而言，③"王为群姓立社曰大社，王自为立社曰王社；诸侯为百姓立社曰国社，诸侯为自立社曰侯社"④。而"大夫以下不得特立社，与民族居，百家以上则共立一社"⑤。不难看出，在这

---

① 钱杭：《血缘与地缘之间：中国历史上的联宗与联宗组织》，上海社会科学院出版社2001年版，第107页。
② 同上书，第20、26页。
③ 参见侯外庐《中国古代社会史论》，河北教育出版社2000年版，第228页。
④ 陈澔注：《礼记集说》卷八，"祭法"第二十三，《四书五经》中册，天津古籍书店1988年影印本，第254页。
⑤ 《礼记正义》卷四十六，"祭法"，阮元校刻《十三经注疏》，第1589页。引文为注疏释文。

样一种"礼"的宗法制度统治结构中，大夫的权力限定于"宗族"的
"族居"范围。而"令国民族葬"于"各从其亲"的固定墓地（即"族坟
墓"），①诸侯"聚国族于斯"所指"燕集国宾聚会宗族也"②等记载，都反
映了当时以宗族组织为基础的社会结构。这里所说的"国民"实行"族
葬"，就是按照"宗族"归属和划定的墓地及其仪式进行安葬，而"国
族"则意味着诸侯国所统辖的各个"宗族"。那些与民"族居"的大夫，
事实上也就是"宗族"的代表人物。

　　按照《周礼》"布教于邦国都鄙"的施教治民方略，"令五家为比，
使之相保；五比为闾，使之相受；四闾为族，使之相葬；五族为党，使之
相救；五党为州，使之相赒；五州为乡，使之相宾"③。照此计算，"四闾
为族"应为百家为一族，也就是"百家以上则共立一社"，并且"各从其
亲"进行"族葬"的宗族。构成宗族的组织依托于家族，而家族中则有
"九族"和"五服"所构成的纵横交错的家庭亲缘关系，如纵向的九族为
高祖父母、曾祖父母、祖父母、父母、己、子（女）、孙（女）、曾孙
（女）、玄孙（女），横向的五服为己、兄弟（姊妹）、堂兄弟（姊妹）、再
从兄弟（姊妹）、三堂兄弟（姊妹）。从血统的传承而言，九族为直系，
五服则为旁系。从宗族内部关系而言，"父之从祖晜弟为族父，族父之子
相谓为族晜弟，族晜弟之子相谓为亲同姓"，等等。④因此，族属成为区分
宗族成员身份的基本条件，而宗族又是国家结构中民众的基本社会单位。
即"宗族是周代社会的基本细胞，它是由同一始祖繁衍下来的若干大家族
的结合体"⑤。天子有天下，统领"百官兆民"；诸侯有国，统辖"国族"
百姓；大夫有族，辖制宗族、家臣。这种层级结构的基本组织是宗族，同
时也是西周国家统治阶级权力结构的基本图式。

　　宗族作为先秦国家民众"人以群分"的基本单位，反映了"同宗"
即"同人"且有"同志"的观念。但是，从所谓君子之道的观念上来说，

①　《周礼注疏》卷二十二，"墓大夫"，阮元校刻《十三经注疏》，第786页。
②　陈澔注：《礼记集说》卷二，"檀弓下"，《四书五经》中册，第62页。
③　《周礼注疏》卷十，"大司徒"，阮元校刻《十三经注疏》，第707页。
④　《尔雅注疏》卷四，"释亲"，阮元校刻《十三经注疏》，第2592页。
⑤　田昌五：《古代社会形态研究》，天津人民出版社1980年版，第208页。

"族"所指之"同人"及其所形成的"同志"观念，也有一个从"家族"、"宗族"到"国民"、"国族"、"百姓"、"群姓"的观念扩展过程，而这一过程也恰恰反映了人类群体在国家组织中从血缘关系到地缘关系的发展。在血缘纽带的制约下，"同人于门"（家族），因"未有私主"而"无咎"。"同人于宗"（宗族），则因"宗，党也"，"不能大同而系于私"故为"吝道"，①即后人理解的"不能包弘上下、通夫大同，物党相分"②。故"君子正也，唯君子为能通天下之志"，"通天下之志，乃为大同。不然，则是私情之合而已"③。因此，"族聚"所形成的"同志"并非大同之志，它所反映的"同志"观念及其身份仍维系于血缘关系。及至血缘关系逐步为地缘关系所取代，国家的力量将众多的宗族民众纳入其统治范围，那种"同人于门"的"无咎"和"同人于宗"的"吝道"，则在地域范围和"通夫大同"观念下纳入塑造"同人于国"的认同轨道。当然，国家统治力量的这种构建作用也有一个发展、演变的历史过程，国家的力量将其民众整合为"同人于国"的观念和方式同样也在这一历史过程中流变演进。

中国远古历史上的"三皇五帝"时期，是从部落、部落联盟逐步向国家过渡的时期，也是社会组织逐步从血缘关系到地缘关系的转变时期。夏、商时期已经形成了国家的雏形，及至周克商于牧野，进而征伐四方，至有伐99国、服652国之胜绩，统辖了约百万人口的东部平原地区，④国家组织得到了进一步的发展。周以宗法和分封制度进行的"天下"统治，使宗族这种社会组织的成员在国家体制中也发生了层级结构的多重认同，出现了由家族、宗族到所谓"国族"的发展，"族"的认同在一定程度上摆脱血缘关系"吝道"制约的同时，逐步形成了对地缘、王权、国家的认同。当然，这种更为宽泛的认同，事实上仍来源于"各同其党使自相同不间杂"的观念，只是"自相同"的标准和"不间杂"的边界正在不断按照统治阶级的制度安排而放大。当然，这并不意味着血统、世系观念的丧

---

① 朱熹注：《周易本义》卷一，"同人"，《四书五经》上册，天津古籍书店1988年影印本，第16页。
② 《周易正义》卷二，"同人"，阮元校刻《十三经注疏》，第29页。
③ 朱熹注：《周易本义》卷一，"同人"，《四书五经》上册，第16页。
④ 参见许倬云《西周史》，第116页。

失，只是由于这些观念被脱离了氏族、部落组织的国家组织统治者提升到了"同人于国"的层面。

国家是阶级矛盾不可调和的产物，国家统治者及其所代表的阶级力量在维护统治地位方面的重要取向，就是要求被统治阶级的服从和对表现这种统治关系的社会分层结构的承认。因此，国家力量为了维护这种统治制度，对"国民"进行整体性塑造是人类社会民族过程的题中之意，这一点在早期希腊城邦国家中体现得尤为明显，正如马克斯·韦伯所说："希腊的部落（phylai）曾经是独立的，当他们合并为一个政治联合体时，城邦对他们作了系统的图式处理。"成为一个"政治性人工制品"（political artifact）。①事实上，不仅古代民族（ethnos）如此，而且现代民族（nation）也一样，只是前者尚属于不稳定的状态，在兴衰嬗替的国家历史进程中处于流变的过程。在中国的先秦历史中，这种现象也同样存在，特别是西周分封的各个诸侯国对其"国民"的统治更是如此。

当然，这种军事领袖的政治权威及其所体现的国家统治力量，往往是以其自我的家族、宗族的符号来构建"国族"的认同标准，并以此来命名国家、确立共祖、规范社会，对"百官兆民"或"百姓"进行"先神命之，国民信之"的塑造，②而"王族"血统和世系则通过世袭制的权力结构成为其维护统治地位的阶级鸿沟。在这种情势下，社会组织意义上的家族、宗族只在民间层面发挥其传统作用，③而国家组织意义上的家族、宗族则在政治层面扮演主角，其两者之间的关系是披着血统外衣的阶级关系，宗族社会政治地位的区分体现了"其实质是一种阶级组织"④。在这种条件下，各个诸侯邦国虽然具有"家国"的特征，但是就周天子以"天下"为代表的大"家国"来说，由于"国民"、"国人"观念的地域性发展，各个诸侯国之间的关系也随着政治、经济利益的地方化而不断挣脱着血族纽带的束缚而相互竞争，"国家的基层单位已经不是血族团体，而是地区

---

① ［德］马克斯·韦伯：《经济、诸社会领域及权力》，李强译，三联书店1998年版，第119页。
② 《春秋左传正义》卷四十六，"昭公"，阮元校刻《十三经注疏》，第2070页。
③ "虽然庶民在当时也有聚族而居的现象，但是他们的宗族制大概是与贵族阶级一样的。"童书业：《春秋史》，上海古籍出版社2003年版，第8页。
④ 田昌五：《古代社会形态研究》，第212页。

团体了"①。西周式微、列国争霸的历史进程正是如此。

（三）宗族的社会等级结构与"非我族类"

宗族作为先秦国家的社会基本单元，本身就有"群姓"、"百姓"的多样性特点。特别是对于周人的国家统治来说，还包括大量的异姓殷商遗民和其他族姓的部落。统治者"通天下之志"的"大同"要求，无论是"天子"之于"群姓"，还是诸侯之于"百姓"，甚至大夫之于宗族，都是在维护宗法分封体制的框架内运作的。天子封诸侯、诸侯封大夫、大夫封家臣，形成了统治阶级分封层级的政治权力结构。在这种结构中，"有大宗统御小宗的宗法制度"②。周天子是大宗，诸侯是小宗，而诸侯在其国为大宗，大夫为小宗；依此类推，大夫在其宗族为大宗，家臣为小宗。因此，"宗法是统驭家族的原则，封建是扩充家族系统为统治系统的原动力，世族便是混合家族和政治的系统而用宗法来支配的一种特殊团体"③。同时世族也是当时所谓国家权力结构中由卿大夫阶层所构成的基层权力执掌者。从这个意义上说，所谓"王族"、"公族"、"世族"都是反映这种层级结构政治地位的概念。这种层级结构所反映的政治权利、社会地位通过礼仪等形式成为一种制度化的规范，如墓葬习俗的规制就具有典型性，"凡诸侯之丧，异姓临于外，同姓于宗庙，同宗于祖庙，同族于祢庙"④。

周人有天下，并且在理论上有"通天下之志"的臣民"大同"观念，但是宗法观念所强化的分封政治体制本身，又使天下划分为众多的政治单位，诸侯势力、卿大夫阶层在维护"君统"的同时也致力于维护"宗统"。对来自西北渭河流域的周人来说，向东部的分封发展不仅是占有新的领土，同时也分领了当地不同的人群，"他们一到封区，便把封区以内的人民，不问其为商族，或为'夏族'，不问其为自由民抑或奴隶，便把

---

① 恩格斯：《家庭、私有制和国家的起源》，中国社会科学院民族研究所编《马克思恩格斯论民族问题》下册，民族出版社1987年版，第655页。

② 许倬云：《西周史》，第161页。

③ 童书业：《春秋史》，第70页。

④ 《春秋左传正义》卷三十一，"襄公"，阮元校刻《十三经注疏》，第1951页。

他们整族整族地转化为农奴"①。在对这些异己人群实施统治的过程中，赐姓制度"实是分封民姓、族属"②。这一过程及其在各个诸侯小国中所导致的宗族组织重组，包括九族、五服纵横交错的亲属关系网络的不断编织和扩展，又推动了西周时期不同族姓的民众在各个政治、经济地理单位中的杂糅和融合过程。这种地缘性的民众整合，虽然尚未实现孔子所说"车同轨、书同文、行同伦"的"天下"统一，③但是却为春秋战国时期中原地区更大范围的民众融血和文化统合奠定了基础。因为对于分封制下的诸侯而言，他们"一方面须与西周王室保持密切的关系，休戚相关，以为藩屏；另一方面，分封的队伍深入因国的土著原居民之中，也必须保持自群之内的密切联系，庶几稳定以少数统治者凌驾多数被统治者之上的优势地位"。这种维护优势地位的政治需要所产生的必然结果，使各个诸侯封国的统治阶级"一方面保持宗族族群的性格，另一方面也势须发展地缘单位的政治性格"④。而地缘单位政治性格的形成为强化国家统治机器提供了阶级力量的基础。只是这种地缘单位政治性格被血缘关系的外衣所包装，从而表现出"宗族的观念笼罩了个人的人格，同时也掩蔽了国家的观念"⑤的表征，其中也包括了"天下"的地域观念。

事实上，从人类社会民族与国家互动影响的过程来说，为宗族血统掩蔽的国家观念并没有改变地缘政治单位的本质，只是在宗法分封的政治体制中，血缘世袭的族属成为维护这种统治的根基而成为"国民"认同的标志。以统治阶级的族属所命名的国家，其"国民"也就成为宋人、鲁人、晋人、楚人之类，表现了"自部落名变为阶级名，自阶级名变为达名"的所谓"民者包括一切杂姓"⑥。这些诸侯国中的庶民虽然各有其家族、氏族、宗族之族属，但是也必须认同于"国族"而成为"国民"。而相对于其他非周天子血统的"国族"而言，"族类"之分则在更高的"天下"层

①　翦伯赞：《先秦史》，北京大学出版社2001年版，第225页。
②　许倬云：《西周史》，第155页。
③　《礼记正义》卷五十三，"中庸"，阮元校刻《十三经注疏》，第1634页。
④　许倬云：《西周史》，第166、155页。
⑤　童书业：《春秋史》，第70页。
⑥　傅斯年：《民族与古代中国史》，第347、348页。

面被视为"非我族类"。

"非我族类，其心必异"典出于《春秋左传·成公》所记一事："秋，公至自晋，欲求成于楚，而叛晋。季文子曰：不可。晋虽无道，未可叛也。国大臣睦，而迩于我，诸侯听焉，未可以二。史佚之志有曰，非我族类，其心必异。楚虽大，非吾族也，其肯字我乎？公乃止。"①这段故事是指鲁成公时期楚、晋争霸，交相会盟以笼络各国。鲁国国君因在晋国受到冷遇而产生投靠楚国的念头，鲁国秉政的季氏公族势力以"周礼"劝之。②这里所说"非吾族也"，是指楚国非周氏宗亲之族。鲁是周公旦之子伯禽的封国，为周室大藩。楚之先祖可追溯到黄帝之孙高阳，其曾孙重黎因"居火正"立有"能光融天下"之功被命曰祝融，后重黎之弟吴回为祝融，吴回生陆终，陆终生六子，其中"六曰季连，芈姓，楚其后也。……其后中微，或在中国，或在蛮夷，弗能纪其世"③。到周文王时，其苗裔曾事文王，即所谓"昔我先王熊绎，辟在荆山，筚路蓝缕，以处草莽，跋涉山川，以事天子"④。周成王时熊绎受封于楚蛮之地的丹阳。楚之受封与姬、姜嫡系不同，其民并非周人的移民。"楚邦不是由周人移民建立的，而是由西周王朝对居于丹阳的楚人社会共同体给予一种政治上的确认"，故尔相对同时受封的齐、鲁、卫、晋等周人血统的邦国具有更大的独立性。⑤所以，周夷王时，王室衰，诸侯或不朝、相征伐，楚之势力日大，并称"我蛮夷也，不与中国之号谥"，自封子嗣为王。楚逐鹿中原并自称蛮夷，甚至要求姬姓随人"尊吾号"，周天子对楚的要求也只能是"镇尔南方夷越之乱，无侵中国"，⑥楚遂日益坐大，成为"南方唯一的霸国"⑦。因此，类似"楚虽大，非吾族也"的说法，还见于宋人"楚夷国也，强而无义"⑧的评价。这种"非吾族"和"夷国"的观念，一方面表

---

① 《春秋左传正义》卷二十六，"成公"，阮元校刻《十三经注疏》，第1901页。
② "史佚之志"注释为"周文王大史"。
③ 《史记》卷四十，"楚世家第十"，中华书局1959年版，第1690页。
④ 《春秋左传正义》卷四十五，"昭公"，阮元校刻《十三经注疏》，第2064页。
⑤ 日知主编：《古代城邦史研究》，人民出版社1989年版，第287页。
⑥ 《史记》卷四十，"楚世家第十"，第1692页。
⑦ 童书业：《春秋史》，第152页。
⑧ 《春秋公羊传注疏》卷十一，"僖公"，阮元校刻《十三经注疏》，第2256页。

达了楚非周人血脉的宗族观念，以期表明"晋虽无道"但其受封始祖是周成王的幼弟，终归是同门正宗并属"中国"，而楚人无论是"苗蛮化"的华夏，还是受封于周的蛮夷，都非周天子的宗亲且居于"中国"之外；另一方面也从地域关系上反映了"中国"之于蛮夷的"族类"观念。

事实上，周人的"族类"观念并非只用于其内部之血缘宗族。周人有天下，将殷商遗民中的"殷民六族"、"殷民七族"划归诸侯统属。①对蛮夷之国也以"族类"视之。如晋国因郑与楚联盟而伐郑，获郑人所献"南冠而系"的楚囚，晋侯"问其族，对曰：泠人也。公曰：能乐乎？对曰：先父之职官也，敢有二事。使与之琴，操南音"②。"泠人"为乐官，这里所说"问其族"，显然是指身份。又如巴人叛楚，"楚子杀之，其族为乱"等。③类似的例证在文献中并不少见，除内部的"同族"、"异族"外，也包括"无滋他族"中所指的"他族"之类。④

在周人的宗族观念中本身就有"同族"、"异族"之分，后者原为妻党，即甥舅之属，为"异姓"。《国语》中有"异姓则异德，异德则异类"，反之"同姓则同德，同德则同心，同心则同志"。⑤ 然而，周人分封的各亲缘宗族在各自的"邦国"内不断通过婚姻关系扩展其同异姓宗族的血缘联系，亦即"当时王公贵族既用严格之外婚制，则所有母系，皆所谓'异类'也，如是混合，久则不易见其何谓'异类则异心'也"⑥。这些诸侯国在维护周天子的"天下"统治权威的同时也在形成各自的地域性政治、社会和文化特征。这种地域性的融合及其所形成的"政治性格"和阶级利益，一方面使同宗各国之间联姻、会盟和守望相助，另一方面也互相竞争、征伐和兼并，所谓"同心同德"在政治斗争中已经表现为"欲求成于楚而叛晋"之类的利益选择。

因此，"西周的族制，自然不是任何人发明的，更不是为了分封制度

---

① 《春秋左传正义》卷五十四，"定公"，阮元校刻《十三经注疏》，第 2134、2135 页。

② 《春秋左传正义》卷二十六，"成公"，阮元校刻《十三经注疏》，第 1905 页。

③ 《春秋左传正义》卷九，"庄公"，阮元校刻《十三经注疏》，第 1773 页。

④ 《春秋左传正义》卷四，"隐公"，阮元校刻《十三经注疏》，第 1736 页。

⑤ 《国语》卷十，"晋语"，《四部丛刊初编·史部》，上海商务印书馆影印本。

⑥ 傅斯年：《民族与古代中国史》，第 349 页。

而设计的。然而，这种以亲属血缘为基础的宗族组织，超越了地缘性团体。……驯致西周王权式微后，这份亲属的意识成为春秋诸姬间主要的维系力量"①。尤其是在"诸夏"之间倾轧兼并和来自西、北戎狄之属的侵扰或"荆蛮来威"的压力不断加强的形势下，那种"异德合姓、同德合义"的观念又会表现为"以德义相亲"的需要，从而结成"尊王"、"攘夷"的联盟。因此，楚之"非我族类，其心必异"的观念在春秋时期已经从周人的宗族观念中渐次放大到周边外族的范围。这种放大一方面意味着"中国"内部认同的整合程度（包括兼并）在加强，另一方面则反映了周边蛮夷戎狄已经成为逐鹿中原、挑战王权的新势力。前者进一步增强着"吾族"的认同，后者则强化着"非我族类"的观念，因为这些外族除了血缘关系及其所代表的政治观念不同于周外，还表现在体现"民族"特征的其他相异的要素方面。

（四）"族类"观念的放大与"五方之民"

在中国的国家与民族的历史进程中，夏、商、周的传承成为统合天下"万邦"、"万国"的法统轴心，其所辖制的"甸服"、"侯服"、"绥服"、"要服"和"荒服"之地，既反映了其统治力量所及之地的臣服程度，同时也反映了对"天子共主"统治的认同程度。按照周礼王制的驭民思想，有"司徒修六礼以节民性，明七教以兴民德，齐八政以防淫，一道德以同俗"的教化规范。②实际上这也就是国家力量对"国民"进行同一性塑造的基本要求。所谓"诸夏"即为主动或被动按照"教"之"礼义"和政之"刑禁"来构建"同俗"的邦国藩属。而对于所谓"五服"中远离统治中心的"要服"、"荒服"之地的民众，则属夷蛮戎狄之类。

先秦文献中对中国历史上超越宗族观念的"族类"多样性记载，以《礼记》中的一段话最为经典。其说为：

---

① 许倬云：《西周史》，第166页。
② 陈澔注：《礼记集说》卷三，"王制"，《四书五经》中册，第75页。

凡居民材，必因天地寒暖燥湿、广谷大川异制，民生其间者异俗；刚柔、轻重、迟速异齐，五味异和，器械异制，衣服异宜。修其教不易其俗，齐其政不易其宜。中国戎夷，五方之民，皆有性也，不可推移。东方曰夷，被发文身，有不火食者矣；南方曰蛮，雕题交趾，有不火食者矣；西方曰戎，被发衣皮，有不粒食者矣；北方曰狄，衣羽毛穴居，有不粒食者矣；中国、夷、蛮、戎、狄，皆有安居、和味、宜服、利用、备器；五方之民，言语不通，嗜欲不同；达其志、通其欲，东方曰寄，南方曰象，西方曰狄鞮，北方曰译。①

可以说，这是中国最早的具有民族志意义的记录，也是中国传统的"族类"观念在异文化群体中扩展的标志。

在这段记载中虽然并没有使用"族"字，但是从上文分析"非我族类"观念的放大，即楚自称蛮夷和鲁人视楚"非吾族也"的观念中不难体会其"异类"、"他族"的含义。何况所谓"四夷"之说也出自三皇五帝时期的四"凶族"之传说："舜臣尧，宾于四门，流四凶族浑敦、穷奇、梼杌、饕餮，投诸四裔，以御魑魅。是以尧崩而天下如一，同心戴舜以为天子，以其举十六相，去四凶也。"②按照这种传说，所谓"四夷"之族与"华夏"实为共祖，只是因其"不才"、"无道"而被放逐于四方。

无论如何，在经历了夏、商、周的发展以后，"五方之民"已经在社会文化方面形成了明显的"民族"特征："族"名与地域性（方位）聚居（或分布），生活习俗与生产方式相异，服饰与器物不同，语言不通，价值观念不同，由于相互之间的联系产生了语言沟通的翻译人员。有意思的是注释者针对"五方之民"的习俗不同指出："俗虽不同，亦皆随地以资其生，无不足也。"揭示了人类群体的"族类"共同体形成的自然环境因素。"族类"的文化习俗不同，是各个群体生存于相对独立的自然环境使然，这些群体与生态资源的互动关系决定了他们的生存、生产和生活方式，也从而造成了他们之间的文化差异。也就是说，生存于不同生态环境

---

① 陈澔注：《礼记集说》卷三，"王制"，《四书五经》中册，第74页。
② 《春秋左传正义》卷二十，"文公"，阮元校刻《十三经注疏》，第1863页。

中的人类群体，索取和利用自然资源的种类、方式是不同的，由这种生存方式所产生的观念、行为等内在和外在的文化特征也是不同的。"地球上各族人民遇到的困难互不相同，克服困难的方式方法也不一样。"①这些克服不同困难而产生的不同方式方法也就构成了各民族文化特征的发展基质。

当然，先秦时期的所谓"东夷"、"南蛮"、"西戎"、"北狄"和"中国"的"五方之民"只是一个地域性的文化类型群体概念，其内部的整合程度尚处于低级阶段，相对先进的"中国"也处于"诸夏"时期。所谓"夷"、"蛮"、"戎"、"狄"之说，只是相当笼统的概念，至有"四夷"、"五戎"、"六狄"、"七闽"、"八蛮"、"九貉"之说。②但是，这些记载所揭示的构成"族类"差异的若干要素和地域分布现象，对我们理解中国古代"族类"观念的发展具有重要价值。特别是"安居、和味、宜服、利用、背器"和语言、习俗的差异性记述，基本都属于我们今天理解"民族"特征的要素。用"夷"、"蛮"、"戎"、"狄"称谓这些化外的"异己"之民，其中自然包括了"非我族类"的含义，但没有"种族"的意味。③

马克思主义认为，人类自身的繁衍和谋求生存的生产在人类社会历史发展中具有决定性影响，这种影响又受到社会发展程度的制约。"劳动愈不发展，劳动产品的数量、从而社会的财富愈受限制，社会制度就愈在较大程度上受血族关系的支配。"④随着劳动的发展、产品交换和私有财产的出现，阶级分化和社会权力结构的变化随之产生，国家形式通过地缘关系和阶级力量的统治不断"炸毁"着"血族团体"。先秦时期的"五方之民"正在经历这一过程，其中华夏"中国"处于领先地位。如上所述，构成民族特征的文化差异的自然基础是生态环境，即在"天地寒暖燥湿"、

---

① ［印］泰戈尔：《民族主义》，谭仁侠译，商务印书馆 1986 年版，第 1 页。

② 《周礼注疏》卷三十三，"职方氏"，阮元校刻《十三经注疏》，第 861 页。

③ 《礼记》所描述的"五方之民"，并无"种族"含义，在体貌特征方面的描述均属于发型、衣着和包括文身在内的人为"打扮"。

④ 恩格斯：《家庭、私有制和国家的起源》，中国社会科学院民族研究所编《马克思恩格斯论民族问题》下册，民族出版社 1987 年版，第 655 页。

"广谷大川"等不同生态环境中生存的人类群体"皆随地以资其生"所表现的"异俗",其中也包括语言、信仰之类。但是,形成民族共同体的条件则是社会环境。在人类群体的演进和发展过程中,相对于自然环境的影响,社会影响的作用往往更加显著,包括社会组织、阶级分化、权力结构、内部的整合要求、不同群体之间的互动关系,等等。这些社会因素在强化和固化由自然因素生成的文化特征方面的作用,使上述基于自然因素形成的文化差异"族类"观转变为渗透了阶级社会统治意识的"其心必异"观念。民族压迫的本质是阶级压迫也正是由此所决定的。

西周的宗法分封制度虽然披着血族关系的外衣,但是周氏宗族无论在"天下"还是在"邦国"都属于统治阶级的核心势力。以这种阶级力量为代表的血统宗族组织及其所形成的"族类"观念,与其说是维护"天下共主"的血统关系,不如说是维护周礼"教"之"礼义"和政之"刑禁"的正统地位。所谓"修其教不易其俗,齐其政不易其意"即是因俗而治。事实上,正是这种代表统治阶级意志的"教"、"政"观念取代了血缘关系的"族类"观,"教"、"政"的正统不仅成为中国先秦以后历代王朝承袭的合法性基础,而且也成为"夷夏之辨"的标准。尊崇此"教",夷可变夏;背逆此"教",夏可变夷。正所谓"有教无类",族,类也。在"夷夏之辨"中"有教"则无"族类"之分。

(五)"有教无类"的"族类"观意义

对孔子的"有教无类"之说,古今的注释、解读基本上认为是"教人之法"和施教不分对象高低贵贱,甚至也有"全民教育观"之类的理解。本文试图从"族类"观的角度对一命题提出一种不同看法。

首先,在"有"和"无"的对应关系中,"无类"可以理解为不分高低贵贱、包括"族类"和"五方之民",这一点没有异议。关键是对"有教"如何理解。"有"字可以作为无意义的虚词去理解,也可以作为其实有的表示存在等意义去理解。本文取后者。

其次,先秦文献中的"教"字主要有两个含义,最普遍的是作为动词的教授之意,如神农氏以"耒耜之利,以教天下",等等。另一个含义则是作为名词的"圣人以神道设教，而天下服矣"①。这里的"教"代表了以"礼"为核心的一套典章制度及其所规范的纲常伦理。《周礼》大宰之职"掌建邦之六典，以佐王治邦国"，"六典"中的"教典"用"以安邦国，以教官府，以扰万民"②。小宰之职所辖地官"其属六十掌邦教"，官府六职中又设"教职"，至"乡大夫之职，各掌其乡之政教禁令"③。政、教是对庶民百姓实施统治的基本规则。政、教密不可分，即如"子曰：政之不行也，教之不成也"④。而"为政先礼，礼其政之本与"，因此，君子必须先知礼，"然后以其所能教百姓"⑤。政为刑禁，教为礼义，政教不可偏废，"有教"而知礼才能"克施有政"⑥，使民"有政有居"⑦。即所谓"见其礼而知其政"⑧。因此，"有教"应该是指建立了这种以"礼"为核心的典章制度。所谓"明七教以兴民德"，就是规范父子、兄弟、夫妇、君臣、长幼、朋友、宾客的尊卑地位，从而齐家、治国、平天下。

最后，对"五方之民"中的蛮夷戎狄，因其"俗"不同"中国"，故有"修其教不易其俗，齐其政不易其宜"的教化之策。如"修其教"则为"有教"，是故"有教"则"无类"。接受"中国"教化的蛮夷戎狄即为"诸夏"而同"中国"。对此，上文所引晋侯问楚囚族属一事颇能说明。当时，楚囚泠人称其职属是"先父之职官也，敢有二事"；抚琴时"操南音"；对楚君称"大子"的言行，受到晋臣的高度评价："楚囚，君子也。言称先职，不背本也；乐操土风，不忘旧也；称大子，抑无私也；名其二卿，尊君也。不背本，仁也；不忘旧，信也；无私，忠也；尊君，敏也。仁以接事，信以守之，忠以成之，敏以行之，事虽大必济，君盍归之，使合晋楚之成。"晋侯遂以礼相待楚囚并"使归求成"。⑨晋人称楚囚

---

① 《周易正义》卷三，"观"，阮元校刻《十三经注疏》，第 36 页。
② 《周礼注疏》卷二，"大宰"，阮元校刻《十三经注疏》，第 645 页。
③ 《周礼注疏》卷十二，"乡大夫"，阮元校刻《十三经注疏》，第 716 页。
④ 《礼记正义》卷五十五，"缁衣"，阮元校刻《十三经注疏》，第 1649 页。
⑤ 《礼记正义》卷五十，"哀公问"，阮元校刻《十三经注疏》，第 1611 页。
⑥ 《尚书正义》卷十八，"周书"，阮元校刻《十三经注疏》，第 236 页。
⑦ 《毛诗正义》卷一，"诗谱序"，阮元校刻《十三经注疏》，第 262 页。
⑧ 《孟子注疏》卷三上，"公孙丑句章上"，阮元校刻《十三经注疏》，第 2686 页。
⑨ 《春秋左传正义》卷二十六，"成公"，阮元校刻《十三经注疏》，第 1906 页。

为君子，是以"中国"的纲常伦理之"教"为标准的，符合这套标准就可以"使合晋楚之成"，而并不存在"非吾族"的区隔。

总之，先秦时期的"族类"观在逐步疏离宗族血缘纽带的同时，形成了华夏与"四夷"的"族类"新视野。"春秋内其国而外诸夏，内诸夏而外夷狄"的说法，①正是这种"族类"关系格局的写照。"蛮夷猾夏"，"诸夏"若不"尊王攘夷"，甚至与蛮夷戎狄结盟相互兼并，则属"礼崩乐坏"，"诸夏"的这种"无教"行为也就难免被视为"中国亦新夷狄也"②。春秋战国是中国历史上范围最大的一次"族类"交融时期，西戎之属的秦人统一中国的历史过程也正是在这种夷夏融血的互动中展开的，中华文明延续不断的动力在很大程度上来源于蛮夷戎狄从边缘走向中心的发展动能。因此，"中华民族的各个民族都是由蛮、夷、戎、狄脱胎出来"的说法，③ 确有史证可考。虽然自秦统一以后，"非我族类，其心必异"的"族类"观仍然构成了影响中国古代社会族际关系的阶级政治取向和一定程度的民间意识，但是本文所理解的"有教无类"的观念在事实上却成为构建中华民族凝聚力历史基础的客观主流认知。秦汉以后的中原王朝观及其所包含的"族类"观，也并不完全等同于华夏后裔的汉族观念，蛮夷戎狄的后裔们入据、入主中原也在为中原王朝的意识形态变化和发展发挥着作用。因此，正如翁独健先生所说："如果说我国历史上的民族关系有主流的话，主流就是各民族日益接近，互相吸收，互相依存，共同缔造了我们这个多民族的统一的伟大国家。"④

在中国古代史、民族史研究中，将先秦时期的"五方之民"冠之以"族"、"民族"或"民族集团"已经是约定俗成的普遍现象。即如本文所参考的翦伯赞、吕振羽、傅斯年、侯外庐、童书业、许倬云、田昌五等诸位先生的著述中所示。其中亦包括有的著作者对所使用"民族"一词的说明，即作者使用的是"大家习用的'民族'，而不是在资本主义时代才形成的'民族'。为了区别这两种有不同含义的'民族'，不必一定要把千

---

① 《春秋公羊传注疏》卷十八，"成公"，阮元校刻《十三经注疏》，第 2297 页。
② 《春秋公羊传注疏》卷二十四，"昭公"，阮元校刻《十三经注疏》，第 2327 页。
③ 田昌五：《古代社会形态研究》，第 119 页。
④ 翁独健主编：《中国民族关系史纲要》，中国社会科学出版社 2001 年版，第 16 页。

百年来大家习用的'民族'废除，而改用部族或种族；只要谈到资产阶级的'民族'的时候，加以简单声明就够了。要不然我们将遭遇很大的困难"。诸如把历史上的民族英雄称为"部落英雄"、"种族英雄"之类。①当然，在古代文献中虽然有"民族"一词的蛛丝马迹可寻，但是"民族"一词却非"千百年来大家习用"。检诸史料，先秦时期为"族"，秦汉以后为"族"、"氏族"、②"部落"、"部族"和"种族"，"民族"一词是晚清以后开始通用并作为追溯历史上"族类"共同体的名词。但是，"族"字在春秋战国时期的含义变化以及秦汉以降的使用对象，的确形成了人以"族分"，民以"族聚"的传统观念。因此，先秦文献中的"族"在春秋战国时期的含义变化形成了与我们今天耳熟能详的"民族"的渊源关系和内在联系。

至于"大家习用的'民族'"，就汉字名词而言绝非东洋之"舶来品"，只是其含义发生了变化而已。因此，今天所使用的中文"民族"一词，则与近代中国社会变迁，"民族"概念的广泛使用，新中国解决民族问题的政策和制度安排，斯大林民族定义及其在苏联的实践，国人对"部落"、"部族"、"种族"之类的历史称谓形成的现代理论认识等一系列因素有关。

---

① 《李亚农史论集》，上海人民出版社1962年版，第624页。
② 秦汉以后出现的"氏族"与本文讨论的"族类"观没有关系，属于姓氏之族，用于各族中的姓氏家族，但是仍旧是宗族之属。

中文"民族"一词源流考辨

上自太古，粤有民族。

——（唐）皮日休：《皮子文薮·忧赋》

　　解读和定义"民族"一词是中国民族学、人类学等诸多学科长期关注的重要理论问题之一，20 世纪 80 年代以来曾多次引起讨论。在这些研究和争鸣中，学界同人曾试图对"民族"一词的古代汉语例证及其含义进行研究，以期探求"民族"一词的中文源流。然而，由于中国古代历史文献浩若烟海，搜检"民族"一词的名词形式犹如大海捞针，以致"民族"一词不见于中国史乘，出现于晚清且由日本传入之说形成学界的普遍共识。近年来，随着有关民族—国家、民族主义的研究引起诸多学科的关注，加之"族群"（ethnic group）概念的流行及其取代"民族"一词的倾向，学人再次产生对这些词语追根溯源的兴趣，"民族"一词见诸中国史籍的例证也渐次显现，"民族"一词在中文近代文献中出现的例证也追溯到了 1837 年。[①]因此，重新审视学界业已形成的共识性观点有了更多的实证支持。

（一）"民族"一词不见于古汉语系日本传入说之形成

　　20 世纪 60 年代，中国民族学界有人提出："民族"作为一个名词是

---

　　① 参见茹莹《汉语"民族"一词在我国的最早出现》，《世界民族》2001 年第 6 期；黄兴涛《"民族"一词究竟何时在中文里出现》，《浙江学刊》2002 年第 1 期；方维规《论近代思想史上的"民族"、"Nation"与中国》，香港《二十一世纪》2002 年 4 月号；等等。

近代以后的事情，其来源一说为日本人用汉字联成"民族"一词后传入中国。其后，从80年代初开始，在中国古代文献、近代文献中搜检"民族"一词的努力一度备受关注，先后出现了"民族"一词出现于1899年、1883年和1882年以前的论证，①对此已有专文考究，②无须赘言。

在此期间，韩锦春、李毅夫编写的《汉文"民族"一词考源资料》，梳理了古籍文献中与民族相关的词语，如"族"、"族类"、"族种"、"氏族"、"国族"、"邦族"、"宗族"、"部族"、"种族"等；列举了中国近代书刊文献使用"民族"一词的情况，提出"民族"一词在中国古代典籍中未曾出现，近代以前"民"、"族"是分开使用的等判断。③这份虽未出版但价值颇高且引用较广的资料，对中国民族学界形成上述共识产生了重要影响。在此之后，中国民族学界几乎所有关涉民族定义的研究著述，在释读民族概念时大都会遵循这种观点。这一观点也被《辞海》、《中国大百科全书》等权威辞书的"民族"条目所采用。

近年来，有关中国晚清到民国的民族主义思潮和现代民族（nation）建构的研究，成为学术界的"热点"之一，国外和中国海峡两岸的学者发表了一系列著述，④其中也涉及"民族"一词的传入和应用。如英人冯客认为："作为民族的种族是作为宗族的种族的一种概念性延伸。民族结合了民的观念和族的虚构。维新派为了给国家寻找一个政治理论基础，在

---

① 如林耀华《关于"民族"一词的使用和译名的问题》，《历史研究》1963年第2期；金天明、王庆仁《中国近代谁先用"民族"一词》，《社会科学辑刊》1981年第2期；韩锦春、李毅夫《汉文"民族"一词的出现及其初期使用情况》，《民族研究》1984年第2期；彭英明《关于我国民族概念历史的初步考察——兼谈对斯大林民族定义的辩证理解》，《民族研究》1985年第2期。

② 参见黄兴涛《"民族"一词究竟何时在中文里出现》，《浙江学刊》2002年第1期。

③ 参见韩锦春、李毅夫编《汉文"民族"一词考源资料》，1985年12月中国社会科学院民族研究所民族理论研究室印。

④ 诸如［英］冯客《近代中国之种族观念》，［美］杜赞奇《从民族国家拯救历史——民族主义话语与中国现代史研究》，［日］松本真澄《中国民族政策之研究——以清末至1945年的"民族论"为中心》，倪伟《"民族"想象与国家统制》，陈永森《告别臣民的尝试》，沈松侨《振大汉之天声——民族英雄系谱与晚清的国族想象》、《我以我血荐轩辕——皇帝神话与晚清的国族建构》、《国权与民权：晚清的"国民"论述（1895—1911）》，王明珂《论攀附：近代炎黄子孙国族建构的古代基础》，陈仪深《二十世纪上半叶中国民族主义的发展》，罗久蓉《救亡阴影下的国家认同与种族认同——以晚清革命与立宪派论争为例》，李国祁《满清的认同与否定——中国近代汉民族主义思想的演变》，复旦大学历史系与中外现代化研究中心编《近代中国的国家形象与国家认同》，等等。

1903 年首次使用了民族这个概念。"①台湾学者认为 20 世纪"中国知识分子通过日人所铸，原即富含种族意味的汉字新词——'民族'，广泛接受国族主义的洗礼"②。日本学者认为："'民族'这一专用名词据说是梁启超滞留日本期间，将日语的英语 nation 译语'民族'，1898 年时输入于汉语中。"③这些说法都指向了"民族"一词来源于日本这一结论。

凡此种种，中文"民族"一词属于日文再造汉字的外来语已成定论。包括语言学界跨语际实践的中文外来语研究，也为这一观点提供了支持，将"民族"一词列入"现代汉语的中—日—欧外来词"分类范畴。即日语在翻译英文词语时使用汉字组成的词语加以表述，属于"来自现代日语的外来词"。④总之，对"民族"一词从日本传入的说法，以上著述及其所代表的普遍共识，是以古汉语中没有"民族"一词为前提，以其出现于19 世纪末期或 20 世纪初年的中文文献为依据，作出的缺乏依据的判断或猜测。因此，"民族"一词是否有古汉语的来源，成为纠正上述观点的关键。

（二）"民族"一词是中国古代文献固有的名词

正如笔者在《先秦文献中的"族"与"族类"观》一文中所说，中国古代"族"的概念及其"族类"观源远流长，构成了中国传统文化中的一种分类体系，即所谓"君子以类族辨物"，对自然万物加以"族类"区分。⑤在中国古代文献中，附之以"族"的词语，可谓名目繁多。仅《御定佩文韵府》所收录的"族类"词语就达一百六十余个，如血缘亲属

① ［英］冯客：《近代中国之种族观念》，杨立华译，江苏人民出版社 1999 年版，第 90 页。指梁启超《政治学大家伯伦知理之学说》一文中使用了"民族"一词。

② 沈松侨：《我以我血荐轩辕——皇帝神话与晚清的国族建构》，《台湾社会研究季刊》第二十八期，1997 年 12 月。

③ ［日］松本真澄：《中国民族政策之研究——以清末至 1945 年的"民族论"为中心》，鲁忠慧译，民族出版社 2003 年版，第 48 页。

④ 刘禾：《跨语际实践——文学、民族文化与被译介的现代性（中国，1900—1937）》，宋伟杰等译，三联书店 2002 年版，第 371、388、395 页。

⑤ 参见拙文《先秦文献中的"族"与"族类"观》，《民族研究》2004 年第 2 期。

关系方面的"九族"、"宗族"、"家族"、"父族"、"母族"、"舅族"、"姻族"、"亲族";区别社会地位的"皇族"、"帝族"、"王族"、"公族"、"贵族"、"豪族"、"强族"、"世族"、"国族"、"权族"、"望族"、"庶族"、"贱族";区分华夷和姓氏的"氏族"、"部族"、"种族"、"异族";归类动物的"水族"、"龙族"、"毛族"、"鸡族"、"鳞族"、"虫鱼族";还有其他"衣冠族"、"方雅族"、"轩冕族"、"高阳族"、"钟鼎族",等等。①可谓不一而"族"。

在中国古代文献中,虽然"族类"之词俯拾皆是,但是"民族"一词的确少见,不过并非不见。根据笔者对"十三经"、"二十五史"、《四库全书》、《四部丛刊》等古代文献的搜检,在剔除一些语焉不详、尚需进一步考究的例证后,以下十个例证足以证明"民族"一词确属中国古代汉语的名词。兹列于下:

1. "今诸华士女,民族弗革,而露首偏踞,滥用夷礼,云于剪落之徒,全是胡人,国有旧风,法不可变。"②这段引文,出自东晋南朝宋齐时期道士顾欢的《夷夏论》。该论系针对当时"佛道二家,立教既异,学者互相非毁"而作,引发了佛道之间空前激烈的大辩论。顾欢以华夷之别的观念解释佛道之异,认为道教为中华正教,佛教为西夷异法,前者劝善、后者破恶,是教化不同对象之术,③故猛烈抨击南朝汉人改信佛教、"露首偏踞、滥用夷礼"的现象。"民族弗革",系指国人的族属未变,而所谓族属即华、夷之分。顾欢卒于南朝齐永明年间(483—493),"民族"一词出自这一时期或之前,此条是目前所见最早的文献例证。

2. "夫心术者,尊三皇、成五帝;贤人得之,以伯四海、王九州;智人得之,以守封疆、挫勃敌;愚人得之,以倾宗社、灭民族。故君子得之固穷,小人得之倾命。是以,兵家之所秘而不可妄传,否则殃及九族。"④此说出自唐代李筌所著兵书《神机制敌太白阴经》,《太白阴经》,成书于唐乾元二年(757)。其中"倾宗社、灭民族"可以理解为国家、政权层

---

① 参见张玉书、陈廷敬等撰《御定佩文韵府》卷九十之五,《四库全书》本。
② 萧子显:《南齐书》卷五十四,《列传·顾欢》,中华书局1972年版,第934页。
③ 参见任继愈主编《中国道教史》,上海人民出版社1990年版,第192页。
④ 李筌:《太白阴经》序。

面的亡国灭族，也包含中国传统家族范畴的宗社、九族。

3. "上自太古，粤有民族。颛若混命，愚如视肉。"①此说出自晚唐诗人、思想家皮日休（约834—883）的著作。皮氏曾入朝为官，后因参加黄巢起义故正史无传。引文见其所撰《忧赋》，该赋系因"见南蛮不宾天下，征发民力将敝"而作。这里所说的"民族"系指南蛮之民，其"五方之民"的族别意义显而易见。

4. "陛下曾念中原之民族、故国之宫闱乎？"②南宋绍兴三十一年（1161），和州进士何送英上书宋高宗，历陈"天下封疆为金人所攘者十分之九，而陛下所守者东南一隅耳"的形势，痛诉丧失京都洛邑乃失去"诸夏之根本"、"天地之中华"的悲情。所谓"中原之民族"，系指陷于金朝统治下的汉族民众。

5. "金人既得楚州，始许治运河并闸水，悉以江浙掳掠舟船自洪泽口入淮至清河口。是时，国奉卿以楚州既陷，居于赵琼寨中与琼谋劫其舟船，乃以二百余人夜掩不备劫之，有被虏贵官二十余家，各称其民族。一夫人称是尚书右丞李税之妾……"③被劫舟船所载，系金人俘虏的宋朝官员家人等。"各称其民族"指自报家门的姓氏、门第和身份，即宗族之属。

6. "历汉魏以后，虽间有重民族、争门户、立庙院、修宗会等事斑斑见于史册，而利欲重燃亲疏厚薄之等，有不得其本心者多矣。"④中国古代宗族社会的发展，在宋代出现了宗族分化、小型化的趋势，进而产生了一种以小宗世系为主体的模型。⑤上引论说，即以"先儒所以欲收世族、欲复小宗、欲立谱法，盖深有感于世道之变者"所抒发。所谓"重民族"是指民重其宗族之属。

7. "吾曾氏之系甚盛，几遍南北。庐陵、临川之外，又有所谓扶风、河内、青冀、襄阳……诸州，非如民族书所载，正谱之外别有九祖而已

---

① 皮日休：《皮子文薮》卷一，《忧赋》，《四库全书》本。
② 徐梦莘：《三朝北盟会编》卷二百二十七，《四库全书》本。
③ 徐梦莘：《三朝北盟会编》卷一百四十四，《四库全书》本。
④ 魏了翁：《鹤山集》卷六十二，《跋卢氏正岁会拜录》，《四库全书》本。
⑤ 参见钱杭《血缘与地缘之间：中国历史上的联宗与联宗组织》，上海社会科学院出版社2001年版，第4页。

也。"①曾氏悉古代宗族大姓，始于山东、"望出庐陵"并向闽、粤发展，成为南方巨姓大族。这里所谓"民族书"指曾氏家族的族谱，应属大宗谱法（始祖来源）。而"正谱之外别有九祖"，是为宋代以后小宗谱法（五代世系）。

8. "但辽时皇族与民族皆有耶律之姓，史所书某院部人则同姓不宗之民族，仍宜列入异姓者也。"②此说来自清乾隆年间编修的《续文献通考》，史臣按照汉法对契丹人进行"皇族"与"民族"之分，乃基于同姓不同宗，反映了"皇族"与"民族"的不同社会地位。

9. "民族虽散居，然多者千烟、少者百室、又少者不下数十户。"③作者郑之侨（1707—1784），乾隆二年（1737）进士，为官尤重劝课农桑，上引为其论说"重保甲"事宜时所述。"民族"一词泛指黎民百姓。

10. "臣闻江右闽粤民多聚族而居，其族长、乡正诚得端人为之，一族中匪类有所不容。地方官勾摄人犯常赖其协捕，是以词谱修明之处，其人民皎然难欺，不特一方之民族无可假冒，而一乡之良莠无可掩藏。惟先劝导大户乐于尊从，而后推及单门，咸得稽覆。故欲于保甲皆真确，必当视绅民无偏私也。"④这条收入《皇朝经世文续编》的奏请实行保甲制疏，系咸丰元年（1851）宗稷辰所上，所谓"一方之民族"是指"聚族而居"、宗族之属各有所归的乡民百姓。

从这些记载中不难看出，"民族"作为一个名词确属中国古代汉语中的词语。其使用虽然不普遍且未收入类书辞典，但自魏晋以降的一千三百余年间（493前—1851）见诸历史文献的实证不乏其例。如前所述，鉴于中国古代"族类"观十分发达，"别生分类"具体繁多，至有"类聚百族、群分万形"之说，⑤加之"族类"等级森严，这或许就是造成相对抽象笼统的"民族"一词较少使用的原因。⑥

---

① 宋濂：《宋学士文集》卷四十，《查林曾氏家牒序》，《四部丛刊》本。
② 嵇璜、曹仁虎等编撰：《钦定续文献通考》卷二百六，《封建考》，《四库全书》本。
③ 郑之侨：《农桑易之录》卷之三，《农桑善后事宜·重保甲》，清乾隆郑氏刻本。
④ 宗稷辰：《请实行保甲疏》（咸丰元年），葛士濬编《皇朝经世文续编》，光绪十七年（1891年），上海广百宋斋校印。
⑤ 陆云：《陆士龙集》卷三，《答吴王上将顾处征》，《四库全书》本。
⑥ 有关"民族"一词在古代文献中使用较少的原因仍需进一步研究。

中国古代文献中的"民族"一词，就其含义而言，既指宗族之属，又指华夷之别。宗族之属包括了泛指的民众，也包括了相对于"皇族"的"贵族"、"世族"、"巨族"之类。华夷之别，则包含了区别"五方之民"（蛮、夷、戎、狄、华夏）的意义。如果说上引例证中顾欢的"民族弗革"、何送英的"中原之民族"是泛指汉人，那么"粤有民族"则确指南蛮，这种应用实例表明，"民族"一词在用于华夷之别时属于并无歧视意味的抽象指称。至于"皇族"与"民族"的对应关系，则又揭示了"类族辨物"的阶级关系，即居于统治地位的家族、宗族为"皇族"，民间百姓为"民族"。

（三）日文"民族"一词的出现和使用

"民族"一词来源于日本说虽然人云亦云地长期流行，但是学界不断求证该词源流的努力，本身就说明对此说所持的质疑态度。但是令人费解的是，似乎一直没有人对"民族"一词在日文中的应用情况加以探究。近年来，有两位学人几乎不约而同地发现，道光十七年（1837）德国传教士、汉学家郭实腊（Karl Friedrich August Gutzlaff）创办的《东西洋考每月统记传》（九月刊）所载《约书亚降迦南国》一文中，有"昔以色列民族如行陆路渡约耳但河也"一语[1]，并所见略同地得出中文"民族"一词的最初使用"与日本毫无关系"[2]和"民族"一词源于日本说"不能成立"的论断，[3]但是他们也没有对"民族"一词在日本何时出现加以关注。

事实上，"民族"一词何时出现在日文中，在日本学术界也是一个未解之题。根据日本学术界对这一问题的新近研究，其基本判断是"'民族'一词在日本何时被使用的情况很难说清楚"[4]。"'民族'一词，自何

---

① 爱汉者等编、黄时鉴整理：《东西洋考每月统记传》丁酉九月，中华书局1997年版，第271页。

② 黄兴涛：《"民族"一词究竟何时在中文里出现》，《浙江学刊》2002年第1期。

③ 方维规：《论近代思想史上的"民族"、"Nation"与中国》，香港《二十一世纪》2002年4月号。

④ ［日］石塚正英、柴田隆行监修：《哲学·思想翻译语事典》，东京论创社2003年版，Volk条。

时、是如何开始使用的，并不十分清楚。"①这说明"民族"一词不仅没有日语文的古代词源可考，而且在近代何时开始使用也没有准确的时间，而且目前已经发现的例证也相当晚近。

日本学界对这一词语在日文中的最初使用有三种观点：一是井上哲次郎在1891年撰写的《敕语衍意》中首次使用"日本民族"，1897年穗绩八束在《国民教育：爱国心》中使用了"大和民族"。这里的"民族"一词是对应德文中的Volk产生的译名。②二是1878年久米邦武在《美欧回览实记》中提及"在地球上形成各种国家，有种种民族居住"，1891年三宅雪岭在《真善美日本人》中使用了"民族"一词，但是使用更多的是"种族"、"人种"、"诸民种"，"民族"一词的"使用都是偶发的，似乎并没有像'人种'那样展开论述而成为重要的词汇"。三是就"民族"一词对应西文的例证来看，1887年德富苏峰创办的《国民之友》，据说是译自他最喜欢阅读的杂志 The Nation。1906年，他在《黄人的负担》中使用了"大和民族"。1925年，柳田国男创办了《民族》杂志，次年他在有关日本民俗学的演讲中对 folklore、ethnology、ethnologyie、volkskunde、völkerkunde 进行了讨论，认为最后两种学问都是"有关民族的知识"，他将"民族"作为德语的 volk 和希腊语的 ethnos 的日文译名加以使用。因此，日本学者认为："就首先使用而言，虽然缺乏严密的例证，但是在广泛理解欧美民族学的基础上，将'民族'一词在斟酌其意义基础上有意识地明确使用，当为该时期的柳田。"③当然，这是指日本学者对"民族"一词具有学科化解释的应用例证，并不代表日人前此译介西方著作中使用"民族"一词的情况。

在此之前，1872—1888年间加藤弘之、平田东助等人翻译的伯伦知理（Bluntschli Johann Caspar）所著《国法泛论》（后定名为《国家论》），其中包括了"民族"一词对应 nation 并区别于 volk 的论述。在1882年平田东助的译本中有这样一段话："民族（Nation）与国民（Volk）虽其意义

---

① ［日］梅棹忠夫监修、松原正毅编集：《世界民族问题事典》，东京平凡社2003年版，第1116页。

② 参见［日］石塚正英、柴田隆行监修《哲学·思想翻译语事典》，Volk 条。

③ ［日］梅棹忠夫监修、松原正毅编集：《世界民族问题事典》，第1116页。

甚相类似，且相感通，然全非同一之物。德意志语所谓民族者，谓相同种族之民众。国民者，谓居住于同一国土内之民众，故有一族之民分居数国者，亦有一国包含数种民族者。"①此段译文中"民族"对应的是 nation 而以"国民"对应 volk，与后来柳田的译介相反。这也许是日人以"民族"对应 nation 一词的最早例证。不过，这种对应所显示的意义是德人对"相同种族之民众"的理解，从民族—国家体制而言就是指单一民族。

与"民族"概念相关的应用例证还见于 1875 年福泽谕吉所著《文明论概略》。福泽谕吉在论述"国体"时指出：国体"就是指同一种族的人民在一起同安乐共患难，而与外国人形成彼此的区别……西洋人所谓'Nationality'就是这个意思"。在《文明论概略》的中文译本中，有关"国体"论述中出现了"日耳曼民族"、"北方野蛮民族"之类的用语，但这是中文翻译时取代原文"种族"的结果，②该书的日文原文并没有"民族"一词。即福氏"在下文指称民族集团时，使用了'种族'一词。……福泽频繁使用了'国'、'人民'与'人种'，但'民族'一词却一次也未曾出现"③尽管如此，福泽谕吉有关"国体"的思想对日本现代民族—国家的形成以及梁启超等人的思想产生了重要影响。

上述资料表明，日语文中的"民族"一词出现在 19 世纪 70 年代，而且主要是日人翻译德文著作对应 volk、ethnos、nation 等词采用的译名，同时使用的名词还包括"种族"、"人种"、"族种"、"族民"、"国民"等大都见诸古汉语的词语。而"民族"一词取代这些词语，是在 1888 年哲学家井上园了创办《日本人》杂志以后，即"'民族'这个术语首先在杂志《日本人》上被广泛地使用"，然后影响到了整个新闻媒体。④因此，相对于中国古代和近代"民族"一词的使用而言，"民族"一词由中国传入日本可能更接近事实。

---

①　转引自郑匡民《梁启超启蒙思想的东学背景》，上海书店出版社 2003 年版，第 239 页。

②　［日］福泽谕吉：《文明论概略》，北京编译社译，商务印书馆 1959 年版，第 19、21 页。商务印书馆将此书列入《汉译世界学术名著丛书》是对 1959 年译本的重印，而当时中国对"种族"和"民族"已经有了清楚的区分和使用规范。

③　［日］梅棹忠夫监修、松原正毅编集：《世界民族问题事典》，第 1116 页。

④　［日］小森阳一：《日本近代国语批判》，陈多友译，吉林人民出版社 2003 年版，第 142、149—150 页。

（四）中文"民族"一词传入日本的汉学背景

17 世纪的日本，在德川幕府的统治下除保留与中国、荷兰的少量贸易外，其妄自尊大、尊王攘夷、闭关锁国的政策的保守绝不亚于中国，甚至有过之而无不及。"西学东渐"对日本的影响，除了表现为屡受打压仍顽强发展的天主教传教活动外，主要是荷兰人传入的一些西方知识，形成所谓"兰学"。19 世纪中期，继鸦片战争迫使中国门户洞开之后，日本也在西方列强的威慑下被迫打开了国门。在这一阶段，"西学虽然已经传入日本，但是日本朝野对汉学与汉籍的尊崇爱好依然不衰"①。

中国文化传入日本的历史源远流长，对日本古代文化的形成与发展产生了十分重要的影响。随着汉文典籍、佛经的不断传入，汉文在 7 世纪初作为日本官方书面语的地位也得以确立。②及至西方势力的影响进入日本之后，中国文化对日本的影响依然占据主流的地位。在鸦片战争之后，虽然大量的汉文典籍、近代书刊继续输入日本，但是中国译介西方知识的书籍却最受日本官方和知识界的重视。在此之前，日本虽然也有少量直接编译自荷兰文的著作，如《泰西舆图说》、《舆地志略》等，但是来自中国的汉译西书则最受欢迎。如魏源的《海国图志》，"是日本幕府末期被广泛阅读的世界地理书籍之一"③。该书在 1854—1856 年间出版的日文选译本达 21 种之多。④类似被译介为日文的书籍还包括《地理全志》、《地球略说》、《联邦志略》、《万国公法》等，甚至西方传教士在中国办的中文刊物也被大量翻译为日文。

1862 年，日本幕府派出的"千岁丸"号抵达上海，该使团的成员大多为幕府的藩士，这些深受儒家文化影响又对中国在鸦片战争中失败十分费解的日本藩士，在两个月的考察中，多与中国官吏文人进行"笔语"

---

① 王晓秋：《近代中日文化交流史》，中华书局 2000 年版，第 21 页。
② 参见王锋《从汉字到汉字系文字》，民族出版社 2003 年版，第 155 页。
③ ［日］依田惠家：《日中两国近代化比较研究》，卞立强等译，上海远东出版社 2004 年版，第 58 页。
④ 参见王晓秋《近代中日文化交流史》，第 34 页。

（写汉字）交流，同时也目睹了当时洋人当道、难民如潮、鸦片泛滥、青楼遍布、洋教传播等社会沉沦之状，最终得出"按当今清国风习，文弱流衍，遂至夷蛮恃力而至。这是万邦之殷鉴"的结论。①因此，"千岁丸"号的中国之行，在使原本仰慕中国文化的日本藩士由崇敬中国转向轻视中国的同时，也激发了他们尊皇攘夷、废除幕府体制的变革思想。考察期间，日本人虽然对洋教在上海的风行深恶痛绝，但是对上海的洋学译介兴趣盎然，以致出现藩士们游走于大街小巷"大量收购有关中国地理、历史、政治方面的书籍以及汉译西书"的现象，②尤其对汉译洋书"四处求索、唯恐不及"。③当时，上海正是国人、传教士翻译西方书籍的中心。

　　1868 年维新势力推翻德川幕府政权，日本进入明治维新时期，并于1871 年与中国建立邦交关系。此后，两国知识界的交往不断发展。因此，在中日甲午战争之前，中国翻（编）译的西方书刊是日本明治维新时期"西学东渐"最重要的语言文字桥梁。据统计，1660—1895 年，中国译自日文的书籍仅有 12 种，而同期日本翻译的中文书籍则达到 129 种之多。④从这个意义上说，就"民族"一词在中国古代文献到近代书刊的使用情况看，该词由中国传入日本的概率更大，而且很可能是一些传教士办的中文刊物中使用的"民族"一词产生的影响。

　　如果说咸丰元年（1851）宗稷辰上疏中所说"民族多散居"是对古汉语"民族"一词主流传统用法的遵循，那么道光十七年（1837）郭实腊编办的《东西洋考每月统计传》中出现的"以色列民族"则属现代意义的用法。在这种官方与民间、传统与现代交叠使用"民族"一词的状况下，中国人的民族观也在发生着由传统向现代的转变。王韬即被视为中国早期民族主义（即"儒家民族主义"）的代表人物之一。虽然中国传统的"族类"观念很强，但是当时国人对具有现代意义的"民族"观却十分陌生。"中国人若要把中国视为一个民族，应先知道世界上还有某些非中国

---

① 冯天瑜：《"千岁丸"上海行——日本人一八六二年的中国观察》，商务印书馆2001 年版，第258 页。

② 王晓秋：《近代中日文化交流史》，第 116 页。

③ 冯天瑜：《"千岁丸"上海行——日本人一八六二年的中国观察》，第 209 页。

④ 王晓秋：《近代中日文化交流史》，第 401 页。

的价值",王韬即是当时认识到这一点的中国文人之一。"自 1849 年后就与王韬打交道的传教士们均非等闲之辈,完全可以把他们概括为新教在华传教团体的学术精英。"①所以,王韬在与这些谙熟汉学的传教士合作翻译中文典籍、西文著述的过程中,接受了很多西学的思想,在中、西词语互译的知识方面也堪称当时的大家。他有关"夫我中国乃天下之至大之国也,幅员辽阔,民族殷繁,物产饶富,苟能一旦奋发自雄,其坐致富强,天下当莫与颉颃"②的观点,即"强调民族竞争是直接出于国家富强的需要"的思想,是一种有别于当时排外主义的"世界主义的、心灵开放的民族主义"。③王韬的著述(自著、译著)在日本知识界广受欢迎、影响很大。尽管当时日本学人都能阅读古汉语文献,但王韬的书仍被译为日文。1879 年王韬曾应邀赴日考察,与日本各界多有交流,但是其所撰《洋务在用其所长》一文当在这之前,应为 19 世纪 70 年代中期。④他所用的"民族"一词,系目前所见继传教士郭实腊所办刊物在 1837 年出现"民族"一词后,第二例在中文文献中使用现代"民族"概念的证据。

因此,无论是古汉语"民族"一词,还是近代对译西文的"民族"现代用法,在 19 世纪 70 年代左右传入日本的可能性很大。近代日人大量译介西方著作时,吸收中译西书的用词或用中文词语对应欧美新概念是普

---

① 〔美〕柯文:《在传统与现代之间——王韬与晚清改革》,雷颐、罗检秋译,江苏人民出版社 2003 年版,第 41 页。

② 王韬:《弢园文录外编》卷三,《洋务在用其所长》,中州古籍出版社 1998 年版,第 143 页。

③ 〔美〕柯文:《在传统与现代之间——王韬与晚清改革》,第 148 页。

④ 王韬的《洋务在用其所长》一文,撰于何年不详。但考其内容和王韬不同时期的政论,应该是在 19 世纪 70 年代中期。理由一是王文中称"泰西之国,通商中土四十余年",显然不是从康熙二十四年(1685)开放海禁、确定广州等四个通商口岸算起,也不可能是指 1840 年鸦片战争以后,很可能是指英国在 1833 年取消东印度公司独占对中国贸易权之后,英国商人大规模涌入中国之际。这样算来,"四十余年"应该是 19 世纪 70 年代中期。二是王文细述了英美国家电信事业之发展,称"泰西各国制造电线,由其国都以达中土,邮筒传递,顷刻可通,而中国独无之,未免相形见绌矣"。王韬所说即电报。从 1869 年美国旗昌洋行在上海设立陆地电报线,到 1871 年丹麦大北公司接通海底电缆,电报业在中国的租界开始发展,清朝政府于 1880 年在天津成立电报总局,中国才有了自己的电报业。因此,王韬所言"中国独无之"当指此之前。三是王韬在游历欧洲等国两年有余后于 1870 年返回中国香港,1871 年完成《法国志略》,1874 年创办了《循环日报》,《洋务在用其所长》一文即刊于此报。如果按照王韬在该刊发表的文章所集成的《弢园文录外编》分卷和文章排序来看,该文发表的时间应属较早之列。

遍现象。因此"明治以降大量的双音汉字词组被创造出来"之说,①颇有言过其实之嫌。日文中的很多"双音汉字词组"并非"创造",即如"民族"、"种族"、"宗教"之类均属古汉语名词,②只是对应了西学概念被赋予了新的意义。当然,尽管古汉语"民族"一词在中国有早于日本的具有现代意义的应用证据,但是目前尚未发现像日译西书中将"民族"对应volk、nation、ethnos 及其定义性的例证。③从这个意义上说,国人就"民族"对应这些西文概念及其含义的理解,应该主要来自日本翻译的西学著作。

(五)中国现代民族(nation)观念受到日译西书的影响

1895 年,中国在甲午战争中失败。近代"西学东渐"在"中国开花、香在日本"的结果,使中国人开始急切地寻求"东学"的强国秘诀。官方、民间译书局、馆纷纷建立,"以东文为主,而辅以西文。以政学为先,而次以艺学"。国人开始通过各种渠道搜集日文书籍,大批培养日文翻译

---

① [日]小森阳一:《日本近代国语批判》,第106 页。

② 在现代中文的日语外来语研究中,"种族"一词与"民族"一样被列为"现代汉语的中—日—欧外来词"。(刘禾:《跨语际实践——文学、民族文化与被译介的现代性(中国,1900—1937)》,第397 页)事实上,"种族"一词自秦汉以后在汉籍典籍中屡见不鲜,其使用与"民族"十分相似,既用于宗族之属,但更多地用于夷夏之别。如"今乃欲灭我曹种族,不亦太甚乎"?(《后汉书》卷六十九,《何进传》)"附其种族,使之自赡。"(《晋书》卷五十六,《江统传》)"女真垂弱,鞑靼骤强,其种族不一,兴替无常。"(《鹤山集》卷九十三,《又一道》)至于佛教典籍中"种族"一词更为多见,如对诸佛的分种,均以"种族"分类。(《法苑珠林》卷十三,《种族》)又如被径直列为"现代汉语的中—日外来词"之列的"宗教"一词(刘禾,第403 页),在中文典籍中亦载记颇多,若《姑苏志》中"丈莹吴僧,多闻博识,宗教亦高","先是,溧阳民多奉白云宗教,雄踞阡陌,豪夺民业";《武林梵志》中的"阐扬宗教,皈依云集。"在中文的日语外来语研究中,类似的问题还有不少,若"辩证"一词(刘禾,第391 页),不仅有古汉语词源,而且其原意与现代意义十分接近,如《新唐书纠谬》一书中称:"此书专以驳正新唐书之讹误,凡二十门四百余事,初名纠谬,后改为辩证。"再如"卫生"一词(刘禾,第393 页),《政类本草》载:"人之所甚重者,生也;卫生之资所甚急者,药也。"还有"小儿卫生"、"卫生之士"之类,意同医生。因此,包括"民族"、"种族"、"宗教"这些古汉语固有的名词,显然不能列为上述两项的外来词分类范畴。这些词虽然在近代对译西文后赋予了程度不同的现代意义,但考求其中文古意,是否可以划入"回归的书写形式外来词:源自古代汉语的日本'汉字'词语"(刘禾,第404 页),恐怕也要进一步研究、界定。

③ 在中国的翻译历史上,特别是近代以来的翻译实践,不大重视在术语对译时加注原文,这是造成术语使用困扰的重要原因之一。

人才。其间，日益增多的留日学人在译介日文书籍方面发挥了重要作用，他们不仅办了大量的报刊，而且组织了译书汇编社等翻译组织，出版了诸如《译书汇编》（1900）、《游学译编》（1902）等。19世纪70年代以后日人的一些著作和日人直接翻译自西方的一些资产阶级政治学著述，都是通过这些书刊介绍到中国的。从近代中国译书的情况来看，1850—1899年国人翻译的外文著作为567种，其中日文著作仅86种，占15.1%；而1902—1904年的短暂3年间，在国人翻译的533种外文著作中，日文著作则多达321种，占60.2%。①

中国戊戌变法失败后，梁启超流亡日本并受到诸多日本学人思想理论的影响，如福泽谕吉的"文明论"，中村正直的"古今东西道德一致说"，中江兆民翻译的卢梭《社会契约论》及其对自由民权的阐释，高田早苗、浮田和民译介、阐发的帝国主义理论，加藤弘之宣扬的社会达尔文主义和强权思想，加藤弘之、平田东助等人翻译的伯伦知理《国家论》，等等。在这些纷然杂陈的思想理论中，"伯氏的国民与民族的关系理论"是对梁启超产生重要影响的思想之一。②如上所引，伯伦知理认为民族（nation）是指同一种族之民众，国民（volk）是指同一国土内之民众。这一观点是对当时西欧民族—国家原则的质疑，也是从当时日耳曼民族分为普鲁士、奥地利、瑞士的现状出发，故其强调建立国民（volk）国家，反对卢梭的社会契约论。梁启超在接受这些思想并用于思考中国问题的过程中，上述诸多思想在其不同时期的论著中都有所反映。但是"国民"观念是其最重要的思想阐释内容。

19、20世纪之交，中国救亡图存的国家主义、民族主义、国民主义思潮伴随着"自强保种"的种族观念交相泛起，在天下与国家、部民与国民、民族与种族、华夏与蛮夷等观念的冲突中引发了维新派与革命派之间的"种族"之争。③这一争论虽然渗透了"物竞天择、适者生存"的社会

---

① 参见王晓秋《近代中日文化交流史》，第401页。
② 参见郑匡民《梁启超启蒙思想的东学背景》，第263页。
③ 诸如康有为《去级界平民族》，《去种界同人类》，《大同书》；梁启超《论变法必自平满汉之界始》，《变法通议》；章炳麟《序种姓》（上、下），《訄书》；邹容《革命必剖清种族》，《革命军》；陈天华《人种述略》，《猛回头》等。均为华夏出版社2002年版。

达尔文主义的影响，但是对"国民"（volk）与"民族"（nation）的不同
塑造，又在"种族革命"与"政治革命"关系的论战中形成了不同的理
念。以梁启超《新民论》为代表的"国民主义"思想，是对伯伦知理
"国民"（volk）观念的阐发，宣扬"合汉合满合蒙合回合苗合藏，组成一
个大民族"的"大民族主义"。①而以汪精卫《民族的国民》为代表的"民
族主义"思想，在强调"血系"是民族的充分条件的基础上，将中国多
民族的民族—国家建构定位于"必以我民族居主人之位而吸收之"的基础
之上，将"种族革命"视为推翻清朝统治的"政治革命"不可缺少的内
容，即"改变满汉权力结构既是政治革命，亦是种族革命"②。梁启超对
"国民"的理解和"大民族"的观念，虽然包含了他在日本受到的"民族
帝国主义"思想影响，但是其对"民族"（nation）意义的理解却相当于
今天所说的中华民族。③而汪精卫的"民族主义"观念则是以"皇汉民族"
为中心形成的"种族的民族主义"。④

　　西方的现代"国民"、"民族"、"民族主义"、"民族国家"观念，通
过日译西书为中国人所认识和理解。但是，这种理解在应用于中国"救亡
图存"的实践中，德国、日本的民族单一性及其强国之路，也造成了国人
对"种族"（race）与"民族"（nation）概念的合一认识。孙中山三民主
义的民族主义思想，可以说是清末民初中国民族主义思潮发展的集大成
者。他在1924年的演讲中指出："英文中民族的名词是哪逊"（即 na-
tion）。在中国，"我说民族主义就是国族主义"，"我说民族就是国族"。⑤
不过，这里所说的"民族"和"国族"都是指汉族。相比之下，孙中山
在1919年论说中国消极和积极民族主义的思想，却更接近在多民族国家
打造"国族"的理念："即汉族当牺牲其血统、历史与夫自尊自大之名
称，而与满、蒙、回、藏之人民相见以诚，合为一炉而冶之，以成一中华

---

　　① 梁启超：《政治学大家伯伦知理之学说》，《饮冰室合集》文集之十三，中华书局1989年版，
第76页。

　　② 罗久容：《救亡阴影下的国家认同与种族认同——以晚清革命与立宪派论争为例》，《认同与
国家：近代中西历史的比较》，台湾中研院近代史研究所1994年版，第82页。

　　③ 参见郑匡民《梁启超启蒙思想的东学背景》，第265页。

　　④ ［英］冯客：《近代中国之种族观念》，第112页。

　　⑤ 孙中山：《民族主义》，《三民主义》，岳麓书社2000年版，第2页。

民族之新主义，如美利坚之合黑白数十种之人民，而冶成一世界之冠之美利坚民族主义，斯为积极之目的也。"①孙中山的民族主义，本身就游移于所谓"消极"与"积极"之间，即便是在"种族"话语不再盛行时，他"仍一再把种族等同于国家，这表明五族共和学说与先前的排满思想之间的联系并没有切断"②。这对当时中国的资产阶级革命家来说是难以摆脱的思想困境。

总之，古汉语"民族"一词在近代传入日本，在日译西书（主要是德人著作）中对应了 volk、nation、ethnos 等名词，被赋予了现代意义。中国人主要从日译西书中接受了西方有关现代民族—国家时代的"国民"、"民族"含义，在建构现代中国和中华民族的民族主义探索中，经历了从传统"宗族的种族"到近代"民族的种族"的转化。③"种族"一词作为古汉语名词，自秦汉以后普遍见诸古代文献，它在近代的广泛应用，除了历史传统外，还与日人"同种一族"攘夷自强的成功、西方社会达尔文主义和人种学知识的传入直接相关。它使中国古代传统的华夷观念，在遭逢了近代"西来蛮夷"的强权和炮火洗礼之后，强化了生物学意义，"从民族适者生存的话语中，推导出了种族适者生存的必然性"④，出现了将"血系"作为"民族"第一要素的观念，形成"政治革命"中内攘蛮夷（满清）以"自强保种"的"种族革命"理念。而这种理念，显然与中国多民族国家形成与发展的历史进程相悖。

梳理中国古代文献中的"族类"例证，考究"民族"一词的古汉语来源，其意义不仅在于纠正本文开篇指出的陈说共识，而在于引起我国民族学界在汲取西方"族类"概念和相关理论的过程中，对发掘和研究中国古代"族类"观及其思想理论给予充分的关注。至于本文主题所讨论的"民族"一词之流变，相信在中日文献中还会有更多的实证可考。

---

① 孙中山：《三民主义》（附录），《三民主义》，第 240 页。
② ［美］杜赞奇：《从民族国家拯救历史——民族主义话语与中国现代史研究》，王宪明译，社会科学文献出版社 2003 年版，第 135 页。
③ ［英］冯客：《近代中国之种族观念》，第 103 页。
④ ［美］杜赞奇：《从民族国家拯救历史——民族主义话语与中国现代史研究》，第 174 页。

近代中国的民族观与中华民族

中国是一个多民族的国家，中华民族是代表中国境内各民族之总称。

——《抗日战士政治读本》

1911 年的世界，并没有发生国际性的重大事件。但是，对于东方的中国来说，却出现了惊天动地、翻天覆地的一场革命。百年前发生的辛亥革命，结束了中国延续两千多年的封建王朝统治，使中国在积贫积弱、遭受帝国主义列强百般欺凌的困境中，迈入了现代国家的门槛、走上了国家民族（state nation）的建构和整合之路。中国出现这一剧烈社会变革正是 20 世纪世界范围第一波民族主义浪潮开始高涨之时，也是西欧资本主义基本完成民族国家建立之际。

对此，1913 年列宁就资本主义时期民族问题的两种历史趋势作出了判断：第一个趋势是"民族生活和民族运动的觉醒，反对一切民族压迫的斗争，民族国家的建立"①。列宁认为："民族国家是资本主义发展中的一个必经阶段"，是"资本主义的一定阶段上发展生产力所必须的基础"②。因此，无论对西欧还是整个世界，民族国家"都是资本主义时期典型的正常的国家形式"③。不仅如此，包括被列强所瓜分、殖民的亚洲，那里兴起的民族运动，其"趋势就是要在亚洲建立民族国家，也只有这样的国家才能

---

① 列宁：《关于民族问题的批评意见》，《列宁专题文集·论资本主义》，人民出版社 2009 年版，第 290 页。

② 列宁：《关于无产阶级和战争的报告》，《列宁专题文集·论资本主义》，第 88 页。

③ 列宁：《论民族自决权》，《列宁选集》第 2 卷，人民出版社 1995 年版，第 371 页。

保证资本主义的发展有最好的条件"①。中国如何在一个封建帝国的基础上建构现代民族国家？对孙中山领导的资产阶级来说，首先面对的是怎样认知现代民族国家的国民——国家民族，这是辛亥革命后中国的历史需要回答的问题。

（一）种族观念下的"中华民族"

中国戊戌变法失败后，梁启超流亡日本并受到诸多思想理论的影响。在这些纷然杂陈的思想理论中，伯伦知理有关国民与民族的政治学理论，对梁启超产生了重要影响。②正是在这一背景下，具有现代意义的民族（nation）概念及其理论话语传到了中国。"民族"一词，作为古汉语的固有名词，是中国古代"类族辨物"分类体系中之一种，且有溯至汉代碑铭、载入南齐以降史书的证明，其应用既有"皇族"与"民族"之分，也有"华夏"与"四夷"之别，而宗族之属亦在其中。但其被赋予现代民族的含义则是19世纪日本译介西方著述的结果。③随着国人求"东学"以强国的思想引进，现代意义上的国家民族概念，成为中国社会由传统王朝体制向现代民族国家转变中的关键词。

1902年梁启超提出的"中华民族"概念，可谓对中国的国家民族命名之举，这是一个历史性的贡献。但是对一个国民成分多元化的国家来说，中华民族是指汉族还是包括所有少数民族在内的全体国民？这是中国在民族国家建构过程中学界、政界、民众十分关注的话题。对于中国几千年"五方之民"互动不懈的历史而言，现代民族观念的确立是一个复杂的过程。近代中国在构建现代民族国家的进程中，首先面对着如何界定中国和中国民族的问题。西方"一族一国"的民族主义理论，如何解释中国历史上延续不断的"五方之民"互动关系？乃至怎样直接面对满族贵族建立和实施统治的清王朝？

① 列宁：《论民族自决权》，《列宁选集》第2卷，第347页。
② 参见郑匡民《梁启超启蒙思想的东学背景》，上海书店出版社2003年版，第263页。
③ 参见拙文《中文"民族"一词源流考辨》，《民族研究》2004年第6期。

　　在中国遭受帝国主义列强对主权、边疆、领土的侵袭和蚕食的危难中，中国仁人志士经历着思想观念、国家观念、种族观念、民族观念的激烈冲突和剧烈变革。他们对清朝政府的软弱无能、割地赔款等行径痛心疾首，通过政治变革寻求强国之路的迫切愿望，都归结为推翻清朝政府统治这一毫不犹疑的政治取向。而清朝统治阶层的族别差异及其民族压迫政策，在"物竞天择，适者生存"的进化论思想影响下，导致了恢复汉人正统、驱逐满族统治的种族—民族主义运动，形成了以"排满"为中心的社会思潮。这种思潮，事实上在近代民族国家建构中具有普遍性，一方面当时的世界体系"视民族国家为唯一合法的政体"，另一方面可以看到"社会达尔文主义是如何将种族和启蒙历史与民族国家联系在一起的"①。在中国这一几千年多民族互动的王朝国家转型中，传统的王朝正统、"夷夏之辨"、"黄帝"想象，也必然成为构建现代民族国家的民族主义内涵。

　　由于影响中国知识界和士绅阶层的民族主义理论及其对民族国家的认知，主要来源于日本和德国的理论思想，而这两个国家的国民成分单一性似乎最符合西方民族主义的建国理念。因此，在中国知识界对民族国家的最初认识中，国民成分单一性的国家想象曾使"种族"概念流行一时。在19、20世纪之交，中国救亡图存的国家主义、民族主义、国民主义思潮伴随着"自强保种"的种族观念交相泛起，在天下与国家、臣民与国民、民族与种族、华夏与蛮夷等观念的冲突中引发了维新派与革命派之间的"种族"之争。②对民族主义话语的阐释，一方面出现了以塑造"黄帝"为标志的"黄汉民族"祖先崇拜和"皇汉民族"的政治正统，另一方面又迎合了所谓汉族源于西方的假说。

　　在晚清兴起的中国资产阶级民族主义革命运动中，"反清排满"是最具动员力的口号。孙中山领导的辛亥革命，是中国建立民族国家的开端。而民族主义是掀起民族解放运动、建立民族国家最强有力的思想动力。在

---

　　① ［美］杜赞奇：《从民族国家拯救历史——民族主义话语与中国现代史研究》，王宪明译，社会科学文献出版社2003年版，第59页。

　　② 诸如康有为《去级界平民族》，《去种界同人类》，《大同书》；梁启超《论变法必自平满汉之界始》，《变法通议》；章炳麟《序种姓》（上、下），《訄书》；邹容《革命必剖清种族》，《革命军》；陈天华《人种述略》，《猛回头》等。均为华夏出版社2002年版。

建立现代民族国家的诸多主张中，"驱逐鞑虏，恢复中华"的"种族"建国的思潮，也导致以主要由汉族聚居的"十八省"独立建国之论。这种建国主张，将东三省、新疆、内外蒙古和西藏等广大地区排除在外，显然是一种有悖于中国多民族共建国家的历史的狭隘观念。事实上，这种"种族—民族主义"的政治主张，除了正中时刻觊觎中国国土的日本、沙俄、大英帝国列强的下怀外，对中国走上现代国家之路毫无积极作用。辛亥革命后蒙古、西藏、新疆地区相继出现帝国主义制造的分裂危机，当然是主张"种族—民族主义"的革命党人始料不及的。这种危局，也促使了民国草创在民族、国家、领土方面的新观念。

（二）"五族共和"的"民族统一"

在辛亥革命的实践中，以孙中山为代表的资产阶级民主革命领导人，已经意识到这场推翻清王朝的革命不仅是一场种族—民族革命，"从颠覆君主政体那一面说，是政治革命"[1]。针对清王朝的腐败，孙中山认为即便是汉人当皇帝，这样的政府也必须推翻。对这场革命不在于"排满"的意识，使孙中山对中国的历史国情和现实危局有了比较清醒的认知。1912 年元旦，孙中山以中华民国临时大总统的身份宣布："国家之本，在于人民，合汉、满、蒙、回、藏诸地为一国，即合汉、满、蒙、回、藏诸族为一人，是曰民族统一。武汉首义，十数行省先后独立。所谓独立，对于清廷为脱离，对于各省为联合，蒙古、西藏意亦同此。行动既一，决无歧趋，枢机成于中央，斯经纬周于四至。是曰领土之统一。"[2]这一政治宣示，对中华民国的民族统一、领土统一作出了明确的表述。汉、满、蒙、回、藏的"五族共和"之论由此得以倡导。

1912 年 2 月 12 日，清帝溥仪颁布退位诏书，正式宣告了中国王朝体制的寿终正寝。3 月 10 日，袁世凯在北京正式就职。次日颁布《中华民国临时约法》，其中重申了"五族共和"的立国原则，并规定"中华民国领

---

① 孙中山：《三民主义与中国民族之前途》，《三民主义》，岳麓书社 2000 年版，第 250 页。
② 孙中山：《临时大总统宣言书》，《孙中山全集》第 2 卷，中华书局 1982 年版，第 2 页。

土为二十二行省、内外蒙古、西藏、青海"。4月22日，袁世凯发布大总统令称："现在五族共和，凡蒙、藏、回疆各地方，同为我中华民国领土，则蒙、藏、回疆各民族，即同为我中华民国国民。"其后，孙中山也申明："今我共和成立，凡蒙、藏、青海、回疆同胞，在昔之受制于一部者，今皆得为国家主体，皆得为国家主人翁。"①虽然"五族共和"并未客观地反映中国多民族的现实，但是对中国领土、国民的界定，毕竟超越了"十八省"汉族建国的局限和狭隘，是中国现代民族观念的重要变革，对包容中国各民族共和建国、激发中国各民族的祖国认同、抵御帝国主义的侵略和肢解具有积极意义。

事实上，对中国的现代民族国家建构而言，"中华民族"的内涵和外延问题并没有因"五族共和"而得以解决。中华民族这一概念，在经历了从梁启超的"大民族主义"——"合汉、合满、合蒙、合回、合苗、合藏，组成一大民族"之说，到孙中山的"五族共和"与"民族统一"，即"合汉、满、蒙、回、藏诸族为一人"，并以美国熔炉模式"合为一炉而冶之，以成一中华民族之新主义"之说，乃至李大钊"新中华民族主义"的"五族之文化已渐趋于一致"、"凡籍隶于中华民国之人，皆为新中华民族云"②之说的演变。这一变化，虽然使中华民族这一概念的外延摆脱了"种族"意识的桎梏，但是"合"、"冶"含义的"汉族本位"依然是中华民族的内涵，这也决定了孙中山民族主义思想始终难以摆脱美国"种族熔炉"的窠臼。这一思想底蕴，使孙中山对倡导"五族共和"以来未能改变国家南北对局、军阀分裂的局面十分失望，故转向对"五族共和"的否定和对恢复中华汉民族主义的阐发。

（三）汉族中心的"共治一炉"

1919年，孙中山针对象征"五族共和"的"五色旗"说："此民国成立以来，所以长在四分五裂之中……皆由不吉之五色旗有以致之也。"这

---

①　孙中山：《在北京蒙藏统一政治改良会欢迎会的演说》，《民立报》1912年9月8日。
②　守常：《新中华民族主义》，《甲寅》日刊，1917年2月19日。

种"以清朝之一品武员之五色旗"为国旗的方式，致使"清朝之武人之专制难以灭绝也"①。其实，孙中山对"旗所以标众"象征意义的责难，倒不完全在于承袭清代"武人之旗"的弊端，而在于对"五色旗"所代表的"五族"平等共和的质疑。

1920年，孙中山针对"五族共和"说："这五族的名词很不切当，我们国内何止五族呢？"他以"吾党之错误"反省称："自光复之后，就有世袭官僚，顽固底旧党，复辟底宗社党，凑合一起，叫做五族共和。岂知根本错误，就在这个地方。"他认为，四万万之众的汉族尚未"真正独立组织一完全汉族底国家"，而各以百万人口之计的满、蒙、回、藏何以能平等地"共和建国"，何况这些民族或处于日人势力之下，或为俄人所控制，或几成英人的囊中之物，"足见他们皆无自卫底能力，我们汉族应帮助他们"。而这种帮助就需要在民族主义上下工夫，"务使满、蒙、回、藏同化于我汉族，成一大民族主义国家"。至于将"五族共和"倡导各民族平等改变为"同化于我"将产生的后果，"兄弟现在想得一个调和的方法，即拿汉族来做个中心，使之同化于我，并且为其他民族加入我们组织建国底机会。仿美利坚民族底规模，将汉族改为中华民族，组成一个完全底民族国家，与美国同为东西半球二大民族主义国家"。不仅如此，"将来无论何种民族参加于我中国，务令同化于我汉族。本党所持的民族主义，乃积极底民族主义。诸君不要忘记"②。

孙中山认为消极的民族主义是为了"除去民族间的不平等"，而积极的民族主义则是为了"团结国内各民族"。这里所说的"团结"，是指主动将汉族之外的各民族接纳和消融于美国式的民族"熔炉"之中，而不是"排满"式的排拒或"五族共和"式的平等，从而达到"熔炉"之内"民族之种类愈多，国家之版图亦随之愈广"的目的，"完成一大中华民族"的建构。③如何使许多民族"化成一个中华民族"，他主张汉族要牺牲其血统、历史与自尊自大，与其他民族"合为一炉而冶之"，而这种"冶之"

---

① 孙中山：《三民主义》（1919年），《三民主义》，岳麓书社2000年版，第240页。
② 孙中山：《三民主义之具体办法》，《三民主义》，第260—262页。
③ 孙中山：《中国国民党宣言》，《孙中山全集》第7卷，中华书局1985年版，第1、3页。

并非熔铸为一体，而是"使藏、蒙、回、满，同化于我汉族，建设一最大之民族国家者，是在汉人之自决"①。所谓"汉人之自决"就是使汉人的民族主义成为中华民族"熔炉"之火，如同各色移民来到美国"合一炉而冶之"为一个美利坚民族，而无须去消极地实现各民族的平等。实行这种积极的民族主义，"我们中国许多的民族也只要化成一个中华民族，并且要把中华民族造成很文明的民族，然后民族主义乃为完了"②。也就是他所倡导的"国族"建构得以完成。

（四）汉人社会的"宗族民族主义"

1924 年 1 月 20—30 日，中国国民党第一次全国代表大会在孙中山主持下举行。用孙中山的话来说，就是"吾党此次改组，乃以苏俄为模范"，谋求国民革命的成功。这次大会把反对帝国主义的革命目标纳入政纲，同时改变了孙中山的民族主义思想，提出了民族主义的两方面的意义："一则中国民族自求解放；二则中国境内各民族一律平等。"同时，郑重声明："承认中国以内各民族之自决权，于反对帝国主义及军阀革命获得胜利以后，要组织自由统一的（各民族自由联合的）中华民国。"③其国民政府建国大纲亦宣示："故对于国内之弱小民族，政府党扶植之，使之能自决自治。"④

虽然国民党方面与这份宣言起草者——共产国际代表、苏联政府驻广州革命政府代表、孙中山聘任的高级顾问鲍罗廷——之间，在有关"自决"和"联邦制"、"自由联合"与"统一国家"等概念方面存在着理解

---

① 孙中山：《在桂林对滇赣粤军的演说》，《孙中山全集》第 6 卷，中华书局 1985 年版，第 24 页。

② 孙中山：《在上海中国国民党本部会议的演说》，《孙中山全集》第 5 卷，中华书局 1985 年版，第 394 页。

③ 《中国国民党第一次全国代表大会宣言》，《孙中山全集》第 9 卷，中华书局 1986 年版，第 118、119 页。

④ 《国民政府建国大纲》，《孙中山全集》第 9 卷，第 127 页。

上的差异,① 但是上述宣示与孙中山以往的民族主义主张显然大为不同。在共产国际和苏俄联邦建国经验的直接影响下,1924 年形成的国共合作,使两党有关民族问题的政治纲领方面,就文字表述而言也基本趋于了一致。但是,国民党"一大"对民族主义的重新阐述,是否也意味着孙中山对其民族主义的修正?1924 年 1 月 27 日,孙中山开始了每周一次的三民主义宣讲。或许,这也是他对大会前和会议中关涉民族问题政治宣示存在争议的回应。

孙中山三民主义的民族主义思想,可以说是清末民初中国民族主义思潮发展的集大成,在系统阐述近代中国民族主义思想方面具有代表性。而对于中国这个自古形成的多民族国家来说,构建民族国家的基础是对"民族"这一概念的理解及其载体的界定。因此,孙中山在民族主义的第一讲中就此作了说明:"英文中民族的名词是哪逊(即 nation——引者注)。哪逊这一词有两种解释:一是民族、一是国家。"在中国,"我说民族主义就是国族主义","我说民族就是国族"②。当然,这里所说的"民族"和"国族"都是指汉族。因为孙中山认为中国自秦汉以来,都是由"一个民族造成一个国家",而不似外国一个民族造成几个国家或几个民族造成一个国家。因此"一族一国"在中国是适用的,但是在一些外国,诸如英国就是不适用的。但是,"五族共和"及其"五色旗"的"标众"之意,是指五个"哪逊"(nation),即五个"国族",这当然是有违孙中山的民族主义本意,加之革命之后的一系列挫折,使满、蒙、回、藏等"民族"熔冶于汉族的"国族"之炉,也就成为其确认中华民族的"国族"地位的基本思想。

在随后的民族主义演讲中,孙中山认为要救中国,想中华民族永远存在,"必须要提倡民族主义"。因为"民族主义这个东西,是国家图发达和种族图生存的宝贝。中国到今日已经失去了这个宝贝"③。为了恢复这个"宝贝",孙中山不仅复归于"种族—民族主义"的种族观念,而且也重

---

① 参见〔日〕松本真澄《中国民族政策之研究——以清末至 1945 年的"民族论"为中心》,鲁忠慧译,民族出版社 2003 年版,第 116—119 页。

② 孙中山:《民族主义》(第一讲),《三民主义》,第 2 页。

③ 孙中山:《民族主义》(第三讲),《三民主义》,第 26 页。

蹈了中国人"西来说"的覆辙。他认为按道理说中国文化应发源于"珠江流域"而非"黄河流域","但是考究历史,尧、舜、禹、汤、文、武时候,都不是生在珠江流域,都是生在西北,珠江流域在汉朝还是蛮夷,所以中国文化是由西北方来的,是由外国来的。中国人说人民是百姓,外国人说西方古时有一种百姓民族,后来移到中国"①。他认为这就是"适者生存"的"天然公理"。那么如何恢复汉族的民族主义?他认为必须依靠中国"坚固的家族和宗族团体"。即遵循源自先秦时代"家族"、"宗族"、"国族"的脉络,使"家族"、"宗族"这些中国社会中的"小团体"结合成"大团体","便可由宗族主义扩充到国族主义"。②这种"家族—宗族—国族"观,对国民党的民族观产生了重要影响,也是蒋介石后来宣扬的民族观。

基于他对民族主义的上述观念,孙中山在否定"五族共和"的同时,也否定了"联邦"建国的主张。他认为,联省自治、实行省宪,然后联合为国宪的主张和行动"真是谬误到极点,可谓人云亦云,习而不察"。他认为中国的情形完全不同于美国,"中国本部"十八省和东三省、新疆计22省,加之热河、绥远、青海等特别区域及蒙古、西藏各属地,在清朝乃至上溯明朝、元朝等,中国"历史上向来都是统一的","我们推翻清朝,承继清朝的领土,才有今日的共和国。为什么要把向来统一的国家再来分裂呢?"③孙中山在联邦制问题上进行的中美比较,与他在民族问题方面的中美比较,显然完全不同。前者是基于中国历来统一,特别是元朝、清朝的大统一;后者则基于美国式的"熔炉"同化,其中包括中国"两次亡国"的依据——"一次是元朝,一次是清朝"。④这种对国家统一的肯定,对蒙古、满少数民族入主中原的否定,显然与他对"哪逊"(nation)一词两意(民族、国家)统一性的理解相悖。这种"国族"想象和国家统一的愿望,没有也不可能解决辛亥革命后的中国究竟如何建立现代民族国家的问题。这正是中国资产阶级革命的局限性。

---

① 孙中山:《民族主义》(第三讲),《三民主义》,第34页。
② 同上书,第53页。
③ 孙中山:《民权主义》(第四讲),《三民主义》,第116—117页。
④ 孙中山:《民族主义》(第二讲),《三民主义》,第14页。

中国封建社会的沉重和资产阶级的孱弱，使孙中山领导的资产阶级民主革命及其民族主义主张，不必说什么"积极"地去"共冶一炉"为"大中华民族"，即便是所谓"消极"地倡导各民族平等，也不过是"纸上谈兵"。中国革命需要新的政治活力。从1915年兴起的"新文化运动"，到1919年爆发的"五四运动"，就是中国在辛亥革命后的困局中走向现代民族国家的新动力。这种动力就是伴随1917年俄国"十月革命"炮声而来的马克思主义，它为尚未成功的中国革命注入了新的活力，为中国探索现代民族国家之路开辟了新阶段和新历程。

（五）"中华民族是一个"的学术论战

1925年，孙中山逝世以后，国民党宣布建立国民政府，汪精卫当选为主席。这位曾与鲍罗廷论辩"民族"、"自决"、"统一"等概念的汪精卫，[①]也曾以其《民族的国民》的民族主义思想在清末民初的立宪派与革命派的论辩中居于一席之地。其观念被视为以"皇汉民族"为中心形成的"种族的民族主义"。[②]次年，国民党召开第二次全国代表大会，其宣言对民族主义的表述不再主张"弱小民族的自决、自治权"，强调"弱小民族"独立建国易为帝国主义所利用，云云。[③]国民党在民族问题方面的政纲变化，实际上也是孙中山逝世后国民党内部疏俄、反共思想抬头的征兆之一。

孙中山在三民主义的阐释中，涉及对马克思主义、俄国革命、新文化运动等方面的一些看法，其中对"世界主义"（国际主义）与民族主义的关系也议论颇多，虽然其中可以看出"以苏俄为师"的取向，但是也如他所说："我们今日师马克思之意则可，用马克思之法则不行。"[④]因此，对

---

① 参见［日］松本真澄《中国民族政策之研究——以清末至1945年的"民族论"为中心》，第116页。

② ［英］冯客：《近代中国之种族观念》，杨立华译，江苏人民出版社1999年版，第112页。

③ 参见［日］松本真澄《中国民族政策之研究——以清末至1945年的"民族论"为中心》，第124页。

④ 孙中山：《民权主义》（第二讲），《三民主义》，第203页。

国民党"一大"宣言中的一些内容,他也明确表示:"政纲和主义的性质,本来是不同的。主义是永远不能更改的,政纲是随时可以修正的。"①"三民主义"作为孙中山提出和奉行的"主义"永远不能更改,显然这是他系统阐释"三民主义"的出发点,至于国民党"一大"宣言等政纲中提倡什么,在他看来"最多一年"都是可以更改的。

1927 年蒋介石发动"四·一二"政变后,中国革命的形势蒙受了巨大挫折,"大革命"失败。自北伐战争之后,中国再度进入军阀混战的乱局。日本帝国主义也不失时机地加紧了对华侵略的行动,相继制造了济南惨案等事件。中国在内战频仍的形势下,国家危亡、民族危亡的威胁已然临近。在这种"山雨欲来"的社会危机感中,中华民族的意识也再度由政党政治的表述转向了民间。1928 年,"五四运动"后的新派历史学家常乃惪发表了《中华民族小史》,对中华民族作出了新的论说:"中国,世界之著名古国也;中华民族,世界之著名伟大民族也。……五千年来,经许多哲人志士之苦心毅力,惨淡经营,乃得将此许多各不相关之异民族搏结融会而成为一大民族,而后中华民族之名出焉。中华民族,非一单纯之民族也,中华民族非尽黄帝之子孙也。"②虽然此说沿袭了历史融合的观点,但是非"单纯之民族"、非"尽黄帝子孙"的看法,较之"皇汉民族"等种族—民族主义之论,显然具有高于伦辈之处。

1937 年,日本帝国主义发动"七七事变",掀起了全面侵华战争的浪潮。中国人民面对着前所未有的危亡形势,"中华民族到了最危险的时候"的意识激荡着中国社会。中华民族的意识也随之增强,有关中华民族的论说也受到全社会的关注,学术界也再次兴起了有关"中华民族"的讨论。1937 年,民族史学家江应梁曾对"中华民族"之说提出了看法:"能对于中国领土中全部民族的各个分子均有一个彻底的明了认识,方能说得到了解我们自己,方能说复兴中华民族之道。"③而自"五族共和"以后,苗、瑶、番、夷等确指性的群体称谓也渐次见诸国共两党的政治纲领,并导致

---

① 孙中山:《中国国民党第一次全国代表大会闭幕词》,《孙中山全集》第 9 卷,第 178 页。
② 常乃惪:《中华民族小史》,爱文书局 1928 年版,第 1 页。
③ 江应梁:《广东瑶人之今昔观》,《民俗》第一卷,1937 年。

孙中山"我们国内何止五族"的认知。但是，在关涉民族主义和民族自决、自治等的现代政治议题中，承认现实中的多民族结构和中国境内各民族一律平等，却并没有形成统一的认识。对汉族吸收、融合和同化了诸多古代少数民族，似无争议，早期的种族——民族主义思潮已经式微，但是中华民族等于汉族的观点依然流行。而江应梁的观点，显然是建立在现实中国多民族结构和多民族组成中华民族基础上的认识。

　　1938 年杨松发表的《民族论》提出了近代民族的中华民族说："中国人是一个近代民族，这是否说：中国只有一个民族呢？不是的。中国是一个多民族国家。就对外来说，中华民族代表境内各民族，因而它是中国境内各民族的核心，它团结中国境内各民族为一个近代的国家。"[①]这段论述的新意首先在于"中国是一个多民族国家"，其次则是"中华民族"对外的代表性，也就是说居于世界民族之林的民族代表是中华民族。但是，问题在于这一代表性对国内而言只是"中国境内各民族的核心"——汉族，也就是说中华民族是指汉族，汉族在国内是各民族的核心，对外以中华民族的名义代了中国各民族。但是，无论如何，该论中有关"就民族来说，是各自不同的民族。但是就国籍上来说，都是中华民国的国民。都是共同祖国的同胞"等论说，使"中华民族"在理论意义上更接近了国家民族（state nation）概念。

　　在有关中华民族概念的讨论中，当属 1939 年顾颉刚先生发表的《中华民族是一个》一文最具代表性。他提出了一个重要思想："凡是中国人都是中华民族——在中华民族之内我们绝不再析出什么民族——从今后大家应当留心使用这'民族'二字。"[②]在这一立论的基础上，顾颉刚先生论证了几个重要观点：

　　一是认为"中国本部"这个说法是"敌人用来分化我们的"，而"五族共和"所指的"五大民族"，"却非敌人所造，而是中国人作茧自缚"。为此，顾先生论述了中国自先秦以来的历史，认为秦统一即"生根发芽"

　　① 转引自［日］松本真澄《中国民族政策之研究——以清末至 1945 年的"民族论"为中心》，第 225 页。

　　② 顾颉刚：《中华民族是一个》，《益世报》1939 年 2 月 13 日。

了中华民族，而"秦人"、"汉人"、"唐人"之说都不准确，包括"汉人文化"亦然，只能称为"中华民族的文化"，所以"中华民族"既非同一血统，亦非同一文化，而是融血吸收而成，故应与"边地人民"共同集合在中华民族这一名下反对帝国主义的侵略。

二是国人自己不小心将"人力造成"的"民族"（nation）与"自然造成"的"种族"（clan）合成了一个"民族"，认为"民是人民，族是种族"，以致出现了因语言、血统甚至宗教、文化因素而使"同国之中就有了许多民族出现"。加之"中国本部"、辛亥革命"排满"的种族—民族主义影响、"五族共和"，导致日本帝国主义制造"伪满洲国"的"民族自决"，继而企图制造"伪大元国"、"伪回回国"，等等。如果国人不意识到这一点而在国内搞"什么民族"，无形中造成自古以来是一个的"中华民族"的解体，"那我们岂不成了万世的罪人"。特别是美国威尔逊倡导"民族自决"的世界性影响及其传入中国，顾先生痛心感叹："民族，民族，世界上多少罪名假汝之名以行！"

三是顾先生承认"民族"（nation）这一新词，只是"上层分子"使用，老百姓并不知晓其意。他否认国内存在"五大民族和其他许多小民族"，而只有"三大文化集团"，即中国本土发生的文化（"各种各族"混合的文化、勉强加一个"汉文化"）集团，信仰伊斯兰教的文化集团，喇嘛教文化集团（蒙藏一家）。因此提醒"智识青年"报效国家要"团结国内各种各族，使他们贯彻'中华民族是一个'的意识"，"杜绝帝国主义的阴谋"，"对内没有什么民族，对外只有一个中华民族！"

这篇文章发表后，引起了学界的讨论，诸多学界先进、后学相继参与，其中针对性最强的是费孝通先生的文章。1939 年 5 月 1 日，费孝通先生发表了《关于民族问题的讨论》一文。[①]这篇文章以西方社会学、人类学功能学派的理论话语，首先对"中国本土"、"五大民族"的名词进行了语言学的名实之辨，在此基础上指出了顾文的不足。提出以下一些观点：

一是有关"民族"一词的含义。费先生指出："在'民族'之内部可

---

① 费孝通：《关于民族问题的讨论》，《益世报》1939 年 5 月 1 日。

以有语言，文化，宗教，血统之'种族'的存在。"认为顾文所说的"民族"是指"国家"（state），而"民族"（nation）是指"语言，文化，及体质（血统）上相同的一辈人民"。顾文所说的"种族"（clan）在社会人类学中是指"单系亲属团体，通常译为民族"。因此，不妨用"政治团体"、"言语团体"、"文化团体"甚至"体质团体"来讨论这个问题，即所谓"中华民族是一个"，可以改说为"中华民国境内的人民的政治团体是一个"。然而，费先生认为不幸的是，从历史上看这个"地理中国"之内"时常不只有一个政府"。

二是针对顾文强调历史性"大一统"的"政治团体"而否认存在"因文化，语言，体质不同而形成的团体"，认为"文化，语言，体质可以是人口分类的标准，也可以是社会分化的标志"。指出："客观上的混合并不就等于主观上的统一。"费先生这里所说的"客观上"是指"局外人"的"他识"，而"主观上"则是指"局内人自觉"的"自识"。因此，既然顾文承认"各种各族"的"界限"，就不应该回避"一个事实问题"——"客观上的类别就是主观上的分化"。因此，费先生认为，"谋政治的统一者在文化、语言、体质求混一"是不必要的，甚至是"徒劳无功"。因为他认为相同文化、语言、体质的团体也"不必是属于一个国家"，并举了美国从英国独立为例。

三是费先生认为，"谋政治上的统一"，不一定要消除"各种各族"的"界限"，而是要消除"民族间的政治上不平等"，不论其"根源是经济上的，文化上的，语言上的或体质上的，这不平等的事实总是会引创裂痕的"。因此，顾文忽视了"各种各族"之间事实上存在的不平等，试图通过"文化、语言、体质求混一"来"谋政治上统一"的"中华民族是一个"。

四是针对顾文强调的"五大民族"这种帝国主义分化中国的"名词"说，提出了"什么时候名词能够分化一个团体"的质问。他认为："若是空洞的名词就能分化的团体，这团体本身一定有不健全的地方。"因此，他认为顾文反复强调慎用"民族"一词的说法"犯了巫术信仰的嫌疑"，指出"共谋国家的安全和强盛，绝不是取消了几个名词就能达到"，而应该去检查"客观事实"中，存在哪些因"'各种各族'的界限有成为国家团结一致的障碍"。故呼吁"唯有从事实上认识边疆，我们才能保有我们的边疆"。

在费孝通先生文章发表之后，《益世报》随即刊出了顾颉刚先生的答复。[①]顾先生十分谦虚地表示：我个人耕作的园地"是在高文典册之中"，这次"冒失地闯入社会人类学的区域"，"完全是出于时代的压迫和环境的引导"，并长篇述说了立论之原委。其坦诚中的学者责任、走出"高文典册"的社会感悟，国难当头的危机意识，团结"各种各族"的热切企盼，跃然笔下，令人感佩。同时，顾先生也回应了费文的若干观点。

一是顾先生认为费文对自己文章立论作出"我们不要根据文化，语言，体质上的分歧影响到我们政治的统一"的理解，挠到了自己的"痒处"，但是并不全面。顾先生强调的不仅是"政治的统一"，还包括"心理的统一"，也就是现在大家都说的"认同"。

二是针对费文有关"名词"之辩的"客观事实"说，顾先生指出：正是由于"中国本部"、"五大民族"说不符合中国的历史与现实，所以他才写了关于废弃"中国本部"的用法和"中华民族是一个"两文，而按照费文依据马凌诺斯基的"名词说"，难道承认"中国本部"、"五大民族"是客观事实吗？由此进一步从中国郡县制、省制的历史脉络论证了东三省、新疆省等问题。同时，就日本人制造"南满"、"北满"，英国人制造"内藏"、"外藏"等"名词"，乃至对"中国本部"内进行的"华北"、"华南"等划分之说，进行了帝国主义"分化"阴谋的论证。

三是针对"五大民族"说，顾先生指出"帝国主义者不但要分割我们的土地，而且要分割我们的人民"，诸如外国人所说的"独立罗罗"之类。在各类例证的基础上，顾先生指出："我敢率直奉劝研究人类学和人种学的人，你们应当从实际去考定中国境内究竟有多少种族，不应当听了别人说中国有五大民族就随声附和"，云云。

就目前看到的资料，顾、费两先生的争论好像没有再继续下去。但是从上述争论中，我们以今天的理路框架去理解，可以作出若干概括性的认识。

---

① 顾颉刚：《续论"中华民族是一个"——答费孝通先生》，《益世报》1939 年 5 月 8 日。

首先，从顾颉刚先生的观点来看：

顾颉刚先生所强调的"中华民族是一个"，从立论到论证，都突出了"中国民族"的历史融合这一主题。因此，"中国民族"为什么没有像世界上其他古老民族那样消失，就是因为"常有强壮的异族血液渗进去，使得这个已经衰老的民族时时可以回复到少壮，所以整部的中国历史的主要问题就是内外各族的融合问题"。因此，"中国民族就永远在同化之中，永远在扩大范围之中，也就永远在长生不老之中"。顾先生承认在他的历史著作中曾使用"夏民族"、"商民族"、"周民族"、"楚民族"、"越民族"等，是基于"文化、语言、体质不同"，但是这些"民族"融为了一个"汉人"——"汉人是许多民族混合起来的，他不是一个民族"。虽然"汉人都说是黄帝的子孙"，但实际上这种"把许多国君拉到黄帝的系统下更是秦汉间人所伪造"。至于顾先生不得不承认的中国还存在的"各种各族"，他将其视为"部族"，而这些"部族"历史的一部分已经同化融入了汉人，"然而即此同化未尽的也是日在同化的过程之中，将来交通方便，往来频繁以后，必有同化的一天"。一个民族中可以包含许多部族，这个"民族"不是"汉人"，而是"中华民族"。[1]所以，从国家领土上要废除"中国本部"一词，中国也没有"五大民族"。

因此，如果用民族国家的理论去理解顾颉刚先生的"中华民族是一个"，就是指一个现代民族国家层面的具有"政治的统一"、"心理的统一"的国家民族（state nation），他对现代"民族"（nation）的理解是正确的，即也不存在"汉族"而只有一个"中华民族"。由此也使他成为（或许是最早）从"中华民族"的立场去理解"民族自决"原则的学者，即"倘若团结了中华民族全体而向帝国主义搏斗，以求完全达到民族自决的境界，我们当然是大大的欢喜和钦佩"。[2]在实践中，1949年新中国的建立，就是中华民族对帝国主义的民族自决。

其次，我们再来看费孝通先生的观点：

费孝通先生认为"民族"是指"国家"（state），而"民族"（nation）

---

① 顾颉刚：《续论"中华民族是一个"——答费孝通先生》，《益世报》1939年5月8日。
② 顾颉刚：《中华民族是一个》，《益世报》1939年2月13日。

是指"语言，文化，及体质（血统）上相同的一辈人民"。而顾颉刚先生
所说的"种族"（clan）在社会人类学中是指"单系亲属团体，通常译为
民族"。因此，费文论述的"民族"（nation），包括今天所指的"氏族"
（clan），是同一类型和层次的基于"文化、语言、体质不同"的"政治团
体"、"文化团体"、"语言团体"、"血缘团体"，故两者"通常译为民
族"，即泛"民族"（nation）概念。而且，这个概念是人口分类、社会分
化的标示，存在"他识"的客观识别和"自识"的主观自觉。因此，"民
族"一词的用法要承认存在的"客观事实"，而不是取消几个名词就能解
决问题。

　　费文的观点，就是承认中国是众多"民族"（nation）组成的。他通过
对美国、苏联都是基于众多"文化、语言、体质不同"的"团体"而结
成"政治的统一"的分析，论证了国家安全、强盛之道，①不是"文化、
语言、体质求混一"的结果，关键是要解决"民族问题的政治意味"——
"政治上的平等"及其所包含的"经济上"、"文化上"、"语言上"、"体
质上"的平等问题。当然，需要说明的是费文所理解的"民族（nation）"
是历史原初意义的具有"共同出身"的"团体"，即源自希腊语的"民
族"（ethnos），而非现代民族，因为 nation 一词的字源学意义是指"出
生"、"诞生"、"生殖"、"创始"和"产生"这类意思。②在古希腊时代，
该词主要指与一个"人民"（people）或"城市"（city）的名称相对应的
"族体"（nationality）称谓，③是古希腊城邦国家的产物。

（六）中华民族是中国境内各民族之总称

　　1917 年，列宁领导的俄国"十月革命"取得胜利，这是马克思主义
的科学社会主义由理论到实践的第一个硕果。俄国革命产生的重大影响，
就是马克思主义在中国、在世界的传播。当时的国际和国内环境造就了一

---

① 费孝通：《关于民族问题的讨论》，《益世报》1939 年 5 月 1 日。
② 参见［意］维科《新科学》，朱光潜译，人民文学出版社 1986 年版，第 13—14 页。
③ J. A. Simpsen & E. S. C. Weiner, *The Oxford English Dictionary*, Clarendon Press, Oxford, 1989, p. 424.

批中国早期的马克思主义知识分子，催生了中国的无产阶级政党。中国共产党将成为引领中国各民族人民走上主权独立、领土完整、国家统一、民族团结新道路的领导力量。因为，"在印度和中国，觉悟的无产者也只能走民族道路，因为他们的国家还没有形成为民族国家"①。这一历史任务已经责无旁贷地落在了中国共产党的肩头，中华民族内涵的完整及其实现对帝国主义的自决，也必然由中国共产党来完成。

对中华民族的概念之争，并非简单的学术话题。这对当时中国各政党、各阶层、各民族共同抵抗日本帝国主义侵略，反对帝国主义对中国边疆地区的肢解和分裂，激发中国各民族人民团结对敌和国家认同意识而言，是关系到国家前途和命运的重大政治问题。因此，无论中国的政治领域是否关注到了学术界有关"中华民族"的争论，这一关系到国家和民族存亡的话题也必然使政治家对抗日战争中民族矛盾上升的形势作出思考。1939 年 12 月，毛泽东发表了《中国革命和中国共产党》一文，其中以中华民族为题，专章对中华民族的整体性作出了超越前人的新阐释：中国"十分之九以上为汉人。此外，还有蒙人、回人、藏人、维吾尔人、苗人、彝人、壮人、仲家人、朝鲜人等，共有数十种少数民族，虽然文化发展的程度不同，但是都已有长久的历史。中国是一个由多数民族结合而成的拥有广大人口的国家"②。这一阐释，是对中国历史国情和现实国情的客观把握。由此，中国共产党确立了"中国有四万万五千万人口，组成中华民族。中华民族包括汉、满、蒙、回、藏、苗、瑶、番、黎、夷等几十个民族，是世界上最勤劳、最爱和平的民族。中国是一个多民族的国家，中华民族是代表中国境内各民族之总称"的民族观。③

中国共产党对中国多民族国情的认知，对中华民族是代表中国各民族总称的厘清，与实现各民族建立统一国家的目标直接相关。1935 年中国共产党在瓦窑堡会议提出改"苏维埃工农共和国"为"苏维埃人民共和

---

① 列宁：《关于无产阶级和战争的报告》，《列宁专题文集·论资本主义》，第 89 页。

② 毛泽东：《中国革命和中国共产党》，《毛泽东选集》第二卷，人民出版社 1991 年版，第 622 页。

③ 《抗日战士政治课本》，中央统战部编《民族问题文献汇编》，中共中央党校出版社 1991 年版，第 808 页。

国"，表明了中国共产党、苏维埃人民共和国不仅是代表工农民众利益的，而且是代表中华民族根本利益的。"中华民族的基本利益，在于中国的自由独立与统一，而这一基本利益，只有在苏维埃的坚决方针之下，才能取得，才能保持，才能彻底战胜反对这种利益的敌人——帝国主义和卖国贼。"①同期毛泽东发表的《论反对日本帝国主义的策略》提出改"工农共和国"为"人民共和国"的主张，赋予了党在新民主主义革命时期奋斗宗旨以深刻的民族性。毛泽东指出：党"不但是代表工农的，而且代表民族的"；"人民共和国的政府以工农为主体，同时容纳其他反帝国主义反封建势力的阶级"。②其中包括少数民族以推翻民族压迫为主的斗争，实现局部与全局的统一，即"能够迅速争取这个运动汇流于苏维埃的巨涛之中"③。这一思想，一方面反映了建立最广泛的抗日民族统一战线的策略抉择，另一方面也体现了中国新民主主义革命性质所决定的建国目标。这是党在把马克思主义基本原理与中国革命具体实际相结合方面一次重要的理论突破，这一思想对从中国的国情实际出发解决民族问题是具有划时代意义的。因此，毛泽东明确提出："允许蒙、回、藏、苗、瑶、夷、番各民族与汉族有平等权利，在共同对日原则之下，有自己管理自己事务之权，同时与汉族联合建立统一的国家。"④中华民族内涵的完整性，多民族国家的统一性，使中国共产党放弃了参照苏联模式建立联邦国家的教条主义构想，作出了建立统一的人民共和国并在少数民族聚居地区实行民族区域自治的历史性选择。

这一历史性的选择，并不意味着中国共产党放弃了"民族自决"的原则，而是反映了中国共产党在为建立统一的新中国奋斗进程中，在推翻所有帝国主义势力对中国主权侵蚀的革命历程中，实现了国家民族层面的自决——中华民族的自决。"中华人民共和国的成立，就是对帝国主义的民

---

① 《中共中央关于目前政治形势与党的任务决议》，《民族问题文献汇编》，第332页。
② 毛泽东：《论反对日本帝国主义的策略》，《毛泽东选集》第一卷，人民出版社1991年版，第156、157页。
③ 《中共中央政治局关于目前战略方针之补充决定》，《民族问题文献汇编》，第312页。
④ 毛泽东：《论新阶段》，《民族问题文献汇编》，第595页。

族自决。"①从这个意义上说，列宁关于民族自决"除了政治自决，即国家独立、建立民族国家以外，不能有什么别的意义"②的论述，对半殖民地、半封建的中国来说，是在中华民族层面上实现的。

1942 年，蒋介石也就"中华民族"作出了解释："我们中华民国，是由整个中华民族所建立的，而我们中华民族乃是联合我们汉满蒙回藏五个宗族组成一个整体的总名词。我说我们是五个宗族而不说五个民族，就是说我们都是构成中华民族的分子，像兄弟合成家庭一样。……我们集许多家族，而成为宗族，更由宗族合成为整个中华民族。……所以我们只有一个中华民族，而其中各单位最确当的名称，实在应称为宗族。"③翌年，蒋介石发表了《中国之命运》一书，进一步强调指出："就民族成长的历史来说，我们中华民族是多数宗族融合而成的。融合于中华民族的宗族，历代都有增加，但融合的动力是文化而不是武力，融合的方法是同化而不是征服。……古代中国的民族就是这样构成的。……总之，中国五千年的历史，即为各宗族共同的记录。"④这是国民党继孙中山逝世后，首次依据国父遗训——"家族—宗族—国族"模式对中华民族作出的解释。当然，这种"宗族—国族"说，在当时虽然仍有市场，但是对中国各民族团结抗战、共建统一国家的奋斗来说，除了张扬大汉族主义的影响外，已经没有积极意义了。

中国共产党实践马克思列宁主义的进程，虽然受到来自共产国际的强烈影响和党内"左倾"教条主义的"唯命是从"，但是从中国国情实际出发的、把马克思列宁主义与中国革命具体实践相结合的探索始终没有停止。在解决国内民族问题方面，也是如此。"怀柔羁縻的老办法是行不通了。"⑤苏联的联邦制建国模式也不符合中国的实际。从中国的具体实际出发，把民族自治作为民族自决的内容，"承认中国境内各少数民族有平等

①　乌兰夫：《民族问题学习笔记》，《乌兰夫文选》上册，第 359 页。
②　列宁：《论民族自决权》，《列宁选集》第 2 卷，人民出版社 1995 年版，第 347、350 页。
③　蒋中正：《中华民族整个共同的责任》，秦孝仪编《总统蒋公思想言论总集》卷十九，（台湾）"中央"文物供应社 1984 年版，第 216 页。
④　蒋中正：《中国之命运》（1943 年），秦孝仪编《总统蒋公思想言论总集》卷四，第 2—6 页。
⑤　毛泽东：《论新阶段》，《民族问题文献汇编》，第 595 页。

自治的权利"①，这是毛泽东对解决中国民族问题的历史性贡献，也是对马克思列宁主义民族自决理论在与中国民族问题具体实际相结合过程中的创造性发展，民族区域自治制度作为新中国政治制度的重要组成部分正是这种创造性的体现。

1945 年 11 月，新华社晋察冀分社记者采访了领导内蒙古自治运动的乌兰夫。他在回答记者有关中国共产党对蒙古民族的政策时指出："中国共产党对少数民族的政策是非常清楚的，那就是民族平等和实行民族自治的政策，因为只有实行民族自治，才能真正解决民族问题。"②他指出："内蒙地区是中国领土的一部分，内蒙民族是组成中华民族的一部分。"③1947 年内蒙古自治区的成立，是中国共产党依据马克思列宁主义的基本原理，结合中国民族问题的实际，在把握中国统一的多民族国家国情的基础上，在长期的理论和实践探索中，开创的具有中国特色的解决民族问题之路。中国的民族区域自治制度，是马克思主义中国化的产物，是中国特色社会主义制度的有机组成部分。

（七）民族识别与多元一体的中华民族

在中国漫长的历史发展进程中，先秦时期的"五方之民"及其后裔，曾以难以尽数的"自称"和"他称"走上历史舞台。他们在历史的演进中或消融、或重组，或迁徙、或离散，演出了一幕幕可歌可泣的文化多样性群体互动、吸收、融合的历史剧目。人口众多的汉族和在历史上影响较大的一些少数民族，在这种互动、吸收、融合中逐步趋于稳定，族别称谓也逐步统一，诸如近代"五族共和"所说的汉、满、蒙、回、藏等。但是，由于自然地理环境的封闭性、社会发展条件的制约性，也有很多文化多样性的"族类"群体，还处于缺乏内部整合的状态。这些群体，在语言文化、经济生活、风俗习惯等方面或相似，或相异，或既相似又相异，或

---

① 毛泽东：《中国人民解放军宣言》，《毛泽东选集》第四卷，第 1238 页。
② 乌兰夫：《答新华社晋察冀分社记者问》，《乌兰夫文选》上册，中央文献出版社 1999 年版，第 1—2 页。
③ 《关于内蒙自治问题云泽主席发表谈话》，《晋察冀日报》1946 年 2 月 22 日。

迥然不同，其自称和他称也处于流动、变化的状态。

20 世纪 50 年代初，邓小平主持西南工作时说："西南少数民族究竟有多少，现在还不清楚。据云南近来的报告，全省上报的名称有七十多种。贵州的苗族，据说有一百多种，实际上有些不是苗族。例如侗族，过去一般都认为是苗族，实际上语言、历史都不同，他们自己也反对这么说。从这一情况就可看出，我们对少数民族问题不仅没有入门，连皮毛还没有摸着。当然经过两三年工作之后，对各个民族有可能摸清楚。历史上弄不清楚的问题，我们可能弄清楚。"①

总之，历史上所谓"四夷"、"五戎"、"六狄"、"七闽"、"八蛮"、"九貉"等"族类"群体，经过千百年的演化，无论是见诸文献，还是存在民间，族别称谓重叠多样，自称、他称纷繁复杂。因此，1953 年中国政府进行第一次全国人口普查时，少数民族自报的民族称谓达四百多种，仅云南一省就有二百六十多个。1964 年中国第二次人口普查登记的少数民族称谓仍达一百八十三个。一些少数民族往往隔一条河、一座山即形成不同的"自称"和"他称"，这使得依托于一定人口规模的行政区域建立自治地方的社会管理体制，几乎成了不可能完成的任务。因此，开展民族识别、确认民族身份与群体归属，成为当时中国政府少数民族事务的重要内容。也就是说，中华民族大家庭究竟有多少个成员，是一个亟须解决的问题。

自近代西方民族学、人类学等学科传入中国以来，在中国这一文化多样性历史和现实资源十分丰富的国度中得到了较快发展。古人类学、文化人类学、民族学、民族历史学、边疆政治学等学科，都涌现了一批学贯中西的专家学者，他们对中国的边疆地区，包括台湾的少数民族进行了一系列实地调查，这些调查成果为新中国成立后开展的民族识别工作提供了十分有价值的资料。从 20 世纪 50 年代开始，中央政府先后组织了西北、西南、中南、东北、内蒙古等一系列少数民族地区访问团、慰问团，分赴各少数民族聚居地区进行民族政策宣传和开展社会调查，并且组织少数民族的代表团到北京和内地参观，了解和认识多民族的共同家园。同时，开始

①　邓小平：《关于西南少数民族问题》，《邓小平文选》第一卷，第 162 页。

组织大批的科学工作者，特别是人类学、民族学、社会学、历史学、语言学等学科的学者，在全国范围展开大规模的少数民族语言文字和社会历史调查研究工作。

1956—1964 年间，国家组织了陆续有一千四百多人参加的调查组，开展了规模浩大的调查，足迹遍布了各个少数民族地区。这是一项前所未有的科学活动，是对中国多民族、多语言、多文化、多宗教等基本国情最全面的一次深度了解。民族识别的目的是实现各民族政治平等，实行民族区域自治，实现各民族经济、文化和社会生活的全面平等。民族识别是建立在充分尊重少数民族的意愿，以"名从主人"的原则对他们的"我群"称谓展开科学研究的复杂工作。尤其对于很多没有文字的少数民族社会来说，由于缺乏文献记载的参酌，开展这项工作的难度更大。因此，只有深入实地进行社会、历史、语言、文化、经济生活、风俗习惯等多方面的综合调查，才能比较准确地反映这些群体之间的源流、异同，才能为他们的族别归属提供科学意见。

调查表明：中国各个少数民族的经济社会生活不仅展现着采集、狩猎、畜牧、农耕等不同的类型，表现着语言、文化、生活习俗、宗教信仰、人口规模、分布范围等多样性；而且各个少数民族的社会形态也多种多样，保留着由于各个群体内部阶级分化程度和生产力发展水平所决定的多种社会制度形式——氏族族长制、部落头人制、贵族奴隶制、政教合一领主农奴制、伯克（牧主）封建制等，体现了从原始公社末期到封建社会的不同社会形态。对于如此复杂、处于不同社会历史发展阶段的少数民族，是否也按照苏联的"部族"、"民族"、"社会主义民族"来确认其大家庭的成员地位呢？毛泽东指出："我们要和各民族讲团结，不论大的民族、小的民族都要团结。例如鄂伦春族还不到两千人，我们也要和他们团结。"[①]中国不搞"部族"、"民族"之分，大小民族一律平等，这是中国共产党在解决民族问题方面历来遵循的基本原则。

---

① 毛泽东：《接见西藏观礼团、代表团的谈话》，中共中央文献研究室。中共西藏自治区委员会、中国藏学研究中心编《毛泽东西藏工作文选》，中央文献出版社、中国藏学出版社 2008 年版，第 102 页。

　　因此，中国的民族识别工作在遵循斯大林民族定义的基本要素并结合中国实际加以运用的基础上，排除了"种族"、"氏族"、"部族"等传统概念及其对应苏联不同层级的"族类"区分称谓，统一将中国的各个"族类"群体不分大小、先进落后一律称为"民族"。对此，1953 年中共中央讨论《关于过去几年内党在少数民族中进行工作的主要经验总结》时，毛泽东针对如何区分处于不同社会发展阶段的少数民族时指出："科学的分析是可以的，但政治上不要去区分哪个是民族，哪个是部族或部落。"[①]因此，中国的汉族和少数民族，无论其人口规模多少、社会发展程度如何，只要符合或基本符合民族识别所依据的有关语言、历史、聚居地域、经济生活类型、文化特征、心理认同和称谓等方面的共同性，就一律称为民族。

　　这次旷日持久、规模巨大的田野调查，为国家的少数民族事务提供了丰富的实证资料和重要的智力支持。在科学调查和历史文献的支持下，民族识别工作陆续确认了各个民族的身份与称谓，并分批经国务院批准。1979 年，在确认了云南省的基诺族后，中国的民族识别工作基本完成。[②]中国是一个统一的多民族社会主义国家，中华民族是由包括汉族在内的 56 个民族组成的大家庭。在这一大家庭中，各民族不论人口多少、经济社会发展水平如何，一律平等。

　　毫无疑问，20 世纪 50 年代的中国在政治、经济、文化和社会生活等方面不同程度地受到苏联的影响。在民族识别工作中所涉及的"民族"定义，也主要依据了斯大林的民族定义。但是，在实践中学术界和官方并没有僵化地遵循苏联的经验。斯大林对国家层面的民族（нация/Nation）定义，在事实上只是中国对国内人口众多的汉族和各个少数民族身份确认的参考指标。在实践中，斯大林强调的"缺一不可"的"共同的语言"、"共同的地域"、"共同的经济生活"等特征，在中国的民族识别中则并未

---

　　① 转引自黄光学、施联朱主编《中国的民族识别——56 个民族的来历》，民族出版社 2005 年版，第 81 页。

　　② 在中国人口统计中还有未识别的人口的栏目，从这个意义上说，民族识别工作尚未全部完成。事实上，对这些未识别人口的族别认定工作也在继续，主要是使他们归并到现有的相关民族之中，而不是识别新的民族。当然，这是一个尊重个人、群体意愿和认同的复杂事务。

"缺一不可"。中国的民族识别既尊重各个群体的自我意愿和斯大林所说的"共同文化上的共同心理素质"（即文化认同），也重视古代文献资料揭示的历史渊源和发展流变。因此，这项工作可以说在当时的科学条件下达到了最好结果。

这项涉及各民族平等地位和少数民族聚居地区自治权利的民族识别工作，使民族区域自治制度成为中国解决民族问题的基本制度安排，也是国家基本政治制度之一。各民族（nationalities）也具有了中华民族（Chinese Nation）平等成员的政治地位。因此，中国的"民族"一词，一方面体现了中国民众以"族"分类的传统意义，另一方面也代表了自立于世界民族之林的国民整体现代意义。费孝通先生是参加"民族识别"的高端学者，他践行了顾颉刚先生对人类学家、民族学家的"率直奉劝"——"你们应当从实际去考定中国境内究竟有多少种族，不应当听了别人说中国有五大民族就随声附和"。结果是中国绝非"五大民族"而是 56 个民族。因此，费孝通先生是最有资格总结"民族识别"学术经验的权威。

1980 年代，费孝通先生在回顾民族识别工作时，特别论述了当时遵循毛主席关于民族工作的精神和学习斯大林的"民族定义"来指导民族识别实践的背景。①但是，斯大林定义的"民族"就是现代民族国家的民族（nation）。不过，这对于与顾颉刚先生论辩"民族"一词的费孝通先生来说，除了不拘泥于斯大林"缺一不可"的几个"特征"外，他对"民族"（nation）的认知并未因此而改变。也就是说，当时他对 nation 的理解仍旧是 ethnos，即那些"语言，文化，及体质（血统）上相同的一辈人民"。他学习和依据斯大林的民族定义，但不是为了去识别属于国家民族范畴的"中华民族"，而是为了去"考定"顾颉刚先生所说的那些"各种各族"之"部族"。因为，除了师从英人马凌诺斯基的背景外，费孝通先生还有师从俄人史禄国的背景。对此，他在后来的缅怀文章中指出："史氏用的 Ethnos 是他的专用词，采自拉丁文，在《牛津英语字典》直译作 Nation。史氏采用拉丁古字就是为了要避开现代英语中的 nation 一词，因为 nation 在 19 世纪欧洲各民族强调政治自主权时，把这个词和 state 联了起来，成

---

① 参见费孝通《关于我国民族识别问题》，《中国社会科学》1980 年第 1 期。

为 Nation – state。State，是指拥有独立主权的国家，于是 Nation 也染上国家的涵义，比如联合国的英文名字就是 United Nations。为了把民族和主权国家脱钩，他采用了拉丁文 Ethnos。"①费孝通先生虽然略去了 ethnos 的希腊语来源，但是他对史禄国使用这一"拉丁古字"用意的理解是正确的。诚如史禄国自己所解释的："我确实非常希望使用一些新名称，以便在语言学、人类学和民族志上以及在民族分类上能够确切的区分，但是鉴于为欧洲各集团创造的新名词的命运，我决定暂时放弃这种尝试，在本书中仍然使用那些限于上述意义的旧名称。"②其中 ethnos 是最基本的。

那么，ethnos 究竟意味着什么？在费孝通先生的文章中，他引述了《人名字典》中史禄国有关 ethnos 的定义："Ethnos 是人们的群体，说同一语言，自认为出于同一来源，具有完整的一套风俗和生活方式，用来维护和崇敬传统，并用这些来和其他群体作出区别。这就是民族志的单位——民族志科学研究的对象。"对这一被认为是"第一个给 ethnicity（民族性）这个概念下定义的人"的定义，费孝通先生评价说："这不是和近几十年来我国民族学界所背得烂熟的民族定义基本上是相同的，就少了共同地域和共同经济这两个要素？怎么能把这个'经典'定义的初始权归到史氏名下呢？"显然，费孝通先生认为史禄国对"民族"（Ethnos）的定义并非率先（1923 年），是因为斯大林的民族（nation）定义在先（1913 年），这似乎又表明在费孝通先生的心目中的此"民族"（Ethnos）与彼"民族"（Nation）仍是一回事。因此，费孝通先生表示："为了不再把水搅得更乱，我就直接用 Ethnos，原词不做翻译了。"③

但是，这并不意味着费孝通先生缺乏国家民族的意识，"多元一体"的中华民族观就是他对中国多民族国家历史与现实的概括，而没有顾颉刚先生的"中华民族是一个"及其引发的论战，也就没有费孝通先生的"多元一体"。换句话说，两位先生从不同的视角观察中国，最终走到了一起，就是"中华民族是一个"与"民族识别"的结合产生了"多元一

---

① 费孝通：《师承·补课·治学》，三联书店 2002 年版，第 81 页。
② ［俄］史禄国：《北方通古斯的社会组织》，吴有刚等译，内蒙古人民出版社 1985 年版，第 7 页。
③ 费孝通：《师承·补课·治学》，第 82 页。

体"。这就是学界先辈留给我们的遗产，对此似乎没有争议。而今天我们讨论中华民族、争论"民族识别"，引进"国际经验"，并没有较前辈更高明的见解，无论是"历史融合论"、"帝国主义阴谋论"，还是"政治的统一"、"心理的统一"，或者"政治上的平等"及其所包含的"经济上"、"文化上"、"语言上"、"体质上"的平等问题，以及"人口分类"、"社会分化的标示"，存在"他识"的客观识别和"自识"的主观自觉，等等，即便不说明来源也不会成为我辈的发明。因此，费孝通先生70多年前的观点仍旧值得学界重视和人们共勉——"共谋国家的安全和强盛，绝不是取消了几个名词就能达到"，而应该去检查"客观事实"中，存在哪些因"'各种各族'的界限有成为国家团结一致的障碍"？以及他19年前祭奠顾颉刚先生百年诞辰时的再度应答：多元一体的中华民族"聚散并不决定于名称上的认同，而决定于是否能保证一体内多元的平等和富饶"①。

---

① 费孝通：《顾颉刚先生百年祭》，《读书》1993年第11期。

从希腊语"民族"到英语"族群"

至少从亚里士多德以来，归属一个易于确认的群体的需要，便被视为人类的一种自然要求；家庭、氏族、部落、等级、社会阶层、阶级、宗教组织、政党，最后是民族和国家，都是满足人类这种基本需要的历史形式。

——［英］以赛亚·伯林：《反潮流·民族主义》

英文 ethnic group 一词，在 20 世纪 70 年代末开始为我国大陆民族研究学界所引进，起初翻译为"民族群体"等，后逐步采用了台湾、香港学界的译法，即"族群"。在对这一术语进行研究的著述中，不少学者都提及了这一词汇的希腊语来源 ethnos，但是对 ethnos 拉丁化过程和早期指称对象等却缺乏较为系统的梳理，尤其是对其含义的流变以及该术语在 60 年代以前的释义和应用方面的情况更缺少关注。事实上，对一个专业术语及其相关理论的引进或应用，考察其历史渊源和含义流变是完全必要的，因为任何术语在形成和发展过程中都必然受到社会条件、应用者的思想观念、被应用的具体对象等多方面的影响，ethnos 及其派生的 ethnic group 等术语也不例外。①

---

① 在中文话语中，ethnos 通常被翻译为"民族"、"民族共同体"、"族体"和"族群群体"等；ethnic group 通常被翻译为"种族"、"民族"、"民族集团"、"族体"、"民族群体"、"族裔群体"、"族群"等。对这些翻译的辨析将专门讨论，本文采用 ethnos（民族）和 ethnic group（族群）的译法，文中所出现的其他不同译法均为征引资料原有的译法。

（一）希腊语 ethnos 及其在拉丁化中的含义流变

希腊语 ethnos 是一个古老的词语。在荷马、希罗多德、亚里士多德的著作中，都使用过这一词，例如在《伊利亚特》中，荷马在两种意义上使用了"部族"（ethnos）一词：一是用于指"一伙"或"一群朋友"；二是用于指一个部落。"在后来的古希腊语中，它被用于指一个更大的集团，即人民（people）。"①所以该词在最初就具有表达"一群"、"一窝"、"一小群"等区分人类群体的含义。也指属于同宗、同血缘的群体，这种群体能够为其利益而施加政治压力，尽管他们从来不认为自己是一个政治实体。②

因此，在古希腊时代，该词主要指与一个"人民"（people）或"城市"（city）的名称相对应的"族体"（nationality）称谓。③是古希腊城邦国家的产物。但是，在诸多古希腊史学家的应用中，ethnos 也是一个泛指希腊人或其中某个部族、部落、城邦以及非希腊人群体、"异类"的名词。所以，也有人认为"古希腊人将古城邦国家形成之前的族类人群称为'ethnos'"。"即相对古希腊城邦住民（demos）而言，虽是希腊人但未形成城邦国家的他地域住民和城邦国家周边地域的非希腊人住民等族类人群，时称'ethnos'。"④也就是非"希腊化"或"希腊化"过程中的"异族"群体。

古希腊时代，是人类社会进入有文字记载的历史进程后，欧亚非大陆处于不同社会发展阶段的社会群体、各种族群体第一次大规模交汇的时

---

① ［英］A. D. 史密斯：《论民族与民族主义》，宁骚译，《民族译丛》1986 年第 1 期。

② Bharat Gupt, *What is Ethnic*? http：//www. indiastar. com.

③ J. A. Simpsen & E. S. C. Weiner, *The Oxford English Dictionary*, Clarendon Press, Oxford, 1989, p. 424. 在中文语境中通常将 nation 和 nationality 都翻译为"民族"。此处翻译为"族体"，目的是指构成国家民族（nation）的组成部分，也就是享有民族（nation）身份归属的各个具有历史原初意义的民族，这种民族身份（national identity）就是国籍，所以 nationality 本身就包括了民族、国籍的含义。下文中的"族体"概念，其意相同。

④ 黄现璠遗稿，甘文杰、甘文豪整理：《试论西方"民族"术语的起源、演变和异同（八）》，《广西社会科学》2008 年第 8 期。

期。所以这一词语也彰显了"部落"（tribe）或"种族"（race）的含义。①在纪元以后的几个世纪中，该词出现了用以指称"非希腊部落"的含义。② 随着"希腊化"的影响、罗马帝国的扩张、基督教的兴起及其内部的分裂、东方"蛮族"的迁徙浪潮、伊斯兰帝国的扩张、基督教发动持续的"十字军东征"，使这一词语在传入英文后增加了宗教方面的含义。

在中世纪，《圣经》将这个词用于形容"人们"，并使之从希腊语 ethnos 的形容词形式 ethnikos 拉丁化为 ethnicus，意为"偶像崇拜者的"、"多神教的"。③因此，在 14 世纪的英语中，它被用来形容那些非基督教的"异教徒"（heathen）、"民族"（nation）、④"非犹太教徒"（gentile）和"未开化的人"、"野蛮人"等。当然，《圣经》不仅在传播 ethnos 及其相关形式方面的作用很大，而且造成的翻译错误也难以避免。有的研究者认为希腊语 ethnos 的含义并不是指"异教徒"、"非以色列人"、"非希腊人"等，而就是指"民族"（nation），如同希伯来语的 goy。⑤

无论历史上欧洲语言的互译（尤其是在《圣经》翻译方面）对这一词语的理解有无错误，古希腊语 ethnos 本身就是多义的。据统计，在现存的古希腊词典中，ethnos 包含了大约十种含义，除上文所列外，还包括"群"、"氏族"、"阶级"、"外来部落"等。⑥而它在拉丁化并引入其他欧洲语言后，其含义也一直处于演变过程，在不同的历史时期中应用于不同的对象。然而，无论这一词语的含义如何演变，却万变不离其宗，其本质是指那些在血统、体貌、族体、宗教等方面的"异己"群体，揭示了人类群体的差异，并成为其派生的 ethnic 和 ethnic group 等词语含义的实质。

---

① Frank N. Magill ed. , *International Encyclopedia of Sociology*, Volume One, First published in the U. K. and U. S. , 1995 , p. 468.

② ［苏］IO. B. 勃洛姆列伊：《民族与民族学》，李振锡等译，内蒙古人民出版社1985年版，第18页，注释49。

③ 同上。

④ 英文 nation 一词也如同 ethnic 一样，历经含义的演变，这里的"民族"是指那些在古代观念中"非我族类"的群体。

⑤ Bertrand L. Comparet：Who are The Gentiles? http：//www. childrenofyahweh. com.

⑥ 参见［苏］IO. B. 勃洛姆列伊《民族与民族学》，第18页，注释49。

　　"Ethnic group（族体）一词来自希腊语的 Ethnos（民族）。"①其最初形式为 ethnic，即 ethnos 的形容词形式。该词在 14—18 世纪的英文等文献中有不同的拼写方式，如 ethnykis（1375）、ethnike（1470）、Ethnicke（1581）、Ethnique（1651）等，而且经常以大写的方式表述其专有性或特指性。15 世纪末西欧国家对外扩张"在某种程度上可用欧洲基督教的扩张主义来解释"②。所以，这一词语在此后的数百年间主要用于指称非基督教或非犹太教的"异教徒"。1804 年出现了 ethnic 形式，仍主要用于形容异类宗教。③在法文中，类似的形式是 ethnie，"表示不管国界如何，由种族、文化和感情的纽带联系起来的人们。因此 ethnie française（法兰西民族）不仅包括法国、也包括比利时、瑞士、意大利等国的讲法语的部分"。相应地解释为"每种这样的人口集体总是在目前代表着或者有可能代表一种 ethnie，也是指主观意义上的一个民族（a nationality）"④。所谓"主观意义"可以理解为主观意识、自我意识。

　　19 世纪上半叶，在工业革命推动下的欧洲掀起了新的殖民主义全球扩张高潮，西欧白人社会在面对"新大陆"不同种族及其所表现出的社会文化多样性的情势时，"目瞪口呆的基督教欧洲于是神经紧张地发现人类的多样性"。以致在"整个 19 世纪期间，解剖学和人种学联手寻找辨别人类不同种族的有效标准"⑤。从而使种族（race）成为西方社会区分人类群体的重要观念。在这一背景下，用 ethnic 来形容种族之别的含义也被突出地加以强调。例如，在 1851 年的英文文献中，"族系"（ethnic stock）包含了全部当时存在于欧洲的各种族（European races）。⑥

　　不过，当时西欧国家流行 race（种族）一词，是与 1848 年西欧革命

---

　　① ［美］迈克尔·罗斯金等：《政治科学》第六版，林震等译，华夏出版社 2001 年版，第 32 页。

　　② ［美］斯塔夫里阿诺斯：《全球通史：1500 年以后的世界》，吴象婴等译，上海社会科学院出版社 1992 年版，第 11 页。

　　③ 参见 J. A. Simpsen & E. S. C. Weiner, *The Oxford English Dictionary*, pp. 423 – 424。

　　④ ［美］威廉·彼得森：《民族性的概念》上，林宗锦译，《民族译丛》1988 年第 5 期。

　　⑤ ［美］威廉·科尔曼：《19 世纪的生物学和人学》，严晴燕译，复旦大学出版社 2000 年版，第 102、105 页。

　　⑥ J. A. Simpsen & E. S. C. Weiner, *The Oxford English Dictionary*, 1989, p. 424.

被称为"民族之春"的民族主义运动全面高涨和民族国家（nation – state）模式取得全面胜利的形势直接相关的。一方面，"种族概念逐渐与民族概念联系起来。后来证明，这一点对于 19 世纪的民族主义运动很有用"。另一方面，"在整个 19 世纪期间，进化论思潮一直都在聚集力量"。①这就使种族（race）概念成为 nation 和 ethnic 的共同轴心，这在很大程度上是由于西方人所使用的种族（race）一词，"经常被错误地当作民族（nation）或人群（people）的同义词"②。这也是"因为不同种族的生理差异显而易见，难以忽略，因此自然会经常用来分别'我们'跟'他们'的指标，从而加强了双方之间的差异性，包括民族差异在内"③。所以，在西方民族主义高涨时代形成的以种族为轴心的这一概念结构中，nation 与 race 的概念重叠强化着表现在西欧民族国家层面上具有种族优越感的现代民族（nation）观念，ethnic 与 race 的概念重叠则被用来指称那些处于西欧民族国家模式之外或在西方民族国家之中尚未融入"民族"的族类群体（ethnic）。

因此，在 1900 年以前该词一方面"常常用于指称讲不同语言、穿不同式样服装、或仅仅看起来不同于大多数人（主体民族）的任何少数群体（少数民族）"。另一方面，这个词在表述"移民群体"、"外国世系"甚至"种族"方面仍然是同一个意思，如"波兰种族"（Polish race）。④这种变化，也使它在后来进一步扩大为形容非西欧、非欧洲的种族、民族及其移民群体。⑤可以看出，这一词语在西欧社会的应用中一直处于含义变化的状

---

① ［英］迈克尔·班通：《欧洲北美的种族划分：1700—1850》，陈思译，《民族现象》，中国社会科学杂志社/联合国教科文组织《国际社会科学杂志》第五卷第一期，中国社会科学出版社 1988 年版，第 65 页。

② ［意］L. L. 卡瓦利—斯福扎、E. 卡瓦利—斯福扎：《人类的大迁徙》，乐浚河译，科学出版社 1998 年版，第 295 页。

③ ［英］埃里克·霍布斯鲍姆：《民族与民族主义》，李金梅译，上海人民出版社 2000 年版，第 75 页。

④ 参见 Frank N. Magill ed. *International Encyclopedia of Sociology*, Volume One, p. 468。在这一释义中例举"波兰种族"，是由于波兰自 18 世纪开始先后为沙俄、普鲁士、奥匈帝国数次瓜分而亡国，波兰人成为没有祖国的民族，"波兰问题"成为当时欧洲政治中的重大国际问题，直到第一次世界大战结束以后才复国。所以，当时用"波兰种族"来形容那些没有国家归属的民族（nation）。

⑤ 参见汝信主编《社会科学新辞典》，重庆出版社 1988 年版，第 1246 页。

态，而这种变化在突出 ethnos 的"差异"本质的基础上，始终体现着西方社会政治形势的演变及其确认"他者"身份的特点。

例如，在殖民主义统治时期，这一词语在被欧洲社会学和人类学者使用时赋予了一种非同寻常的含义："ethnos 成为指称一个非欧洲人的、文明程度低下的共同体（诸如在南美洲、非洲或澳大利亚）或者技术水平低下的社会（诸如亚洲或中国），同时也包括其他非西欧的白人。"[①]也就是说，对欧美民族国家（nation‑state）而言，其国民是一个体现为国家层面的统一的甚至单一的"民族"（nation）；对于其他仍处于西方殖民主义统治或控制的那些殖民地、半殖民地的人民来说，他们只是一个原始意义上的 ethnos（民族）。因为"大多数殖民者都成功地宣称他们所占领的领土不能由土著人来管理，因为这些当地人并不是一个民族（one nation）而是许多民族（nations）的混杂体。殖民者假设那些非欧洲人的族体（nationality）的基础是 ethnos（部落）"[②]。这里，ethnos 被强调为"部落"是为了突出其原始性。

（二）对 ethnos 一词的早期研究和定义

对 ethnic 的希腊语原型 ethnos 给予关注和进行初步研究的是俄罗斯学者。在 1908 年出版的《俄国人类学协会年鉴》第三卷中，ethnos 的俄文形式 этнос 已开始用于区别民族学研究的对象。1920—1921 年，著名的俄罗斯学者 C. M. 希罗科戈罗夫（史禄国）开始用这个词来对"民族"进行分类。[③] 1923 年他发表了《民族、民族志现象和民族现象的基本原则》（*Ethnos, General Principles of Variations of Ethnographical and Ethnical Phenomena*），这是世界上第一部专门研究 ethnos 的著作。

在这部著作中，他对 ethnos 的解释强调了两个方面的内容，一是认为这是一个一般的、普遍的民族概念；二是认为构成这个概念的要素既包括

---

①　Bharat Gupt, *What is Ethnic*? http：//www. indiastar. com.

②　Bharat Gupt, *What is Ethnic*? http：//www. indiastar. com. 引文中将 ethnos 强调为"部落"，一方面反映了该词的多义，另一方面也为了说明殖民主义时期西方人对非西方人的民族观。

③　参见［苏］IO. B. 勃洛姆列伊《民族与民族学》，第 19 页。

文化因素（语言、习俗等），也包括社会政治和经济因素。定义性的表述为："即以起源、习俗和语言的统一而联接起来的人们集团，也就是этнос。"①次年，史禄国又发表了《民族的单位和环境》（*Ethnical Unit and Milieu*）。他对 ethnical unit（民族单位）这一术语的解释为："是指这样一种单位，在这个单位中民族志要素的变化过程及其向下一代的传递和生物学的过程正在进行。这些单位永远处于变化（变异）的过程中，因此昨天的单位同明天的不会完全相同，但是从发生学来说它是相同的。这些过程可以快，也可以慢，或者处于停滞状态，这类似于动物中的种、亚种、变种、属等等。"②

史禄国作为著名的通古斯学家，那一阶段他的调查研究对象主要是西伯利亚地区到黑龙江流域正在迅速变迁的那些通古斯语族的部分群体，如鄂伦春、鄂温克等尚在很大程度上保留血缘氏族组织的前民族群体，他对这些群体的研究也因此侧重于历史上他们同其他民族群体之间的互动关系，他揭示了这些群体的社会变迁、群体流散、同化乃至于生物学意义上的融合过程。20 世纪 30 年代史禄国对 этнос 又作出了进一步的定义："民族是那些讲一种语言、承认自己的统一起源、具有一整套习俗与生活方式、以传统来保持和被人尊崇并以传统而同其他同类者区别开来的人们的集团。"虽然史禄国在具体论述这一定义中也出现了将这种"民族共同体"与"生物共同体"（即种族）"令人惊奇地结合在一起"的问题，③但是就这一定义而言，可以说构成了当代学界有关 ethnos 及其派生的 ethnic group 术语的各种现代定义的源头。语言、起源（祖先）、整套习俗与生活方式（文化）、被人尊崇（他人认可）、同其他同类者区别开来（自我认同和排他），这些要素都是现代定义中反复为人们所强调的。所以，将这一词语引进并应用于民族学研究是由俄罗斯学界起始的。

在西方学术界，ethnos 一词及其派生的 ethnic 是由社会学和人类学界

---

① 贺国安：《勃罗姆列伊的探索——关于"民族体"与"民族社会机体"》，《民族研究》1991 年第 1 期。

② ［俄］史禄国：《北方通古斯的社会组织》，吴有刚等译，内蒙古人民出版社 1985 年版，第 11 页。

③ ［苏］Ю. В. 勃洛姆列伊：《民族与民族学》，第 26 页。

相继应用和研究的，其应用背景与殖民主义统治直接相关。在西方人与各所谓"新大陆"人民的互动中，"'ethnic'逐步成为用以指按照西欧标准尚未'文明化'的异种人或异族人的系列用语之一"①。

　　该词语在 20 世纪 20 年代被引入西方人文社会科学的学科术语体系时，虽然学界试图将之用于"区别以语言和历史为基础的较为弱化的那些因素和以种族遗传为基础的更为基本的生物因素"②，但是"种族"仍属于该术语的主流含义。如同时代美国大百科全书中的 ethnic psychology（种族心理学）、ethnography（人种志）等条目及其释义。③逝世于 1920 年的著名德国社会学家马克斯·韦伯在其遗著中对这一词语的原型 ethnos 的释义也强调了这一要素："这些群体的成员由于体型与习俗（或其中之一）相似，或者由于殖民与迁徙的记忆，而在主观上相信他们是某一祖先的共同后裔。"④韦伯所强调的体型（种族）、习俗（文化传统）、殖民与迁徙（移民）、共同的祖先（血统关系）等要素，可以说与史禄国所理解的内涵几乎是不谋而合，也是构成后来社会学、人类学、民族学研究中有关 ethnic group 一词难以尽数的定义的基本要素。但是，他所指出的"体型与习俗（或其中之一）"也显而易见地表明了这种群体中可以包括仅仅由种族特征构成的群体。

　　韦伯对 ethnos 的研究是以其希腊语本义之一的"部落"作为基础的。他认为，属于"血缘共同体"的部落在纳入城邦这种政治共同体并且受到城邦国家政治"系统的图式处理"后，便成为一个 ethnos（族群群体）。⑤同时，他认为，在部族（或部落）、部落（或部族）和民族（Volk）这一

　　① 黄现璠遗稿，甘文杰、甘文豪整理《试论西方"民族"术语的起源、演变和异同（八）》，《广西社会科学》2008 年第 8 期。

　　② Frank N. Magill ed. , *International Encyclopedia of Sociology*, Volume One, p. 471.

　　③ 参见 Americana Corporation, *The Encyclopedia Americana*, Volume 10, printed in the U. S. A. 1955。

　　④ ［德］马克斯·韦伯：《经济、诸社会领域及权力》，李强译，三联书店 1998 年版，第 111 页。

　　⑤ 这里译者将 ethnos 翻译为"族群群体"是因循了当代中文语境比较普遍地将 ethnic group 译为"族群"的理解，如果按照韦伯所论述的本意，ethnos 在这里应该译为"民族"或"族体"，即与一个希腊城邦国家相对应的"族体"（nationalty），如果排除种族的因素，这种"族体"即属于民族共同体。本文引证韦伯书中的中文译名如"族群分支"、"族群后裔"也应该这样理解。

概念序列中，前者都意味着是后者的"族群分支"。这不仅反映了人类共同体从氏族、部落到民族的演进，而且也揭示了这种演进是权力意义上的政治共同体（部落、城邦国家）对血缘意义上的人类共同体（氏族、部落）进行政治整合的结果。韦伯的分析，指出了作为"政治性人工制品"或建立在"想象的认同"基础上的部落中包含着"同一族群后裔的不同单位"，即构成部落的各个血缘氏族；而民族（Volk）当中又包含着属于部落、部族意义上的不同"族群分支"。

也就是说，人类共同体从血缘氏族整合为部落、从部落整合为民族，是社会发展进程中政治权力结构变化的结果，是国家过程的产物，只是这些政治共同体所人为强调的包括"共同祖先"在内的整合要素的作用是不彻底或不完整的。因为，部落内的族群认同并非基于"共同的祖先"而主要是"共同的政治经历"（如对外征服或抵御外敌），而族体（nationality）的认同也是如此，正如韦伯所指出的："那些自以为同一民族的成员在事实上比那些属于不同、甚至敌对民族的人们往往更缺少共同祖先关系。"①甚至那些确实可以追溯为由共同祖先联系在一起的群体，也会由于宗教等原因而出现不同的族体认同，如南斯拉夫人中的塞尔维亚人和克罗地亚人，由于东正教和天主教的分野而"自认"和"他认"为不同的族体，以致将共同语言也分别称为"塞尔维亚—克罗地亚语"和"克罗地亚—塞尔维亚语"，并且使用了不同的书写系统以示区别。所以，揭示现代民族国家（nation – state）意义上的民族（nation）是"想象的共同体"之说，②并不是全新的理论，因为这种"想象论"并不局限于国家层面的"民族"（nation），还包括部落（tribe）、族体（nationality）和本文着重讨论的 ethnic group（族群），这一点已经为韦伯所指出。

当然，这些"族类"的认同要素并非只有想象的"共同祖先"，还包括种族特征和构成民族的诸多内在的和外在的复杂要素，如宗教、语言、习俗、心理等广义的文化内容。因此，韦伯认为在对 ethnos 这个属于"政

① ［德］马克斯·韦伯：《经济、诸社会领域及权力》，第 121 页。引文中的"民族"为英文的 nationality。

② 参见［美］班纳迪克·安德森《想象的共同体：民族主义的起源与散布》，吴叡人译，台湾时报文化出版企业股份有限公司 1999 年版。

治性人工制品"而发展出"类似血缘关系亲和感"的群体进行严肃的社会学分析时，ethnos 这一"集合名词"将会被摈弃。因为，对构成 ethnos 的多重要素进行"仔细区分"和"准确地定义"时，会导致这一概念的"不复存在"。韦伯所指出的 ethnos 概念"缺失"，不仅表现为这一术语的内涵与外延难以准确把握和科学界定，而且"在这方面，它与另一个充满感情色彩、在试图给予社会学定义时最令人苦恼的概念相对应，这就是民族（nation）"①。这种困扰一方面是由于 ethnos 与 nation 在古代社会具有相同的含义（只是前者的含义更加宽泛），另一方面则是由于西方民族主义高涨时期赋予 nation 和 ethnic 以共同轴心 race 的结果。自韦伯之后，这一术语在西方社会学、人类学、民族学等学科中逐步扩散开来。但是，在 20 世纪 60 年代以前，这一术语及其派生的 ethnic 和 ethnic group 并没有成为流行术语。

（三）英文 ethnic 和 ethnic group 的含义与应用

Ethnic 在英文中的使用一直未能出现名词的形式。"缺乏一个合适的名词形式使得著作者们创造了若干代用字，而所有的代用字都有它们的欠缺之处。"其中当然也包括最为流行的 ethnic group。②据相关研究表明，ethnic group 这一复合形式最早出现在 1935 年的英文文献中，③其含义的演变也开始同欧美人视野中的世界政治形势的变化更加紧密地联系在了一起。

例如，20 世纪 30 年代非洲大陆的反帝、反殖和建立独立国家的民族意识进入高涨时期，西方殖民主义统治开始受到来自殖民地民族解放运动的挑战，而在西方人的眼中非洲黑人不过是一个没有历史的属于自然范畴的"劣等种族"，所以也出现了"区分非洲 ethnic groups 的最清晰标志是语言的不同"的说法（1936），其意显然是在强调仅仅以语言差异并不构

---

① ［德］马克斯·韦伯：《经济、诸社会领域及权力》，第120页。
② ［美］威廉·彼得森：《民族性的概念》（上），林宗锦译，林耀华校，《民族译丛》1988年第5期。
③ 参见 J. A. Simpsen & E. S. C. Weiner, *The Oxford English Dictionary*, 1989, p. 424。

成民族地位和独立建国的基础。因为西方殖民者只认为他们自己是"民族"（nation），而那些非洲大陆的黑人仅仅是讲不同语言的 ethnic groups（族群）。又如，"非犹太教的"是 ethnic 的原本含义之一且长期使用，但是欧洲法西斯主义兴起并发动普遍的排犹运动后，在 1939 年的英文文献中犹太人也成为了"一个族的单位"（an ethnic unit），理由是犹太人有他们自己标准的种族特征。① 可见，这一词语的含义不仅随着西欧国家所面临的国内外政治形势变化而演变，而且在欧美国家应用中"种族"始终是它最稳定的含义之一并且被经常强调。

从 20 世纪 30 年代末开始，ethnos 和 ethnic 及其派生出来的 ethnic group 这些术语越来越多地为西方学界所使用。② 特别是第二次世界大战以后，ethnic group 开始在西方人类学界流行起来，并且越来越多地取代了英美国家长期使用的"部落"（tribe）和"种族"（race）这些话语，③ 被用以强调非体质特征的基于历史、文化、语言等要素的共同体。这一变化（或含义扩展），与殖民地人民争取民族解放和建立民族国家的历史潮流紧密相连，也与战后西方人类学界充满"悔恨自责之情"地对"我族中心主义的批判"直接相关。因为"殖民列强与被殖民文化间不平等的关系为二战以前社会人类学的兴起创造了条件；而人类学研究分析的成果也毫无困难地就被纳入了殖民主义的话语里"④，所以，剔除学术话语中的种族主义、殖民主义因素也成为西方学界进行历史反省的重要内容之一。

在 1945 年以后的 20 年间，"人类学家放弃了人种学，不再以它来作为界定自己身份的活动，并开始为这个领域另外寻找根据"⑤。用 ethnic group 来形容那些突出文化特征的共同体成为西方人类学界的新选择。不过，在 20 世纪 60 年代之前 ethnic group 一词还不曾运用到民族问题的讨论之中。⑥ 也就是说，在 60 年代以前，"大部分对 ethnic groups 的研究是与种

---

① 参见 J. A. Simpsen & E. S. C. Weiner, *The Oxford English Dictionary*, 1989, p. 424。

② 参见 IO. B. 勃洛姆列伊《民族与民族学》，第 19 页。

③ 参见 Barfield, Thomas ed. *The Dictionary of Anthropology*, Blackwell Publishers Inc., 1997, p. 152。

④ ［印］特贾斯维莉·尼南贾纳：《为翻译定位》，袁伟译，徐宝强等选编《语言与翻译的政治》，中央编译出版社 2001 年版，第 181、190 页。

⑤ ［美］华勒斯坦等：《开放社会科学》，刘峰译，三联书店 1997 年版，第 42 页。

⑥ 参见 ［英］埃里克·霍布斯鲍姆《民族与民族主义》，第 194 页。

族关系和等级社会的研究联系在一起的"①。如强调 ethnic 的 "社会阶级背景"（social – class background）之类。20 世纪 60 年代以后，随着美国民权运动的高涨，这一词语在美国开始被视为一个在法律中非歧视的、礼貌或文明的用语，用以指称犹太人、意大利人和其他较小的种类（lesser breeds）。②反映了主要用于某些在宗教、语言等方面 "固执己见" 而有别于美国主流社会的其他移民群体的特点。例如美国的盎格鲁—撒克逊英裔，成为 white（白人），但是 "white ethnics 意指意大利人和波兰人而往往不指苏格兰人和挪威人"③。可见，在 white 之后加上 ethincs，也就成为区分 "白人" 的一种称谓，用以称呼东南欧白人而非西北欧白人，其应用对象是明确的。因此，这一术语在 20 世纪 60 年代以前的应用并非普适于各种族、各民族的群体，而是具有确指对象的用语。

学术术语的稳定应用，通常以收录于学科性或专业性词典为标志。在美国，ethnos 一词至少在 1956 年出版的人类学词典中已经出现。④但是，ethnic group 一词作为专业术语收录于辞书，据认为始见于 1964 年出版的《社会科学词典》，释义为 "在一个较大的文化和社会系统中的一个社会群体，根据其所展示或据信展示的民族综合特征所要求或被给予的特殊地位"。1969 年又收入了《现代社会学词典》，释义为 "一种带有某种共同文化传统和身份感的群体，这种群体作为大社会中的亚群体而存在"⑤。这一方面从时间上证明了 "至少在美国的学术界，族群研究是与民权运动同时兴起的"⑥。另一方面就其定义而言与前此的定义（包括史禄国和韦伯的定义）相比较可以看出种族色彩的淡化、文化身份的强调和指称少数群

① David L. Sills ed., *International Encyclopedia of Social Science*, Vol. 5, The Mecmillan Loungang & the Free Press, New York, 1972, p. 168.

② 参见 J. A. Simpsen & E. S. C. Weiner, *The Oxford English Dictionary*, 1989, p. 424。

③ ［美］威廉·彼得森：《民族性的概念》（上），林宗锦译，林耀华校，《民族译丛》1988 年第 5 期。

④ 参见［苏］Ю. Б. 勃洛姆列伊《民族与民族学》，第 26 页，注释 81。

⑤ 参见［美］N. 格莱泽、D. P. 莫尼汉《民族与民族研究》，马戎编《西方民族社会学的理论与方法》，天津人民出版社 1997 年版，第 4—5 页。

⑥ 许倬云：《试论社会、族群与文化》，载王秋桂等主编《社会、民族与文化展演国际研讨会论文集》，台湾汉学研究中心 2001 年版，第 5 页。这里所说的 "族群" 即是 ethnic group 的中文对译之一。

体的含义。

在 20 世纪 60 年代美国等西方国家的"文化革命"中，突出强调"文化识别"的争论使西方学界"在关于语言、宗教、服饰等等的界限问题的一阵目不暇接的研讨之后，证明各种文化对它们的界限规定千差万别，于是，有一些人便把目光转向想象中更加中性的概念：民族群体（ethnic group）"①。而对"民族群体"的定义问题也从 60 年代中期开始为学界不断探索。例如，当时有的学者认为："一个民族群体（ethnic group）所包含的是自认为是同族的人。他们由感情的联系结合在一起，并且关心保持他们自己的生活方式。除了极少数的例外，他们操同一种语言，至少他们所说的话彼此能懂，而且他们还有共同的文化传统。由于组成这种单位的人一般都实行内婚制，所以往往看起来相貌相像。"②强调"族内婚"是这一定义的特殊之处。这一点在笔者所接触到的有关 ethnic group 的定义中也属少有的要素。当然，"族内婚"本身是维持某一"族类群体"边界和排他的最重要血缘关系要素，具有强烈的生物学含义。从一定意义上说，尤其对于美国等西方国家来说，这也体现着"种族"意味。

在 20 世纪 60 年代中期有关 ethnic group 的研究和定义中，引起较大争议的是 1964 年由 R. 纳鲁尔提出的被归纳为"客观论"的观点。当时，美国人类学界针对日益突出的种族、民族矛盾形成了一个庞大的研究计划，其中最困难的问题即是如何对 ethnic group 这个概念进行定义。参与此计划的人类学家 R. 纳鲁尔在其所撰 *On Ethnic Unit Classification* 一文中认为：族群单位可由客观的文化特征如语言、文化、社会组织等来定义。该文发表前曾由 64 位学者进行评论，其中 23 篇书面评论与该文同时刊出。③这一观点曾受到广泛的批评，主要的批评意见是用客观文化特征来划分族群将涉及许多交叉的因素而无所适从，认为该定义忽略了族群的主观认同因

---

① ［美］辛西亚·K. 马穆德、沙伦·L. 阿姆斯特朗：《民族群体存在么?》，艾石译，《民族译丛》1993 年第 6 期。

② ［美］M. G. 史密斯：《美国的民族集团和民族性——哈佛的观点》，何宁译，《民族译丛》1983 年第 6 期。

③ 参见王明珂《华夏边缘——历史记忆与族群认同》，台湾允晨文化实业股份有限公司 1997 年版，第 26—27 页。

素。此后，1969 年 F. 巴斯在其主编的《族群与边界》一书中针对 R. 纳鲁尔的定义——"1、生物上具有极强自我延续性。2、共享基本的文化价值，实现文化形式上的公开的统一。3、组成交流和互动的领域。4、具有自我认同和被他人认可的成员资格，以形成一种与其他具有同一阶层（order）的不同种类"——指出，上述四个要素中的关键之点是"自我归属和由他人归类的特征"。[1]当然，在巴斯之前（1965 年），上述对 ethnic group 进行定义并强调"族内婚"因素的学者已经对此给予了特别的关注："由于具有实际或虚构的共同祖先，因而自认为是同族并被他人认为是同族的一群人。"[2]而巴斯正是以此为着眼点提出了"族群边界"理论。该理论认为："一种归类方式是一个族群归属，即是由于个人的背景和渊源所决定的最基本的、最普遍的认同。在一定程度上，为了互动，成员们用族群认同去给他们自己和其他人分类，他们在此组织意识上构成了族群。"[3]这一理论从社会关系或组织的视角，揭示了不同群体在社会互动中通过自我认同和为他人所确认来维持族群边界的现象，从而使认同成为其后有关族群理论的基石。

　　当然，从 20 世纪 60 年代有关族群定义和相关理论的提出，可以清楚地看出 ethnic group 含义虽然发生了趋向于抽象和泛化的变化，尤其是在定义中突出了主观的"认同"和被他人所确认的本质，但是这并没有改变它所指称的"族类共同体"范畴。因此，在 20 世纪 60 年代以后出版的辞书中对 ethnic 的释义，依然强调"一个种族的、民族的或部落的群体"[4]。同时，用这个术语来指称某一族类的一部分，也是显而易见的。因为在这一术语进入欧美学界时表现出两种不同的应用取向，对于美国这个缺乏历史资源的国家来说，ethnic community（族裔共同体）"是指少数民族或移民集团（例如巴斯克民族、美籍日本人等）"，对于西欧国家来说这一词汇"是指近代 nation 形成以前便存在的某些共同体，即相当于近代 nation

---

　　① ［挪威］弗里德里克·巴斯：《族群与边界》，高崇译，《广西民族学院学报》1999 年第 1 期。
　　② ［美］M. G. 史密斯：《美国的民族集团和民族性——哈佛的观点》，何宁译，《民族译丛》1983 年第 6 期。
　　③ ［挪威］弗里德里克·巴斯：《族群与边界》，高崇译，《广西民族学院学报》1999 年第 1 期。
　　④ 《朗文现代英语词典》，现代出版社 1986 年版，第 373 页。

的原型（例如莎士比亚时代的英格兰人、殖民地时代以前的越南人等）"。有一种观点认为，前者是美国的用法，后者是欧洲的用法。所以，在欧洲的传统用法中，这一术语"与其说是构成整个社会一部分的下位集团，不如说是更具有代表全体社会水平的集团的定义"。也就是说"是一个还没有充分自我意识的民族（nation）"①。

按照这种理解，ethnic community 在美国是指那些民族国家中的非主体民族（通常也就是少数民族），而在西欧则是指建立民族国家以前的所有非 nation 的传统民族。这也符合上文引述的早期所谓"族系"（ethnic stock）包含了全部当时存在于欧洲的各种族（European races）的用法。不过，欧洲的用法也在发生变化，尤其是随着 20 世纪 60 年代以后种族问题、移民问题的凸现而出现了明显变化。20 世纪 60 年代末，巴斯所下的定义及其对双向"认同"要素的强调，事实上正是反映了这一术语的现代含义相对于古代和近代所发生的主体立场的变化，而这种变化与当时欧美国家的社会政治形势演变和在"文化认同"表象下的"族类政治化"现象是直接相关的。但是，对"认同"的强调，并不意味着所有的"认同"群体都属于 ethnic group 的范畴。这一点是理解 ethnic group 这一术语应该遵循的基本原则。

综上所述，20 世纪 60 年代以前 ethnic 这一词语在英语中的含义和应用，一直随着西欧对外扩张的历史、欧美现代民族国家的形成、全球殖民主义体系的构建和崩溃、西方资本主义社会的发展及其不同历史阶段的学术研究而演变。尤其是从 20 世纪 60 年代开始，美国等西方国家普遍爆发了社会政治运动、新思潮和文化反叛，矛头指向战后西方国家普遍歌颂的"繁荣景象"。在这一"激进运动"中，源起于建筑学而后被引入美学、文学和艺术领域的后现代主义思潮不仅对大众文化的兴起产生了推波助澜的作用，而且也对人文社会科学的诸多学科产生了影响。从这个意义上说，ethnic group 这一术语在学术界开始广泛地应用也是西方社会"后现代"裂变的产物。尤其是后现代理论所强调的文化差异性、非连续性、非

---

① ［日］吉野耕作：《民族理论的展开与课题——面对"民族复活"》，谈谦等译，《民族译丛》1989 年第 1 期。

中心性、边缘化和认同政治、差异政治等因素，也对社会学和人类学等学科的研究产生了显著的影响。而源自 ethnos 这一本身就属于概念"缺失"术语的 ethnic group，似乎也更符合后现代话语普遍存在的"不确定的内在性"特点，也更能适应西方社会"后现代政治"所导引的各类边缘化群体在"认同政治"和"差异政治"中实现自我诉求的多样性，从而决定了它本身定义的多样性、含义的不确定性、内涵与外延的流动性。

也许正是因为这种特点，以致当代西方社会学、人类学等学科在广泛且习以为常地应用 ethnic group 这一术语时，对这一术语的定义仍旧处于众说纷纭、莫衷一是的状态。因此，20 世纪 20 年代韦伯所指出的 ethnos 概念"缺失"及其与"民族"和"族体"（nation & nationality），甚至和"种族"（race）之间对应关系的厘清，至今也仍属未解之题。甚至 ethnos 和 ethnic group 以及 ethnicity 这三个术语之间的关系也依然含混不清，尤其是在对它们进行定义时，往往难以作出清晰的区别。当然，对这一术语本身的含义需要进行深入研究，但是这种研究不仅限于对其词源和流变的讨论，而且需要了解 ethnic group 这一术语广泛应用于当代西方社会学、人类学、民族学等学科研究的社会政治背景和国情特点以及对象，这一点是十分必要的，因为这在很大程度上是我们理解和应用这一术语的前提条件。

西方社会裂变中的"认同群体"与"族群"

于是所谓"认同群体"（identity group）兴起，即一个人可以毫无疑惑，确实肯定地"归属"于某种"族类"；这种现象，自 60 年代末期开始，即在一向擅长于自我观察的美国境内为人指出。其中绝大多数，自然都诉诸共同的"族群"背景。

——［英］艾里克·霍布斯鲍姆：《极端年代》

20 世纪 60 年代，对于整个世界来说是一个大动荡、大分化、大革命的时代。

在国际社会层面，从 1960 年的"非洲年"（17 个非洲国家独立）和"欧佩克"（石油输出国组织）成立，到 1961 年的不结盟运动兴起和 1964 年的"七十七国集团"组建，代表了殖民地民族解放运动的高潮和发展中国家在政治、经济领域反帝、反殖、反霸斗争的崛起；在社会主义阵营范围，1960 年中苏关系的破裂、1965 年社会主义阵营的分裂、1966 年中国爆发"文化大革命"、1968 年苏联入侵捷克斯洛伐克、1969 年中苏边界冲突，反映了以苏联为中心的统一的国际共产主义运动已不复存在；在美苏两个超级大国之间，1961 年美国发动侵越战争反映了其对霸权主义全球战略的大力推行，而 1962 年苏美之间的"古巴导弹危机"则揭开了两个超级大国军备竞赛的序幕；等等。

在世界形势发生这一系列变化的同时，美国等西方国家内部也进入了政治运动、文化革命和社会裂变的高潮迭起时期。

（一）美国等西方国家的种族、民族矛盾与社会裂变

第二次世界大战以后，在风起云涌的殖民地民族解放运动冲击下，西方殖民主义势力数百年构建的殖民主义体系已濒临土崩瓦解，而美国等西方国家内部的种族、民族矛盾也进入了高涨期。

在整个 20 世纪 60 年代，美国的种族冲突进入了战后最严重且频繁爆发的阶段。仅就种族骚乱来看，在 1963—1968 年的 6 年间，美国种族骚乱发生的城市数量从 1963 年的 8 个，逐年递增为 16 个、20 个、44 个、71 个和 1968 年的 106 个。在发生种族冲突的这 265 个城市中，累计骚乱次数 341 次，时间 703 天，被捕人数 53409 人，受伤人数 8459 人，死亡人数 221 人。①在这种日益尖锐的种族冲突中，1960 年代中期也出现了黑人激进组织"黑豹党"这样的准军事力量，并在"以牙还牙"的观念主导下进行了一系列针对白人的暴力恐怖活动。

在以黑人、白人为主体的种族冲突形势中，黑人争取平等民权的斗争也表现出了不同的政治取向。其中 1963 年 8 月 28 日出现的以黑人为主体、有众多白人参加的 25 万人向首都和平大进军运动代表了黑人民权运动的主流，马丁·路德·金牧师《我有一个梦想》所希冀的种族平等，成为美国黑人民权运动的政治宣言，并且获得了众多白人的响应和支持。与此同时，在黑人民权运动中，也出现了很多激进组织，除上述"黑豹党"外，还包括"黑人穆斯林"、"大学生非暴力协调委员会"等。在"黑人权力"和"黑人国家"的政治理念影响下，黑人反对种族主义、谋求公民平等权利的运动中也出现了"黑人国家主义"（Black Nationalism）②，其典型的政治主张是"黑人穆斯林"运动中提出的独立建国号召，即"存在着两个彼此分离、不平等的美国：一个黑人的美国和一个白人的美国。90% 的黑人不愿意脱离美国，我们希望将来在美国内部建立一个分离的黑

---

① 参见邓蜀生《世代悲欢"美国梦"——美国的移民历程及种族矛盾（1607—2000）》，中国社会科学出版社 2001 年版，第 179 页。

② 参见金哲等主编《当代新术语》，上海人民出版社 1988 年版，第 668 页。通常也可译为"黑人民族主义"。

人国家。种族平等是幻想"①。这种激进的政治主张也是"三 K 党"等白人右翼势力嚣张的种族主义行动和金牧师被刺杀等事件所导致的后果。无论是和平的抗议行动，还是暴力的分离主张，黑人的民权运动不仅唤醒了黑人群体，而且也影响到了美国的其他所谓"有色人种"。美国印第安人民族意识的觉醒也导致他们称自己是一个"民族"（nation），而"这种呼声歌颂分离而不是统一"②。

这些谋求与建立独立国家联系在一起的"民族"（nation）地位的政治运动，使西方民族国家的传统政治理念受到前所未有的冲击。尤其对于"要确定一个可认同的民族特性，资源条件远不及其他国家"③ 的美国来说，黑人、印第安人和各色移民的民族意识高涨更具挑战性。美国和西方发达国家都需要在面对种族、民族、宗教、语言、文化等社会异质性的基础上重新定义它们的国家。而这种异质性还包括 20 世纪 60 年代兴起的越来越多的以反现代传统为旗号的社会文化群体的政治诉求。

美国作为一个历史短暂的移民国家，在其社会发展进程中缺乏历史传统的影响，来自欧洲的白人移民从来没有将美洲的印第安人等土著居民的社会视为"历史"的产物加以承认，因为当时"欧洲的人类学并不把古老种族视为'善良的野蛮人'，而是把他们当作幼稚的'原始人'"④。从而将其纳入了"自然"的范畴。更不要说那些具有深刻"奴隶身份"烙印的黑人。所以，对美国来说，其社会发展在缺乏历史传统影响的条件下突出了"世代结构"的影响。

所谓"世代结构"是指大约每 20 年出现在人口结构中由青年、中年和老年构成的新世代角色层。相关理论认为，美国进入 20 世纪以后，出生于 1901—1924 年间的美国人被称为"大兵一代"，他们在经历了第一次

① 转引自邓蜀生《世代悲欢"美国梦"——美国的移民历程及种族矛盾（1607—2000）》，第175页。
② ［美］威尔科姆·E. 沃什伯恩：《美国印第安人》，陆毅译，商务印书馆1997年版，第264页。
③ ［美］乔伊斯·阿普尔比等：《历史的真相》，刘北成等译，中央编译出版社1999年版，第78页。
④ ［法］埃德加·莫林、安娜·布里吉特·凯恩：《地球 祖国》，马胜利译，三联书店1997年版，第8页。

世界大战特别是第二次世界大战之后，成为"世代结构"中推动战后美国经济繁荣、科技进步和社会发展的成年力量。①在美国经济社会发展的这一高涨期（1946—1964 年），倡导公共合作、机会均等的社会氛围中也包括了充满乐观主义的社会同质化运动。不过，当时被誉为"上帝的坩埚"的"熔炉"（The Melting Pot）理论及其实践，并没有改变 20 世纪 40 年代已经彰显并仅限于"白人"内部以新教、天主教、犹太教为基础的"三元熔炉"族际通婚现象，②反而使在迅速城市化进程中日益处于边缘状态的黑人、印第安人、亚洲人、墨西哥人、波多黎各人等群体的政治意识不断高涨，而且黑人的民权运动、印第安人的权利斗争、华人要求修正移民法的诉求（包括用"国籍原则"取代过去的"种族和族裔"的分类等），③都取得了程度不同的成效，其中最具影响力的是 1964 年通过的民权法案和1965 年的移民法案。与此相伴的还有女权主义运动的再度高涨和同性恋运动的兴起。

美国在经历了第二次世界大战后 20 年的迅速发展后，战后高生育率产生的被称为"膨胀一代"进入了自我中心的骚动期。校园政治、青年暴力犯罪、反越战、嬉皮士、流行歌曲、T 恤衫和牛仔裤、吸食大麻等反传统运动和同性恋等"异类"行为交织在一起，从不同的角度向"大兵一代"建立起来的社会权威提出了挑战。而已步入中年的"沉默一代"（出生于 1925—1942 年间的一代）在日益难以弥合的后现代"代沟"对立中起着某种承上启下的作用，他们"采取了仲裁者的道德相对主义态度，在矛盾双方之间进行调停，并将注意力转向有着不同文化背景、来自不同种族、不同收入、不同年龄段的人们，甚至也包括残疾人"④。所以，在1965—1970 年期间，美国人在对自己的社会进行"人性化"改造的过程中，性别、种族、宗教、民族、职业、工作地、居住地、婚姻状况、政治

---

① 参见［美］威廉·斯特劳斯、尼尔·豪《第四次转折——世纪末的美国预言》，杨立平等译，海潮摄影艺术出版社 1998 年版，第 26 页。

② 参见［美］米尔顿·M. 戈登《在美国的同化：理论与现实》，载马戎编《西方民族社会学的理论与方法》，第 65 页。

③ 参见戴超武《美国移民政策与亚洲移民》，中国社会科学出版社 1999 年版，第 166 页。

④ ［美］威廉·斯特劳斯、尼尔·豪：《第四次转折——世纪末的美国预言》，第 265 页。

联盟、国籍、语言等类别参数"将人口划分成有着不同界限的亚群体";而教育、收入、财富、声望、权力、社会经济背景、年龄、行政权威、智力等因素构成的等级参数，则成为定义社会地位的级序范畴。① 其中，种族、民族、妇女等类别在所谓后现代主义思潮中成为"身份认同"（identity）的重要归宿，②而建立在种族、民族基础上的"认同政治"（identity politics）也构成了美国政治的焦点。③

在这一时期，后现代主义的"认同政治"、"差异政治"或"微观政治"的影响，使各种局部群体的竞相斗争构成了整个社会中那些分散的、非中心化的权力形式。而"诞生于这种复杂的、高度分化的政治环境中的各种新运动（如环境保护运动、女性主义运动、性解放运动、争取黑色及棕色人种权利斗争、美国土著人争取平等权力运动、和平运动以及地方居民行动团体，等等）试图揭示并反对影响着各种团体和个人的具体压迫形式"④。承认个性、承认差异的社会政治取向使超越"熔炉"的多元文化主义也流行开来，而"从本世纪 60 年代末开始抬头的'爱斯尼西蒂论'（ethnicity），就是同这种多文化主义深切关联的"产物。⑤ ethnic group 这一词汇，作为形容建立在这种"认同政治"和"差异政治"基础上的"族类群体"（种族的、民族的、土著的），也开始越来越频繁地出现在对美国社会群体分化和裂变的学科性研究中。

在同一时期，其他西方国家也陷入了这种动荡之中。在 1958 年西伦敦诺丁希尔来自西印度群岛的移民和当地白人爆发了激烈的种族冲突之后，移民问题和种族冲突成为英国的重要社会矛盾之一，同年英国成立了种族关系研究所，1962 年通过了《移民法案》，1966 年制定了《种族关

① 参见［美］彼得·布劳《不平等和异质性》，王春光等译，中国社会科学出版社 1991 年版，第 14 页。
② 参见［美］安吉拉·默克罗比《后现代主义与大众文化》，田晓菲译，中央编译出版社 2001 年版，第 82 页。
③ 参见［英］艾里克·霍布斯鲍姆《认同政治与左翼》，周红云编译，载杨雪冬等主编《"第三条道路"与新的理论》，社会科学文献出版社 2000 年版，第 105 页。
④ ［美］道格拉斯·凯尔纳、斯蒂文·贝斯特：《后现代理论批判性的质疑》，张志斌译，中央编译出版社 2001 年版，第 267 页。
⑤ ［日］绫部恒雄：《民族学者不了解"民族"》，邹南星译，《民族译丛》1986 年第 5 期。

系法》和设立种族关系局。这些事件和措施虽然主要涉及移民问题，但是英国本身的民族问题也再度凸显起来。"英国开始受到了从前同美国密切联系的特点的影响（尽管现在或许可以认为这些都是所有西方工业化国家，或者说是后工业化国家的共同特点）。"这种影响使"威尔士的民族主义运动甚至比苏格兰更密切地同六十年代的文化运动及其恢复民族根源的兴趣交织在一起"①，甚至打起 Welsh nation（威尔士民族）的旗号。②相应地苏格兰民族主义复兴运动高涨（1962）、威尔士以法令的形式将威尔士语置于和英语同等地位（1967）、北爱尔兰爆发民权运动（1969）等现象也接踵而至。类似的现象还包括西班牙巴斯克民族独立运动中分离出恐怖组织"埃塔"（1958），加拿大"魁北克自由党"取得了魁北克省的领导权（1960），法国的"布列塔尼解放阵线"开始恐怖暴力活动（1966）等。1968 年法国学生运动掀起的"五月革命"断然拒斥的是"官僚主义和个人崇拜，因而产生的不是领袖而是众多的行动委员会主席"③。这些代表社会多层面个性呼声所产生的政治影响，也促使了 70 年代中期法国"科西嘉民族解放阵线"（National Liberation Front of Corsica）的出现，等等。

　　这些源自西方发达国家内部的种族、民族运动，使这些国家在面对海外殖民主义体系土崩瓦解的同时，也面临着内部的社会政治分裂。而且，这种分裂更广泛地表现在移民和社群（community 或 social group）的"族类政治化"方面。

（二）西方社会裂变中的"族类政治化"及其影响

　　在第二次世界大战前和战争结束后的一段时间里，欧洲是世界洲际移

---

① ［英］阿瑟·马威克：《一九四五年以来的英国社会》，马传禧等译，商务印书馆 1992 年版，第 170—171 页。

② 参见 I. Hume & W. T. R. Pryce ed., *The Welsh and Their Country*, Published in association with the Open University, U. K., 1986, p. 292。

③ ［法］安琪楼·夸特罗其、汤姆·奈仁：《法国 1968：终结的开始》，赵刚译，三联书店 2001 年版，第 153 页。

民的主要输出地区，但是从 20 世纪 50 年代开始出现反向移民并在 70 年代初期形成第一次高潮，使北美、西欧和大洋洲成为接受来自前殖民地国家移民的主要地区。大量非白人移民的进入，不仅增强着"白人社会"的种族、民族、宗教和文化异质性，而且也对这些国家的政治、经济、文化和社会结构带来了重要的影响。西方社会高度城市化的进程，虽然在增强着整个国家的经济社会同质化，但是历史的和现实的移民群体却在加强着种族、民族、宗教和文化的异质性。

在此之前，"许多学者预料，工业化、城市化和教育普及会削弱种族意识，普遍性将取代特殊性"①。然而，美国和西欧国家高度工业化和城市化的进程虽然在相当大的程度上消化了农民，但却未能溶解那些聚居在一起的移民群体。尤其是在 20 世纪 60 年代以后进入美国和西欧国家的各色移民，由于面对这些国家普遍的种族、民族关系的紧张态势和社会生活中根深蒂固的种族歧视，使这些新移民不得不聚居在一起并利用西方国家的民主制度表现出"族类政治化"的"自我认同"。因此，西方国家高度城市化的进程，虽然"增加了整合性群际交往的机会和可能性，但也增加了来自不同群体的人们之间发生冲突的场合和可能性"②。而这一具有双向可能性的进程，究竟哪一种可能性成为主流，至今在欧美国家也难以作出准确的判定。至少，直到 20 世纪 90 年代"移民群也往往聚居于一定地区，或集中在一定的工厂作坊或行业工作，而不涉及其他地区及行业"③。这种聚居现象及其在经济生活中所表现出的基于同源、同族、同宗教、同语言等同一性在异域他乡环境中的认同，很大程度是移民对现实的种族歧视、社会不公、经济生活困境、信仰歧义甚至"智商测试"等来自主流社会压力的回应。所以，移民群体所彰显的异质性（包括肤色、祖籍地、语言、宗教、习俗等）和他们在西方民主制度环境中通过结社来维护自我权益的"认同政治"，成为西方发达国家社会群体"族类政治化"的重要组成部

---

①　[美] 西摩·马丁·李普塞特：《一致与冲突》，张华青译，上海人民出版社 1995 年版，第 352 页。

②　[美] 彼得·布劳：《不平等和异质性》，第 236 页。

③　[英] 艾里克·霍布斯鲍姆：《极端的年代》（下），郑明萱译，江苏人民出版社 1999 年版，第 468 页。

分，也成为构成美国等西方国家"族类化"的 ethnic groups。

在美国，"20 世纪 60 年代以来，对自我、主体性和认同的关注具有了新的意义。在新左派之后，有些运动表达各种主体地位、或认同的思想，它是由'创造历史'过程中的个体和团体共同构建的，并且在迅速变化的社会和政治环境中逐步完善的。民权运动、女权主义，以及同性恋运动发展出新的集体意识，并使其成为公开反对支配性的、老一套的社会经验观念的一部分，因此，它也超越了仅建立在宗教、国家、阶级和家庭基础上的认同"①。由此而产生的各类社群（communities 或 social groups）的分化和聚合及其"认同政治"诉求，通常也会表现出分离主义的倾向。这种社会裂变"是由于一个团体或文化社团觉得自己未获得大社会的肯定，于是便不愿依循大多数人民的共同理解来运作，因而产生脱离的要求"②。为此他们甚至喜欢借用民族主义式的话语来强调自我的地位，"比如同性恋捍卫者即爱用同性恋国度（the queernation）一语"③。甚至女权主义运动中也出现了"称自己为美国'最大的少数民族'"的口号。④这也就是上文所说的"族类政治化"影响，也就是世界范围殖民地民族解放运动所张扬的非西方民族主义思潮在西方发达国家内部的反应。

同时，作为对 20 世纪 70 年代初新自由主义理论的批判性反应，社群主义（communitarianism）也将种族、民族、文化作为社群自我认同的基础，甚至有的社群主义学者认为"种族对于个人对文化的认同具有核心意义"⑤。社群主义理论在文化和社会生活领域的放大性影响，使诸如"公关族"、"同性恋族"等"新族"现象比比皆是，以致"原有社会学意义的所谓社群，在现实生活中已经再难找到。于是所谓'认同群体'（identity group）兴起，即一个人可以毫无疑惑，确实肯定地'归属'于某种'族类'；这种现象，自 60 年代末期开始，即在一向擅长于自我观察的美

① ［美］卡尔·博格斯：《政治的终结》，第 295 页。
② ［加拿大］查尔斯·泰勒：《公民与国家之间的距离》，李保宗译，载王晖、陈燕谷主编《文化与公共性》，三联书店 1998 年版，第 211 页。
③ ［英］艾里克·霍布斯鲍姆：《极端的年代》（下），第 639 页。
④ 参见张友伦等《美国社会的悖论》，中国社会科学出版社 1999 年版，第 376 页。
⑤ 俞可平：《社群主义》，中国社会科学出版社 1997 年版，第 54 页。引文中的"种族"的英文原文为 ethnicity，通常译为"民族（性）"或"族群（性）"——引注者。

国境内为人指出。其中绝大多数，自然都诉诸共同的'族群'背景"。也就是"认同所系者，一般以族裔、民族或宗教为主"。①这使 ethnic group 一词"到70年代便风靡一时"。当然，这一术语在学术界流行起来的原因之一，也被认为是它"取代了许多人类学家讳莫如深的'种族'这个字眼"，尽管事实并非如此。

虽然 ethnic group 这一被认为"更加中性"的术语得以流行，但是它并未能使传统的"民族"（people）等词语及其所代表的观念黯然失色，"因为在这个流动多变的世界中，后者虽然显得原初主义味道颇浓，而前者给人以工具主义的印象亦深，有些过分地沉湎于尽情抒发群体成员对其传统的深挚依恋的情趣之中"②。这使以文化研究为己任的人类学、民族学家在对非西方、非主流文化重新进行"历史化"的民族志认识中，"也存在着一种会导致不断把'政治'转喻成'诗学'的倾向"③。而这种建立在文化和道德相对主义基础上的"诗学化"倾向，虽然使有关 ethnic group 的研究反映出强调非政治化的"文化认同"表象，但是实质上则是将其研究对象重新推入了"自然化"的范畴，并以此来掩盖这类群体的"认同政治"或"差异政治"取向。

从美国和西欧国家20世纪60年代出现的上述社会变化不难看出，无论是基于种族、民族问题的民权运动或分离运动，还是女权运动、同性恋运动、文化革命都具有强烈的政治理念。就美国而言，"50年代公民权的评判首先应用于黑人，然后扩大到妇女，这为其他的认同群体提供了一种模式"④，进而扩展到几乎所有的移民群体和其他社群，这不仅与美国社会"族类化政治"走向直接相关，而且也为其多党民主政治的竞争体制所推动，"因为各群体和阶级必须为使不同政治派别能代表他们的利益而竞争，而这些政治派别必须为赢得投票公众对将实行什么样的并且代表何种群体

① ［英］艾里克·霍布斯鲍姆：《极端的年代》（下），第639、517页。
② ［美］辛西亚·K. 马穆德、沙伦·L. 阿姆斯特朗：《民族群体存在么？》，艾石译，《民族译丛》1993年第6期。
③ ［印度］特贾斯维莉·尼南贾纳：《为翻译定位》，载徐宝强等选编《语言与翻译的政治》，第192页。这里所说的"诗学"是指"把他者构塑成一个天生且自然之善的楷模"（第190页）。
④ ［英］艾里克·霍布斯鲍姆：《认同政治与左翼》，载杨雪冬等主编《"第三条道路"与新的理论》，第106页。

利益的政治纲领所作出的裁决而竞争"①。为此，任何一个党派都不愿意失去某些选民群体，甚至包括同性恋群体，而这一取向也进一步强化了各类认同群体的政治取向。同时，这种"族类政治化"的现实，也使不同的政治力量将这些群体作为开展工作的对象以实现自己的政治目标。

　　1968 年法国"五月革命"后，法国左派运动又起高潮，他们不仅"从事妇女运动、同性恋运动、环境运动，或更民族化或种族化的具体运动"②；而且尤其重视在移民群体中开展工作。这种建立在民族、种族和移民群体基础上的政治导向及其所引起的民族意识高涨，使"族类政治化""同左派意识形态结成联盟"的现象在西方其他国家也很普遍，例如在加拿大、英国和西班牙。③这对处于冷战对抗格局下的西方资本主义世界来说无疑更具危险性。所以，用 ethnic groups 来揭示几乎存在于欧美各个主权独立、领土完整的民族国家内部的"基于民族、种族、语言、宗教、文化、地区，以及经济认同之上的次级群体"④，不仅包含了消除那些与追求独立建国目标联系在一起的"民族"（nation）运动及其受到共产主义思想影响的政治需要，而且也反映了对社会结构中"族类政治化"的剧烈分化现象通过多元文化主义加以疏导的政治导向。

　　尤其对于美国来说，其"社会结构是由白人至上的种族政治构成的；只有通过分析种族主义及其在资本主义社会中所起的作用才能对阶级关系有彻底的了解。阶级斗争与结束种族主义的斗争是不可分割的"⑤。然而，对于阶级关系发生了显著变化并且被普遍认为"通过一个团结起来的阶级来解放全社会不再是理解或预期社会变革的模型了"的西方发达资本主义国家来说，后马克思主义理论家在"解构马克思主义经典"的同时，⑥也

---

　　① ［美］彼得·布劳：《不平等和异质性》，第 333 页。
　　② ［法］贝乐登·菲尔兹：《法国的毛主义》，载王逢振主编《六十年代》，天津社会科学院出版社 2000 年版，第 154 页。
　　③ ［美］西摩·马丁·李普塞特：《一致与冲突》，第 333 页。
　　④ ［美］布鲁斯·拉西特、哈维·斯塔尔：《世界政治》，王玉珍等译，华夏出版社 2001 年版，第 15 页。
　　⑤ ［美］贝尔·胡克斯：《女权主义理论：从边缘到中心》，晓征等译，江苏人民出版社 2001 年版，第 4 页。
　　⑥ ［美］安吉拉·默克罗比：《后现代主义与大众文化》，第 71 页。

对西方社会普遍的"族裔复兴"（Ethnic Revitalization）现象及其产生的原因，作出了"当种族或阶级的障碍消融，人们在抵制生活方式全面变化而试图使传统秩序得以恢复时，或者当人们在适应一种强势的外国文化时感到失望和沮丧时"的解释。①所以，将种族、民族的政治冲突导入文化差异的轨道来淡化或掩盖阶级矛盾的社会实质，也是多元文化主义政策制定者所期望的结果。因为"文化多元的概念太容易和那些认为差异反映了宽容的看法混为一谈"②。这种社会宽容或人文关怀所倡导的"认同建构的观念源于这样一个假设：在后现代社会中，由于身份认同的碎化，多重社会认同的现象比以往更加普遍"③。

　　对于西方后工业社会来说，后现代主义被认为是一个能够实现从经典马克思主义转变为后马克思主义激进民主主义理论的工具，因为这种转变"超越了对阶级冲突的单一强调，而集中关注同新社会运动相适应的多元斗争（和权力）"④。也就是说，当美国社会在20世纪50年代中后期就出现了白领工人超过蓝领工人的社会阶级结构变化后，其社会政治的裂变、经济的转型、文化的大众化不仅使人们在日益加强的空间变化和社会流动中越来越重视自己的身份，而且也使这种关注"不再拘泥于穿着或头衔所表示的那些固定的或已知的身份，而是假定了多重的角色，并不得不在一连串新的情境中证明自己"⑤。虽然在所谓后现代社会，中产阶级的崛起、消费社会的出现和大众传媒的扩散在模糊阶级关系并且促使人们寻求新的自我，并将文化这一莫衷一是的概念作为人们身份认同的基本依托，但是这并没有改变美国的种族政治和社会关系。一方面，"多元文化主义产生了一种增强多样性和宽容意识"；另一方面，在多元文化主义引导下产生的"真正的认同政治会要求更多：它意味着团体与公共利益之间、微观与宏观之间、地方参与和社会参与之间的对立"。尤其是对于基于种族的、

---

① McEloy & Townsend, *Ethnic Revitalization*, http：//tigger. uic. edu.

② ［美］安吉拉·默克罗比：《后现代主义与大众文化》，第75页。

③ ［美］罗宾·科恩、保罗·肯尼迪：《全球社会学》，文军等译，社会科学文献出版社2001年版，第160页。

④ ［美］卡尔·博格斯：《政治的终结》，陈家刚译，社会科学文献出版社2001年版，第277页。

⑤ ［美］丹尼尔·贝尔：《意识形态的终结》，张国清译，江苏人民出版社2001年版，第5页。

民族的这种所谓既存社会构成的认同，"势必要附属于霸权话语，就其自身而言，它们绝对不可能是变革的，而且准确地说，这就是当代美国认同结构的困境"①。这种困境的根源是美国种族政治，而种族政治的实质即是上引观点所指出的"阶级斗争与结束种族主义的斗争是不可分割的"。

事实上，美国等西方国家所倡导的多元文化主义，在重新解释种族、民族、性别和性偏好等群体权利及其相互关系方面，的确使那些处于社会边缘的群体实现了一定程度的社会平等和人权保障。但是，同时也出现了多元文化主义理论在实践中的悖论，即"平等但隔离"。这种现象，一方面使"人们对各种差异愈来愈宽容"，另一方面也使"人们鼓励在群体之间设立与保持界限"②。其结果是使这种群体界限的"认同"和相伴相生的"排他"成为新的种族隔离、民族隔绝、移民排拒的口实。那些宣扬"白人至上"，"认同"种族主义、纳粹符号和法西斯仪式的"光头党"虽然也被认为属于现代资本主义产生的"亚文化"现象，③而且也表现出"不是明显意识形态性质的"取向，但是"光头党还是经常采用了种族主义的、性别主义的和排外的亚文化言论以集中精力将创始人和外来者，将（通常是同质的）青年团体与各种模式化的'其他人'区别开来"④。当然，这些穿制服、理光头的新纳粹分子的自我认同和排斥他人并不限于"亚文化言论"或纳粹符号的渲染，他们将这些所谓"亚文化言论"和符号付诸行动的结果是："若不痛打当地的土耳其人和阿尔巴尼亚人，如何确立他们的德国属性?"⑤毫无疑问，"光头党"这类与城市流氓文化基质密切相连的群体，属于帮派集团或犯罪团伙而非 ethnic group，而且也没有人将这类群体，包括同性恋、女权运动等社会群体纳入 ethnic group 的范畴，但是在西方国家中正如那些也喜欢用"民族主义"口号来烘托或强化自我认同的其他社会群体一样，"光头党"或"三 K 党"之类的群体的确

---

① ［美］卡尔·博格斯：《政治的终结》，第 303 页。

② ［美］H. 蒂施勒、B. 贝里：《多元主义》，载马戎编《西方民族社会学的理论与方法》，第 33 页。

③ 参见［美］沃尔特·拉克尔《法西斯主义——过去、现在、未来》，张峰译，北京出版社 2000 年版，第 171 页。

④ ［美］卡尔·博格斯：《政治的终结》，第 175 页。

⑤ ［英］艾里克·霍布斯鲍姆：《极端的年代》（下），第 641 页。

属于彰显其种族主义特征的"族类政治化"产物。

　　西方国家的"后现代政治",源起于对种族政治、性别政治和主体立场政治等方面的关怀和强调,所以"各种边缘化群体和个人都为后现代理论所吸引,用它来言说他们立场的特性,并强调他们同其他团体和个人的差异"①。不过这些"不完整、支离破碎和新出现的身份的多元化不一定意味着政治能力的丧失"②。尤其是在"族类"认同的社会结构中,"如果这些结构对主流话语外的许多人来说是文化的庇护所,那么,从反抗性政治的立场出发,它们最终会变成一种意识形态的陷阱"③。因此,"认同政治"与"文化认同"在本质上并没有区别,其实质都是内向的和排外的"集体认同"。20世纪60年代末巴斯在《族群的边界》一书中刻意强调了自我认同和为他人所确认的原则,这的确是十分重要的。自我认同是建立在他者不同基础上的,也就是说一个未同其他群体互动的群体也就不存在自我认同。"自我在确定自己特定身份的同时,也确定了他者相应的反角色,这种反角色使得自我的身份具有了意义。"④因为"他群"的不同而出现的自我认同,是发生"认同"的机理。群体差异是构成认同的前提,群体差异在互动中被感知和比较是引起认同的条件,而任何认同都是通过排他来实现的,这就是"认同"的实质。

　　对此,霍布斯鲍姆从四个相互联系的方面所作的分析是很有启发意义的。首先,集体认同是从消极意义上界定的,也就是通过强调"自我"与"他人"的不同来实现的,体现了"对立"和"排他";其次,认同如同外衣一样可以互换或叠加,人们不仅只有一种身份,只是"认同政治"的鼓动者假定其中的某一种身份决定或主导着政治取向,具有外部的"强加"性;再次,认同和认同的表达方式并非固定不变,可以根据需要不断变化,表现出身份的"可变性"或"流动性";最后,认同取决于可能发

---

　　① ［美］道格拉斯·凯尔纳、斯蒂文·贝斯特:《后现代理论批判性的质疑》,第267页。

　　② ［美］安吉拉·默克罗比:《后现代主义与大众文化》,第72页。

　　③ ［美］卡尔·博格斯:《政治的终结》,第303页。

　　④ ［美］亚历山大·温特:《国际政治的社会理论》,秦亚青译,上海世纪出版集团2000年版,第415页。

生变化的环境，客观环境对主观认同具有"迫使性"。①作为对上述"认同政治"分析的理解例证，南斯拉夫波斯尼亚—黑塞哥维那（波黑）的穆斯林群体颇具典型性。从身份上来说，波黑穆斯林群体是享有历史源流记忆的南部斯拉夫人、联邦国家公民身份的南斯拉夫人、联邦单位波黑共和国的波黑人、民族渊源的塞尔维亚人或克罗地亚人、操塞尔维亚—克罗地亚语或克罗地亚—塞尔维亚语的人、信仰伊斯兰教的人、国家确定的"穆斯林族"。在这 7 个身份中，他们与波黑共和国的塞尔维亚人、克罗地亚人共享五 5 个可以认同的身份。因此，在南斯拉夫各民族和睦相处的时期，这三个群体之间能够和平共处、相互通婚。但是，在多党民主制所引发的南斯拉夫族际冲突和联盟解体过程中，这三个群体却在各自的"政治精英"左右下，在以"族属"（塞尔维亚族、克罗地亚族和"穆斯林族"）、宗教（东正教、天主教和伊斯兰教）的内向与排外同步发生的"集体认同"或"认同政治"中进行了你死我活的残酷内战。这并非极而言之的例证，类似的现象并不罕见。特别是在美国等西方发达国家，这种认同群体在高度城市化的社会环境中，往往通过"社区空间"或"飞地意识"来维护"族类政治化"的边界。

（三）西方社会的"飞地意识"与"族类"认同群体

在美国等西方国家，所谓后现代市民社会的分裂也突出地表现出维护"社区空间"和形成"飞地意识"（或"飞地文化"）的取向。在这种社会裂变中，尽管"许多飞地意识包括一种抵制公司和国家权力扩张的亚文化"特点②，但是对于美国等西方国家来说也不可避免地包含着种族排斥的内容。也就是说，"在商品拜物教同质化影响的同时，我们可以看到表现为种族、民族，以及文化身份的'本质'回归"③。正如美国各大城市的白人中产阶级普遍从城市中心移居于郊区一样，有色人种至少黑人进入

① 参见［英］艾里克·霍布斯鲍姆《认同政治与左翼》，载杨雪冬等主编《"第三条道路"与新的理论》，第108—110页。

② ［美］卡尔·博格斯：《政治的终结》，第240页。

③ 同上书，第300页。

这种城市边缘化的白人社区仍旧备受排斥。这种新的种族隔离，也构成了"飞地意识"中的"族类"分隔观念。也就是属于社会学研究范畴的"模式与交往后果"中的一种类型："种族和族裔关系"（racial and ethnic relations），这种模式被称为"族裔飞地"（ethnic enclaves）。虽然在欧美国家"族裔飞地"的典型例证是指加拿大的魁北克省及其谋求独立建国的法裔群体等在较大范围出现的地域性隔离现象，[①]但是这种意识却在西方社会裂变中普遍存在，因为这种意识的核心是认同，而各类群体特别是"族类"群体的认同空间未必需要类似于魁北克这样的地区化依托，对于高度城市化和"族类碎片化"的西方国家来说也普遍发生在城市生活的社区范围。

　　所以，"认同对个人来说，意味着自我确证的形式，在某一社会背景中，它意味着对某一特别的民族或种族的归属感"[②]。而这种归属感所产生的"飞地意识"或飞地本身，则源于两种原因：一是由于受到主流社会（主体民族）的排斥而使充满不平等感受的群体（少数种族、民族群体）"回到隔离的社区（共同体），以保护自己不受侵害"；二是"也可以因为族裔优越感（ethnic superiority）或族裔中心主义（ethnocentrism）而产生"[③]。在后现代的西方社会中，尤其是对于美国这样的多种族、多民族移民国家来说，不仅使这种"飞地意识的确证渗透于种族国家主义、后现代（'差异'）女权主义、同性恋解放运动、生态主义提倡的'自然的'身份——以及白人男性的军事沙文主义和许多城市帮派狂热的地区（经常是种族的）忠诚之中"，而且"这种趋势因多元文化思想而进一步加剧（和合法化）"[④]。不过，这种因多元文化主义而强化或"合法化"的"飞地意识"，却背离了多元文化主义的初衷。

　　因为在以种族主义根深蒂固基础上所倡导的"多样性"的"合法化"情势下，"多样化"并不意味着本质上的平等和尊重，反而是在人为地强化"差异"的不相容性，其结果是导致族际间的疏离和隔离，也就是上文所说的"平等但隔离"现象。因此，形成这种"飞地意识"或通过社区

---

①　参见 Frank N. Magill ed.，*International Encyclopedia of Sociology*，Volume One，p. 468。

②　［美］卡尔·博格斯：《政治的终结》，第 298 页。

③　Frank N. Magill ed.，*International Encyclopedia of Sociology*，Volume One，p. 468.

④　［美］卡尔·博格斯：《政治的终结》，第 299 页。

等微观单位（或"微观堡垒"）的文化边界而相互隔离的任何群体，往往"很少共享任何除了对群体忠诚之外的忠诚"①。尤其对于那些因受歧视而处于主流社会边缘的"族类"（种族的或民族的）群体来说，"这种争取社区空间和认同斗争的典型模式通常是内向的和保护性的"②。

认同（identity）是人类社会各类群体普遍存在的现象，它不仅是社群理论的基础，而且也是"族群"理论的基石。认同这一术语所表达的社会现象，本身就包含了歧义。在后现代理论中，认同所包含的政治意义表现为两种相反的取向，其一是市民社会中的非主体部分可以从其社会历史、文化背景和性别、阶级、种族、民族的地位（或处境）来塑造或培养他们的认同政治；其二是国家或构成市民社会主体的力量试图通过同质化的认同来消除社会异质性。但是，由于认同本身具有的共同特征——通过"排斥异己"来实现"自我认同"，所以"事实上，后现代政治可以看成是聚集在'认同政治'（politics of identity）和差异政治（politics of difference）两面大旗之下。差异政治试图用被从前的现代政治所忽略的那些范畴（如种族、性别、性偏好等）来建立新的政治团体；认同政治则试图通过政治斗争和政治信仰来建立政治和文化认同，以此作为政治动员的基础"③。两者都在强调自身的"主体立场"，只是属于基于不同主体性的思考方式或认同取向。

对于各种认同群体来说，女权主义所强调的是妇女地位，同性恋群体所要求的是"性偏好"的合法化，这些群体的认同是超越"族类"特征的，尽管它们也喜欢使用民族主义的政治话语，但是并不属于 ethnic group 范畴。也就是说，不能够以抽象的"认同"现象作为判别 ethnic group 的标准。认同具有不同的要素，对于 ethnic group 这种属于人类社会民族、西方社会种族范畴的"族类"群体来说，有其特定的认同要素，如祖先记忆、语言、宗教、习俗等。当然，这并不是说这种"族类"群体的认同与其他社群的认同之间在"认同"这种现象的抽象层面存在本质的区别，在

---

① Frank N. Magill ed.，*International Encyclopedia of Sociology*，Volume One，p. 468.
② ［美］卡尔·博格斯：《政治的终结》，第 240 页。
③ ［美］道格拉斯·凯尔纳、斯蒂文·贝斯特：《后现代理论批判性的质疑》，第 267 页。

本质上"族群认同"与其他"认同群体"所遵循的原则是一样的，而且也同样是具有政治意义的。

　　ethnic group 一词在人类学研究中的理论应用，虽然形成和借鉴了不同的分析框架，诸如"原生论"、"工具论"、"象征论"和"情境论"等，但是这些理论的基础仍旧是认同，只是运用这些分析框架的学者偏向于强调某一方面而已。不过，在实践中，这些分析框架往往也交织在一起。因为人们多重身份的认同现象，也是"族类"群体的认同在不同的境遇中突出或强调某些要素而已，有时会突出本质主义的原生或前定要素，有时会强调工具主义的情境和需要，其目的都是实现一种社会构建。马克斯·韦伯对 ethnos（"族群群体"）的研究已经表达了"政治性人工制品"的观点，而安东尼·吉登斯则对此作出了更加明确的阐释："族群认同也是社会构建的结果，在这一点上它丝毫也不亚于民族认同。所有的族群认同在某些程度上都是运用权力的结果，并且是从多样化的文化资源中创造出来的。"①因此，需要再次强调指出的是，在对以"认同"为基石的 ethnic group（族群）进行研究或讨论中，不能简单地认为 ethnic group 强调"文化认同"的多元化、多样性或差异性而不具有政治性。尤其对于实行多党民主制的资本主义国家来说，"族裔认同"（ethnic identity）的政治意义是显而易见和必然的。

　　因此，西方文化人类学那种将政治转喻为"诗学"倾向的族群研究及其对异质性、差异性和片段性的颂扬，不仅会出现"差异有可能被神秘化和盲目崇拜，可能会成为个人与个人之间、团体与团体之间的坚固壁垒，从而使政治再次成为某些特殊利益集团的政治"；而且也有可能造成各种"认同群体"（包括多民族国家各族体）"共同利益的掩盖"。②正如在西方国家对女权主义运动的研究中所出现的倾向，后现代理念虽然引起人们对不同肤色（种族）、不同阶级（阶层）、不同性偏好（同性恋）、来自世界不同国家（地区）妇女之间种种差异的关注，以强调或维护各种妇女权益

────────────

　　① ［英］安东尼·吉登斯：《第三条道路：社会民主主义的复兴》，郑戈译，三联书店 2000 年版，第 137 页。

　　② ［美］道格拉斯·凯尔纳、斯蒂文·贝斯特：《后现代理论批判性的质疑》，第 277 页。

的特殊性，从而使中产阶级白人妇女"非中心化"或避免中产阶级白人妇女对女权运动的主导性，但是这又导致了女权主义团体本身的"认同危机"，"性态度、种族主义、阶级特权和其他偏见把妇女分裂开来"①，以至于"这种分裂局面虽然能够阐明差异，却不能找到共同的结合点"②。

总之，ethnic group 这一术语及其相关理论在欧美国家的流行有着深刻的社会和政治背景，同时它作为西方国家后现代主义话语的产物，其含义在实践应用中也在不断发生着变化。尤其是 20 世纪七八十年代以来，即便是在欧洲这些老牌的民族主义国家中，也由于移民的大量涌入和本土民族（特别是少数民族）持续而普遍的"自我意识"高涨而对这一术语有了新的解释和应用，正如"在英国也有用法变化不定的情况，如最近把移民集团也称做'少数民族'"。其原因不仅是由于近代以前存在的那些"还没有充分自我意识的民族（nation）"现在纷纷要求"民族"的地位并且伴随着分离主义运动的高涨，而且也由于移民群体在"族类政治化"的社会裂变中出现的"族裔复活"（the ethnic revival）及其所导致的政治要求。"这样一来就不仅仅把 ethnic community 或 ethnicity 作为所谓少数民族集团的同义语，而是作为更加广义的概念来使用了。"③这种更为广义的应用目的一方面在于消除诸如威尔士、苏格兰、布列塔尼、科西嘉、巴斯克等民族主义运动及其对"民族"（nation）地位的政治追求，而将其纳入同移民群体同类的 ethnic group 的范畴；另一方面则通过对各种"族类"群体进行的漫无边际的分化，而使其对国家或主体民族的垂直政治诉求转喻为横向的且相互竞争的族群之间的"文化冲突"。

所以，在美国等西方国家有关 ethnic group 的实际应用中，通常是不包括所谓主体民族的，如英国的英格兰人的地位始终同国家层面的民族（nation）联系在一起，而非 ethnic group（族群）；美国虽然在理论上存在将盎格鲁—撒克逊英裔群体也视为一个 ethnic group 的主张，但是在实践中却缺乏支持这种理论的例证。在西方社会学、人类学所推动和传播的有关

---

① ［美］贝尔·胡克斯：《女权主义理论：从边缘到中心》，第 52 页。
② ［美］道格拉斯·凯尔纳、斯蒂文·贝斯特：《后现代理论批判性的质疑》，第 276 页。
③ ［日］吉野耕作：《民族理论的展开与课题——面对"民族复活"》，谈谦等译，《民族译丛》1989 年第 1 期。

ethnic group 的研究，如今已遍及世界。这一术语对于揭示和描述流动、多变、不确定、边缘化和碎片化等后现代社会特征中"族类"群体身份变化和认同现象的机制，也日益为正在努力追求实现现代化目标的发展中国家的学术界所接受，其中也包括将其概念"中性化"或"非政治化"的理解。但是，如果对这一术语应用于美国等西方国家的社会政治背景和对它在具体应用实践中的指称对象加以辨析，也不难得出这样的结论：在理解和借鉴西方学术界有关 ethnic group 的概念及其理论时，如果简单地作出民族（nation）是政治概念、族群（ethnic group）是文化概念的泾渭分明的判断，而忽视了西方国家在应用这一术语时的社会政治背景和指称对象，就会因脱离国情实际而导致对这一概念及其理论的误读和应用于本土研究中的误导。

美国等西方国家"族群"概念的实证分析

情形既然如此，如果我们仍然希望有一个公正的、客观的，或是科学上能说得过去的基础，以便按种族或民族的标准来划分各类美国人，那便是十分愚蠢的。现在和原先的情况并没有两样，对美国社会真实性的衡量，在任何方面都始终正巧说明美国民族（ethnic group）或种族（race）划分的政治作用。

——［美］M. G. 史密斯：《美国的民族集团和民族性——哈佛的观点》

Ethnic group（族群）一词流行于美国，是与美国作为一个移民国家的背景直接相关的。在美国，除了印第安人外，其他人都是脱离了各自民族母体的不同种族移民，这是美国最基本或最特殊的国情。这一国情特点，是我们认识或理解这一词汇不可忽略的前提条件。同时，美国作为一个高度发达的城市化国家，各个移民群体基本上都是交错分散在城市之中，形成了"马赛克"或"百衲衣"式的"移民碎片"或"文化碎片"。而美国根深蒂固的种族主义传统和现代社会的迅速变迁，使不同移民背景的群体在前述社会结构类别、等级参数基础上的分化和"自我认同"，形成了各种社群，其中包括 ethnic group。

（一）美国 ethnic groups 的分类和统计

20 世纪 30 年代，被视为美国种族问题研究成果辈出的一个阶段。当时，有一项关于新英格兰城镇的研究，其部分成果在 1945 年以《美国族群的社会制度》（*The Social System of American Ethnic Groups*）为题发表。在作者劳埃德·沃纳等人笔下的"美国族群"，"是那些或迟或早从欧洲移入美国的移民，但是当他界定这些群体时，却把他认为是种族或族裔的特征与这些人联系在一起"。并划分出了五种种族类型：肤色深、浅的高加索白人，两种蒙古人种与高加索人种的混血，黑人与黑人混血。他认为："'族裔群体'（ethnic group）、'种族群体'（racial group）以及'族裔和种族混合的群体'（ethnic - racial group）这三种群体类型的等级比较低下。最容易被接受的是那些种族和文化特征与'老美国人'比较接近的人，即讲英语的白人新教徒。"①因为，"尽管北欧和地中海沿岸欧洲国家的移民之间、英国和爱尔兰移民之间以及教派或宗教之间的差别会很明显和严酷，然而他们不如看得见的肤色差异如此难以动摇"②。也正因为如此，主要基于肤色等特征的制度、法律性区隔，在民权运动以前"合众为一"的"熔炉"要冶炼的是一个优越种族的公民社会——白人社会。

从美国政府的角度讲，这种"白人社会"整合的效应集中体现在1790年美国的第一次人口普查之中，即将全部人口分为"自由白种男性"、"自由白种女性"、"所有其他自由人"和"奴隶"，"这些分类同时标出了种族和权利地位，使人们很明白他们之间的关系"。③这就是美国官方早期的"种族识别"政策。这一政策延续至今，并发展为"种族识别"、"族群归类"的政策。其实践集中体现在每10年一次的全国人口统计之中，并成为美国"种族融合政策"的制度标准。

20世纪60年代美国民权运动的掀起，宣布了种族歧视"大熔炉"政策的失败，也象征着多元文化主义政策的兴起。"自20世纪中叶以来，美国的马赛克式社会——取代大熔炉的概念而成了美国经历的本质——始终朝着超越欧洲性质的方向变化。新的美国马赛克社会是一个具有种族特点的多元文化混合体。同时，与以往相比，这些种族特点又更明显、更浓

---

① ［英］斯蒂夫·芬顿：《族性》，劳焕强等译，中央民族大学出版社2009年版，第65页。

② ［美］J. R. 波尔：《美国平等的历程》，张聚国译，东方出版中心2007年版，第165页。

③ ［美］安·莫宁、［法］丹尼尔·萨巴格：《从剑到犁：美国使用种族分类进行种族歧视和反种族歧视的情况》，《倾斜政策》，中国社会科学院/联合国教科文组织《国际社会科学杂志》2006年第23卷第1期，第58页。

郁、整体上也更富变化了。"①美国是一个典型的种族、族裔"大拼盘"国
度,"马赛克"、"百衲衣"的描述体现了这种移民国家的"族群化"。

在美国 ethnic group 主要应用于指称种族群体、移民群体和土著居民,
分散的白人群体也被纳入 ethnic group 的范畴。例如,在有关某一学校、某
一城市、某一地区、某一州的专项统计中,ethnic group 名下的成分为:
Caucasian American /White(高加索美国人/白人)、African – American /
Black(非裔美国人/黑人)、Puerto Rican /Hispanic(波多黎各人/拉美裔
或西裔)、Mexican American /Chicano(墨西哥美国人/奇卡诺人)、
Oriental /Pacific American(东方人/太平洋美国人)、American /Alaskan N-
ative(美洲人/阿拉斯加土著人)、Multi /Other /No Response(多元/其他/
不回答)。②不难看出,在上述划分中,种族、祖籍地、土著是显见的要素,
其中虽然也包括语言的因素,③但是种族肤色的标准是突出的,这在通常的
各类统计中十分多见。

美国有关人口方面的统计大都采取了 Racial/Ethnic group 的统计口径,
而所统计的对象为 Asian/Pacific Islander(亚洲人/太平洋岛民)、Black /
African American(黑人/非裔美国人)、Hispanic(拉美裔或西裔)、Native
American(土著美国人)、White(白人)。④ 例如在关于美国 1980—2060
年的 race & ethnic group 人口统计(预测)中,其大的分类为两类:Non –
Hispanic Origin(非拉美裔或西裔来源)和 Hispanic Origin(拉美裔或西裔
来源),在第一类中被列在 One Race(单一种族)项目之下的为 White(白
人)、Black(黑人)、American Indian(美国印第安人)、Alaska Native(阿
拉斯加土著)、Asian(亚洲人或亚裔)、Native Hawaiian(土著夏威夷人)、
Other Pacific Islander(其他太平洋岛民)、Some Other Race(一些其他种
族),这里强调的"单一种族"是指那些显而易见能够进行"种族"或

---

① [美]兹比格涅夫·布热津斯基:《大抉择——美国站在十字路口》,王振西主译,新华出版
社 2005 年版,第 213 页。

② 参见 *ACT Average Composite Scores by Ethnic Group*,http://www.sdhc.k12.fl.us。

③ 如 Hispanic 主要指来自拉美地区讲西班牙语或葡萄牙语的人,通常也译为"西裔"或"拉美
裔"。

④ 参见 *Baylor University Racial/ethnic Group*,http://www.baylor.edu。

"来源地"区分的群体。列在 Two or More Races（两个以上种族）项目之下无确指对象。在第二类中列出的两个项目为 One Race（单一种族）和 Two or More Races（两个以上种族），具体项目也无确指对象。①这种统计口径用于那些因多种族混血而难以确定其种族归属或来源地的群体。从上述例证中可以看出，这些列为 ethnic group 或 race & ethnic group 名目之下的群体所彰显的特征是种族、来源地。

1977 年白宫管理与预算办公室颁布了第 15 号统计政策令，规定了供所有联邦机构使用的种族分类体系（含定义），确定了"美洲印第安人或阿拉斯加原住民"、"亚洲人或太平洋岛民"、"黑人"、"白人"四个种族口径，同时规定了一个"族裔群体"——"西班牙裔人"。这一政令在实施过程中，一直存在着各类争议，诸如有人要求在"白人"中分出中东人、阿拉伯人，或黑人中分出"非裔黑人"、"加勒比黑人"，赋予多种族、多族裔选择权，实行"美国人"单一身份，等等。

事实上，在 20 世纪 80 年代以前，美国的人口统计是按照两个类别来进行的，即白人、黑人为一个类别，"其他"为另一个类别，也就是按种族分类。但是，在 1980 年的人口普查中，"族类政治化"的强大社会压力，使包括白人在内的各色人等都要求申报自己的祖籍（来源地），"人们现在正用更多的时间来查明他们自己同祖先的关系并从中寻求内在的或外在的力量"。这也使 ethnic group 成为人口统计中仅次于种族的第二个统计口径。以往"在美国的政治中，'民族集团'一般是指四种人的后裔：东斯拉夫人，从世界各地来到美国的犹太人，意大利人和爱尔兰人"。但是，在 1980 年的人口统计中，这一概念已经被放大，"民族集团指的是那些介于早期移民后裔美国人和证明有据的少数人种之间的人们"。当年，对这种"民族集团"进行研究居于领先地位的哈佛大学，出版了《哈佛美国民族集团百科全书》（*Harvar Encyclopedia of American Ethnic Groups*），

---

① 参见 *Distribution of U. S. Population by Race and Ethnic Group*，1980—2060，http：// special. kiplinger. com。

该书不仅举例论述了美国多达 121 个的"民族因素",①而且对相关的术语、定义也进行了权威性的研究。同时,其编著者力求淡化"种族"概念。

尽管如此,在美国有关 ethnic group 的研究和报道,通常仍是与 race 联系在一起的。1997 年白宫管理与预算办公室发布了对"联邦数据种族和族群分类标准的修订",②种族（race）分类确定为:美国印第安人或阿拉斯加原住民、亚洲人、黑人或非裔美国人、本土夏威夷人或其他太平洋岛民、白人;族裔性群体（ethnicity）分类确定为:西班牙裔人或拉丁裔、非西班牙裔人或拉丁裔。在实际操作中"非西班牙裔人或拉丁裔"可以忽略。当然,在统计实践中,作为个体申报者可以"自我认同"的来源国或族别名称描述自己,以致"可以将人口分成 126 个不同的种族和民族组合"。但是,作为"他者识别"的官方统计则将这些纷繁复杂的"自识"逐一归类为上述种族、族裔的分类之中。

在 2000 年官方媒体公布的术语表中,ethnic group 直接被指向 see Race（见种族）,而在"种族一览"中列举的群体正是上述所列实例,其中对 White Non – Hispanic（非拉美裔或西裔白人）的说明为:Persons who reported their race as "White" or reported entries such as Canadian, German, Italian, Lebanese, Near Easterner, Arab, or Polish; and who reported they were not of Hispanic origin（人们自报他们的种族为"白人"或填报为诸如加拿大人、德国人、意大利人、黎巴嫩人、近东人、阿拉伯人或波兰人;也有人称他们不是来源于拉美）。③早在 20 世纪 80 年代初,就有人注意到在美国文献中的一种普遍趋向,即"将种族径直看成民族性（ethnicity）的一种特殊情况"。④所以,反过来将 ethnic group 径直指向"种族"也是顺理成章且符

　　① ［美］西奥多·怀特:《美国的自我探索》,中国对外出版公司译,美国大使馆文化处出版,1984 年,香港,第 396、421、422 页。另有一说为 101 个"民族集团",参见［美］M. G. 史密斯《美国的民族集团和民族性——哈佛的观点》,何宁译,《民族译丛》1983 年第 6 期。

　　② Office of Managemnt and Budget, *Revisions to the Standards for the Classification of Federal Data on Race and Ethnicity*, *Federal Register Notice*, October 30, 1997, http://www. whitehouse. gov/omb.

　　③ *Glossary of Terms*, http://www. abag. ca. gov.

　　④ ［美］M. G. 史密斯:《美国的民族集团和民族性——哈佛的观点》,何宁译,《民族译丛》1983 年第 6 期。

合美国国情的。不过，从上述所说的"白人"不仅强调了种族这一特征，而且在属于 ethnic group 范围的"白人"中并不包括在美国社会居于主流地位的属于盎格鲁—撒克逊人的英格兰后裔。

（二）盎格鲁—撒克逊"英裔美国人"是 ethnic group 吗

在 1964 年的一项研究中，有关白人的 ethnics 划分就指出：首先是爱尔兰人，其次是犹太人，更多的是晚近的意大利人和持续增多的（其他移民）。[①] 当然，在 20 世纪 70 年代中期，有一种观点认为："民族群体（ethnic group）不仅是亚群体和少数民族，而且泛指所有的被不同文化和血统所造成的、被打上烙印的社会群体"，即便这个群体是一个国家中的主要民族群体，因此"在美国，我们愈来愈倾向于把老美国人，盎格鲁—撒克逊人的后裔，即祖先是英国新教徒的美国人，看成是一个民族群体，用旧称呼'WASP'（White Anglo - Saxon Protestant）来称呼他们"[②]。但是，事实上无论官方统计还是学术研究，并没有将英格兰裔美国人纳入 ethnic group 的范围。在观念中这个群体却一直存在，即一个地位特殊的"WASP 族群"。这是一个亨廷顿描述的所谓"与上帝立约"建立了"山巅之城"的"盎格鲁—新教白人种族"群体。[③]

例如，与此同时的一项社会学研究中，作者列举的美国"种族集团"（即 ethnic group），其中包括了"白人种族集团"，但是其所指是那些"虽然他们非常强烈地忠实于美国，（但）在这个新教的盎格鲁撒克逊人的国家却从未有过完全如在家中的感觉"的"摆脱农奴制仅仅才一百年的东欧和南欧人的子孙"。[④] 当然，如果按照格莱泽和莫尼汉 1975 年所指出的，ethnicity 这个"新的用法是把处于社会边缘、作为社会少数民族和亚群体

---

① 参见 *The Oxford English Dictionary*，1989，p. 424。

② ［美］N. 格莱泽、D. P. 莫尼汉：《民族与民族研究》，载马戎编《西方民族社会学的理论与方法》，第 4 页。

③ ［美］塞缪尔·亨廷顿：《我们是谁——美国国家特性面临的挑战》，程克雄译，新华出版社 2005 年版，第 39 页。

④ 《美国的种族集团》，林小华等译，《民族译丛》1981 年第 5 期。

的'民族群体'（ethnic group）的用法上扩张到社会的主要部分"①，同期的研究中仍保留传统的用法也是不足为奇的。但是，在 1981 年出版的一部题为 *Ethnic America A History*（译为《美国种族简史》）的著作中，作者指出："使用'少数民族'这个字眼，是难以充分描绘构成美国社会百衲衣的这些巨大种族社区的，因为没有'多数民族'。可以辨别的最大单一种族是英裔人，可他们只占美国人口的 15%，比德裔人（占 13%）或黑人（占 11%）实在多不了多少。"②因此在这项研究并没有讨论"少数民族"和"多数民族"问题，列入 ethnic group 分类的仅限于爱尔兰人、德国人、犹太人、意大利人、华人、日本人、黑人、波多黎各人、墨西哥人，而盎格鲁—撒克逊世系的英裔美国人不在此列。

　　20 世纪 70 年代中期，哈佛大学从美国政府的"民族遗产计划"中得到资助，开始编撰《哈佛美国民族集团百科全书》，该书在 1980 年面市。这部巨著"力求对各种对美国文化和生活做出贡献的民族集体（ethnic collectivity）作出公正和精确的学术性叙述，同时把各种有偏见的处理和党同伐异的歪曲排斥在外"。该书除了对美国一百多个"民族集团"（ethnic groups）进行了区分和论述外，还有 29 篇专题论文就"民族性"（ethnicity）概念、同化与多元化、一体化政策、通婚、家庭模式、就业、语言、宗教、政治等问题进行了专门的研究。其中，对识别或确定 ethnic group 的各种要素也进行了更加仔细的区分："1、共同的地理来源；2、迁移状况；3、种族；4、语言或方言；5、一种或多种宗教信仰；6、超出亲属、邻里和共同社区边界的关系；7、共有的传统、价值观念和象征；8、文学、民间传说和音乐；9、饮食习惯；10、移居与就业方式；11、对母国和美国的政治具有特殊的关怀；12、专门维系该集团并为之服务的制度；13、与众不同的内在意识；14、与众不同的外在感觉。"在对这一系列划分 ethnic group 要素的论述中，亦即构建新概念 ethnicity（民族性或族群性）的各种要素研究中，将"种族"这一生物学概念通过混同于"民

---

　　① ［美］N. 格莱泽、D. P. 莫尼汉：《民族与民族研究》，载马戎编《西方民族社会学的理论与方法》，第 6 页。

　　② ［美］托马斯·索威尔：《美国种族简史》，沈宗美译，南京大学出版社 1993 年版，第 3 页。

族性"而在理论上"以隐含的方式排除了"。①不过，这种排除只是一种"鸵鸟政策"式的排除，在现实中尤其是人口统计中是无法回避种族观念及其分类的。

在美国，由于英裔美国人在人口规模方面并不具有显著的优势，所以"WASP"的这一具有强烈种族、文化和社会地位优越感的概念，在进入20世纪后随着"美国化"的"高压锅式同化"（Pressure – Cooking Assimilation）和"熔炉"政策的实践而放大到来自西欧、北欧的移民范围。而这一点早在1904年就为种族主义政治家所强调：在过去几个世纪中，各"种族"已经完成了最佳"组合"，这就是撒克逊人、盎格鲁人、朱诺人以及诺曼人和凯尔特人结合而成的"英格兰民族"。②当时将"WASP"放大为"英格兰民族"的原因，是源于19世纪、20世纪交替时的"老美国人"（WASP）的忧虑："涌入美国城市的外来移民之所以构成一种威胁，正是因为他们太没有美国味。从南欧与东欧来的移民使本土白人唯恐自己的血统要被混杂了。"③事实上，白人移民，尤其是西欧、北欧的白人移民归属于"英格兰民族"是美国政治、文化和社会维护"WASP"主流地位的结果。这种归属不仅是"认同政治"和"文化认同"，而且是通过通婚来实现的。由于这些白人群体之间的通婚现象日益普遍，以致在20世纪90年代以后被要求自报种族的美国人不仅很难说出其"族属"，甚至有高达"54%的人拒绝回答或者不能给出答案"。④为此，1997年美国监管联邦统计事务的机构批准了在统计口径中增加"多种族"（two or more races）栏目以供人选择，因而也出现了国际著名高尔夫球选手泰戈·伍兹称自己是"高黑印亚人"（Cablinasian）的现象，即高加索人（Caucasian）、黑人（Black）、印第安人（Indian）和亚洲人（Asian）的混血后裔。⑤尽管如此，

① ［美］M. G. 史密斯：《美国的民族集团和民族性——哈佛的观点》，何宁译，《民族译丛》1983年第6期。

② 参见邓蜀生《世代悲欢"美国梦"——美国的移民历程及种族矛盾（1607—2000）》，中国社会科学出版社2001年版，第420页。

③ ［美］乔伊斯·阿普尔比等：《历史的真相》，第119页。

④ ［英］艾里克·霍布斯鲍姆：《认同政治与左翼》，载杨雪冬等主编《"第三条道路"与新的理论》，第110页。

⑤ Rochelle L. Stanfield：《美国大融合》，http：//www.usembassy – china. org. cn/chinese。

1997 年美国的人口统计仍旧努力进行了世系的统计，在对来自不同国度移民群体的区分中，德国人是最大的群体，占总人口的 23.3%；爱尔兰人占15.57%，英格兰人仅占 13.13%，同占 13% 的黑人几乎一样。但是，从其他统计口径看（如种族、宗教），在美国的总人口中白人新教徒占 55%以上，①这也使"WASP"作为一个 ethnic group 享有了新的优势，其原因不仅因为这一群体符合某些通常定义的要素，如他们是由"白人盎格鲁—撒克逊新教徒的种族（白人）、祖先（盎格鲁—撒克逊）和文化或宗教（新教徒）构成"，而且"'WASP'的概念所表达的双重并列含义是他们在美国近代历史上属于占统治地位的族群（ethnic group）"②。虽然"WASP"这一概念及其作为 ethnic group 并未进入统计文本，但是通过模糊白人群体中英裔美国人与其他西、北欧白人的界限来强化"WASP"的主体人口地位和主流文化地位的意图是显而易见的。

　　在美国，"英格兰民族"意义上的"WASP"概念代表了国家的主流政治和文化传统。从 1789 年就任的总统乔治·华盛顿到 1981 年就任的总统罗纳德·里根，39 位总统中英格兰血统的（包括父系英格兰血统的）为 22 人，占 56.4%；苏格兰、威尔士和爱尔兰血统的 12 位，荷兰、德国血统的 5 人。③这从一个侧面反映了美国种族政治的传统。同时，"WASP"也代表了美国文化独立的人文资本体系，它是每一个"归化"美国的移民必须认同的文化传统。但是，20 世纪 60 年代以后多元文化主义的兴起和"族类政治化"造成美国社会的"碎裂"（fragmentation）以及日益增多的非白人移民，不仅形成了对美国主流文化、"美利坚民族"的挑战，而且城市中的种族社区隔离和"少数民族的多数化"（minority majority），也使美国的学界和政界都产生了深重的忧虑。有关美国人口"棕色化"、白人将成为少数民族、出现"城邦运动"（urban confederacy movement）等"白

<hr>

① 参见邓蜀生《世代悲欢"美国梦"——美国的移民历程及种族矛盾（1607—2000）》，第 407页。
② Steve Fenton, *Ethnicity - Racism*, *Class and Culture*, by Rowman & Littlefield Publishers, Inc., U. S. A., 1999, p. 68.
③ 参见邓蜀生《世代悲欢"美国梦"——美国的移民历程及种族矛盾（1607—2000）》，第 389页。

人危机论"颇为流行。①

与此相伴的是将多元文化主义视为"潜在的制造分裂",因为"它一方面集中体现了一种不可避免的认识,承认美国社会的多样式现实;但是另一方面,通过蓄意贬低共同语言、共同历史传统和政治价值观念的民族统一和社会平等的作用,它可能使多民族的美国巴尔干化",甚至可能面临解体的危险。②这种"白人危机感"如同 19 世纪、20 世纪之交一样,使种族主义再度回潮,这在 20 世纪 90 年代以来已为世人皆知。正是在这种背景下,无论是官方人口统计的 race 分类还是学界的 ethnic group 辨识,都不倾向于对白人群体作出进一步的区分,以致出现统计口径中的 race/ethnic group 并列形式和将 ethnic group 的解释直接指向 see Race(见种族)的现象,并且在统计中只列出"白人"这样一个体现种族区分的类目。

因此,2000 年的美国人口统计,在种族(race)栏目下除了对亚裔、拉美裔/西裔进行国别性区分外,对白人、黑人仍采取典型的种族划分法。事实上,对美国来说,根深蒂固的"种族"观念是难以消除的,这也造成理论上强调文化差异的 ethnic group,在实践中不得不与种族(race)并列或合而为一,而且出现了"Race Ethnic Group"的用法,其释义为:"一个基于共同历史、民族体(nationality)或地理来源的人类群体分类。"美国官方认可的这种分类为"美国印第安人、亚洲人或太平洋岛民、黑人、拉美裔/西裔、白人和其他"③。可见有关"WASP"也是一个 ethnic group 的貌似平等的说法,不过是意在维护美国所谓"英格兰民族"优势地位的种族政治话语。因为,"美国人的种族或(和)民族划分是根据政治条件和政治考虑而产生的,并受其支配,同时也是为政治目的而拟定的"④。甚至人口统计所展示的种族、民族构成的数据"乃是政治活动家们的必备手册,是政治学家们的圣经"⑤。也就是美国多党政治争取选民必不可少的民

① 参见朱世达主编《当代美国文化与社会》,中国社会科学出版社 2000 年版,第 180—181 页。
② [美]兹比格涅夫·布热津斯基:《大失控与大混乱》,潘嘉玢等译,中国社会科学出版社 1994 年版,第 118、126 页。
③ *Race Ethnic Group*, http://pennnd07. cnet.
④ [美]M. G. 史密斯:《美国的民族集团和民族性——哈佛的观点》,何宁译,《民族译丛》1983 年第 6 期。
⑤ [美]西奥多·怀特:《美国的自我探索》,第 400 页。

众资源，而且这些资源是分散、碎裂的群体。

　　总之，虽然在理论上美国学界有倾向于将"WASP"白人也视为一个 ethnic group 的观点，以表明美国的各个群体（包括移民和土著）都具有了名义上的 ethnic group 平等地位，但是在实践中或社会观念中却更倾向于选择种族（race）概念来进行表达白人，而将那些在人口比例中占少数的"有色人种"的群体称为 ethnic group。这一点从 Ethnic News 所载的一篇题为《非裔美国人仍是最大的 ethnic group》的文章中也可得到证明。[1]既然占美国总人口13%左右的黑人是美国最大的 ethnic group，也就意味着占人口23.3%的德裔，15.57%爱尔兰裔，13.13%的英格兰裔，乃至整体上占77%左右的白人不是一个 ethnic group。虽然在涉及对一个地区、一个城市、一个学校进行的 ethnic group 分类统计或研究中，白人通常仍在统计之列，尤其在进行历史性研究时以移民原有的族属进行分类是常见的。例如在"匹茨堡族裔历史"（Pittsburgh Ethnic History）的追溯中，就包括了黑人（Black）、德国人（German）、匈牙利人（Hungarian）、犹太人（Jewish）、波兰人（Polish）、俄罗斯人（Russian）、苏格兰—爱尔兰人（Scotch – Irish）、斯拉夫人（Slavic）、乌克兰人（Ukranian）。[2]只是类似的这些统计中并不包括英格兰人。另一份资料也清楚地表明了这一点，即美国的 ethnic groups 包括了14个群体：土著美国人、墨西哥裔美国人、古巴/波多黎各裔美国人、非洲裔美国人、爱尔兰裔美国人、意大利裔美国人、犹太裔美国人、华裔美国人、日裔美国人、韩裔美国人、菲裔美国人、阿拉伯/波斯裔美国人、种族混血美国人（mixed – race）、特殊名目（special topic）。[3]

　　从美国官方和学界应用 ethnic group 这一术语的情况中可以看出，种族、非盎格鲁—撒克逊白人、移民的祖籍国（来源地）、土著是最基本的划分标准。所以，就美国而言，1980年出版的《哈佛美国民族集团百科全书》虽然试图说明"英裔新教徒美国人应当失去他们那种特权的非民族

①　参见 African Americans Still The Largest ethnic Group，http：//firstsearch. oclc. org。

②　Larry Ciptak，Pittsburgh Ethnic History，http：//www. nauticom. net。

③　Ethnic – America On – Line，http：//www. ronai. net。

归属，而以人口占多数的'民族集团'（ethnic group）的面貌重新出现"，但是上述的实例已经说明了其现实，即盎格鲁—撒克逊后裔的美国白人在事实上并没有被单独列为各群体一律平等的"族群"范畴。美国的"族群"是指那些"在美国大众化社会一边被同化一边相对于'WASP'而言自我又具有异质意识的特定族类群体（移民集团），即称为'ethnic'或'ethnic group'，而这些特定群体成员所具有的'归属意识'或'族性'，即称为'ethnicity'"[1]。那么，"情形既然如此，如果我们仍然希望有一个公正的、客观的，或是科学上能说得过去的基础，以便按种族或民族的标准来划分各类美国人，那便是十分愚蠢的。现在和原先的情况并没有两样，对美国社会真实性的衡量，在任何方面都始终正巧说明美国民族或种族划分的政治作用"[2]。

（三）其他西方国家应用 ethnic group 的例证

与美国类似的还有加拿大、澳大利亚、新西兰等典型的移民国家。不过，在应用 ethnic group 这一术语方面又有所不同。在加拿大，20 世纪 80 年代中期有关"民族社区"（共同体）的研究中，ethnic communities 一词被专门强调为"系指除盎格鲁—撒克逊或法兰西人后裔以外的其他民族社区"[3]。这些"民族社区"是那些由来自发展中国家的新移民所构成的，而非早期的英、法移民及其后裔。在 20 世纪 90 年代，官方人口统计进行"族类"区分的口径为 ethnic origin（族源）。采取这一口径的目的是不使该国人口混同于出生地（place of birth）、公民身份/国籍（citizenship）或民族体（nationality）。人口调查员进行"族源"统计时提的问题是：To which ethnic or cultural group（s）did this person's ancestors belong（被调查者

---

① 黄现璠遗稿，甘文杰、甘文豪整理：《试论西方"民族"术语的起源、演变和异同（八）》，《广西社会科学》2008 年第 8 期。

② ［美］M. G. 史密斯：《美国的民族集团和民族性——哈佛的观点》，何宁译，《民族译丛》1983 年第 6 期。

③ ［加拿大］N. M. 帕瑞哈：《经济与加拿大的民族社区》，郝时远译，《民族译丛》1986 年第 6 期。

的祖先属于哪一个族的或文化的群体)？

在 1996 年的人口统计中，ethnic origin 口径中列出了 Canadian（加拿大人）一项。结果有 530 万人（占总人口 19%）回答他们唯一的"族源"是"加拿大人"，有 350 万人（占总人口的 12%）回答他们是"加拿大人"和其他来源（other origins）兼而有之。其他人则称自己的"族源"为英格兰人、法国人、苏格兰人、爱尔兰人、德国人、意大利人、本土来源（aboriginal origins）、乌克兰人、华人、荷兰人、波兰人、南亚来源、犹太人、挪威人，加上"加拿大人"一项共计 15 个"族源"群体。但是，由于这些群体（主要是白人）之间普遍存在通婚现象，所以复合或多重族源（mutiple origins）的现象也很普遍，这使 1996 年的人口统计的"族源"分类超过了 25 个。包括加拿大土著人中，也分为印第安人、因纽特人等。此外，在加拿大的官方人口统计中，少数群体/少数民族被单独列出，其统计口径为 Visible Minorities（显见的少数群体），其定义为："除了土著人外的那些在种族上非高加索人或在肤色上非白人的人们。"这些群体包括华人、南亚人、黑人、阿拉伯/西亚人，菲律宾人、拉丁美洲人、东南亚人、日本人、朝鲜人（韩国人）等。①

在加拿大学术界还有一种观点认为"加拿大人本身就构成了一个 ethnic group"，该学者不赞同美国式"雄心勃勃的民族主义"，认为 ethnicity（民族性、族群性或种族性）体现为你生活在什么地方、讲什么语言和遵循怎样的常规习俗，从这个意义上说"我们生活在加拿大、我们讲英语、我们的习俗是加拿大式的"，所以"它的人民享有一个共同的民族性"，无论他们是黑人还是印度人或其他移民都称自己是加拿大人。但是，由于作者刻意强调"讲英语的加拿大人"的认同，甚至认为"英语加拿大是一个真正的国家"，以致在其分析中将讲法语的魁北克人（Quebecers）和土著居民（aboriginals）排除在外。②这种观点虽然试图用流行欧美的 ethnic group 理论对现代"民族国家"意义上的"想象的共同体"——"民族"

---

① *1996 Census*：*Ethnic Origin*，*Visible Minorityes*，http：//www. statcan. ca.

② Richard Foot，*Canadians are an Ethnic Group in Their Own Right*，*Professor Says*，National Post 28. 1. 2000.

（nation）提出挑战，但是实际上是在构建另一个"想象的共同体"——"英语加拿大"，而这种构建的前提是对强调法语地位的魁北克法裔群体（包括其内部的民族分离主义势力）和实现区域自治的因纽特人未能整合并且认同于加拿大而产生的排拒心理。因为不仅要求分离和独立建国的魁北克法裔人所张扬的民族主义已成加拿大国家的大患，而且被称为"加拿大第一人民"（Canada's first people）的因纽特人也称他们自己是一个"因纽特民族"（Innu Nation）。①

在澳大利亚，白人殖民者屠杀土著人、排斥和压迫其他种族移民的历史，是西方殖民主义历史的重要组成部分。一直到第二次世界大战后，澳大利亚的移民政策仍体现着很强的种族排斥性，即"白澳政策"。1978年，澳大利亚政府实行了多元文化主义政策，1979年政府颁布了以"评分制"（Numerical Migrant Assessment System）为特点的新移民政策，②同年成立了"澳大利亚联邦族裔（ethnic）共同体委员会"（FECCA），这是一个非政党政治的建立在社区基础上的志愿者组织，对澳大利亚人来说它是那些非英语背景澳大利亚人和那些认为他们的民族性或族群性（ethnicity）是构建现代多元文化的澳大利亚必不可少的组成部分的人们的国家代言人，③它的服务对象是非英语背景的土著和日益增多的新移民，而不是针对传统"白澳"（WA）群体的。因此，在澳大利亚的人口统计中没有使用ethnic group 的口径，而是使用 citizenship（公民身份/国籍）和 nationality（族体），具体统计均以来自各国的移民群体分类。④对澳大利亚土著居民的统计，则使用 indigenous population（土著人口）。⑤

在新西兰，ethnic group 是人口统计的口径之一。1996 年的人口统计中，在 Ethnic group of population（人口的族群）名目下进行的统计分为两个层次：第一个层次的 ethnic group 包括 European only（单一欧洲人），New Zealand Mäori（新西兰毛利人），Pacific Islands（太平洋岛民），Asian

---

① *First Nations and Peoples*, NativeNet, http：//niikaan. fdl. cc. mn. us.

② 参见黄昆章《澳大利亚华侨华人史》，广东高等教育出版社 1998 年版，第 213 页。

③ *Federation of Ethnic Communities' Councils of Australia*（*FECCA*），http：//coombs. anu. edu. au.

④ *Population：Citizenship*, http：//www. abs. gov. au.

⑤ *Population：Aboriginal and Torres Strait Islander Population*, http：//www. abs. gov. au.

（亚洲人），Other（其他），Not specificd（不确定）。在新西兰的人口统计历史上，1996 年的第 30 次人口统计第一次要求被统计者自我选择一个族群归属，结果就出现了第二个层次的 selected groups（选择群体）统计，包括 New Zealand European（新西兰欧洲人），British and Irish（英国人和爱尔兰人），Dutch（荷兰人），South Slav（南斯拉夫人），Italian（意大利人），New Zealand Mäori（新西兰毛利人），Samoan（萨摩亚人），Cook Islands Maori（库克群岛毛利人），Tongan（汤加人），Niuean（纽埃人），Tokelauan（托克劳人），Fijian（斐济人），Filipino（菲律宾人），Cambodian（柬埔寨人），Chinese（华人），Indian（印度人），Sri Lankan（斯里兰卡人）和 Japanese（日本人）。

在进行这种自我选择的人口统计中，由于强化了族群的自我意识，结果使各族群的人口结构发生了显著变化，尤其是在新西兰的"欧洲人"中非常明显。例如 1991 年认为自己是英国人和爱尔兰人的为 9.4 万，1996 年猛增为 40.7 万；同时荷兰人从 2.5 万上升为 4.8 万，南斯拉夫人从 2868 增加到 9006，意大利人从 1539 增加到 4914。相应地"新西兰欧洲人"却从 1991 年的 265.8 万下降为 1996 年的 259.5 万。[①]虽然其他族群也表现出增长的变化，但是除了华人、日本人属于移民性增多外，其他族群的增长基本属于人口的自然增长，而"欧洲人"中族群人口的大幅度增长则是人口统计所操作的"族群认同"的结果。此外，在人口统计中还进行了年龄、性别的 ethnic group 划分，例如 65 岁以上年龄组的老年人（Older New Zealanders）有 95% 认为他们仅仅属于"欧洲人族群"（the European ethnic group）；83.1% 的妇女和女孩属于"欧洲人族群"，而毛利人妇女仍旧是第二个最大的族群（the second largest ethnic group）等。[②]

西欧地区是 20 世纪 50 年代以后接受来自发展中国家移民最多的地区。例如，德国在驱赶和屠杀了犹太人之后，似乎变成了一个纯粹的"日耳曼人国家"，但是第二次世界大战后却成为西欧国家中外籍人口最多的

---

① *Ethnic Group of Population*, http：//www. state. govt. nz.

② *Ethnicity*, *Ethnic Diversity of Women is Growing*, http：//www. govt. nz.

国家。①英国等西欧国家也普遍存在这种现象。这也是 ethnic group 在西欧地区广泛使用的社会背景。北美、西欧地区作为发达资本主义国家最集中的地区，它们的社会发展进程也具有同一性，相应地社会问题也很类似。特别是现代化进程所推动的高度城市化，使各个移民群体（包括有移民背景的早期移民和新移民）在融散于城市生活中时，为了维护在现代化冲击下支离破碎的传统文化和自身的权益以及适应迅速变迁的社会所带来的种种困扰，往往会根据前述社会结构的类别、等级参数而聚居、认同、联合。所以，有关 ethnic group 的研究或统计通常应用于城市生活中那些非主流的"异质"或"少数"群体，而且主要应用于对这些群体的种族关系、社会地位、教育水平、就业情况、经济收入、健康状况等方面的研究。

例如，在有关西欧国家的这方面研究中，ethnic group 总是以 ethnic minorities（族裔少数或少数民族）来表述的。在英国，有关内外伦敦 ethnic minority 的人口分类统计，包括黑人、印度人、巴基斯坦人、孟加拉国人和其他，只有在失业率的研究中才包括白人。②这在很大程度上也可以理解为在失业者群体中的白人属于白人社会的少数。此外，在对不同种类黑人族群（如加勒比黑人、非洲黑人和其他黑人）分布情况及其所占人口比例的研究和统计中，白人作为比较的参照系也列入 ethnic group 的统计中，③在对苏格兰的人口进行性别和年龄统计时，也使用了 ethnic group 的口径，包括白人、黑人、印度人、巴基斯坦/孟加拉国人、华人、其他亚洲人和其他。④同样，在荷兰阿姆斯特丹进行的 ethnic minority 人口统计中，包括土耳其人、摩洛哥人、苏里南人、安的列斯人和其他，只在失业率的统计中包括了荷兰人（Dutch）。⑤类似的研究还包括法国、意大利、比利时、西

---

① 参见［英］约翰·索尔特、詹姆斯·克拉克《UNECE 地区的国际移民：模式、趋势与政策》，《国际移民》，中国社会科学院/联合国教科文组织《国际社会科学杂志》，2001 年第 18 卷第 3 期，第 71 页。

② 参见 Alec G. Hargreaves & Jeremy Leaman ed. , *Racism*, *Ethnicity and Politics in Contemporary Europe*, Edward Elgar Publishing Limited, England, 1995, pp. 51 – 52。

③ 参见 *Proportion of Black Residents*, http：//www. brent. gov. uk。

④ 参见 *Men and Women in Scotland*：*A Statistical Profile*, http：//www. . scotland. gov. uk。

⑤ 参见 Alec G. Hargreaves & Jeremy Leaman ed. , *Racism*, *Ethnicity and Politics in Contemporary Europe*, 1995, pp. 54 – 56。

班牙等西欧国家，而且都是与移民问题联系在一起的。例如，在西班牙 ethnic group 只用于来自世界其他国家或地区的移民群体，而其本土的各个群体则使用民族体（nationality）的概念。①

事实上，不仅在西班牙，在其他西欧国家也是如此。"在英国，'族群政治'意味着新近的非白人移民的政治，而'民族主义'适用于英格兰人、苏格兰人、威尔士人和爱尔兰人。虽然在英格兰的英国人经常认为他们自己既非'族群'也不是'民族主义者'，而是'爱国主义者'。但是其他人却可以视英格兰人如同一个族群和民族主义者，尤其对于联合王国的其他民族（nations）或在英格兰的黑人来说，英格兰人展示了他们自己在政治上的这种特点。"②因此，在涉及对英国全国范围的相关研究中，本土白人往往被排除于 ethnic group 的范围之外。例如，在对英国各个 ethnic groups 进行职业和收入的研究中，印度人被认为是效仿犹太人的定居模式而成为第二富有的"族群"，而第一富有者是犹太人。③甚至在官方的人口统计中，也专门对非白人居民（Non－White Residents）进行了 ethnic groups 的专项统计，即加勒比人、非洲黑人、其他黑人、印度人、巴基斯坦人、孟加拉国人、华人和其他。④可见，英国有关 ethnic group 的应用是限于这些外来移民群体的，突出了种族、来源地和少数。

从美国等西方国家应用 ethnic group 这一术语的实证来看，它不仅与西方社会的政治、经济和社会文化形势始终联系在一起，而且传统的 ethnic 与 race 的重叠含义依然是显著的。尤其是在美国和英国，白人、黑人的观念是难以变更的。基于种族、祖籍国（来源地）的移民群体是这一术语确指的主要对象，而且在应用中通常主要用于所谓"有色人种"，有关祖先记忆、文化传统、语言、宗教等构成要素也是建立在这一基础上的，这是与欧美国家在世界各国中属于种族人口混杂程度最高的国情特点直接相关的。但是这一强调"文化差异"的术语在应用于白人内部符合 ethnic group 的标准的群体时却表现得十分节制和含糊，英裔移民和英国的英格兰人等

---

① 参见朱伦《"民族"概念与国际交流》，讨论文稿。

② James G. Kellas, *The Politics of Nationalism and Ethnicity*, 1991, p. 5.

③ 参见 Suri, Sanjay, *Indians Are 2d Richest Ethnic Group*, http://firstsearch.oclc.org。

④ *Ethnic groups*（*Non－White Residents*），http://www.brent.gov.uk。

白人族体往往不属此列。

同时，这一术语在这些国家的应用实践中虽然并没有统一的范式或标准，但是它主要是指移民群体（尤其是非白人种族的移民群体）、少数（民族）群体和土著却是显而易见的。正如日本著名的人类学家绫部恒雄所概括的："在美国，ethnic group 是指除了盎格鲁—撒克逊人以外的意大利人、爱尔兰人、波兰人、犹太人等民族集团，而黑人、美国印第安人、波多黎各人等，则以 ethnic minority 加以区别。另外，英国的社会人类学者在分析非洲复合民族国家时，所使用的 ethnic group 一词，往往是指部族或者种族 tribe，而在城市文脉上则用于由 tribe 流入城市的具有民族统一性的人们。"[①]显然，这一概括也支持了上文所列举的英美国家应用 ethnic group 的实证分析。

（四）西方"族际政治"话语中的 ethnic group

我们虽然可以通过西方学界对这一术语的种种释义来理解其理论上的含义，但是在实际应用中这一术语是完全根据西方国家自身的国情特点和政治需要而确定其范围和对象的。这一术语在西方国家的应用中不仅存在着理论与实践的矛盾，而且事实上存在着不平等的应用实践。因为这一术语属于西方国家社会政治结构中"族际政治"的通行话语，对此西方学者已作出清楚的说明："族群性的政治目标和形式"（Political goals and types of ethnicity）包括五种类型。

1. 城市少数（民族）群体（Urban minorities）：其政治目标为"在一个多元文化社会中组成成功的社团，获得全部公民权利和（尤其是个人的）承认"。

2. 本土人民（Indigenous peoples）：其政治目标为"在一个民族国家中获得语言和文化的复兴，公众的承认和土地权利，较大的自治"。

3. 原始民族或种族的民族群体（Proto - nations or ethnonational groups）：其政治目标为"公共文化的承认，相当于一个民族（nation）的

---

①　[日]绫部恒雄：《民族、国家和民族性之概念》，郑信哲译，《民族译丛》1987年第5期。

地位，在一个更大的国家中保持独立或自治"。

4．在一个多种族（多民族）复合的社会中的族群（Ethnic groups in plural societies）：其政治目标为"对于移民（incomer）：享有完整的公民身份和文化自由；对于土著（indigences）：'土地之子'的地位受到保护，文化特权/霸权（cultural hegemony）"。

5．后奴隶身份少数群体（Post - slavery minorities）：其政治目标为"或通过公民身份和公民权利而实现不分种族（ethnic - blind）的融合；或在一个多元文化统一体中得到承认；或文化的民族主义/分离主义"。①

在这五种类型中，第一类属于城市化进程中的基于种族、民族身份的"碎片化"群体，在人口规模上属于少数；第二类属于"土著人"，涉及土地权利和自治权力问题；第三类属于在历史进程中形成的多民族国家中的非主体民族，如英国的苏格兰、威尔士、爱尔兰这类群体；第四类指移民和土著人；第五类则是先辈属于奴隶的后裔，主要是黑人。在这五类群体中当然不包括构成人口主体的群体。同时，这些不同类型族类群体的政治诉求集中体现在他们的族群性（ethnicity）中，甚至可以说对族群性的强调是为了实现政治目标，这一点不仅反映了西方社会的"族类政治化"现状，而且它也是西方社会族际关系的"认同政治"现实。这种现象所反映的实质是西方发达国家难以消除的族际不平等关系，而这种不平等正是阶级社会"族性差别以及像宗教差别这样的其他差别通常也是社会分层上的差别"所决定的。②

西方社会后现代主义思潮所引导的"差异政治"和"认同政治"，是依托于"文化认同"的基础或者说利用"文化资源"来实现的。而在"族类群体"的认同方面，则集中体现在 ethnicity 和 ethnic group 这类话语之中，也就是"差异政治"与"认同政治"共有的核心："差异构成了认同"。③但是，正如上文所列举的西方国家和相关移民国家有关 ethnic group

① Steve Fenton, *Ethnicity - Racism, Class and Culture*, 1999, p. 178.
② ［英］安东尼·吉登斯：《超越左与右——激进政治的未来》，李惠斌等译，社会科学文献出版社 2000 年版，第 255 页。
③ ［美］戴维·莫利、凯文·罗宾斯：《认同的空间：全球媒介、电子世界景观与文化边界》，司艳译，南京大学出版社 2001 年版，第 61 页。

的应用实例所展示的现实那样，对 ethnic group 这一术语的应用一方面反映了 20 世纪 60 年代以来西方社会在后工业时代出现的市民社会裂变，另一方面反映了西方社会根深蒂固的种族主义观念在多元文化主义理想中的渗透，从而导致理论上的"平等"和实践中的"隔离"，而这些属于政治话语的术语在转喻为文化话语时也就变成了"认同"与"排他"。

在西方社会，自然的"认同"一方面作为个人或群体的平等权利而被刻意强调，甚至官方的人口统计也特别重视对每一个调查对象进行自我的"族裔"（ethnic）背景确认；另一方面这种为官方、学界、传媒对社会异质性（差异性）确认的结果，又使社会在对多元化、分散化、碎片化的文化群体（或差异群体）加以承认的同时也在鼓励或加剧着不同群体的自我"认同"与相互"排他"。从理论上讲，这种现象或现实是一种悖论，因为它与西方民族国家理论所期望的公民整合背道而驰，而表现出社会分裂和政治分散化的现状。"它们强调差异性、片断性、多元性和异质性，倾向于把理性、总体性、共识、社会系统概念视为本质上是压迫性的并予以拒斥。"①而这种现象正是西方发达国家社会整合中的困境。

与此同时，"族群政治"的兴起，与美国等西方国家的经济社会发展所面对的问题也直接相关。诸如在美国，黑人、西裔等族群在其社会"去工业化"中的就业问题，也是导致族群不平等的重要原因。也就是那些属于一般劳动技能的加工型企业转向发展中国家，也意味着美国的黑人等少数族裔劳动阶级失去了原本"待遇优厚的生产业就业机会"，而且这种情况决不限于美国，"在大多数富裕的多族裔社会里，我们都能找到族裔动员以及要求重新分配和获得承认的族裔政治的例子。伴随这些例子的，往往还有存在于多数者族群中的某种对于'种族'或族性的反作用政治（reactionary plitics），以及对于移民、福利和犯罪的政治议题的种族化或'族裔化'（ethnicized）态度"。②这也正是美国等西方国家始终无法克服种族主义观念的现实原因，种族—族裔民族主义在西方世界的复活或者复兴

---

① ［美］道格拉斯·凯尔纳、斯蒂文·贝斯特：《后现代理论批判性的质疑》，张志斌译，中央编译出版社 2001 年版，第 287 页。

② ［英］斯蒂夫·芬顿：《族性》，第 163 页。

强化了族群意识。

因此，对 ethnic group（族群）这一术语的学科认识和学术理解必须全面和准确，也就是说不能简单地从某些定义出发而忽视了其应用的社会政治背景和具体指称对象。当然，这并不意味着对西方社会学、人类学等学科在有关 ethnic group 研究方面的学术价值的轻视或否定，目的在于说明在引进这一概念和应用于本土实践时需要全面认识其含义，从而科学地吸收与借鉴。

（五）西方人视野中苏东国家的 ethnic groups

东欧地区，历史上就为诸帝国不断征服和分割，直到 20 世纪初仍遭受沙俄、奥斯曼、奥匈和德意志帝国的统治。第一次世界大战后，东欧地区根据凡尔赛条约和威尔逊的民族自决原则，建立了一系列国家。第二次世界大战中这些国家大都为德意法西斯所征服和统治，第二次世界大战后苏美等大国构建的雅尔塔体制，又对这一地区进行了势力范围的划分和领土的分割以及国家的重组。20 世纪 90 年代以后，随着苏联解体和东欧剧变，包括苏联和东欧地区的国家、民族格局再次发生了重大变化。这些变化使这一地区的领土争端和族际关系十分复杂，几乎每一个国家中都包含了脱离毗邻国家民族母体的群体。因此，对这一地区国际关系和族际关系的研究也特别有代表性，而且尤其为西欧国家所重视。

1997 年，奥斯陆国际和平研究所（PRIO）完成的欧安会（OSCE）有关东欧各国和俄罗斯的研究报告，在这些分国别的研究报告中都包括了这些国家族际政治和族际冲突的内容，其中也都涉及 ethnic group 这一术语的使用，如某国"族的构成"（ethnic composition）或"族的分布"（ethnic distribution）等，现举例分析如下。①

1. 马其顿：马其顿人占 63.8%，是该国人口的主体，其他为阿尔巴

---

① 正如上文所指出的，为了有助于理解这一术语，在引证的资料中凡单独使用 ethnic 时，均直译为"族"、"族的"或"族裔"。目的是准确地理解这一词语，在具体的应用实践中，应根据 ethnic 所确指的对象而加以翻译，下文将加以论列。

尼亚人（21.8%）、土耳其人（4.8%）、吉普赛人（2.7%）、塞尔维亚人（2.2%）、其他（4.7%）。但是，由于历史原因，其邻国保加利亚虽然承认马其顿是一个国家（state），但不承认马其顿是一个民族（nation）。20世纪90年代中期以后，随着两国之间关系的改善，保加利亚承认"马其顿斯拉夫人是一个独立的族群（ethnic group）"。也就是说，马其顿国的马其顿人是独立于保加利亚马其顿人之外的一个族群。在涉及马其顿的阿尔巴尼亚人时，使用了 Albanian minority（阿尔巴尼亚人少数群体/少数民族）和 ethnic Albanian minority（阿尔巴尼亚族人的少数群体）。在第二种用法中，ethnic 突出地体现了"族"的含义。这一点在表述9名阿尔巴尼亚人因走私武器而被捕一事时更加明确，使用的是 nine ethnic Albanians，类似的还有 many ethnic Albanians。这种表述当然不是说"9个阿尔巴尼亚族群"或"许多阿尔巴尼亚族群"，而是"9名阿尔巴阿尼亚族人"和"许多阿尔巴尼亚族人"。[①] Ethnic 与 ethnic group 之间的不同可见一斑。而保加利亚对马其顿人、阿尔巴尼亚人冠之以 ethnic 一词的意义，是突出其非本土的外来属性，这同样是显而易见的。

2. 阿尔巴尼亚：在苏东地区国家裂变和此起彼伏的族际冲突中，尤其是关系到南斯拉夫科索沃的族际冲突时，西方人对阿尔巴尼亚人给予了特别的关注，甚至是特别的"关照"。所以，在该报告统一体例的人口和民族构成统计中，作者没有使用"族的构成"（ethnic composition）或"族的分布"（ethnic distribution）的口径，而使用了"阿尔巴尼亚人的构成"（The distribution of Albanians），同时对阿尔巴尼亚人的研究并没有局限于阿尔巴尼亚国家范围，而是把分布在巴尔干半岛四个国家中的阿尔巴尼亚人作为一个统一的民族（nation）来加以对待。所以，不仅出现了"阿尔巴尼亚民族（Albanian nation）仅有一部分——大约350万人——生活在今天的阿尔巴尼亚国界之内"的说法，而且作者无视塞尔维亚—黑山联盟共和国的主权独立和领土完整而将阿尔巴尼亚人的分布统计为：阿尔巴尼亚

---

① Sigurd Marstein, *Macedonia*, Sven Gunnar Simonsen（ed.）, *Conflicts in the OSCE Area*, International Peace Research Institute, Oslo, 1997, pp. 29 - 31.

350 万、马其顿 50 万、希腊 15 万、科索沃 225 万。①前三个都是主权独立国家，而科索沃是塞尔维亚共和国领土的一部分，但作者在这里却将其同国家并列在一起，并且没有使用 ethnic group 这一术语。由此也可以看出欧安会对塞尔维亚—黑山联盟共和国的基本政治态度及其通过 nation 和 ethnic group 的应用体现的"双重标准"。也就是说，在西方人眼中，谋求独立建国的塞尔维亚共和国的科索沃阿尔巴尼亚族人，在事实上已经是一个享有国家地位的民族（nation）了，而将分布在希腊、马其顿、南斯拉夫的阿尔巴尼亚人与阿尔巴尼亚的阿尔巴尼亚人通称为一个 nation，则迎合了 19 世纪以来持续不断的"大阿尔巴尼亚国家"的极端民族主义思潮。

　　3. 匈牙利：奥匈帝国解体后，原匈牙利帝国的领土发生了很大变化，匈牙利人（马扎尔人）也形成了多国分布。"除了阿尔巴尼亚，匈牙利在欧洲国家中是一个其国内占优势的族群（predominant ethnic group）居住于该国边界之外比率最大的国家。"即罗马尼亚 200 万、斯洛伐克 60 万、塞尔维亚共和国 30 万—34 万、乌克兰 16 万，此外在克罗地亚等国也有匈牙利人。"约有 320 多万匈牙利族人（ethnic Hungarians）成为他们自己国家之外的少数群体（少数民族）。"②与阿尔巴尼亚相比，如果 350 万脱离其民族母体而居住于毗邻国家的阿尔巴尼亚人仍可与阿尔巴尼亚国家的阿尔巴尼亚人一起称为"民族"（nation），那么 320 多万脱离其民族母体而居住在毗邻国家的匈牙利人为什么不能与匈牙利国家的匈牙利人一起称为"民族"（nation）而统称为"族群"（ethnic group）？这当然不是 30 万人之差的结果，而是美国和西欧政治的历史和现实的产物。从历史上看，奥匈帝国解体后的匈牙利国家重组和马扎尔人的多国分布，是第一次世界大战后美国和西欧盟国构建"华盛顿—凡尔赛"体制重新划分奥匈帝国领土的产物；从现实中说，美国和西欧在介入前南斯拉夫冲突的过程中，已经将利用科索沃问题来颠覆南斯拉夫仍由前南共产党人领导的政权纳入了"国际干预"的计划。所以，将分布在四个

---

　　① Sigurd Marstein, *Albania*, Sven Gunnar Simonsen（ed.）, *Conflicts in the OSCE Area*, p. 37.

　　② Sigurd Marstein, *The Hungarians*, Sven Gunnar Simonsen（ed.）, *Conflicts in the OSCE Area*, pp. 47–48.

国家的阿尔巴尼亚人称为一个"民族"（nation）是政治目的很强的话语，而将匈牙利国家的马扎尔人和分布在其他国家的马扎尔人统称为"族群"（ethnic group）虽然在一定程度上符合西方学术研究中的用法，但是其中也包括了不能改变由美国及其西欧盟国在历史上将一个"民族"通过领土划分肢解为"族群"的结果。

4. 波罗的海三国：在爱沙尼亚、立陶宛和拉脱维亚的俄罗斯人，被称为 ethnic Russians（俄罗斯族人）或 Russian minority（俄罗斯人少数群体/少数民族）。①前者的意义是强调其外来的移民属性。

5. 摩尔多瓦和德涅斯特河沿岸共和国：摩尔多瓦是一个多元文化的社会，人口的64%以上（430万）是摩尔多瓦的罗马尼亚人（Moldovan Romanians），乌克兰人占14%，俄罗斯人占13%，加告兹人3.5%，保加利亚人2%，犹太人1.5%，其他族体/国籍1.8%（other nationalities 1.8%）。②"德涅斯特河沿岸共和国也有一个多族的人口（multi‐ethnic population）。""苏维埃政权曾试图证明摩尔多瓦人较之罗马尼亚人属于一个不同的族群（ethnic group）来维护吞并比萨拉比亚的合法性。"1989年8月，摩尔达维亚通过了语言法，确定摩尔多瓦语（罗马尼亚语）为国语，用拉丁字母取代了西里尔字母，俄语成为"一种族际交流的语言（inter‐ethnic communication）"③。这里作者回避了 nation 和 ethnic group 的判断，因为在这个国家中存在两个国家，而这种非联邦制的"国中之国"体制，对西方人来说不能称之为 nation‐state（民族国家）。

6. 乌克兰：全国人口5200万，除乌克兰人外"其他族体/国籍（nationalities）的人口占四分之一强"，其中俄罗斯人达1100万。④

7. 俄罗斯联邦：根据苏联解体前夕的统计，俄罗斯联邦总人口1.47亿，其中1.199亿（81.5%）是俄罗斯族人（ethnic Russians）。还有60

---

① Kiersti Løken, *Estonia, Latvia, and Lithuania*, Sven Gunnar Simonsen（ed.）, *Conflicts in the OSCE Area*, pp. 61, 64.

② 苏联解体后，在各个重组的国家中都存在一些没有入籍的人，所以 other nationality 应该包括"国籍"的含义。

③ Pal Kolstø, *Moldova and the Dniester Republic*, Sven Gunnar Simonsen（ed.）, *Conflicts in the OSCE Area*, pp. 85 – 87.

④ Kiersti Lken, *Ukraine*, Sven Gunnar Simonsen（ed.）, *Conflicts in the OSCE Area*, p. 95.

多个人口超过 5000 人的族群（ethnic groups），其中最大的是鞑靼人（3.8%），其次是乌克兰人（3%），然后是楚瓦什人（1.2%）。苏联解体和俄罗斯联邦重组后，在俄罗斯联邦的 21 个共和国中，俄罗斯人占当地人口一半以上的有 9 个；俄罗斯人在 3 个共和国中组成"单一的最大族群"（single largest ethnic group），在巴什基尔斯坦俄罗斯族人（ethnic Russians）占 39.3%，在卡拉恰伊—切尔克斯占 42.4%，在马里共和国占 47.5%；[①]在另外 9 个共和国中，俄罗斯人显然是少数群体/少数民族（minority）。其人口从在鞑靼斯坦的 43.3% 到达吉斯坦的 9.2% 不等。[②]在俄罗斯联邦的北高加索地区的 7 个共和国中，人口在 5000 人以上的重要的民族/人民（significant peoples）有 20 多个。仅在达吉斯坦除了 10 个重要的民族/人民还有 20 多个较小的族群（ethnic groups）和部落（tribes）。"俄罗斯人构成阿迪格共和国的人口多数（68%），在卡拉恰伊—切尔克斯共和国则是最大的族群（占 42.2%），在卡巴尔达—巴尔卡尔共和国是一个重要的少数群体/少数民族（占 32%），还有北奥塞梯（30%），但是在达吉斯坦他们只占人口的 9%。"[③]在俄罗斯联邦西北部，有 6 个土著人（native peoples）的主要群体（main groups），包括科米人、卡累利阿人、芬兰人、纳乃人、萨米人、维普斯人。这一地区的 5 个联邦单位中的 3 个是以他们的族称命名的，即科米共和国、卡累利阿共和国和纳乃自治区，它们通过保护"族裔认同"（ethnic identity）来建立徒有虚名的民族（nations），因为没有一个民族（nation）的人口占多数，即便是"人多势众"的科米人也只占其共和国总人口的 23.5%，卡累利阿人只占其共和国总人口的 13.5%，纳乃人只占其自治区总人口的 12%，而俄罗斯族人（ethnic Russians）则分别占这三个联邦单位总人口的 57.5%、74% 和 66%。另外，总数 48.4 万的科米人主要居住在科米共和国和科米—彼尔米亚科自治区，其中在科米—彼尔米亚科自治区的 14.7 万人有时被认为是一个独

---

①　这里所说的"单一的最大族群"是指除俄罗斯族人外，该共和国的其他非主体民族的人口都低于 5000 人，故未纳入族群的统计。

②　Pavel Baev, *Minorities and Separatism in the Russian Federation*, Sven Gunnar Simonsen（ed.）, *Conflicts in the OSCE Area*, p. 121.

③　Pavel Bave, *The North Caucasus*, Sven Gunnar Simonsen（ed.）, *Conflicts in the OSCE Area*, p. 141.

立的族群（a separate ethnic group）；这一地区存在着"族的问题"（ethnic problems）和"民族问题"（national problems）。①这里所说的"族的问题"是指这些联邦单位内部的族际关系，主要是土著居民与俄罗斯族人之间的横向问题；而"民族问题"则是指这些联邦单位同俄罗斯联邦国家之间的纵向问题，其中也包括卡累利阿共和国的领土在历史上属于芬兰而为俄罗斯、苏联兼并的遗留问题。

从上文所述可以看出：首先，在俄罗斯联邦国家层面的多民族构成中，占人口81.5%的俄罗斯族人并没有在总体上被称为"最大的族群"，但是也没有称为民族（nation）而称为俄罗斯族人（ethnic Russians）。而对人口只占总人口不足4%的鞑靼人和其他六十多个人口超过5000人的非俄罗斯人群体则称为族群（ethnic groups）；其次，在俄罗斯各联邦单位的层面上，分散在各个共和国中的俄罗斯族人，有的被称为"单一的最大族群"，有的被称为"少数群体/少数民族"（minority），而超过其所在共和国人口50%以上的通称为"俄罗斯族人"（ethnic Russians）或"俄罗斯人"。此外，在对一些规模很小且民族构成复杂的共和国进行"族类"统计时，则使用了"重要的民族/人民（significant peoples）"或"土著人（native peoples）的主要群体（main groups）"，而对与科米共和国的科米人有所不同的科米—彼尔米亚科自治区的14.7万科米人则不确定地称为"一个独立的族群（a separate ethnic group）"。按照苏联时期的传统，凡是建立了共和国、自治共和国和自治区的民族都被称为нация（nation），但是在重组的俄罗斯联邦各共和国和自治区中，俄罗斯族人往往占总人口的多数或比例在30%—40%，而"建国民族"往往因多民族结构而在其共和国或自治区的总人口中不占显著优势，甚至属于典型的少数民族，所以这些联邦实体在西方人眼中都不可能被称为nation，而他们所享有的"国家"地位又不能称为ethnic groups，所以才出现了诸如"重要的民族/人民（significant peoples）"之类的划分。

8. 境外俄罗斯人：苏联解体后，有2500万俄罗斯人（占全部俄罗斯

① Pavel Bave, *Mionrities in North – west Russia*, Sven Gunnar Simonsen（ed.）, *Conflicts in the OSCE Area*, p. 129.

族人的 17%）居住在俄罗斯联邦之外的 14 个苏联国家。最大的共同体
（biggest communities）在乌克兰，达 1140 万；哈萨克斯坦 630 万，乌兹别
克斯坦 160 万，白俄罗斯 120 万。如果按照境外俄罗斯人在其所在国的总
人口中所占的比例，最大的俄罗斯人群体（Russian groups）在哈萨克斯坦
（37.8%），此外拉脱维亚（34%），爱沙尼亚（30%）。[1]在具体的国别统
计中，这些脱离俄罗斯联邦的境外俄罗斯人都被称为 ethnic Russians（俄
罗斯族人）。但是，这些脱离了俄罗斯民族母体的俄罗斯人，并没有被称
为 ethnic group。其原因也许是这些俄罗斯族人在所在国总人口中大都以百
万计，而且还涉及国籍的归属问题。另一种可能或确实是不同的作者对
ethnic group 这一术语及其指称对象有不同的理解。

　　9. 格鲁吉亚："格鲁吉亚人本身是一个混杂的民族（nation），其中包
括了诸如斯万人（山地部落），明格列尔人（西格鲁吉亚的居民）和阿扎
尔人（被土耳其统治而皈依为伊斯兰教的格鲁吉亚族人）这样的族群
（ethnic groups）。"[2]这里所指称的族群，是格鲁吉亚人中的不同分支群体，
其中包括了保留传统部落组织的山地人、西部地区的人和皈依伊斯兰教的
人。这里并没有涉及格鲁吉亚共和国人口的"族的构成"。事实上，格鲁
吉亚也是一个多民族国家，格鲁吉亚族占 70.1%，亚美尼亚族占 8.1%，
俄罗斯族占 6.3%，阿塞拜疆族占 5.7%，奥塞梯族占 3.0%，其他民族占
6.8%。该文的作者没有涉及这些非格鲁吉亚族人，而是将 ethnic group 应
用于格鲁吉亚族本身的构成，突出了其内部差异性。

　　10. 哈萨克斯坦：1991 年总人口为 1680 万，其中哈萨克人 650 万，
俄罗斯人 620 万，还有差不多 100 万德国人。"哈萨克斯坦人的国家观念
是想像建立一个超族（supra - ethnic），即所有的族群（ethnic groups）享
有平等权利的公民民族国家（civic nation - state）。"[3]根据作者所依据的上
述材料，哈萨克人在总人口中所占比例约 39%，俄罗斯人约占 37%，其
他 20% 多为乌克兰人、德国人、乌兹别克人等。这种人口比例较为特殊，

---

　　① Pavel Bave, *Russian Minorities in the Former Soviet Union*, Sven Gunnar Simonsen（ed.）, *Conflicts in the OSCE Area*, p. 105.

　　② Pavel Bave, *Georgia*, Sven Gunnar Simonsen（ed.）, *Conflicts in the OSCE Area*, p. 163.

　　③ Nina Grʃger, *Central Asia*, Sven Gunnar Simonsen（ed.）, *Conflicts in the OSCE Area*, p. 196.

特别是哈萨克人与俄罗斯人的人口规模相差无几，所以都被称为族群（ethnic groups）。

从西欧学者对东欧和俄罗斯的上述研究及其将 ethnic 和 ethnic group 应用于这些国家的实践可以看出，ethnic group 这一术语从科学意义上并没有形成一个统一的或稳定的标准，而是根据不同国家的民族结构及其人口规模作出的符合西方人观念的，包括明显政治倾向和冷战结束前历史观的判断。但是，从中也不难看出，在应用 ethnic 和 ethnic group 时，其含义是不同的，后者显著地体现了针对人口处于"少数"（包括相对意义）、外来的群体的特点。

由于美国等西方国家学术话语体系的全球性影响，在 20 世纪 90 年代以后，即苏联和东欧地区的社会政治发生剧变以后，有关民族理论方面的研究也普遍使用了 ethnic 和 ethnic group 这些术语。但是在各个国家的具体应用实践中，也表现出不同的认识和应用对象。

俄罗斯联邦民族和联邦关系部的英文表述为 Minister of the Russian Federation for the Affairs of Nationalities and Federative Relations,[1]但是在各个联邦单位有关民族构成的官方表述中又是多样的。例如，在埃文基自治区的人口统计中，均采用了 nationality（族体）的口径,[2]但是在鞑靼斯坦共和国的人口统计中却使用了 ethnic group（族群）的口径，如"鞑靼斯坦是一个由 70 多个族群构成的多族裔的共和国（Tatarstan is a multi – ethnic republic made up of more than 70 ethnic groups）。两个最大的族群是占总人口 48.5% 的鞑靼人和占总人口 43.3% 的俄罗斯人（Two major ethnic groups are the Tatars ［48.5% of the total population］ and the Russians ［43.3%]）"[3]。这种应用情况在其他联邦实体中也不乏其例。

南斯拉夫（塞尔维亚与黑山的联邦）官方的表述为：The Federal Republic of Yugoslavia is a multiethnic, multireligion and multilingual community（南斯拉夫联邦是一个多族、多宗教、多语言的共同体）。除了塞尔维亚人

---

① http：//www. russian. net.

② http：//www. kcn. ru.

③ http：//www. kcn. ru/tat_ en/tatarstan.

和黑山人外，有 26 个被承认的少数民族（national minorities），其中最大的是阿尔巴尼亚人、保加利亚人、克罗地亚人、匈牙利人、马其顿人、穆斯林、罗马尼亚人、斯洛伐克人、土耳其人、瓦拉几亚人等。①其中 26 个被国家承认的少数民族表述为享有组成国家民族中的少数，即 national minorities（少数民族）。

在捷克的人口统计中，对族类人口的统计口径为"族体"（nationality），具体包括捷克人、摩拉维亚人、西里西亚人、斯洛伐克人、德国人、波兰人。②在这里，nationality 显然不是指"国籍"而是指"民族"。

在阿塞拜疆，官方的人口统计采用了 ethnic group 的口径，即阿塞拜疆人占 82.7%，其他为俄罗斯人、亚美尼亚人、乌克兰人、犹太人、鞑靼人等，还包括占总人口 1.6% 的 other nationalityes（其他族体/国籍）。③

约旦的人口统计，采用了 nationality（族体）的统计口径，包括巴勒斯坦人、约旦人、其他阿拉伯人等。④

在马来西亚的人口统计中，官方采用了 ethnic composition（族的构成）的人口分类方法。根据 2000 年的统计，在 2189 万马来西亚公民中（占总人口的 94.1%），Bumiputera 占 65.1%，华人占 26%，印度人占 7.7%。在沙捞越，享有马来西亚公民身份且占支配地位的族群（ethnic group）是伊班人（沿海达雅克人），占 30.1%；其次为华人（26.7%）和马来人（23%）。在沙巴，占支配地位的族群是杜松人（18.4%），其次为巴召人（17.3%）和马来人（15.3%）。同时，马来西亚是一个多宗教的国家（multi – religious nation）。⑤

在缅甸，缅甸人被称为最大的单一族群（the largest single ethnic group），其他族群则被称为 ethnic minorities（少数民族）和 ethnic minority groups（少数民族群体）。⑥

---

① *The Rights of the Members of National Minorities*，http：//www. gov. yu.

② *Population by nationality and by region and district*：*March* 1，2001，http：//www. czso. cz.

③ *Population by ethnic group*，http：//www. azeri. com.

④ *Population by Nationality*，Region and Sex，http：//www. bcbs. org.

⑤ Press statement population distribution and basic demograhic characteristics report population and housing census 2000，http：//www. statics. gov. my.

⑥ *Ethnic Groups*，http：//www. burmaproject. org.

　　蒙古应用 ethnic group 的情况为：在蒙古，"喀尔喀人是民族（the na-
tion）的核心"；蒙古人中"大约有 20 个族体（nationalities）或民族群体
（national groups）讲不同的方言"；"除蒙古人外，人口很少的其他族群
（ethnic groups），如居住在蒙古西部和西北部一带的哈萨克人、图瓦人，
他们只占总人口的 6%"。"现代的蒙古民族（Mongolian nation）是通过同
源的蒙古各族体（kindred Mongolian nationalities）和其他族群（ethnic
groups）围绕着喀尔喀蒙古人联合在一起而组成的"，因此，"蒙古的社会
可以认为是一个均质的社会。其现实人口族的构成（ethnic components）
的形成，经历了一个通过使不同的蒙古语族各部（tribes）合并而成为一
个民族（nation）的漫长历史过程"。①从上述引文中可以清楚地看出有关
nation/nationality/ethnic group（民族/族体/族群）这三个层次的应用范围
和对象，即蒙古国家层面的民族表述为蒙古民族（Mongolian nation）；占
全国人口 93% 的蒙古人中包括了以喀尔喀人为主体的约 20 个（包括讲蒙
古语族方言）族体，这些族体的历史源流可以追溯到 13 世纪成吉思汗统
一蒙古时的各个部落（tribes）及其在后来的历史中因地域性划分等因素
形成的族体归属名称，如明阿特、杜尔伯特、卫拉特、扎哈沁、厄鲁特、
达尔哈特、布里亚特等，这些群体被称为 nationality（族体）；而哈萨克、
图瓦等人口很少且有外国背景的群体则被称为 ethnic group（族群）。

　　需要注意的是，作者在对蒙古全国人口结构的概括使用了 ethnic com-
ponents（族的构成）。这一点与上述西方人对东欧、俄罗斯的"族的构
成"（ethnic composition）或"族的分布"（ethnic distribution）的统计口径
是完全一致的。也就是在蒙古国家全体国民中的"族的构成"既包括大约
20 个族体也包括若干个族群，而族群所指是非蒙古人的少数群体。而这些
少数群体又具有外国民族的背景和移民特征，属于脱离其民族母体的"碎
片"。这部著述的作者曾担任蒙古驻印度大使，显然具备较高的英文修养。
他的研究虽然不是专门的"族群理论"研究，但是在应用 ethnic group 这
一术语时并没有完全遵循西方的"规范"，而是突出了本国的历史和现实

---

　　① Buyantyn Dashtseren, *The History and Culture of Mongolia*, The Asiatic Society, Calcutta, 1997,
p. 47.

国情以及作者本人的民族观念。

对美国等西方国家来说，正如有关民族主义理论研究中属于现代主义的观点之一所指出的："族裔共同体或者使用一个法语常用词 eth-nies——尽管比较陈旧，但传播较广——既不是人类历史自然的产生的，也不是先天的东西，而主要是精英和领袖争夺权力的资源和工具。"①而美国等西方国家的 ethnic group 观念应用于世界范围并影响到他国在以英语为主导的国际对话实践时，ethnic 和 ethnic group 这些术语也普遍成为发展中国家描述或划分本国"族类共同体"的新概念。然而，在这些术语流行开来并被习以为常地应用于本土实践时，人们往往忽略了这些术语在美国等西方国家形成、演变和流行的社会政治、经济和文化背景，因此也必然地在话语系统改变的过程中出现了忽视本土传统和国情实际的倾向，甚至这种忽视某种程度上是建立在对本土某些观念或事务的批评的基础上的。

在后冷战的全球化时代，国际对话的特点正在显示双向和多向互动的交流机制，但是这种互动的不对称性和不平等性并没有根本改变，以美国和西欧为主导的全球化进程在学术文化领域也因传播手段的迅速变革而强化着英语世界的地位和作用。在这种形势下，非西方国家对自我传统放弃得越快、越多，也就意味着西方理念和观念越快、越多地覆盖全球。仍处于"前现代"的众多发展中国家需要以开放的态势融入国际社会来加快现代化的进程，吸收西方先进的科技、学术、文化是完全必要的也是必需的，因为这些都是属于全人类的文明成就。但是，这种吸收和借鉴也必须符合本国的实际，这也就关系到本国的实际是什么的问题。就以 ethnic 或 ethnic group 这些概念来说，在东西方的历史分野和现实对话中，苏联和中国的话语体系是否存在必欲进行替代性改变的问题？这种替代性改变又会造成何种新的问题或话语困扰？这些问题无疑是需要研究的。

---

① ［英］安东尼·D. 史密斯：《全球化时代的民族与民族主义》，第 34 页。

对西方学界"族群"概念释义的辨析

在这里，我们不得不转回来谈论如此众多民族的族裔基础。通常，共同体自身是前现代民族（peoples）的后裔，继承了它们的记忆与传统、象征符号与神话以及价值观：这个（现代）"民族"（the people）是这些（前现代）"民族"（peoples）的后嗣，（现代）"民族"通常保存了（前现代）"民族"的一些族裔（ethnie）纽带和特征。

——［英］安东尼·D. 史密斯：《全球化时代的民族与民族主义》

从第二次世界大战以后，尤其是 20 世纪 60 年代以来，西方学术界对 ethnos 和 ethnic group 及其相关的术语（如 ethnicity 等）的研究和应用，无疑剔除了许多历史上的传统含义，进行了很多定义和解释，对此上文已有诸多列举。但是，由于 ethnos 这一概念"缺失"的术语本身并不严谨且含义不断变化，以致对这一术语进行定义至今仍旧是研究者所关注的课题。由于定义的不确定性，也必然导致应用方面的难以把握。

（一）西方学界对 ethnic group 的释义

在西方学术界，对 ethnic group 这一术语的解释或定义可谓层出不穷，但却繁简不一、同异有差、莫衷一是。例如，在通常的教科书体系中，对 ethnic group（ethnic community，ethnicity 等）的释义就十分多样：

1. 认同于共同的特质和文化传统的一个人们的群体。①

2. 分享建立在语言或宗教特质基础上的共同历史传统的个体之和。②

3. 基于种族、宗教或民族的（national）起源具有共同的人们身份意识的任何个性群体。③

4. 以祖先、语言、文化或宗教维系的共同认同（个人认同于群体）的大的人民群体。④

5. 在整体上由自我或被他人认为是一个清晰的群体，这种认识是以社会或文化特征为基础的。⑤

6. （ethnic diversity）这些群体之间的不同，尤其表现为语言、宗教、种族、文化，等等。⑥

7. （ethnicity）是一个共享（无论是感觉的还是实际的）种族、语言或民族认同的社会群体（social group）。⑦

8. （ethnic minority）基于他们的文化或体质的不同而被排除在主流群体之外且受到不平等待遇的那些群体。⑧

9. （ethnic community）是一个被文化传承、种族特征、信仰体系（宗教）或民族感情聚合在一起的人们群体。其成员资格通常是一种归属现象，个人与群体的关系是与生俱来的。⑨

10. 建立在共同文化基础上的，在某些情况下是建立有关同宗、同源、拥有共同祖先的口头传说基础上的。⑩

11. 其人口在一个大社会中属于一个明确的范畴，其文化往往异于该社会的文化。这样群体中的成员，或自己感觉是，或被认为是由共同的种

---

①　*Ethnic group*, http：//www. cent. navy. mil.

②　Editor Frank N. Magill, *International Encyclopedia of Sociology*, Volume One.

③　*Ethnic group*, http：//tigger. uic. edu.

④　Joshua Goldstein, *International Relations*, http：//www. siu. edu.

⑤　John Farley, *Majority – Minority Relations*, http：//www. siu. edu.

⑥　*Ethnic Diversity*, http：//tigger. uic. edu.

⑦　*Ethnicity*, http：//www. mta. ca.

⑧　Marger, *Ethnic Minority*, http：//tigger. uic. edu.

⑨　Milton Esman, *Ethnic Politics*, http：//www. siu. edu.

⑩　Feliks Gross, *The Civic and the Tribal State：the State, Ethnicity, and the Multi – ethnic state*. Green Wood Press, 1998, p. 123.

族，或民族，或文化联系在一起。①

12. 希腊语 ethnos 的含义同 people（人民），指的是共享同一文化、通常讲同一语言和具有集体认同意识的人们整体。②

13. 任何由个人构成的基于种族、宗教或民族来源上具有共同身份意识的群体，它是个体自我认同于该群体并且自愿接受其支配、习俗和信仰。③

14. 在当代政治的使用中，这一术语经常用于形容一个国家（state）中的由于某种原因未能得到"民族"（a nation）地位的一个准民族类（a quasi-national kind）的少数群体④

15. 拥有名称的人类群体，它具有共同的祖先神话，共享历史记忆和一种或数种共同文化要素，与某个祖国有关联，至少在精英中有某种程度的团结。⑤

16. 他们通常比较小，他们更清晰地基于一个共同的祖先，他们在人类历史中更具有延续性……他们实质上是排他的或归属的，其意是这类群体的成员共同具有确凿的先天属性。⑥

17. 一个有着共同的文化传统和认同意识的群体，其成员与社会的其他成员在某些文化特质上有所不同。他们有自己的语言、宗教和独特的习俗。或许最重要的是他们在感觉上是一个传统的独特群体。

18. 一个享有认同的人们的群体，这种认同源于有着独特历史的集体感觉。它拥有自己的文化、习俗、规范、信仰和传统。他们通常有一种共同的语言；其边界保持为成员间所维护；非成员和类似的群体传统上彼此排斥。

19. 它是一个文化传承不同的群体。我们一般用这个词表述同一社会中的不同文化群体。就它们自己而言，文化不同尚不足以使之构成一个族

---

① Editor David L. Sills, *International Encyclopedia of Social Science*, Vol. 5, p. 167.

② Jacques Lombard, *Introducion a la Etnologia*, Alianza Editorial, Madrid, 1997, p. 89.

③ *Ethnic Group*, http://tigger.uic.edu.

④ James G. Kellas, *The Politics of Nationalism and Ethnicity*, st. Martin's Press, Inc. New York, 1991, p. 4.

⑤ A. D. Smith, *Myths and Memories of the Nation*, Oxford University Press, 1999, p. 13.

⑥ James G. Kellas, *The Politics of Nationalism and Ethnicity*, 1991, p. 4.

群（ethnic group）。其差异必须是显而易见的，他们必须是既凝聚在一起的一个群体同时又区别（疏离）于其他群体。①

20. 在一个大的社会中以拥有真实的或假定的共同祖先、共同的历史往事记忆和集中体现在文化视点上的一种或多种象征要素或他们的人群身份的一个集体。这些象征要素诸如：亲缘关系形式、自然的连接（如乡土主义或地方主义）、宗教的渊源、语言或方言类型、部落的渊源、民族体（民族性）、体貌特征或任何这些要素的结合。与此相伴而生的必然是群体成员之间的同类意识。②

有关这一术语的释义究竟有多少种，尚需专门统计。不过，从已列出的这些定义性的释义中可以看出，西方学界说明这一词语的各种要素可以分为两类，一是比较模糊的概念，如文化（文化传统）、特质（天然特性）、历史记忆、规范与习俗、同源同宗、血缘关系等非确指要素；二是比较清晰的概念，如祖先、种族、民族、语言、宗教等确指要素。除了普遍性地强调文化这一概念和认同原则外，确指的要素在上述 20 种释义中出现的频率依次为：宗教（信仰）11 次，种族（体质）9 次，语言 8 次，祖先、民族（nation & nationality）5 次。如果联系上文所列举的若干定义中的相关要素，ethnic group 一词在突出共同文化这一基础上，主要是宗教信仰、体貌特征、语言、民族归属和出生的同一背景（祖先）这五种属性。同时，强调"少数"也是显而易见的要素。

在西方学者有关 ethnic group 多种定义的研究中，也曾列出五种"使用频率最高的属性"，即"1、共同的祖先；2、共同的文化；3、宗教；4、人种；5、语言"③。与上述概括的五种要素相比，可以说基本相同。所以，这应该是我们理解 ethnic group 含义的最基本要素，也是相对把握这一术语应用边际的基本根据。而且，从确指要素中可以看出，对宗教、种族这些要素较高频率的强调，也体现了 ethnic 的传统含义。同时，也可以看出，这一术语如同"文化"、"民族"、"恐怖主义"等拥有数以百计的定

---

① *Ethnic Group*，http：//www. mta. ca.

② Richard Schermerhorn，*Comparative Ethnic Relations*，http：//www. siu. edu.

③ ［日］绫部恒雄《Ethnicity 的主观和客观要素》所引 W. 伊莎朱的观点，《民族译丛》1988 年第 5 期。

义一样，尚难以形成统一的认识。

Ethnic 是一个古老的词语，其希腊语原型是对城邦国家的居民（族体）、非基督教或非犹太教的"异教徒"、部落、种族的抽象指称。在其历经演变形成英语的 ethnic group 之后，这一术语在描述人类群体的有关概念变得最为宽泛因而也最难把握。上述繁简不一的 20 种释义也很难给人以鲜明的认识，这在很大程度是这一术语的概念同时包含着高度抽象和十分具体的内涵。根据前文已经列举的 20 种释义中的诸种要素，对 ethnic group 的含义也可以理解为这样几点：

1. 属于人类群体分类中"族类化"的概念，它所指称的群体有一个名称（符号）。

2. 这类群体的区别基于体貌特征（种族），民族（国家、祖籍地、族体）归属，文化习俗，语言，历史和祖先记忆，宗教信仰等方面的显著不同。

3. 其成员在心理、感情和价值观念上通过感知他者在上述要素方面的与己不同而自我认同。

4. 一个这样的群体在自我认同的基础上维护本群体的心理边界，同时排斥异己群体。

5. 通常被指称在一个社会中居于文化上非主流地位、人口属于少数的群体，包括移民群体。

在美国等西方国家，ethnic group（族群）就是指种族特征方面非主流的"异类"，通常是各色移民，即脱离了自身国家、民族、土地之"母体"的移民群体。

（二）对 ethnic group 释义的应用性分析

按照上述几点理解，我们可以对 ethnic group 这一术语作出进一步的分析。不过，首先需要对其原型 ethnos 加以定位。

在"人"这一抽象概念下，ethnos 表现了"人以群分"的具体内涵，这种具体内涵应该理解为非种族的"族类共同体"，也就是"民族共同体"。当然，这仍然是一个抽象的概念。根据苏联学者有关 ethnos 的研究，

"民族共同体"是一个广义和抽象的概念，这种"民族共同体"的具体化是指部落、部族、族体（nationality）和民族这些"基本民族共同体"。而这些"基本民族共同体"还可以进一步具体化为处于不同层次或类别的群体，即"狭义的民族"、"亚民族"、"民族集团"和"族类集团"等。[①]因此，理解 ethnos 这一广义、抽象的"民族共同体"及其所涵盖的不同层次或类别的群体，如同理解"人"这一抽象概念及其所具体化的老人、青年人、小孩、男人、女人一样。虽然这一比喻未必恰当，但是正如"人"不等于"老人"或"青年人"一样，ethnos（民族共同体）也不等于 ethnic group（族群），这一点应该说也是显而易见的。因为 ethnic group 只是按照某种"族的"（ethnic）特点结成的"群体"（group）。也就是说，对 ethnic group 的正确理解也应该更加抽象，即中文的"族"、"族的"、"族裔的"在与"群体"结合后，便成为"族的群体"或"族裔群体"，即"族群"。ethnic 是 ethnos 的形容词形式，当它用来形容 group 时，应该理解为是指属于 ethnos 这种"民族共同体"中的一部分（也包括不同层次或类别群体的一部分）。因此，对 ethnic group 的理解，应该建立在它是指称那些属于"族类共同体"的组成部分或脱离了这一共同体及其组成部分但仍旧保持其"族类共同体"特征的群体，通常属于"少数群体"范畴。

不过，"族群"相对于由不同要素构成的具体群体来说仍是一个抽象概念，"族群"的具体化所包含的特定分类要素，即上述所列释义中的种族、民族、语言、宗教、文化传统、祖先记忆、规范与习俗等要素以及基于这些要素基础上的自我认同或为他人所确认。但是，ethnic identity（族裔认同）虽然是多种要素的产物，但是这些要素并不是并列的成分。有的要素属于最基本的甚至难以改变的要素，如西方观念中的种族、具有普适性的民族归属。只是种族属于单一性要素，即可以直观地按照人类群体的体貌特征来进行"非我族类"的区分，而无须考虑祖先、语言、宗教、文化等要素，正如每一种语言（除了世界语外）都有民族的归属，但是绝对没有种族的语言；而民族却是一个由诸多要素组成的综合概念，需要通过

① 参见［苏］Ю. В. 勃洛姆列伊《民族与民族学》，李振锡等译，内蒙古人民出版社1985年版，第20、22页。

祖先、语言、宗教、文化等要素来进行识别。上述有关 ethnic group 的种种定义,虽然往往将语言、宗教等要素与"民族"并列在一起,但是这并不意味着这些同时构成"民族"的要素可以脱离"民族共同体"这种外壳而像种族一样作为识别"族群"的单一标准。

在前引有关 ethnos 和 ethnic group 的各种定义中,有的定义强调各种要素中的一个或几个,包括马克斯·韦伯所说"这些群体的成员由于体型与习俗(或其中之一)"的不同,[①]其中"体型"所表达的种族含义无疑可以显而易见地作为"族类"不同的唯一标准,但是"习俗"则不能作为确定"族类"的单一要素。简单地说,如果一个美国白人和一个美国黑人在没有任何语言、行为交流的情况下进行心理认同,其结果只能是按照体貌肤色在心理上来相互确认对方是白人和黑人(即种族归属),即便是在双方互动交流的情况下,尽管他们都讲美国英语、都信仰天主教,甚至都属于中产阶级的成员和具有相同的生活方式,但是由于肤色的特征而不可能"自我"或"他识"为同一个 ethnic group 的"族类"归属。因此,以种族特征划分属于"族类共同体"的 ethnic group 是美国等西方国家特有的现象,是根深蒂固的种族主义观念在现实中的延续。所以,在上文所列举的诸种定义和英美等国的辞书释义中,种族要素往往被列为第一要素,而且在实践应用中并没有"淡化"。以种族特征划分 ethnic group 在美国等西方国家中是普遍存在的事实。

在上述 ethnic group 的种种定义中,种族要素属于出现频率很高的要素之一。从构成人类种族的体貌特征差异来说,种族可以理解为人类社会生物学意义上的"族类共同体",不属于"民族共同体"范畴。但是,根据 ethnic group 在西方的应用传统和经常被强调的要素之一,种族是族群具体化的重要对象之一,也就是说无论是黑、白、黄三大种族的划分,还是由于混血等因素形成的多达六十余个亚种族的辨识,[②]它们的抽象概念似乎都可以称为"种族的族群"。虽然现代科学已经证明用种族概念来划分人类

---

① [德]马克斯·韦伯:《经济、诸社会领域及权力》,李强译,三联书店1998年版,第111页。

② 参见[意大利]L. L. 卡瓦利—斯福扎、E. 卡瓦利—斯福扎《人类的大迁徙》,第296页。

群体是毫无意义的，而且历史和现实一直证明种族概念在社会层面的应用只能导致歧视、隔离、排拒、社会地位不平等之类的种族主义结果，但是划分"种族群体"的现象在当今世界，特别是在西方社会中仍比比皆是。因此，这一术语在美国等西方国家的应用中通常也包括了"种族族群"（race ethnic group）的表达方式，而"白人"（white）和"黑人"（black）则是最典型且最普遍的用法。不过，需要强调指出的是：它的应用只限于一个地区、一个国家或一个城市等具体的社会环境中的不同种族群体及其"碎片"，并不存在对人类总体上进行种族（3—60 个）的族群划分。因此，抽象的"种族族群"划分是不科学和没有意义的。在美国、加拿大、澳大利亚、新西兰等移民国家和西欧等吸纳移民的国家，对那些来自世界各地且有显而易见种族特征的移民群体进行"种族族群"的划分，只是对人类不同种族中的某些"碎片"的区分。从这个意义上说，人类的种族之别既不属于"族类共同体"也不属于 ethnos 和 ethnic group 的普适性涵盖范畴。

事实上，除了生物学意义上的种族和社会学意义上的阶级、阶层、职业、性别、年龄等类别之分外，人类群体稳定的社会性分化、聚集主要发生于民族过程，即民族形成、发展、融合与消亡的过程。也就是说，任何具体的人无论有何种体貌特征、处于社会哪一种阶层、是何性别或年龄组、从事何种职业、信仰何种宗教、讲什么语言等，都有一个"民族共同体"的归属，如氏族、部落、族体和民族（现代国家意义上民族）。具有这样归属的群体属于 ethnos，ethnic group，nationality 和 nation 等概念的研究对象。只是在研究这种"族类共同体"时不可避免地要与政治、经济、文化、种族、语言、宗教和社会生活的各个方面相联系而已。"我是谁"（也就意味着"他是谁"）是西方社会后现代社会裂变的产物，但是为什么人们在回答这样一个最简单问题时往往最困难？其原因是复杂的而结论是简单的。因为人们在回答"我是谁"时可供选择的身份是多样的。在强调任何一种显见的身份时都不足以完全确定"自我"与"他者"的异同。例如，在美国属于"奴隶身份"背景的黑人群体后裔，在种族上他们属于一种生物学类型（无论他们已经有几代混血，通常仍被称为黑人），在来源上都是非洲大陆，在历史和祖先记忆中都相信《汤姆叔叔的小屋》和《根》所记录的那些经历，所以只有在这些要素方面他们能够回答"我是谁"。如果具体到其他要素的认同层面，这一群体几乎可以说不复存在，而成为社会地位和职业以及社会境遇中的黑人中产阶级，高收入的黑人球星、拳手、歌星、影星之类，吸毒者、穷人、艾滋病患者、同性恋、女权主义者，等等；在宗教信仰方面也可能是基督教徒、穆斯林或佛教徒等；在语言上讲美国英语或美国黑人英语，等等。因此，在美国进行的 ethnic group 划分中，黑人无论在整个国家层面还是在一个州、一个城市、一个社区、一个学校，社会、官方的 ethnic group "他者"确认都是基于"种族"这一最基本的要素来判定的，即"黑人"。而从黑人群体的角度说，由于对自己祖先、历史的记忆无法纳入民族共同体的范畴去加以识别（尽管也存在一些追根溯源于非洲某地的某一个部落的现象），也难以将自己的来源地直接归属于非洲大陆 20 世纪中期以后建立的某一个民族国家，所以也就出现了"非裔美国人"（African - American）这样一个相对笼统的为他者确认、自我承认（其中包括迫使性）的 ethnic group 身份名称。

从人类社会民族现象这一视角来看，"民族"（nation）是现代人类社会最基本的"族类共同体"，也是人类"族类共同体"历经演变发展而形成的、迄今为止的最高级形式。即人类群体伴随着社会发展而演化，从原始社会的原始群、血缘氏族，到向阶级社会过渡阶段的部落、酋邦，直至阶级矛盾无法调和而进入国家过程的部落联盟和民族。在这一演进序列中，血缘氏族的结"族"机制是血缘关系和相对固定的活动地域，它是构成部落的基础，也是人类社会民族现象演进不可缺失的基础环节，因此从广义来说也属于"民族共同体"范畴。对此，在马克斯·韦伯以"部落"为对象进行的 ethnos 研究中，他强调了部落中的"同一族群后裔的不同单位"和族体（nationality）中的"族群分支"。从中得到的启示是：在人类群体结束了血缘关系的氏族组织阶段后，无论是具有社会政治构建特点的部落、族体（nationality），还是民族国家模式创造的现代民族（nation），其内部都存在因整合程度不足而保留某些历史文化特征的分支群体。这些属于民族国家层面的民族（nation）内部的分支群体，在西方族群研究中一般（并非全部）都被列为族群的范畴。也就是说"它要照应那些在同一文化体系内很容易被遗忘的少数民族的主体性，它在国家和个人（人们）之间着眼基于'原始的依恋'而有所分化的内在的文化单位"①。其中也包括仍旧保留血缘关系或氏族、部落观念的群体。

从这个意义上说，确定"族类共同体"的最基本要素是非生物学意义上的"族"的归属，而这种"族"的归属是由多种要素构成的。当然，ethnos 这种"族类共同体"虽然有种族的含义但是并不等于种族（race），正如它也不等于甚至不包括 nation 所表达的现代民族国家意义上的"民族"一样（除了在苏联类型的联邦制条件下的应用例证）。有关种族（race）和民族（nation）在 ethnic group 这一层面中的位置，只能是指某一种族、某一民族中的一部分，也就是相对而言的"少数群体"。这一点已经在美国等西方国家的"种族族群"（race ethnic group）的划分方面表现得十分清楚。例如，在美国的 ethnic groups 划分或识别实践中，白人、黑人是最鲜明的例证，而在具体的分类中除黑人难以进一步区分外，包括白人在内的其他群体大都可以进一步地加以"族类"划分。在白人这一种族（race）整体下，可以区别出爱尔兰人、德国人、波兰人、犹太人等 ethnic groups；在"亚裔美国人"这一体现种族意味的 ethnic group 人口统计中也往往以 Oriental/Pacific American（东方人/太平洋美国人）和 Asian/Pacific Islander（亚洲人/太平洋岛民）等口径来表述，但是在具体到"东方人"和"亚洲人"这些方位和洲际概念之内的 ethnic group 结构时，又区别出日本人、华人、韩国人、菲律宾人等 ethnic groups。而进行这种区别的标准首先是"祖籍国"和"民族归属"，同时辅之以语言、宗教、习俗等文化因素。例如，美国的华人，从双向认同的最基础要素来说就是"中国人"（或华人），这包括了民族和国家双重含义，具体到来源地是中国，具体到"族属"基本上是汉族。这是构成美国华人 ethnic group 的基本标准。尽管在华人内部仍存在不同的认同，诸如对来自祖籍国同一地区甚至一个地区中的同一县的认同，对讲同一种汉语方言的认同，对同一种宗教信仰的认同，当然还有职业、阶层等。但是，无论这种认同如何不同，在美国学界或官方的 ethnic group 区分中绝不会列出广东华人、福建华人、温

① ［日］绫部恒雄：《民族学者不了解"民族"》，邹南星译，《民族译丛》1986 年第 5 期。

州华人之类的 ethnic groups，甚至也不会以 ethnic group 来区分来自中国大陆和中国台湾的华人。因此，如果排除像美国等移民国家的种族观念外，西方应用 ethnic group 所指的群体，就是那些享有"民族共同体"（包括不同历史阶段和不同类型的）身份的群体而非其他社群。

如上所述，在构成 ethnic group（族群）的诸种要素中，除了"族"的归属这一基本要素外，其他要素并不能够单一地构成识别族群的标准。但是，在西方学界有关 ethnic group 的研究中，无论是对这一术语的概念理解还是对这一术语的应用对象，都存在着不同观点。也就是说，在什么是"族群"和谁是"族群"的问题上并没有统一的认识。例如，有一种观点认为：人类群体的"族群"阶段是指氏族社会，即"族群是最小的社会，一般由 5—80 人组成，其中大多数或全部是有血缘关系或婚姻关系的近亲。事实上，一个族群就是一个大家庭或几个有亲缘关系的大家庭"①。这种族群，在种族和语言上是同一的。这种"族群"观点认为，"现代的族群"是指那些新几内亚、亚马孙河流域偏远地区的原始群体，当然也包括非洲的俾格米人、布须曼人，澳大利亚的土著人，北方极地的因纽特人和美洲北部的一些印第安人等。毫无疑问，在当代人类社会的各种群体中，的确存在一些仍保留某些血缘关系、部落组织痕迹的群体，他们一般被纳入"土著人"或"部族"的概念范畴。所以，这种"族群"观点的现代应用可以笼统地概括为指"土著人"。

还有的观点是从构成"族群"的某一种要素来进行识别的。例如，以语言作为区分族群的研究认为，"根据现存语言的数量来判断，地球上大约存留有五千个人类群体"②。由此也出现了"世界上有 5000 个 ethnic groups（族群），但是只有 190 个国家"③ 的说法。同时，类似的观点认为："有一个地理学家估计，可能有多达 5000 个团体（少数民族或'种

---

① ［美］贾雷德·戴蒙德：《枪炮、病菌与钢铁——人类社会的命运》，谢延光译，上海译文出版社 2000 年版，第 290 页。

② ［美］L. L. 卡瓦利—斯福扎、E. 卡瓦利—斯福扎：《人类的大迁徙》，第 22 页。国际语言学界最近 10 年来对全球语言的统计为 6300—6796 种不等，同时有关世界语言濒危状况的研究认为，千人以下（含千人）使用的语言为 1742 种。如果排除这些属于濒危的语言，5000 个人类语言群体之说似乎也是言之有据的。

③ Doyle Rodger, *Ethnic groups in the world*, http：//firstsearch. oclc. org.

族’）存在并宣称他们是民族。"①这种对"族群"的区分，或以语言，或以"民族地位"，在数量上似乎是完全一致的，但是其含义并不相同。从语言的划分标准来说，讲汉语的十多亿人显然也成了一个"族群"。而从宣称自己"民族地位"（即 nation）的上述观点来说，"5000 个团体"又被强调为"少数民族或'种族'"。

　　如果将这些对 ethnic group 有不同理解的观点联系在一起，那么除了"种族族群"外，"族群"所指就成为人类社会从血缘氏族、部落、族体（nationality）到讲不同语言的所有群体。当然，在实际应用中也存在用信仰不同宗教、承袭不同习俗等广义的文化因素来划分族群的例证。实际上，除了种族这种表现生物性体貌特征的独特而显见的单一差异外，构成族群的其他要素都是交织在一起的。也就是说，一个族群的自我认同是多要素的，往往同时包括民族归属感、语言同一、宗教信仰一致和习俗相同等。也就是说虽然"我们经常声称，我们的认同只是由它们中的一种所规定的，因为这在我们的生活中是突出的，或者是以问题的方式提出的。但是，事实上，我们的认同比我们对它的任何可能表达都更深刻和更具多面性"②。只是在不同的境遇和利益关系中可能突出或强调某一要素而已，而这正是"多重身份"在认同中的流动和变化特点。所以，用某一要素（如语言）来确定世界上有多少个族群，只是认识"人以群分"具体的抽象，如同用种族来划分族群一样，其意义仅限于理论上对这一术语的理解，而没有更多的实际意义。

　　我们从理论上可以假设地认为，"人"这一抽象概念可以具体为"族群"，而"族群"这一抽象概念可以具体为"种族"、"土著"、"族体"（nationality）、"语族"（语言群体）、"教族"（宗教群体）等。而这些抽象的概念可以进一步具体为"种族族群"中的白人、黑人、黄种人等；"土著"可以具体为印第安人、因纽特人、萨米人等；"族体"可以具体为加泰罗尼亚人、巴斯克人等；"语族"可以具体为以英语、俄语、斯瓦

---

① ［美］布鲁斯·拉西特、哈维·斯塔尔：《世界政治》第 5 版，王玉珍等译，华夏出版社 2001 年版，第 45 页。

② ［加拿大］查尔斯·泰勒：《自我认同的根源：现代认同的形成》，韩震等译，译林出版社 2001 年版，第 39 页。

希里语等语言为母语的群体;"教族"可以具体为基督教徒、佛教徒、穆斯林、犹太教徒、锡克教徒等。但是,在进行了这样的"族群"划分后,除了对"人以群分"的某些要素有所了解外,在实践的应用中仍将面临如何具体的问题。就像对人进行了老人、青年人、男人、妇女的区分后,仍需要进一步指出张三是老人、李四是妇女一样。甚至还要具体到张三是什么样的老人(讲何种语言、是男是女等),李四是多大岁数的妇女(信仰何种宗教、归属于哪一民族等)。因此,虽然在理论推导中存在以某一非种族的要素来划分"族群"的现象,如语言、宗教等。但是在实践中,被用某一"自认"或"他识"的族群(ethnic group)必定有一个"族的"归属,并且也包括其他构成"族的"认同要素。

有一种观点认为:"民族单位(ethnic units)是同时认为自己具有某个共同祖先(实际的或虚构的)的一些集体,他们还有某些独特的文化习俗,而且该聚集体之外的其他人一般都认为他们是如此。这样说来,民族单位实际上必须同时具有并表现出四种特征:1、相信他们唯一归属;2、相信他们有共同的血统;3、相信他们的文化独特性;4、外人根据上述条件(不论真假)看待该聚集体及其成员。因此,除非这四个条件同时具备,并且对成员和非成员都有效,否则就不能把一个集体或聚集体称为'民族'(ethnic),'民族性'的概念也不适用于该集体或聚集体及其成员。"①当然,这种"四要素"缺一不可的看法似曾相识,但是这对我们理解什么是"族群"、谁是"族群"无疑是有参考价值的。

因此,上述的"人以群分"只是理论上的,在实践中不仅存在各种要素的交织,而且存在着这些群体的多样性分化。如"白人"中有不同的民族和族体、讲不同语言的群体、信仰不同宗教的群体;印第安人中有不同的部落或民族归属、不同宗教信仰、不同语言;讲同一语言(母语)的群体可以是不同的民族和族体、不同的宗教信徒;基督教徒中有不同的肤色、不同民族和族体、讲不同语言的信徒;等等。这种交织和重叠使族群的具体划分(除种族特征)绝非能以语言、宗教等某一要素加以判定的。

---

① [美] M. G. 史密斯:《美国的民族集团和民族性——哈佛的观点》,何宁译,《民族译丛》1983 年第 6 期。

同时，自古以来国家过程对人类群体的分化与聚合，15—19世纪西欧殖民主义推动的移民（包括人口的大规模贩运）过程，现代世界日益高涨的全球性移民浪潮，发达国家高度城市化进程对民族的溶散和碎片化，西方社会后现代的族裔认同和移民聚居，一直都在造成不同种族、不同民族、不同族体、不同语言群体、不同宗教群体之间日益广泛的交错杂处和互动变迁。从而使"族群"成为更加广泛、难以计数、规模不一的群体。因此也出现了 multi - ethnic（多族的/多民族的/多种族的），small ethnic group（小族群），largest ethnic group（最大的族群），smallest ethnic（最小的族），ethnic minority（族的少数/少数民族），minority ethnic groups（少数族群/族群少数）等群体描述的话语。①但是，如果我们将 ethnic group 的识别纳入"民族共同体"这一范畴，我们也就找到了"族群认同"的最基本要素或基础，而其他要素只是基于这一基础来强化和表现其外在特征的成分。

（三）"民族共同体"的图式结构和分析

为了更清楚地表达上述分析，我们可以通过一个同心、交叉圆的结构图（见第145页）来认知西方国家有关 ethnic group 这一术语的含义。在该图中，四个同心圆的核心圆是"种族"（race），其次是"民族"（nation），再次是"族体"（nationality），最外圈是"族群"（ethnic group），而与除种族外的三个同心圆结构相交的四个圆，则分别代表语言、宗教、历史和文化这几个基本要素。

在这个结构图中，笔者想表达的意思包括以下几点：

第一，虽然对人类群体的自然区分是种族，但是种族仅仅在生物学意义上有科学价值。种族的社会历史、文化特征是通过民族过程来实现的。所以，种族本身并不与语言、历史、宗教和文化这些要素产生交互影响，因此对人类群体进行"种族族群"的划分在抽象的层面上是毫无意义的，而种族区分为民族、族体和族群后才与相关的要素发生关系。

①　这里将 ethnic 译为"族"和"族的"目的是便于对这一词语的理解，属于技术性的直译，下文将专门讨论。

第二，民族国家层面上的现代民族（nation），是现代国家政治构建的国民共同体。在当代世界的各个国家中，这种共同体都还处于构建过程中，只是通过构建所实现的民族整合程度不同而已，而直接影响这种构建过程或整合程度的各种因素中包括基于历史、文化、语言、宗教等异质性要素的群体（族体、土著、移民等）。因此，可以说国家层面上的民族，是对基于上述异质性要素的族类群体进行国民特性均质化整合的共同体，它与国家归属、公民身份及其权利紧密地联系在一起，它属于一个国家范围的社会整体而非一部分或少数，所以民族（nation）本身也不属于"族群"范畴。

第三，几乎在每一个现代民族（nation）内部都存在着不同的族体（nationalities），这就是前引释义中所提及的那些不具有国家层面民族地位的、得到社会承认和特殊待遇的或受到排斥或压迫的、人口在其所处的社会（通常是国家）中处于少数的群体（包括土著人）。这些群体的抽象概念可以被称为"族群"。

第四，几乎在每一个族体（nationality）中，都包括了表现出历史、文化、语言、宗教等要素差异的分支群体，也就是韦伯所说的"族群分支"，属于"族群"范畴。

第五，具有国家和历史归属（包含了历史、文化、语言、宗教等要素甚至种族特征）的现代民族或族体中的那些背井离乡而置身于异域他乡的移民群体（即脱离其族属母体、规模不一的"碎片"），[①]也统称为"族群"。

如下图所示，笔者之所以将"族群"这一概念置于同心圆结构的最外圈，一方面是想表达这一概念所确指的群体具有贯通历史与现实的特点，因为按照西方的应用实践它既包括从古代血缘氏族、部落到族体（nationality）的群体，同时也包括现代民族内部的族体、土著、移民群体（具有现代民族、族体背景和种族特征的移民群体）；另一方面，这一概念本身存在着"缺失"和有失严谨，其抽象程度相对于种族、民族、族

---

① 这里所说的移民，是泛指的移民，即包括主动迁徙的移民和由于国家过程中领土变迁及其他原因造成的被动性移民。

体、土著、移民等概念更加泛化而缺乏清晰的边际，这也造成其具体应用中具有高度的弹性。因此，族群这一抽象、模糊、具有很强伸缩性和渗透性的概念，既可以理解为构成族体和民族（nationality & nation）的内部分支基础，又可以理解为族体和民族的分化、碎片化、离散性的结果。

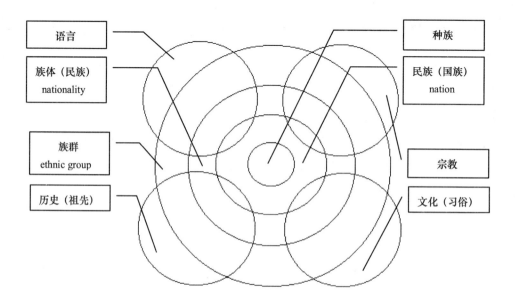

为了更清楚地表达这种理解，我们将上述平面图立体化，以金字塔结构来进一步加以说明。

在下面这一金字塔结构图中，其塔身的四棱分别代表了语言、历史、宗教和文化要素，而其四个级层则自上而下地分别代表了种族、民族（nation）、族体（nationality）和族群。从这个立体结构中，最显见的是一种量化的启示，也就是说族群数量多于族体（nationality），而族体的数量多于现代民族（nation），现代民族的数量多于种族，这显然是符合人类社会群体"族类化"实际的。

当然，上文我们已经将种族总体上、民族（nation）基本上排除于"族群"范畴之外（这一点不完全同于苏联民族学界有关 ethnoc 的理解）。但是，这并不影响通过这个立体的级层结构来从历史和现实这两个维度理解"族群"这一级层的内涵：如果自下而上地进行历史观察，族群级层包括构成族体的部落和氏族基础，而具有内部"族群分支"特点的族体又是整合于现代民族的基础；如果自上而下地进行现实推导，现代民族中包含着基于语言、历史、宗教、文化等要素的族体，而现代民族、族体及其内部的"族群分支"的分化或碎片化，又在构成新的"族群"，也就是通常的融散性移民群体。

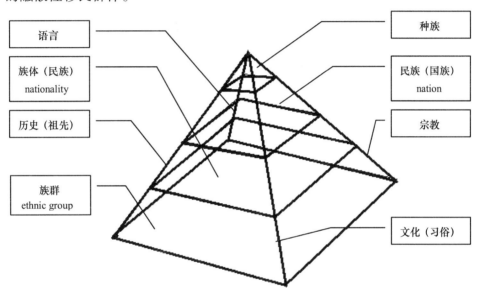

但是，需要强调指出的是，虽然我们从抽象意义上可以对"族群"这一概念作出上述范畴的理解，但是在欧美国家的实际应用中，族群所指往往是 ethnos 所涵盖的那些"族类共同体"范畴中的一部分。也就是说，ethnic group 可以是 nation 的一部分（移民或族体），也可以是 nationality（族体）的一部分（分支、移民），它总是相对于前引诸多释义中所强调的"一个社会"、"一个大的社会"、"一个国家"而言的。因此，虽然苏联民族学界对"族类共同体"的层级区分十分复杂，但是其所指称的一些群体似乎更符合欧美国家的"族群"划分的现实。①

因此，有关 ethnic group 的应用范围要比"民族"更加广泛的理解是

---

① 参见［苏］IO. B. 勃洛姆列伊《族体和族体过程》，汤正方译，《民族译丛》1983 年第 2 期。

正确的。因为它既包括"前族体（former - nationality）"阶段的氏族、部落群体，又涵盖族体（nationality）本身及其内部分支，同时还涉及"后族体和后民族（post - nationality & post - nation）"的群体，即日益增多的从族体和民族中分离出来的离散、移民群体（碎片）。事实上，ethnic group 这一词语在美国等西方国家流行开来的原因除了其"后工业化"的社会政治、经济和文化背景外，也是与这些国家的移民现象直接相关的。就移民而言，任何脱离其族体（nationality）或民族（nation）母体的群体，也就不再是族体或民族，而成为西方的 ethnic group。

例如分布于世界各地的华人（指入籍他国的华人），他们的族体（nationality）归属就不再是中国的汉族或其他少数民族,[①]民族（nation）归属当然也不再是"中华民族"，而是他们所享有的所在国的国籍和公民身份所确定的民族（nation）归属。但是，他们的 ethnic（族裔）背景却无法改变，即"华人"或者是文化性的"炎黄子孙"、感情化的"中华民族海外子孙"等，在"族裔"意义上他们属于其所在国的一个 ethnic group（族群）。即便是在新加坡，华人也不是一个民族（nation），正如在中国汉族也不是一个民族（nation）一样。新加坡是一个多种族的国家，新加坡人（包括华人、马来人和印度人）才可以称为"新加坡民族（nation）"；中国是一个多民族的国家，汉族和其他 55 个少数民族构成了"中华民族"（Chinese nation）。[②]因此，虽然西方学者揭示了"民族"（nation）不过是"想象的共同体"，但是在当代世界这种基于"想象的共同体"而建立的"民族国家"（nation - state）仍旧是国际社会的行为主体，并且仍旧在努力构建着这种"想象的共同体"——民族（nation）。因此，ethnic group 这一概念并不涵盖民族（nation），在西方国家的应用实践中主要是指具有移民背景的种族"碎片"和族体、民族"碎片"。

当然，构建民族这种"想象的共同体"的实践是近代西欧民族主义运

---

① 中国的 56 个民族是经过国家认定的享有政治地位的"族体"，是纳入中国人口统计范围的民族人口。

② 至于中国的汉族和 55 个少数民族属于 ethnic group（族群）还是 nationality（族体/民族）将另文讨论。

动的产物，是同民族国家模式联系在一起的结果，并且在西方理念的全球性扩张中影响了全球。然而，20世纪90年代以来，当世界上一些地区仍在为建立民族国家而努力（如巴勒斯坦）时，西欧却加快了统一进程的步伐。欧洲联盟这种超国家形态的出现及其所带来的欧洲民族国家地位弱化，也使构建更大范围的"想象的共同体"成为一种新的理念。由此而出现的相对于新的"欧洲人（欧盟民族）"而言的西欧各民族（nations）的"地方化"和"族群化"，也成为新的话题，①而且有关正在构建的欧盟的"欧洲人"研究中也出现了Post - Ethnic（后族裔）这样的概念。②这种现象一方面仍属于西方社会"后现代主义"的惯性，另一方面也的确反映了欧洲整合的趋势。

同时，有关"欧洲民族"的构建也引起了对"欧洲超级民族"和"泛欧洲"的批评，因为无论是用民族理论还是族群理论的分析框架来看待欧洲，"除了毫无实用价值的中世纪基督教理想或者帝国主义理想之外，没有任何能够将欧洲人联合起来的至高无上的共享的记忆、神话、象征符号"③，西欧各国和各民族之间"政治经历"的记忆更多的是冲突和战争。当然，这也是一家之言，欧洲联盟这种超国家形态及其所引起的欧洲民族的演变，或许会像近代西欧的民族国家模式一样对全球产生新一轮影响。不过，就整个世界而言，欧美国家的后现代社会和欧盟超国家形态的出现只代表了发达资本主义的现实，对于广大发展中国家来说实现国家或民族现代化理想依然任重道远（更不要说进入所谓后现代），而且现代化模式的多样性也已经引起发展中国家的普遍注意，何况还存在着社会主义现代化的实践，所以适合西方发达国家的理论未必都具有普世主义或全球化的

---

①　笔者曾同一位来自欧洲的专门从事欧盟研究的学者讨论到这一问题，这位通晓10门欧洲语言而且已经以"欧洲人"（即欧盟超国家形态的欧洲民族）自居的"欧洲统一"乐观主义者认为，因为有了"欧洲人"这一新的"大国家"的nation（民族）归属，那么英格兰人也可以称为一个ethnic group（族群）。这似乎表明，相对于"欧洲人"或"欧洲民族"来说，英格兰人只是一个少数民族。当然，这种"他识"只是对英格兰人的"族群想象"，英格兰人的自我认同却仍旧是一个民族（nation）。

②　参见 Martiniello, Marco, *Towards a post - ethnic Europe*, http：//firstearch. oclc. org。

③　［英］安东尼·D. 史密斯：《全球化时代的民族与民族主义》，龚维斌等译，中央编译出版社2002年版，第167页。

意义。其中最重要的意义在于任何引进或借鉴都不能脱离他国的实际和本国的实际。因此,上述讨论,只是力图对 ethnic group 这一术语在西方,特别是英美国家学术研究和政治操作中不断演变和多种释义作出较为全面的分析,至于如何应用于中国的实际,则另当别论。

苏联——俄罗斯民族学理论中的"民族"

> 苏联民族学家们在这一点上是绝对一致的：民族（этнос）这个术语应当用来表示多种多样的民族共同体类型——从最小、最古老的类型（部落）到最大、最现代的类型（现代大民族），也就是民族共同体在其所有历史发展阶段上的任何类型。
> ——［苏］К. В. 契斯托夫：《二十世纪三十至八十年代苏联民族学史片断》

苏联是一个民族学资源极其丰富的国家，也是一个民族学研究比较发达且形成相对独立于欧美学术体系的国家。由于意识形态和社会制度等方面的原因，20世纪中期以后中国大陆的民族学和民族理论研究，受到苏联民族学派的深刻影响。虽然20世纪60年代中苏关系破裂并导致两国学术交流的中断，但是中国民族理论的研究和发展并未脱离苏联民族理论的基本范式。所以，在当代中国人类学、民族学研究日益走向世界并力求体现"本土化"的追求中，我们不仅要承认那段历史，而且也不能忽视苏联民族学研究所取得的学术成就。至于我们在吸收这些成就方面做得如何，从中得到了什么样的启发，则是需要反思的。至少有一点需要引起重视，那就是目前学界热衷于"族群"问题的讨论和将"族群"（ethnic group）概念及其相关理论应用于中国实践时，对苏联民族学界有关 этнос（ethnos）的研究成果，尤其是有关民族共同体分类方面的成果已绝少问津了。

事实上，从20世纪80年代初开始，随着中国改革开放形势的迅速形成和中苏关系的改善与恢复，民族研究学界在引进国外学术成果方面并未忽视苏联民族学的研究成果，其中有关 этнос 理论的主要成果基本上都介

绍到了中国。当时，中国民族理论界从 20 世纪 80 年代初起一直延续到 20
世纪 90 年代有关"民族"概念的讨论也直接与此相关，其中包括同苏联
学者的交流和对话。在此期间，一些学者也专门对苏联民族学界有关
этнос 概念及其理论进行过比较系统的评介和研究。①几乎同一时期，西方
欧美学界有关 ethnic group 的概念及其相关理论也被译介到中国。但是，或
许由于意识形态的原因，或许由于民族理论学界的"代际"之分，或许是
由于中国民族研究的学科划分传统，学人们并没有将同源于古希腊语 eth-
nos 而形成的苏联的 этнос 理论体系和西方的 ethnic group 理论体系联系在
一起进行比较和解读，甚至表现出认为两者毫不相关的态度。

　　20 世纪 80 年代中期，苏联进入了戈尔巴乔夫的"新思维"改革阶
段，苏联民族学界在"重读列宁"和对斯大林"民族定义"的批判性否
定中，开始面对国内此起彼伏、日益尖锐的民族问题危机。苏联政界、学
界对过去乐观判断民族问题解决程度的"祝酒词"式评价进行的反思和批
判，也因苏联社会政治演变的动荡而表现出政治化的特点。中国民族理论
界在热烈讨论"民族"定义等相关问题的同时，也开始将目光逐步转移到
对苏联当代民族问题的关注和研究，而有关 этнос 及其相关理论的研究也
渐次淡出。及至苏联解体之后，中国民族研究学界在解读苏联解决民族问
题失败的教训时基本不涉及苏联的民族学理论。

　　毫无疑问，苏联的民族学理论中包含了苏联时期明显的意识形态特征
和僵化的内容，但是也包含了深厚的学术积累和系统的基本理论。特别是
этнос 及其理论，对我们研究西方 ethnic group 概念及其理论不仅有借鉴意
义，而且也是一个最为系统的理论参照系，因为无论是沙俄帝国还是苏
联，在科学方面与西方的竞争、对话都远远超过我们。本文无意对苏联的
民族理论进行专门的评说，只想就苏联的 этнос 为代表的"族类共同体"

---

　　① 如李毅夫《苏联民族研究理论建设述评》，《民族研究》1987 年第 3 期；贺国安《勃罗姆列伊
的探索——关于"民族体"与"民族社会机体"》，《民族研究》1991 年第 1 期；潘蛟《勃洛姆列伊的
民族分类及其关联的问题》，《民族研究》1995 年第 3 期等。这些文章主要是对苏联民族学界有关
этнос 定义和分类进行评介与研究，有的文章偶然提及 этнос 即英文中的 ethnos 或 ethnic group，但是并
没有从关联性和内涵方面加以探讨。因此，在 90 年代中期以来中国民族学、人类学界在热衷于对来源
于 ethnic group 的"族群"进行研究和应用时，缺乏与苏联的民族分类和相关概念进行比较。

及其分类问题做一些梳理和分析，同时也涉及当代俄罗斯民族理论学界对这一问题的讨论。

（一）苏联的“族类共同体”分类与“民族国家”结构

苏联建立以后，马克思列宁主义民族和民族问题理论（The Marxist – Leninism theory of nation and the national question）不仅成为苏联民族政策的理论依据，而且也成为苏联民族学研究的指导思想。但是，由于列宁的早逝，苏联很快进入高度中央集权化的斯大林时代，苏联的政治、经济、文化和学术也随之纳入了迅速形成的“斯大林模式”之中，马克思列宁主义民族理论在很大程度上为斯大林民族理论所代表，尤其是斯大林论证概括的民族定义，在构建苏维埃民族国家联盟的过程中，成为苏联民族政策实践中区分不同社会历史阶段“民族共同体”的唯一标准的同时，也成为苏联民族学界进行民族现象研究的准绳。

斯大林概括的民族定义无疑是关于“民族”（nation）的经典定义之一，并且也成为苏联识别民族身份或确定民族地位的政策实践标准。但是，斯大林所定义的“民族”是指资本主义上升时期，也就是西方构建民族国家时期形成的现代民族，即俄文中的 нация（相当于英文中的 nation）①，根据这一定义，在苏联的民族政策实践中通常“只有那些有自己的加盟共和国或自治共和国的苏联各族（народы）才称为‘民族’（нация）”②，而不具备建立共和国和自治共和国条件的族类群体则分别被称为 национальность（族体）或 народность（部族）、племя（部落）等。根据这样的分类标准，苏联形成了一套以“部落—部族—民族”为基本公式的“族类共同体”演进的范式。但是，这一套公式化的概念体系虽然看似简单明了，在实践中却存在许多问题，甚至在理论上也一直没有形成共识。

---

① 参见拙文《重读斯大林民族（нация）定义——读书笔记之一：斯大林民族定义及其理论来源》，《世界民族》2003 年第 4 期。

② ［苏］В. И. 科兹罗夫：《民族共同体的分类》，王苗译，《民族译丛》1984 年第 3 期。

　　上述术语所指称的相应"族类共同体"虽然反映了分类学的意义，但是在苏联的民族理论和民族政策实践中也突出了社会发展史的特点。例如，部落（племя）表示原始公社阶段的"族类共同体"，部族（народность）表示奴隶制和封建制时代的"族类共同体"，而民族（нация）是资本主义和社会主义时期的"族类共同体"。对苏联来说，нация 当然是指"社会主义民族"。不难看出，这种分类除了根据构成各种"族类共同体"的基本要素进行识别外，突出地体现了社会发展程度（社会形态）的差别。而正是基于这种社会发展程度的差别，苏联确定了各种"族类共同体"在联盟国家的族际政治结构中所享有的不同社会地位，也就是说这种分类事实上也反映了"族类共同体"的社会层级，①形成了苏联社会不同类型"族类共同体"所构成的民族结构。即"在苏联的社会主义社会里，民族结构是由社会主义民族（нация）、部族（народность）及一定数量的民族集团（национальный группы）和民族性集团（этнический группы）组成的"。根据这种分类标准，"据 1970 年全苏人口统计，加入这个共同体的有 119 个民族，其中包括 49 个社会主义民族，40 个部族和 30 个民族集团"②。这里，"119 个民族"是指泛称的 народ（族、人民），其中"49 个社会主义民族"是 нация（nation）。

　　按照当时（20 世纪 80 年代初）苏联的民族国家结构，苏维埃联盟包括 15 个加盟共和国、20 个自治共和国、8 个自治州和 10 个自治专区（也称民族专区），也就是说"总共有 53 个民族国家和民族—国家构成体

---

　　① 虽然苏联的"民族"（нация）概念是指"社会主义民族"，但是苏联的"部族"等共同体同样具有社会主义性质，所以也有"社会主义部族"的说法。见〔苏〕И. П. 查麦梁《苏联人民的民族结构及其变化规律》，赵龙庚译，1982 年第 1 期。但是，苏联的这种"民族"、"部族"、"部落"的族体划分是同加盟共和国、自治共和国等民族自治单位联系在一起的，这些自治单位均在苏联最高权力机关中享有法定的代表席位，例如在最高苏维埃的民族院中，每个加盟共和国 32 名代表、每个自治共和国 11 名代表，每个自治州 5 名代表，每个自治区 1 名代表，体现了这些族体的社会地位和政治权利。因此从社会学意义上理解也具有"社会阶层"的意味，为了防止引起歧义，这里使用"社会层级"。

　　② 〔苏〕И. П. 查麦梁：《苏联人民的民族结构及其变化规律》，赵龙庚译，《民族译丛》1982 年第 1 期。

（национально-государственное образование）"。①作为苏联民族国家（加盟共和国、自治共和国）和"民族—国家构成体"（自治州、自治专区）的这些自治单位,②建立加盟共和国和自治共和国的民族被称为"命名民族"，即这些民族的族称"成了加盟共和国和自治共和国的名称"。③但是，大部分自治州和自治专区同样也是以相应族称"命名"或包括族名，所以从理论上说，上述观点认为"49 个社会主义民族"当中也应该包括 18 个自治州和自治专区中的 14 个,④否则"49 个社会主义民族"无从谈起。

至于"部族"这一概念，在苏联不仅争议很大，而且其所指称的族体也十分复杂且处于变化状态。一般来说，"部族"指那些在苏联建立以前已经进入阶级社会（奴隶制和封建制）阶段的"族体"。但是也有的学者认为"部族"也分为不同社会历史类型，如"奴隶制部族"、"封建制部

---

① ［苏］《苏联历史》编辑部：《苏联的民族过程：总结·趋势·问题》，赵龙庚译，《民族译丛》1988 年第 3 期。

② 苏联的民族国家结构是由加盟共和国和自治共和国组成的，自治共和国也有自己的宪法，"自治共和国作为多民族的苏维埃国家的一个组成部分，具有同整个苏联同样的政治基础和经济基础、同样的政治体制和经济体制"。苏联的"民族—国家构成体"是指自治州和自治专区，这种行政区域自治"能确保加盟共和国中人数较少的居民集团参加国家建设并满足其民族利益"。每个自治州在苏联最高苏维埃民族院有 5 名代表，不论该州居民人数多少，每个自治专区（民族专区）在苏联最高苏维埃民族院有 1 名代表。参见［苏］苏联科学院历史研究所编《苏联民族—国家建设史》下册，徐桂芬等译，商务印书馆 1997 年版，第 543—544 页。

③ ［苏］苏联科学院历史研究所编：《苏联民族—国家建设史》下册，徐桂芬等译，商务印书馆 1997 年版，第 717 页。

④ 如果从构成苏联"民族—国家构成体"和"命名民族"来理解，所谓"49 个社会主义民族"应该包括犹太、卡拉恰伊—切尔斯克、哈卡斯、阿迪盖、戈尔诺—阿尔泰自治州和阿加布里亚特、科米—彼尔米亚克、科里亚克、涅涅茨、泰梅尔（多尔甘—涅涅茨）、汉蒂—曼西、楚科奇、埃文基、亚马尔—涅涅茨、乌斯季奥尔登斯基布里亚特自治专区，共计 15 个"民族—国家构成体"，且都在俄罗斯联邦内。如果将两个布里亚特自治专区和布里亚特自治共和国作为一个民族看待，再加上格鲁吉亚加盟共和国的南奥塞梯自治州，正好 14 个"民族—国家构成体"。排除在外的是塔吉克加盟共和国的戈尔诺—巴达赫尚、阿塞拜疆加盟共和国的上卡拉巴赫自治州，这两个自治州不是以民族命名的。另外，苏联的自治州、自治专区也经常变化和撤并。参见［法］埃莱娜·卡·唐科斯《分崩离析的帝国》，郅文译，新华出版社 1982 年版，第 118 页；公开编著《原苏联各共和国概况》，世界知识出版社 1992 年版，第 54 页。但是如果从人口角度讲，根据 1970 年的人口统计，人口在 100 万以上的民族为 22 个，人口在 70 万—50 万的民族有 5 个，人口在 40 万—10 万的民族为 22 个，共计 49 个。但是，在这 49 个民族中包括了波兰人（120 万）和其他人口在 10 万以上的外国移民，这些民族并没有自己的自治实体，按照苏联的民族政策这些人口主体在外国的群体不能称为民族。

族"、"资产阶级部族"和"社会主义部族"。①鉴于苏联的社会主义制度，这些"部族"无论其社会发展程度如何或者在加入苏联前处于何种社会形态，都具有整合于社会主义社会的性质，故都称为"社会主义部族"。对"部族"的确认，人口规模是一个重要指标。因为"社会主义部族的一个主要特点是人数少，它的其他一些特点也是由此决定的。任何一个民族经济和文化发展的客观条件，除依赖于其他因素外，还依赖于该民族的人数。一般来说，在部族的经济中，同民族的经济相比，工业的比重低一些。在他们的社会阶级结构中，工人和知识分子的比重也相对小一些，城市居民的比重也不大"。而以人口规模划分"民族"和"部族"的界限大约是 8 万—10 万人，因此"一般讲，人数超过这个界限的民族（народ）具有社会主义民族所固有的一切特征"②。

此外，所谓"民族集团"（национальный группы）是指那些"离开本民族的主要部分、生活在别的民族中间的同一民族的若干人群"，也就是苏联国内（各加盟共和国之间）的"移民群体"。当然，就苏联而言，在国内分布最广、规模最大的"移民群体"当属俄罗斯人，那么这些散居于俄罗斯联邦各自治共和国、其他自治实体和俄罗斯联邦之外的其他"民族国家和民族—国家构成体"中的俄罗斯人，也应该称为"民族集团"。然而，在苏联的民族分类实践中，俄罗斯人不仅属于"社会主义民族"，而且无论他们居住在哪里都不会改变这种属性，因为俄罗斯人在各个联邦单位的人口中如果不是占多数也会占相当大的比例，所以"如果这群人人数较多，居住又密集，那么他实质上同社会主义民族没有区别"③。俄罗斯人的特殊"民族"地位也因此得以确立并与"民族集团"无缘。

那些人口少、聚居程度比较松散的"民族集团"，则属于正在随着"同化"或"融合"的进程而逐步减少甚至消失，当然这种"同化"或"融合"实质上是"俄罗斯化"而非其他。此外，"民族性集团"也是指

---

① 参见［苏］M. B. 克留科夫《再论民族共同体的历史类型》一文所引观点，汤正方译，《民族译丛》1986 年第 5 期。

② ［苏］И. П. 查麦梁：《苏联人民的民族结构及其变化规律》，赵龙庚译，《民族译丛》1982 年第 1 期。

③ 同上。

那些自身"族类"特征正在经历自然同化而将逐步消失在其他"社会主义民族"之中的群体，他们一般不在苏联的民族统计之列。

　　按照上述这样一种分类，苏联的"族类共同体"结构表现为如下层级：

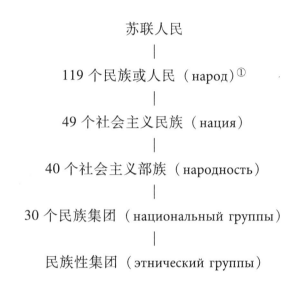

苏联人民
|
119 个民族或人民（народ）①
|
49 个社会主义民族（нация）
|
40 个社会主义部族（народность）
|
30 个民族集团（национальный группы）
|
民族性集团（этнический группы）

　　如果按照公式化的"三段式"来衡量这种分类，部落（племя）并没有体现出来，根据上文对各层级的解释，部落只能归类在民族集团当中。然而，在实践中上列结构进行的划分是无法确认的，因为在具体分析每一个"民族—国家构成体"时，学者所面对的"命名民族"又存在显著的社会发展形态的差别，比如在 20 个自治共和国的"命名民族"中，有多少在建立共和国时具备了"社会主义民族"的特征？或者说这些"命名民族"进入社会主义时脱胎于哪一种社会形态？更不要说自治州和自治专区这一层级的"民族"，因为这些"民族"大都是在原始社会末期状态下

----

　　① 在俄文中，传统的 народ 一词，相当于德文的 Volk，英文的 people 和法文的 peuple，它们的含义为"族"（民族）、"人民"。因此，这一词语通常用于指称"苏联各民族"或"苏联人民"。

进入社会主义的,①而且他们的人口很少,如涅涅茨人（不超过 3 万）,埃文克人、汉蒂人（总共 2 万多）,埃文人、纳乃人、楚克奇人（从 1 万到 1.6 万）,多尔甘人、科里亚克人、曼西人（从 0.5 到 1 万）,等等。②因此,在苏联民族结构的分类中,他们又被称为"小民族"（малые нарды）,但是苏联学界对这个概念的解释是不确切甚至是自相矛盾的。

为了将"小民族"同被认为具有歧视意味的"少数民族"（национальные меньшинства）概念区分开来,苏联学者认为"少数民族一般是指某个民族的一部分,而小民族则是一个完整的民族"。如果这样理解,移民无疑属于少数民族。但是,在苏联的民族政策实践中,一些为现代国家边界所区隔的"小民族"却也被视为该"小民族"的一部分,具体地说如分布在俄罗斯、芬兰、瑞典和挪威的萨米人,不是其所在国的少数民族,而应该被看成一个完整的"小民族"（萨米人）的一部分。

苏联学者对"小民族"的划分同样是从社会发展程度出发的,也就是说所谓"确定无疑的小民族,就是那些在本身发展过程中有相当长一段时期没有能建立其阶级社会的民族"。而且他们人口规模的"最低界线,一般只有几万、几千或几百人,这是无可争议的"。那么最高可以到多少?苏联学者在用这一概念分析别国的民族结构时出现了难以名状的混乱,如"1953 年中华人民共和国小民族壮族约有 700 万人",而且"同 81300 万人的汉族相比,甚至 6000 万人的爪哇人也可以算作小民族",等等。③如果这样确认"小民族",那么苏联的"小民族"绝不只是上述的涅涅茨人、

---

① 按照苏联学术界对苏联建立以前各族人民所处政治、经济、文化等社会发展水平的划分,"处于压迫地位的资产阶级民族"是俄罗斯族;"被压迫的资产阶级民族"是乌克兰、白俄罗斯、格鲁吉亚、亚美尼亚等族;"正在形成中的资产阶级民族"是乌兹别克、鞑靼等族;"尚未形成资产阶级民族的部族"是土库曼、吉尔吉斯、卡拉卡尔帕克等族;"尚未完全形成部族的人数众多的民族集团"是北方的许多部落;最后是"少数民族,其主体居住在邻国"。参见［苏］苏联科学院历史研究所编《苏联民族—国家建设史》下册,第 718 页。在苏联立以后,随着俄罗斯联邦的建立和其他加盟共和国、自治共和国、自治专区的建立,这些民族都具有了社会主义性质,成为"社会主义民族"或"社会主义部族",而那些属于"部落"范畴的"民族集团"也随着苏联社会主义的发展而逐步融入到"社会主义民族"之中。

② 参见［苏］3. П. 索科洛娃《改革与北方小民族的命运》,于洪君译,《民族译丛》1991 年第 1 期。

③ ［苏］A. N. 库茨涅佐夫:《小民族和少数民族》,华辛芝译,《民族译丛》1983 年第 2 期。

埃文克人、汉蒂人、埃文人、纳乃人、楚克奇人、多尔甘人、科里亚克人、曼西人等，苏联的绝大多数民族都应该属于"小民族"。

由于苏联学术界深受僵化的意识形态影响，其民族学研究所进行的"族类共同体"分类在理论、范畴和概念上出现了种种浅显而自相矛盾的问题。而这些难以理清的矛盾同苏联的"民族国家"结构是直接相关的。苏联是一个联盟国家，在苏维埃联盟层面上始终不存在一个 нация（nation），勃列日涅夫时期有关"苏维埃民族"之说无论在官方还是在学界都没有市场，但是"新的历史共同体——苏联人民"却流行一时。由于苏联是一个由"民族国家"和"民族—国家构成体"组成的联盟，所以对苏联不能按照西方的"民族国家"理论去理解。如果说民族（nation）是"想象的共同体"，那么对苏联来说这种"想象的共同体"就是"苏联人民"，对构成苏联的"民族国家"结构的各个加盟共和国、自治共和国来说，"想象的共同体"是"命名民族"，而不是各该加盟共和国、自治共和国的所有居民。[①]也就是说，如果说俄罗斯联邦作为"49 个社会主义民族"之一的依托，那仅仅是指俄罗斯族是一个社会主义民族（нация），俄罗斯联邦中其他一些"社会主义民族"则依托于各自的自治共和国甚至自治州和自治专区。从这个意义上说，苏联建构的"社会主义民族"并非国家层面的民族，而是每一个基于自然、历史形成的具有一定人口规模和建立了政治实体的民族，那些"社会主义部族"、"民族集团"和"民族性集团"的民族性发展只能融入各个"社会主义民族"。例如，在格鲁吉亚，1926 年登记的 24.3 万米格列尔人和 1.32 万斯万人，在 1959 年人口普查时分别仅有 11 人、9 人表明自己是米格列尔人、斯万人，其他则都声称自己是格鲁吉亚人。[②]类似的现象在苏联历次人口统计中普遍存在。当然，这种普遍性主要体现在"俄罗斯化"方面，所谓"苏联人民"这种"新的历史共同体"的形成，也往往是以讲俄语的居民不断增多来判定的。

如果从当代民族国家主权独立、领土完整的意义上分析苏联，15 个加

---

① 参见拙文《重读斯大林民族（нация）定义——读书笔记之二：苏联的构建与斯大林民族定义的再阐发》，《世界民族》2003 年第 5 期。

② 参见［苏］苏联科学院历史研究所编《苏联民族—国家建设史》下册，第 512 页。

盟共和国属于主权国家，"保留自由退出苏联的权利"，自治共和国是其组成部分。同时，苏联是主权联盟国家，"苏联的主权适用于其全部领土"，其领土是包括各加盟共和国领土在内的统一体，苏联法律在各加盟共和国境内具有同等效力，在与加盟共和国法律发生抵触时"以苏联法律为准"，各加盟共和国的宪法必须符合苏联宪法，等等。①因此，苏联的各加盟共和国虽然属于"主权国家"，但是并非完整意义上的"主权国家"，因此也不存在民族国家的国民身份，所有的苏联人可以被划分为"社会主义民族"、"社会主义部族"和"民族集团"、"民族性集团"，但是在国籍归属上都是苏联人。所以，就苏联的国家结构和民族格局而言，享有主权的加盟共和国具有民族国家的特征，但是每一个代表加盟共和国名称的民族却并不包括所有居住在（世居或迁来）该共和国内的居民，这种民族国家的民族（нация）是具体的一族而非想象或建构的"一族"。

事实上，在苏联的这种民族国家结构中，人们的身份除了苏联人外就是具体的某族（俄罗斯、乌克兰、鞑靼、纳乃、涅涅茨等大小不等的一百多个民族、部族、民族集团或民族性集团），并不存在加盟共和国层面的同一"民族"，②自治共和国等其他自治实体更不待言。从这个意义上说，苏联认定的 нация 并不等于西方现代意义上的 nation。因为西方民族—国家（nation‑state）中的民族（nation）是由一个国家的全体国民构成的，而苏联则是由所谓"民族国家和民族—国家构成体"组成的，民族（нация）依托于苏联意义上的"民族国家和民族—国家构成体"而非苏联，而这些所谓"民族国家和民族—国家构成体"又是由"命名民族"组成的，而非全体居民。

苏联这种赋予某一具体的民族以"民族国家"地位，而非在联盟层面构建统一的"民族"，这本身同斯大林论证的民族定义也是相矛盾的。这

---

① 《苏维埃社会主义共和国联盟宪法》（1977 年），中国社会科学院苏联东欧研究所、国家民族事务委员会政策研究室编译《苏联民族问题文献选编》，社会科学文献出版社 1987 年版，第 375—380 页。

② 苏联解体之后，西欧出现了"欧盟"，这也是一个主权国家联盟。虽然每一个加入欧盟的国家根据"马斯特里赫特条约"让渡某些主权，但是这些入盟的国家仍然是现代意义的民族—国家（nation‑state），这些国家的民族（nation）是享有该国家国籍的全体公民，而非某一具体的族，如英格兰、威尔士、苏格兰之类，尽管威尔士、苏格兰认为自己也是一个民族（nation）。

正是苏联民族理论存在的缺陷，这种缺陷对学术界的困扰和对民族政策实践的影响，成为学者引入 этнос 概念并且力图在 народ 和 нация 分类系列之外建构一套新的概念体系和分类标准的背景。

（二）苏联民族学界关于 этнос 的定义与分类体系

就笔者所知，最早将 ethnos 一词引入民族学研究领域并进行定义和应用研究的是俄罗斯学者。为此作出贡献的是 C. M. 希罗科戈罗夫（史禄国）及其在 20 世纪二三十年代所进行的研究。他本人也因此也奠定了俄罗斯、苏联和"后苏联"（俄罗斯）民族学界的民族理论学术史中不可动摇的先驱地位。[①]在 1908 年出版的《俄国人类学协会年鉴》第三卷中，ethnos 的俄文形式 этнос 已开始作为区别民族学研究对象的一个概念。1920—1921 年，史禄国开始用这个词来对"民族"进行分类。[②] 1923 年他发表了《民族、民族志现象和民族现象的基本原则》（*Ethnos*, *General Principles of Variations of Ethnographical and Ethnical Phenomena*），也许这是世界上第一部专门研究 ethnos 的著作。在这部著作中，他对 ethnos 的解释强调了两个方面的内容，一是认为这是一个一般的、普遍的民族概念；二是认为构成这个概念的要素既包括文化因素（语言、习俗等），也包括社会政治和经济因素。定义性的表述为："即以起源、习俗和语言的统一而联接起来的人们集团，也就是 этнос。"[③]

作为史禄国的学生，费孝通先生在缅怀老师的文章中专门对 ethnos 的应用作了说明："史氏用的 Ethnos 是他的专用词，采自拉丁文，在《牛津英语字典》直译作 Nation。史氏采用拉丁古字就是为了要避开现代英语中的 nation 一词，因为 nation 在 19 世纪欧洲各民族强调政治自主权时，把这个词和 state 联了起来，成为 Nation – state。State，是指拥有独立主权的国

---

① Valery Tishkov, *Ethnicity, Nationalism and Conflict in and after the Soviet Union*, SAGE Publications London · Thousand Oaka · Nes Delhi, 1997, pp. 2, 3.

② 参见［苏］Ю. В. 勃洛姆列伊《民族与民族学》，第 19 页。

③ 贺国安：《勃罗姆列伊的探索——关于"民族体"与"民族社会机体"》，《民族研究》1991 年第 1 期。

家，于是 Nation 也染上国家的涵义，比如联合国的英文名字就是 United Nations。为了把民族和主权国家脱钩，他采用了拉丁文 Ethnos。"①费孝通先生虽然略去了 ethnos 的希腊语来源，但是他对史禄国使用这一"拉丁古字"用意的理解是正确的，诚如史禄国自己所解释的："我确实非常希望使用一些新名称，以便在语言学、人类学和民族志上以及在民族分类上能够确切的区分，但是鉴于为欧洲各集团创造的新名词的命运，我决定暂时放弃这种尝试，在本书中仍然使用哪些限于上述意义的旧名称。"②其中 ethnos 是最基本的。

史禄国有关 ethnos 的定义："Ethnos 是人们的群体，说同一语言，自认为出于同一来源，具有完整的一套风俗和生活方式，用来维护和崇敬传统，并用这些来和其他群体作出区别。这就是民族志的单位——民族志科学研究的对象。"因此，史禄国被认为是"第一个给 ethnicity（民族性）这个概念下定义的人"。③且不论史禄国是否是第一个为 ethnos 及其派生的 ethnicity 下定义的学者，他对 ethnos 的理解和应用是值得重视的。上文所引史禄国所说"上述意义的旧名称"，是指他本人对人类社会民族现象的基本认识。他在研究通古斯人社会的分析中认为：北方通古斯人有别于以满族为代表的南方通古斯人。用人类学和民族志的观点看，北方通古斯人包括了过去和现今在语言上相似的各集团。不过它们中的一些集团已经"全面采用了蒙古人的民族志复合"，只能从他们保留的部分人类学类型中证实他们的祖先是北方通古斯人。而南方通古斯人也是一个语言集团，从语言学的观点看他们同北方通古斯人"毫无疑问是有共同起源"的，但是从文化上说他们又是一个由汉族、古亚细亚民族和蒙古族的各要素组成的复合体。也就是说，南方、北方通古斯人虽然有"原通古斯"的共同起源，但是在现实中（即史氏调查研究时期）"通古斯这一名称，只能被认作是一个包括了一组民族单位的原始名称，这些民族单位的祖先在某个非常久远的时代曾经是生活在一起的"。这种民族志复合的纷繁多样，"主要

<hr>

① 费孝通：《师承·补课·治学》，三联书店 2002 年版，第 81 页。
② ［俄］史禄国：《北方通古斯的社会组织》，吴有刚等译，内蒙古人民出版社 1985 年版，第 7 页。
③ 费孝通：《师承·补课·治学》，第 82 页。

是由于地区、气候、地形、经纬度和动植物区系的差异。这是分布在广袤地区的一切民族集团的共同特征，他们能够使自己高度适应他们所遇到的自然环境"①。

事实上，史禄国在这里所论述的正是"民族"形成的自然因素，即某些具有共同起源或祖先的群体在适应不同生态地理环境和利用不同自然资源的过程中形成的不同文化，也就是他所说的"民族志复合"。当然，自然因素是"民族"形成过程中文化创造（广义）的客观基础，而社会组织、制度、关系等因素的作用同样不能忽视。这一点在史氏的研究中主要体现为对"社会现象"的分析。他认为，"社会组织"是"民族志复合"各要素在维护共同体内部平衡关系和发挥社会功能以保证"民族单位的存在和延续"的产物。这种"社会组织"的发展变化则由于与邻族交往中的吸收借鉴或被迫采用而发生，如环境的变化、地域的盈缩、群体的迁徙、邻族的压迫等。因此，"民族单位的灭亡，可以是肉体死亡的形式，也可以是固有的民族志复合完全消失的形式，甚至也常由于混血、融合和同化而导致民族的灭亡"②。对"民族单位"形成发展的自然因素和社会因素的论述，集中体现在 1924 年史禄国发表的《民族单位和环境》（*Ethnical Unit and Milieu*）一书中，而这里所说的"环境"既包括自然环境，也包括社会环境，只是社会环境中包括了各"民族单位"业已形成的"民族志复合"诸要素所决定的"社会组织"机制和功能。

史禄国作为著名的通古斯学家，那一阶段他的调查研究对象主要是西伯利亚地区到黑龙江流域正在迅速变迁的那些通古斯语族的部分群体，如鄂伦春、鄂温克等尚在很大程度上保留血缘氏族组织的前民族群体，他对这些群体的研究也因此侧重于历史上他们同其他民族群体之间的互动关系，揭示了这些群体的社会变迁、群体流散、同化乃至生物学意义上的融合过程。因此，在史禄国的研究中，Ethnos 和 Ethnical unit 显然是不相等的，应该说属于两个层次。例如，20 世纪 30 年代史禄国对 этнос 作出了进一步的定义："民族是那些讲一种语言、承认自己的统一起源、具有一

---

① ［俄］史禄国：《北方通古斯的社会组织》，第 6、3 页。
② 同上书，第 12 页。

整套习俗与生活方式、以传统来保持和被人尊崇并以传统而同其他同类者区别开来的人们的集团。"①而他对 Ethnical unit（民族单位）这一术语的解释则为："是指这样一种单位，在这个单位中民族志要素的变化过程及其向下一代的传递和生物学的过程正在进行。这些单位永远处于变化（变异）的过程中，因此昨天的单位同明天的不会完全相同，但是从发生学来说它是相同的。这些过程可以快，也可以慢，或者处于停滞状态，这类似于动物中的种、亚种、变种、属等等。"②如果从史禄国对通古斯社会进行的研究和理解来看，Ethnos 是指通古斯人或通古斯民族，而 Ethnical unit 则是指通古斯民族中的南方通古斯人（满族和赫哲）和北方通古斯人中具有不同"民族志复合"要素的各个群体，即雅库特和在鄂温克这一称谓中为了区分各自的不同而自称或他称的从事驯鹿业的"鄂伦千"、"奥罗千"和从事游牧业的"莫尔千"以及从事狩猎业的"索伦"，等等。也就是说，通古斯是一个原始的 ethnos，但是这个 ethnos 事实上已经不存在了，或者只存在于对人类群体进行种族性划分的体质特征中，或者存在于构成按地域划分的"北方通古斯人"、"南方通古斯人"和按经济生活等类型划分的"游牧通古斯人"、"驯鹿通古斯人"、"蒙古化的通古斯人"等那些具有不同"民族志复合"要素的群体想象中，这些具有"民族志复合"要素的群体就是构成 ethnos 的 Ethnical unit（民族单位）。

　　苏联学者勃罗姆列伊（布朗利）在分析史禄国有关 ethnos 定义时认为史氏在研究和使用这一术语时存在将 ethnos 这种"民族共同体"与"生物共同体"（即种族）"令人惊奇地结合在一起"的问题，③其实并不奇怪。因为在史禄国的研究中，对 ethnos 的理解往往是从体质人类学视角来观察的，对 Ethnical unit 则是从民族志的角度而言的。他认为："通古斯这一名称，只能被认作是一个包括了一组民族单位的原始名称"，在后来的发展变迁过程中有些通古斯人已经改换了原有的语言、原有的民族志复合，"有时甚至连基本的人类学类型也发生了变化；更有甚者，某些非通古斯

---

①　［苏］Ю. В. 勃洛姆列伊：《民族与民族学》，第 26 页。
②　［俄］史禄国：《北方通古斯的社会组织》，第 11 页。
③　［苏］Ю. В. 勃洛姆列伊：《民族与民族学》，第 26 页。

集团采用了通古斯语和通古斯民族志要素，因此现在被分类为通古斯人"。这里所说的"人类学类型"当然是指他在研究通古斯社会中开展的"对通古斯人和其他民族集团人类学方面的测量"①。为此，他也指出："按照某些古老的理论，'亚利安人'在人类学和民族志上原来是同一的。但现在已经没有人相信这种假说能够继续存在下去了。对通古斯人也应该采取同样的态度。"②

正如史禄国自己所说，那一个时期他的著作只能用英文发表，这本身也使他"难以将自己的思想表达的恰如其分"。不过，他对 ethnos 的理解中包含了"种族"的意思却是对这一术语在西方应用中含义的准确认知。无论如何，史禄国对 ethnos 的研究和提出 Ethnical unit（民族单位）并进行的定义，可以说构成了当代学界有关 ethnos 及其派生的 ethnic group 术语的各种现代定义的源头。语言、起源（祖先）、整套习俗与生活方式（文化）、被人尊崇（他人认可）、同其他同类者区别开来（自我认同和排他），这些要素都是现代定义中反复为人们所强调的。所以，将这一词语引进并应用于民族学研究是由俄罗斯学界起始的。但是，苏联建立以后，史禄国有关 ethnos 的研究并没有为苏联民族学界接续下去。因为"当时把 этнос（民族）这个概念宣布为资产阶级的科学范畴"③。直到 20 世纪四五十年代的苏联民族学研究中，才开始有人重新使用这一概念。④

斯大林去世以后，赫鲁晓夫对斯大林的否定（包括对斯大林时期苏联解决民族问题实践错误的纠正）一度为苏联社会僵化的思想打开了枷锁。这也为苏联民族学界在有限度地反省斯大林民族定义的基础上，学术界接续了早年史禄国对 ethnos 及其理论的研究。从 50 年代中期开始，苏联民族学界在编撰多卷本《世界民族》丛书时，迫切需要使用一种"概括的形式来表示世界上的民族结构的各种多样性的术语"，因为在苏联民族学

---

① ［俄］史禄国：《北方通古斯的社会组织》，第 6 页，"作者序言"第 3 页。

② 同上书，第 7 页。

③ ［苏］刘克甫：《克服教条，研究民族的实际状况》，云帆译，《民族译丛》1989 年第 4 期。

④ 参见［苏］Ю. В. 勃洛姆列伊《民族与民族学》，李振锡等译，内蒙古人民出版社 1985 年版，第 20 页。

家感兴趣的人类共同体范畴，"一般日常名称在大多数欧洲语言中是多义的"①。所以，苏联学术界需要一种更加抽象、泛指且能够涵盖各种"民族共同体"的民族学术语来概括人类共同体的"族类化"特征，俄国民族学传统中的 этнос 一词成为这种需要的新选择。

　　所以，当 20 世纪 60 年代中期苏联民族学界完成《世界民族》编撰工作以后，этнос 及其派生的术语很快流行开来，并成为苏联民族学和民族理论研究界有关"民族共同体"分类和"民族过程"理论研究中的重要概念。是时，苏联民族学界就 этнос 一词的讨论也形成高潮。专门讨论这一术语的著述纷纷面世、不一而足，诸如《论术语 этнос》、《关于 этнос 的实质问题》、《关于对 этнос 概念的阐述》、《什么是 этнос》，等等。十分巧合的是，在苏联民族学界形成 этнос 及其相关理论研究热潮之际，也正是美国等西方国家社会学、人类学等学科日益广泛地研究 ethnicity 和应用 ethnic group 这些术语及其理论之时。当然，苏联民族学界和美国社会学、人类学界同时关注 ethnos、ethnic group 这些术语的时间性巧合，无疑同赫鲁晓夫"和平共处"的政治导向以及 1958 年苏美两国签订第一个文化交流协定直接相关。当年，就有 516 名苏联人根据协定前往美国开展文化交流，到 20 世纪 60 年代中期这一数字增加到一千多人。②当时，苏联虽然主要重视科学技术方面的交流，但是人文社会科学也因大环境的改变而获得了同西方国家交流的机会。不过，即便有这样一个背景，苏联民族学界与美国等西方国家社会学、人类学界对同期关注的概念有不同的理解和应用范围。

　　苏联民族学界对 этнос 这一术语着力研究的直接原因，除了国内外政治环境的变化和学界在斯大林之后对民族理论的反省以及对早期学术传统的继承外，③实际上是为了重新建构一套新的学术话语，以便在苏联"斯大林民族理论"的僵化政治话语体系之外形成一套适用于研究整个人类社会"族类共同体"的学术概念和分类体系。而建构这样一种体系，首先遇到

---

①　［苏］Ю. В. 勃洛姆列伊：《民族与民族学》，第 20、22 页。
②　韩召颖：《输出美国：美国新闻署与美国公众外交》，第 236 页。
③　在俄国的民族学传统中，"认为对于民族学家来说，占首要地位的应当是'ethnos'（民族）这个概念"。［苏］Ю. В. 勃洛姆列伊：《民族与民族学》，第 233 页。

的问题仍旧是什么是"民族"和如何划分"族类共同体"的多样性？

在苏联民族学界，对 этнос 这一术语及其相关理论进行研究的代表性人物之一是著名的民族学家勃洛姆列伊。他认为，从广义文化的视角认识人类共同体（即族体），可以揭示构成族体的所有基本特征，即"在区分族体时，一般都要指出语言、宗教、民间造型艺术、口头创作、习俗、礼仪、行为规范、习惯等稳定的、在外部明显表现出来的文化成分"。而且，"说明族体特点的不是某一个个别的文化成分，而是它固有的文化特点的全部总和"①。这就是说，需要从属于构成人类社会"族类共同体"的多种多样的文化特征中概括出那些共性的要素。所以，"把 этнос 这个概念引进科学加以通用的必要前提条件，是弄清楚能把已指出的所有各种历史共同体统一到一个名称之下的那种典型的东西。换句话说，任务在于确定它们的那些最有代表性的、而且'贯彻始终的'特性"②。在讨论这些构成族类共同体的各种要素中，苏联学者在强调上述那些外在的"文化成分"的同时，还认为"族体的自我意识是族体必须的特质。这种自我意识就是族体成员认识到自己属于这一族体，认识到这一族体同其他族体的区别，而这种区别首先表现在使用共同的自称（族名）上。关于共同来源的观念，是族体自我意识的重要因素，这种观念的现实基础是族体成员及其祖先在整个存在时期的一定的共同历史命运"③。

从这一论述中可以看出，苏联学者对 этнос 这一术语的研究，目的是为人类社会的多样性"族类共同体"（即族体）概括出一个抽象的统一名称；而这类族体所共有的构成要素，除了族称外，主要是语言、宗教、习俗和共同起源等"稳定的、在外部明显表现出来的文化成分"。其中自我意识——通过感知本族体的同一性和他族体的异己性所实现的自我认同感——是必须具有的特质；而自我认同的重要因素或现实基础是共同来源的观念，这种观念主要是族体成员的共同历史命运，实际上也就是马克

---

① ［苏］Ю．В．勃洛姆列伊：《族体和族体过程》，汤正方译，《民族译丛》1983 年第 2 期。
② ［苏］Ю．В．勃洛姆列伊：《民族与民族学》，第 26 页。
③ ［苏］Ю．В．勃洛姆列伊：《族体和族体过程》，汤正方译，《民族译丛》1983 年第 2 期。

斯·韦伯指出的历史上发生的"共同政治经历"。①因此，俄文中的 этнос 或苏联民族学界对希腊语 ethnos 的理解和应用，翻译为中文也就是不包括种族观念的"族类共同体"，也可以简称为"族体"。②其定义为："在一定地域内历史上形成的，具有相对稳定的共同语言与文化特点，意识到自己的统一和有别于其他类似集团（自我意识），并有明确的自我称谓的人们集合体。"③在苏联即指民族、部族和部落的那些属于非种的"族类共同体"。

有的学者对这一术语作出了更加具体的解释："从民族（этнос）是一个有着某些固定特征的复杂而又变动着的生物社会体系这一定义出发，民族特征应该概括为以下几个基本方面：自称、人数、分布、经济类型、物质文化和精神文化、语言文字特点。"④当然，"人数"（人口规模）无疑是一个新的要素，同时也是一个难以把握的特征，正如上文界定"民族集团"和"小民族"所框定的人口规模一样，"人数"标准在苏联的学术研究和政策实践中不仅是相对的，而且也是难以自圆其说的。但是，就其基本定义而言，苏联民族学界对 этнос 的定义和特征的理解是指这些群体在自然、历史形成过程中"给定"的那些稳定的构成要素，也就是欧美人类学界所强调的"原初"要素。而"自我认同"也是基于这种"给定"的要素。

如上所述，在苏联民族学研究中，有关民族共同体的术语比较复杂。同时，在俄文表述中还有诸如 нация（民族）、национальность（族体）或 народность（部族）、племя（部落）等不同的术语。在苏联有关民族

① ［德］马克斯·韦伯：《经济、诸社会领域及权力》，李强译，三联书店1998年版，第119页。

② 将俄文 этнос 翻译为中文的"族体"，是汤正方先生在20世纪80年代初提出的意见，见汤正方译的托卡列夫著《外国民族学史》，中国社会科学出版社1983年版。他还认为对苏联的民族学（Этнография 和 Этнология）应译为"族类学"或"族体学"。这种译法从对术语本义的确切理解来说是可行的，但是无论是苏联民族学还是中国的民族学，其研究的对象既非种族也非那些属于非稳定的、暂时性的群体，而是形成民族的那些历史共同体，所以作为学科名称译为民族学是适宜的。但是，在具体研究和应用中将 этнос 和 ethnos 理解和翻译为"族体"，从概念的含义来说也是准确的。

③ ［苏］Ю. В. 勃洛姆列伊、В. И. 科兹洛夫：《民族过程是一项研究课题》，杨允译，《民族译丛》1979年第2期。

④ ［苏］Л. Л. 维克托罗娃：《世界蒙古语族概述》，陈弘法译，《民族译丛》1983年第4期。

形成或民族过程的理论中，从部落到部族、从部族到民族是典型的"族类共同体"演进序列。对这一演进序列及其内在联系的解释为："民族（нация）虽然与部落和部族这样的有民族以前的民族共同体远非同样的现象，但却是同一序列的现象。"因为"部族和在其基础上形成的民族通常是用同一个族称来表示的"①，所以，部落、部族、民族构成了人类社会中多种多样的共同体（如公社、国家等）中的"族类共同体"，也就是"民族共同体"（этнос），并使之成为一个抽象的概念和表达"族类共同体"类别的术语而作为民族学研究的对象。在苏联，这种"族体"统称为排除了种族因素的"民族共同体"或"广义的民族"。总而言之，"этнос 可以说是一个表明类别的术语，适用于 племя（部落）、народность（部族）、национальность（民族）、нация（民族——多指组成了国家的民族）"②。如果按照苏联学者对 этнос 的理解而将这种"广义的民族"所涵盖的上述各种"族类共同体"转译为对应的英文和中文，就是 ethnos（民族共同体）所涵盖的各种"族体"，包括 tribe（部落）、nationhood（部族）、nationality（族体）和 nation（现代民族）这些类别。

当然，苏联民族学界对上述"部族"（nationhood）和"族体"（nationality）的界限划分往往是模糊不清的。而且，正如马克斯·韦伯在研究 ethnos 这一概念时所指出的，在对构成 ethnos 的多重要素进行"仔细区分"和"准确地定义"时，会导致这一概念的"不复存在"，因为，"它与另一个充满感情色彩、在试图给予社会学定义时最令人苦恼的概念相对应，这就是民族（nation）"③。对苏联来说就是 нация 及其派生的一系列分类和术语。如上所述，苏联业已形成的 нация 理论体系和分类标准，在应用实践中存在着显而易见的矛盾。以勃洛姆列伊为代表的苏联民族学者在建构 этнос 这一话语体系时，试图通过涵盖性更为广泛的概念来解决这种矛盾（至少在学术上）。但是，事实上他们又无法脱开现行的理论和概

---

① ［苏］Ю. В. 勃洛姆列伊：《民族与民族学》，第24页。

② 《民族学家们争论什么？——Ю·В·勃洛姆列伊答记者问》，李振锡译，《民族译丛》1979年第1期。

③ ［德］马克斯·韦伯：《经济、诸社会领域及权力》，李强译，三联书店1998年版，第120页。

念体系，所以一方面将 нация 这一系列纳入 этнос 范畴之内，另一方面也力图创造出一套建立在 этнос 基础上的术语和分类体系。苏联民族学家试图在不排斥 нация 这一术语系统的前提下通过"仔细区分"和"准确地定义"来证明 ethnos（этнос）这一概念并非"不复存在"。不仅如此，甚至"苏联民族学家们在这一点上是绝对一致的：民族（этнос）这个术语应当用来表示多种多样的民族共同体类型——从最小、最古老的类型（部落）到最大、最现代的类型（现代大民族），也就是民族共同体在其所有历史发展阶段上的任何类型"①。

不难看出，苏联民族学界使用 этнос 这一术语，意在泛指"族类化"的人类共同体，只是不包括种族这种群体，因为"种族特征，一般说来，实际上不起多少本质的族体分化作用"②。也就是说，苏联民族学界对人类共同体的划分，限于形成民族的历史过程中的不同历史阶段的"族类共同体"，并不包括种族因素，种族之分与民族之别是没有什么关系的。在这一点上，苏联民族学界的对 ethnos 及其形容词形式 ethnic 等派生术语的理解和应用，与美国等西方国家是不同的。当然，与史禄国对 ethnos 的理解也不完全一样。这是认识苏联民族学界有关 этнос 分类体系的基本前提。

（三）苏联民族学对"民族共同体"的分类

苏联民族学界认为，人类在生物方面是统一的，同时人类又分化为不同的共同体，不过有的共同体是可变、暂时的而非稳定性的，如多种多样的社会群体。而另一些共同体则是稳定的，即民族学研究的对象——民族共同体（этнос）。在这种稳定的共同体中，除了上述的民族、部族和部落外，还存在着同类族体中的不同层级和序列的分类族体，也就是属于不同层次或身份的族体。этнос 这种"民族"或"民族共同体"所涵盖或指称

---

① ［苏］К. В. 契斯托夫：《二十世纪三十一八十年代苏联民族学史片断》，贺国安译，《民族译丛》1984 年第 2 期。

② ［苏］Ю. В. 勃洛姆列伊：《族体和族体过程》，汤正方译，《民族译丛》1983 年第 2 期。

的民族、部族和部落虽然属于不同层次的"民族共同体"范畴，但是都被视为具有强烈民族属性的"基本民族共同体"，如俄罗斯人、乌克兰人、布里亚特人、犹太人、纳乃人等（在苏联时期是指建立了加盟共和国、自治共和国、自治州和自治区这些联邦单位的民族）。在这种"基本民族共同体"之上，还存在更大的"民族共同体"，即所谓"大民族共同体"、"超民族共同体"，如斯拉夫人、日耳曼人、阿拉伯人等，实际上就是"泛民族共同体"。在这种共同体中，往往包括了多个"基本民族共同体"，所以也被称为"多民族共同体"（metaethnic communities）。同时，在"基本民族共同体"中也存在一些小于这种共同体的单位，他们是"基本民族共同体"的组成部分。这种群体被称为"狭义的民族共同体"，即派生出来的 этническая общность（通常在中文话语里也译为"民族共同体"、ethnic community），этникос（"民族体"，ethnikos）等。

按照勃洛姆列伊的解释，相对于 ethnos 级别的这种"基本民族共同体"来说，"在民族（ethnos）和最小单位之间，处于中间地位的是'亚民族'（subethnos）。亚民族的存在，通常是由于人们意识到某些文化特点的存在，亚民族的来源是多种多样的。有的可能来源于过去独立存在过的民族，由于逐渐丧失了作为基本民族共同体的作用而蜕变为亚民族；有的可能来源于逐渐具有了共同意识的民俗集团；有的可能来源于具有共同文化特征的社会共同体（例如俄罗斯族中的顿河哥萨克）。在亚民族中占有特殊地位的，是那些来源于种族集团的群体。例如美国的黑人，显然可以看做是北美利坚民族这个民族社会共同体中的一个亚民族"①。勃洛姆列伊对这种"亚民族"的身份认同所举例证为：在顿河哥萨克人、俄罗斯人、东斯拉夫人、斯拉夫人这一序列中，哥萨克人既是俄罗斯人，同时也是东斯拉夫人和斯拉夫人。相对于日耳曼人来说，哥萨克人是斯拉夫人；相对于南斯拉夫人和西斯拉夫人来说，哥萨克人是东斯拉夫人；相对于乌克兰人来说，哥萨克人是俄罗斯人；而在俄罗斯人中，他们又是哥萨克人。因

---

① ［苏］Ю. В. 勃洛姆列伊：《论历史文化共同体的基本类型及其发展趋势》，李一夫译，《民族译丛》1981 年第 5 期。这里的"最小单位"是指具有民族属性的个人。

此，顿河哥萨克人"可以同时是几个不同分类级别的民族共同体的成员"①。也就是说，他们在"族类共同体"范畴内享有多重的身份认同，即"超民族共同体"中的斯拉夫人、东斯拉夫人，"基本民族共同体"中的俄罗斯人，俄罗斯人中"亚民族"的哥萨克人。由于像哥萨克人这样的"狭义民族共同体"是构成 этнос（ethnos）的"基本民族共同体"中的"亚民族"，即一个民族中的特定分支，所以这种构成"基本民族共同体"的"亚民族"，一般来说其单位的数量要比"基本民族共同体"多，也就是说"基本民族共同体"通常是由多个"亚民族"构成的，这一点非常重要。从这个意义上说，所谓"亚民族"实际上也就是上文提到的"狭义的民族共同体"этническая общность（ethnic community），又成为一个指称对象更加广泛的术语，实际上也就相当于欧美国家所理解的 ethnic group。

在俄文中，由 этнос 一词派生的另一个术语是 этнические группы（民族志集团或民族集团）。这个派生的术语，是曾经用以表述"一些民族居住在其他国家地域内并形成该国少数居民的那部分人，通称'少数民族'（национальные 或 этнические меньшинства）"的代用词。因为苏联学者认为表达"少数民族"的这两个词语有时包含了不平等的意思，所以改称为"民族志集团"或"民族集团"。苏联学者对这一术语的解释为：由于很多民族，包括大的民族，至今在语言文化上还没有形成完整的单一的整体，是由民族志（民族）集团组成的，故可以用这个术语来"标识口语、文化、习俗上以地方特点（特殊方言、物质文化与精神文化特点、宗教差异等）相区别、有时有自我称谓和双重自我意识的部族或现代民族的各地域分支。民族志集团常常来源于形成部落或现代民族的部落（包括异族）成分"②。例如，在俄罗斯民族这个"大民族共同体"中，就包括了北方沿海地区的居民、捷列克河流域与乌拉尔的哥萨克和其他俄罗斯族民族志集团。如果从抽象的概念去理解，这种分类事实上已经把哥萨克这种"亚

---

① 参见［苏］Ю. В. 勃洛姆列伊《民族与民族学》，第 25 页。

② ［苏］Ю. В. 勃洛姆列伊、В. И. 科兹洛夫：《民族过程是一项研究课题》，杨允译，《民族译丛》1979 年第 2 期。

民族"或"狭义的民族共同体"也包括在内了。也就是说，如果按照苏联学者上述对不同层级的"族类共同体"进行分类中多次以哥萨克为例的定义性解释，哥萨克便成为"亚民族"、"狭义的民族共同体"、"民族志集团"或"民族集团"了。

　　然而，苏联民族学界对这种相当于"少数民族"的"民族志集团"或"民族集团"有专门的解释，即这种"民族志集团"或"民族集团"包括两种类型，一是其人口主体属于苏联以外的国家，而他们作为移民群体居住在苏联（如苏联的波兰人、捷克人、罗马尼亚人、德国人、犹太人等十多个"民族集团"）；二是在苏联本土脱离了本族母体的那些群体（如纳希切万的亚美尼亚人、白俄罗斯的鞑靼人等）。对这些属于国际和国内（联邦实体之间）移民性质的群体或脱离了其民族母体的"民族集团"（碎片），苏联学者将他们归类为部族的组成部分，并认为他们有可能因自我意识的增长而成为苏联的一个单独部族。[①]如果联系上文有关"亚民族"和"狭义民族共同体"的定义进行比较，所谓"民族志集团"或"民族集团"应该说在族体的层级归属上同"亚民族"和"狭义民族共同体"是一个级别，只是"亚民族"和"狭义民族共同体"属于一个已经被确定的"民族"内的分支，而"民族志集团"或"民族集团"属于"部族"组成部分或有可能形成单独部族的那些"移民群体"。

　　如上所述，既然"民族志集团"或"民族集团"所取代的是表达"少数民族"的那些词汇，那么这也就意味着 этнические группы（"民族志集团"或"民族集团"）这一术语仍旧包括了"少数民族"的含义，指融散在具有"民族"（享有联邦单位）资格的社会中的那些"异族"群体，也就是在苏联时期的俄罗斯联邦单位（自治共和国、自治区或自治州）中那些散居但有一定规模的非当地居民。当然，不包括俄罗斯族人。此外，与 этнические группы 相近的另一个术语是 этническая группа，也是 этнос 的派生术语之一，通常被翻译为"民族集团"或"族类集团"。从理论上说，这个两个词构成的术语从结构上来看应该相当于英文的 ethnic group。但是，在苏联民族学研究的实践中，后者（即

---

① 参见〔苏〕А. Г. 阿加耶夫《社会主义和部族》，汤正方译，《民族译丛》1980年第3期。

этническая группа) 很少使用。因为这一术语所指称的那些群体属于典型的"少数民族",并被认为属于"没有固定地域,因而易于同化的族类集团(этническая группа)"。这种"族类集团"被认为是"民族共同体"中的最小单位(群体)。在苏联的民族学分类中,他们被视为"居住在有限的一些居民点上,具有语言、文化和习俗上的特点(库巴钦人、奥罗奇人等)"①。也就是说,这种"族类集团"不仅没有自治实体,而且也不属于某个民族母体的离散群体。因此,苏联民族学对上述"民族志集团或民族集团"和"族类集团"的分类实际上都相当于英文语境中的 ethnic group(族群)。只是由于纷繁复杂的"民族共同体"的类别和等级划分而使这些术语缺乏清晰的边界和更加科学、严谨的定义而未能流行和通用。当然,按照欧美国家的族群观念去理解,这些术语所指称的对象——诸如俄罗斯民族中的哥萨克人,国际性的外来移民、脱离其民族(部族)母体而散居于苏联其他地区的那些国内(苏联内)移民无疑都可以视为 ethnic group(族群)。这种理解在事实上符合美国等西方国家的族群概念。

苏联民族学界特别是勃洛姆列伊对"族类共同体"中有关"基本民族共同体"、"狭义民族共同体"、"亚民族"、"民族志集团"或"民族集团"以及"族类集团"的划分,事实上也继承了史禄国的理论,只是两者之间的差别在于认定或划分"族类共同体"的不同立场和出发点。史禄国认为 ethnos 是一个包括了一组"民族单位"(ethnical unit)的"原始民族"(其中包含了种族的含义),他认为像通古斯这样的"原始民族"的同一性(含种族)事实上已经不存在了,而是一些起源于通古斯记忆性的"民族志复合"单位,也就是说这些"民族单位"是"原始民族"分化的结果。而勃洛姆列伊等当代民族学家则认为这些"狭义民族共同体"、"亚民族"、"民族志集团"、"民族集团"和"族类集团"是基于氏族、部落而尚未整合为包括一些"大民族"(像俄罗斯民族)在内的非种族的现代民族,甚至是苏联意义上的"部族"。简而言之,史禄国对各种通古斯"民族单位"的类别归属源于"原始民族"的 ethnos(этнос)立场,

---

① [苏] А. Г. 阿加耶夫:《社会主义和部族》,汤正方译,《民族译丛》1980 年第 3 期。

而勃洛姆列伊等当代民族学家对"亚民族"、"狭义民族共同体"、"民族志集团"或"民族集团"以及"族类集团"的分类则基于"现代民族"的 нация (nation) 立场。前者的出发点是阐释 ethnos 的分化、流变，后者的出发点是阐释 nation 的整合、构建。因此，虽然勃洛姆列伊等人试图构建一个超越苏联现代民族话语体系的新术语系统和"族类共同体"理论，但是由于无法脱离苏联既定的民族分类而不得不使两套话语体系交织在一起。形成了一种双向互动的流变图式：

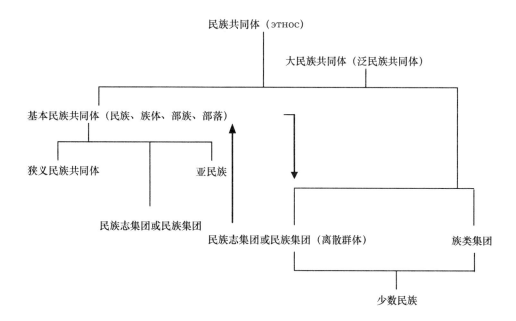

由于苏联民族学有关人类共同体的研究在分类和层级方面十分繁杂，且在术语上表现为由 этнос 和 нация 两词所派生出的两个系统，所以很多术语因交叉使用而使人难以作出准确的区别。如上文所说的"民族志集团"，在中文中有时也被理解（译）为"民俗集团"。其意义在于要对"民族共同体"从"质"和"量"进行非层级性的区分。这种区分的标准是"自我意识"，具体地说，"民俗集团具有一定的文化特点，但无自我意识；亚民族具有一定的文化特点，并具有明显的自我意识。例如，俄罗斯民族中的波莫尔人和哥萨克人，具有自我意识，是亚民族；而俄罗斯民族中的北方人和南方人，没有自我意识，则属于民俗集团和地方分支"①。这里所说的"自我意识"是指"民族共同体"范畴的"自我认同"意识，而非地方群体、社会群体的"自我意识"。应该说这种理解是有道理的，也就是说在人类群体划分的类别标准方面，由于"民族共同体"的聚居性而往往也构成地方性群体，但是对一个民族内部人口的地方性区别来说，虽然可能表现出显著的差异性，但是这种差别并不属于"民族共同体"的差别范畴。

当然，在同一民族中，地方性群体或苏联学者所说的而被中国学人所理解的"民俗集团"之间的差别不仅是普遍的，而且有的差别也表现在诸多方面，特别是当这一民族在分布方面具有地理经度距离的情况下，南方人、北方人的概念往往成为反映这种差别的代名词。如果我们不考虑"民族共同体"的划分，而只从地理纬度的角度来进行群体划分，南、北地域的群体之间的文化、习俗、方言等区别通常是十分明显的。这是由于在广义的文化传播方面，地理学经纬度的轴线走向具有重大的推动或制约作用。这一点从人类的初民社会就已经显现。例如，从广义文化的视野来看，动植物驯化的成就在从早期的驯化中心对外传播时，沿纬度轴线的传播由于自然地理、生态环境和气候等条件的相似性而表现为迅速和广泛的特点，而沿经度轴线的传播则由于自然地理、生态环境和气候条件的相异性而表现为迟滞和有限的特征。②从这个意义上说，苏联学者对俄罗斯族南、北方群体的文化习俗不同所进行的"民俗集团"而非"民族集团"的划分是很有启发性的，这种启发可以使我们在研究属于"民族共同体"范畴的问题时，不至于将地方特点，甚至非"特殊方言"的民俗群体与民族特征混为一谈。而事实上，中国学界在引进和应用西方的 ethnic group 这一术语后，已经出现了应用于非"族类共同体"范畴的泛化问题，其中也包括对一个民族中各种分支和分布在不同行政地理区域的人进行"族群"划分的随意性。产生这种随意性的原因，也就是对"族群"概念本质上认

①　[苏]IO. B. 勃洛姆列伊：《论历史文化共同体的基本类型及其发展趋势》，李一夫译，《民族译丛》1981 年第 5 期。

②　参见［美］贾雷德·戴蒙德《枪炮、病菌与钢铁——人类社会的命运》，谢延光译，上海译文出版社 2001 年版，第 177 页。

识的模糊。在后苏联亦即俄罗斯民族理论界，这种泛用"族群"和"族群性"的现象被认为是："今天时髦的是'学者非同一般的灵活性'以及一个洋洋得意的原则——没有任何原则。"①

（四）苏联民族学界"民族共同体"理论的国际对话

20 世纪 90 年代中期，笔者在日本参加一个国际学术讨论会时，一位来自美国的学者以发明创造式的激情向会议报告他的论文，其要点是介绍不同情境中族群认同的多重身份。假如这位美国学者了解苏联学者在 20 世纪 70 年代初对这种族群认同的多重身份所进行的分析，如上文所列有关哥萨克人认同的多重身份例证，也许就不会显得那么"前无古人"了。由于东西方意识形态的对立和学术对话的隔绝，苏联学术界的很多成就不为西方所知，反之亦然（但相对于中国来说仍要好一些），这无疑是人类科学事业的损失，国际交流和学术对话的重要性由此可见一斑。

如前所述，从 20 世纪 50 年代末，苏联同美国就签订了双边的文化交流协定，尽管经常为两个超级大国的全球对抗性竞争所影响，但是双方仍保持着科技、学术和文化领域的交流关系。到 20 世纪 70 年代初，随着苏美关系的再度缓和，1973 年勃列日涅夫在访美期间同美国签订了为期六年的"美苏科技、教育、文化及其他领域接触、交流、合作总协定"，开始了苏美两国第二个文化交流时期。在这一协定的推动下，美国"公众外交"中的最重要项目——富布赖特项目也开始实施，1975 年美国学术团体委员会与苏联科学院签订了在人文社会科学领域进行合作研究的协议，②这为苏联和美国乃至西欧国家人文社会科学界的交流扩展了新的空间，苏联民族学与西方人类学之间的直接对话也成为可能。

1976 年，苏联民族学界同西方人类学界以"人类学在科学中的地位：西方和苏联的看法"为主题，进行了一次史无前例的多学科学术对话。苏

---

① ［俄］И. Ю. 扎里诺夫：《论"民族"》（上），高永久、徐亚清译，蔡曼华校译，《世界民族》2003 年第 5 期。

② 韩召颖：《输出美国：美国新闻署与美国公众外交》，天津人民出版社 2000 年版，第 237—238 页。

联的 8 位学者中包括勃洛姆列伊、科兹洛夫等知名学者，而西方学者则包括盖尔纳等著名专家。在这次对话中，有关 ethnos（民族）的概念和分类问题也是焦点之一。苏联学者勃洛姆列伊有关 этнос（ethnos）和 этникос（ethnikos）的论述，强调了民族并不限于任何社会发展的特殊历史阶段，即上文所说的"民族共同体"（этнос）涵盖的那些从部落到民族的不同序列的共同体，同时他还强调了这种"民族"的另一种形式（этническая），并以乌克兰人为例，认为"加拿大的乌克兰人虽然已经不生活在乌克兰的乌克兰人民族社会机体（ethno – social organism）中，但仍然具有许多乌克兰文化的特点，他们意识到他们的乌克兰特征并且称自己为'乌克兰人'"。①勃洛姆列伊使用 этникос（ethnikos）一词，是将其等同甚至取代 национальность（nationality）一词。结果是苏联乌克兰加盟共和国的乌克兰人是一个民族（nation），在加拿大的乌克兰人则是构成这个民族的一个"族体"或"部族"（nationality）。虽然 nationality 包含了"民族"和"民族性"的意思，但是在西方则突出其作为民族国家国民的"国籍"。因此，勃洛姆列伊将享有加拿大国籍的乌克兰移民群体称为相当于苏联乌克兰加盟共和国 nationality 的 этникос（ethnikos），不仅缺乏科学根据，而且必然引起西方对话者的"不敢苟同"。因为从民族（nation）的理论去理解，移民加拿大并且取得加拿大国籍的乌克兰人，无论其保留着多少乌克兰文化和对其民族母体的认同，但是在 nation 的意义上他们已经是加拿大人了，或者说是构成加拿大人的一个族群（ethnic group）。更何况 этникос（ethnikos）一词本身也不是一个科学规范的术语，这种用法同勃洛姆列伊本人有关民族概念、民族共同体、民族过程等理论也是相互矛盾的。

因为在上述的"民族共同体"分类和层级中都难以为 этникос（ethnikos）所指称的"加拿大乌克兰人"定位。如果作为国际移民群体的"加拿大乌克兰人"仍属于苏联乌克兰加盟共和国的乌克兰民族（nation）的"族体"（nationality），那么在俄罗斯联邦的乌克兰人为什么却是 этнические группы（民族志集团或民族集团）？同样，为什么在苏联的那

---

① ［英］塔马拉·德雷格兹：《苏联与西方民族学者的一次对话》，李有义译，《民族译丛》1979年第 1 期。

些德国人、波兰人、朝鲜人等属于国际移民的群体而不是一个能够称为
этникос（ethnikos）的"族体"？所以，这种观点不仅不为西方学者所理
解，而且在苏联学界也受到质疑和批评。因为批评者认为："在现代条件
下，加拿大（和美国）乌克兰人是资产阶级类型的民族集团。任何一个民
族的一些人，一旦他们离开自己的国家移居别国，长期生活在同本民族基
本群众隔绝的另一种社会条件里也会发生同样情况。"①这种观点当然是依
据苏联传统的意识形态进行"资本主义民族"和"社会主义民族"划分
的结果，因此在民族理论研究中也属于误入歧途的认识。但是，这种批评
至少在科学术语的准确使用方面是有意义的。

　　理解苏联民族学有关民族概念的前提是，必须考虑到苏联是一个联邦
制国家，而且是一个一系列主权国家联盟的联邦国家，十分类似于欧洲联
盟。从国家民族的视角来说，相当于英语 nation（国家层面的民族）的俄
文术语是 нация（民族），而苏联时期的联邦单位（加盟共和国、自治共
和国等联邦单位）都是以族称来命名的，也就是具有建立这些联邦单位资
格的民族（нация）都被称为现代民族（nation），而 nationality（族体）则
往往被归类为"部族"。在苏联这个国家层面上，通常只用"苏联人民"
或"苏联各民族"，而所使用的"人民"或"民族"则是俄文的 народ
（народы），即相当于英文的 people 一词，这一点与西方的民族国家理论
是不同的，由此引起的对话歧义当然不可避免。当然，从今天的欧洲联盟
的格局来看，"欧洲民族"（EU Nition）只是一个想象，如同苏联也曾一
度想象过"苏维埃民族"（苏联民族）一样。如果这样去比较和理解，就
能够对苏联的联盟设计作出并非等同于中国"统一的多民族国家"的理
解，因此也就不会把中国解决民族问题的制度设计视为所谓"不折不扣的
苏联模式"。不过，从这次对话也可以看出，不同语境中的专门术语在翻
译和应用方面的不同，不仅直接影响国际学术的对话，而且因其具体应用
的不同理解难免造成困扰。

　　苏联民族学界从 20 世纪 60 年代中期开始的有关"民族"及其分类等

---

① ［苏］И. П. 查麦梁：《民族和民族关系理论的若干迫切问题》，刘冲译，《民族译丛》1980
年第 1 期。

方面的研究和争论，虽然在关于按照社会发展的不同历史阶段来划分民族共同体的大讨论中一直受到意识形态僵化的影响，例如按照社会形态（社会制度）来划分民族共同体的问题，即除了原始社会到奴隶社会的部落、封建社会的部族外还有"资本主义民族"和"社会主义民族"，并且在民族问题已经"一劳永逸"地解决的口号下，出现了"新的人们共同体"（"苏维埃民族"）等，有关"部族问题"的判定也争议颇多；但是，就其民族学的学术研究而言，有关 этнос（民族共同体），этническая общность（狭义民族共同体），этни - ческие группы（亚民族、民族志集团或民族集团），этническая группа（族类集团）的研究，虽然令人感到叠床架屋般的层次繁复和概念上的一些混乱，但是对我们理解 ethnos, ethnic community, ethnic group 这些术语及其应用对象来说，仍旧是很有启发意义的。特别是苏联民族学界有关"民族共同体"（этнос）定义中所强调的历史性和客观要素，虽然与欧美国家对主观的"自我认同"要素的刻意强调相对立，但是却有利于人们全面地看待人类社会民族现象的复杂性和多样性。

尽管 20 世纪 80 年代中期，随着苏联的"新思维"改革在排除"斯大林主义"政治影响的同时又出现了趋向于"西方化"的政治现实，但是苏联民族学界当时有关民族理论的讨论也需要引起重视，例如 80 年代中期再次引起的学术争论，即在《苏联民族学》杂志上就克留科夫所撰《再论民族共同体的历史类型》一文而引起的大讨论。虽然这次讨论的结果是"民族（этнос）共同体分类和明确相应概念术语体系的任务，至今尚不能认为已经解决"[1]，但是，苏联民族学界在民族概念和民族共同体分类，民族过程与民族自我意识，民族认同及其多重身份等方面的研究成果是不能忽视的。1988 年，苏联科学院民族学研究所出版了《概念词汇：创造的目的和原则》，在收录了诸多重要的名词术语的同时也包括了很多统一学术术语的建议体现了"苏联学者带着他们对'民族性'这一术语

---

[1] 《〈苏联民族学〉杂志结束克留科夫一文的讨论发表"编辑部的话"》，汤正方译，《民族译丛》1987 年第 3 期。

的一切怀疑，努力寻找对它进行解释并把它列入自己的学术武库的途径"①。事实上，苏联的民族学理论体系虽然有其意识形态的特点，但是并不是狭隘的，至少在了解和解读西方学界的概念、理论、方法等方面是开放的。我们应该看到，苏联时期有关"民族共同体"（этнос）的研究，虽然不同于西方人类学的理论分析框架，也缺少后现代话语的特点，但是在揭示人类社会民族现象及其发展规律方面的科学探索及其历史贡献，绝不亚于当时的西方学界。只是当时中国民族研究学界没有充分的条件直接参与到与苏联学界的学术对话当中，以至于20世纪80年代以后译介过来的很多学术论著也终因苏联解体而不大为今人所在意了。

（五）当代俄罗斯 ethnos 等术语的研究和应用

苏联解体的悲剧，似乎使苏联的历史成为冷战的遗产而失去了价值，人们（包括苏联人）似乎一度从中只看到造成悲剧的错误，而对在这一过程中出现的某些创造和成就却视而不见。如同苏联解决民族问题失败一样，苏联的民族理论或民族学理论也似乎失去了存在的意义和科学价值。但是，正如普京执政以后俄罗斯重新崛起的理念中包括了对苏联历史的接续一样，苏联民族学界虽然不再为"斯大林主义"式的"马克思列宁主义民族和民族问题理论"所禁锢，不过也并没有放弃由 C. M. 希罗科戈罗夫（史禄国）发端，为勃洛姆列伊等民族学家发展的有关 этнос（ethnos）及其相关术语的研究和应用，其中也包括 ethnic 和 ethnic group 以及 ethnicity 这些术语。

在这些研究中，正如20世纪80年代中期那场有关"民族共同体"的争论并没有解决"分类和明确相应概念术语体系的任务"一样，界定和释义 этнос 仍旧是学界关注的问题。只是在俄罗斯民族理论学界乃至哲学等相关学科有关"族类共同体"的讨论或辩论中，加入了西方的族群（ethnic group）和族群性（ethnicity）概念及其理论内容。将苏联有关 ethnos 理

---

① ［俄］И. Ю. 扎里诺夫：《论"民族"》（下），高永久、徐亚清译，蔡曼华校译，《世界民族》2003年第6期。引文中"民族性"即英文中的 ethnicity（中文通常译为"族群性"）。

论与西方 ethnic group 理论结合起来应用于本土研究即是一个方面。在这种研究中，首先遇到的问题仍旧是不同学术话语体系所反映的术语或概念问题。上文已经提及，苏联民族学理论的话语体系十分复杂，尤其是在民族共同体分类方面层次繁复且突出了意识形态和社会制度的特点。在苏联的联邦国家结构中，以民族平等权利构成的联邦实体多达 53 个，即 15 个加盟共和国、20 个自治共和国、8 个自治州和 10 个自治区。①这些以民族命名的联邦实体，在苏联民族共同体分类中都属于 нация（即 nation）。但是从这些联邦单位的人口"族类"构成上来看，不仅每一个联邦实体中都是多民族结构和存在不同的"民族共同体"分类（民族、部族等），而且在一些联邦实体中列为 нация（民族）的族体人口并不一定占本民族总人口和该联邦单位总人口的多数。

例如，苏联解体前（1989）鞑靼人总人口为 552.2 万，其中只有26.6% 在鞑靼自治共和国，56.5% 散居在俄罗斯联邦的其他地区，还有16.9% 在俄罗斯联邦之外的其他加盟共和国。按照苏联的"民族共同体"分类，俄罗斯联邦鞑靼自治共和国的鞑靼人是享有 нация 地位的"民族"，在自治共和国之外的其他鞑靼人则属于 национальность（nationality），即"部族"。按照这种划分，从理论上说在鞑靼自治共和国中的俄罗斯人也应该是"部族"，但是在实践中并不存在这种观念。因为从斯大林后期，俄罗斯人已经被认为是"组成苏联的所有民族中最优秀的民族"，"俄罗斯人民向来被称为'领导的人民'"，是"在各平等的民族中的第一个民族"，和"老大哥民族"。②这种具有种族优劣特点的大俄罗斯民族主义公行天下，不仅使俄罗斯民族成为"苏联人民"的代表，而且也使作为 15 个加盟共和国之一的俄罗斯联邦成为苏联"国家"的代表。俄罗斯联邦中其他没有建立自治实体的各民族，无论人口规模多大（从 436 万乌克兰人到 64 人的利夫人），均属于部族（nationality）的范畴。③在苏联解体之后，苏联地区的民族人口及其国家归属发生了重大变化，民族身份问题也成为

---

① Valery Tishkov, *Ethnicity, Nationalism and Conflict in and after the Soviet Union*, 1997, p. 34.
② ［苏］罗·亚·麦德维杰夫：《让历史来审判：斯大林注意的起源及其后果》，赵洵等译，人民出版社 1983 年版，第 844 页。
③ Valery Tishkov, *Ethnicity, Nationalism and Conflict in and after the Soviet Union*, 1997, p. 268.

各个新建国家官方和学界的难题之一，而 ethnic group 这一概念的引进并同苏联 20 世纪 60 年代中期以后学界流行的 этнос（ethnos）联系在一起，似乎为学术界重新界定民族身份提供了一个新途径。

因此，有学者认为 ethnic group 这一术语是一个无须考虑苏联、后苏联的以学术和意识形态确定民族文化实体地位或规模的学术话语与政治话语的基本分类。也就是人们普遍认为的"中性"话语。但是，这位学者又无法完全摆脱苏联的民族理论话语体系和相关概念，便折中地作出牵强的解释："我唯一接受涉及到苏维埃遗产的术语是相当于 ethnic groups 的 nationalities（复数），因为 ethnic group 这一术语已经广泛使用于日常话语和学术著述之中，包括西方人对我们的研究著述。术语 nationalities 为我提供了一个合法用于政治分类的基础，诸如 nationalities policy or nationalities issues（民族政策或民族事务）。我避免使用原有的术语 national question or national policy（民族问题或民族政策），因为我试图从学术和官方语言中将术语 nation 也作为一个族裔分类（诸如 ethnonation）分离出去。"①也就是说，在苏联的学术和官方话语中，nation（нация）是"民族共同体"（этнос/ethnos）中的"基本民族共同体"，不应纳入 ethnic category（族裔类型）之中。当然，nation 表述的国家层面的"民族"具有特定的政治含义，是同民族国家融为一体的公民实体，不能混同于自然、历史形成的且处于不同社会发展阶段的族体。像苏联将 nation（нация）泛用于所有联邦单位的"自治"民族显然是不科学的，而且这种划分确实对苏联解体和俄罗斯国家重建产生了诸多政治影响。②但是，作者对苏联学术和政治话语中的 nationalities 的"唯一接受"及其等同于 ethnic groups 的解释，却并没有作出合理的论证，当然也没有对这两个术语本身的含义进行必要的分析。无论如何，这位在叶利钦时期曾担任俄罗斯联邦政府民族部部长的历史学家和人类学家，在应用西方的 ethnic group 这一术语时，至少认为这一术语所指称的对象就是苏联时期的 nationalities 而不包括 nation。

---

① Valery Tishkov, *Ethnicity, Nationalism and Conflict in and after the Soviet Union*, 1997, p. X.

② 参见拙文《重读斯大林民族（нация）定义——读书笔记之三：苏联多民族国家模式中的国家与民族（нация）》，《世界民族》2003 年第 6 期。

　　然而，在这样一种借鉴过程中必然会出现话语与理论的冲突，其焦点之一正是用西方族群话语取代苏联 этнос 话语所引起的学科理论危机。而这种主要反映在民族学界的理论危机，"它与创立了苏联民族理论的地缘政治空间的消失以及作为苏联民族理论之基础的社会意识形态模式（马克思列宁主义的社会发展哲学）的深刻危机是相吻合的。克服这一危机的必要性引发了大量旨在以新的观点看待人类社会历史中的民族构成部分的理论方法学著作的问世"。①苏联解体之后，俄罗斯学术界在整个政治环境发生变化的形势下，也更多地加强了同欧美学术界的交流与合作，在接受和运用西方学术理论和方法方面也很显著。其中，西方社会文化人类学流行的 ethnicity 和 ethnic group 这些概念及其理论也成为俄罗斯民族学界取代 этнос 理论的舶来品，甚至原因简单到上述作者认为的仅仅是"因为 ethnic group 这一术语已经广泛使用于日常话语和学术著述之中，包括西方人对我们的研究著述"。当然，问题不仅仅在于西方的 ethnic group 概念充斥于各种媒体和出版物，也不在于西方学术界将这一概念用于世界各国的影响，而主要在于这种取代是建立在对苏联民族理论批判和否定基础上的。正如当代俄罗斯学者所言：对苏联民族理论"这种否定的评价不仅来自西方社会和文化人类学家方面，而且来自祖国的学术集团方面。后者的一些代表人物把祖国的民族理论贬低为今天很少有人把它作为理论模式加以赞同的露骨的原初主义（примордиолизм）"②。

　　用西方流行的理论来看，即便抛开意识形态的因素，苏联的 этнос 也不过是"原生论"的产物。但是，西方学术界对苏联的 этнос 理论是否进行过深入的研究和准确的理解？以勃洛姆列伊为代表的苏联民族学家所提出的系统理论存在着缺陷和问题，但是他们在探索人类社会"族类共同体"的形成、发展和分类等方面的基础性研究无疑是科学探索的阶段性成就。即便是与西方的"原生论"相似，但是在西方也并没有将"原生论"束之高阁或丢入垃圾箱，因为"20 世纪 90 年代几乎已不再有原始主义和

---

　　①　[俄] И. Ю. 扎里诺夫：《论"民族"》（上），高永久、徐亚清译，蔡曼华校译，《世界民族》2003 年第 5 期。

　　②　同上。

工具主义的争论，因为很多研究 ethnicity 的理论家都承认，就 ethnicity 的表达而言，在缺乏任何实际背景的情况下，原始的思想感情也仍旧能够作为潜在的和不重要的因素保留着，甚至就连对 ethnicity 的完全机会主义的工具式操纵，也得建立在某种原始思想感情的基础之上"①。正是在这样一种客观态度的认知基础上，苏联解体后的俄罗斯学者也仍旧继承着其"阐释族性的传统"，而没有完全抛弃"原生论"，甚至"学者们与族性方面的原生论视野保持着坚固联系"。②当代俄罗斯学者对苏联传统民族学理论的接续性研究，在吸收西方学术理论的同时也努力推进本国理论的继续发展。

　　例如，有学者从民族社会学的角度对 этнос 的解释为："民族是稳定的、自然形成的人们共同体。该共同体将自己与其他类似的共同体相对立，由交互性感觉（自我与他者）所确定，并具有独特的行为方式。"释义者认为，这种交互性感觉是民族共同体成员下意识的好恶，也就是认同和排他。作者认为对这种下意识（无意识）的分析是理解 этнос 的实质，这种实质是由人作为自然的一部分所决定的。为此，著作者从自然和社会两个领域对"民族共同体"的影响进行了分析：作为自然界的生物群落，显示了地理性的分布特点，形成相对独立的生态圈。人类也是如此，在不同的生态地理环境中，形成了与所处环境相适应的民族，其独特性表现为不同的行为模式，"包括文化的和世界观的准则以及居住、生计的方式"。这种行为方式是民族传统的基础，它一旦形成便通过社会的教育（传授）及其所造成的耳濡目染环境来世代传承，这种有意识的维护传统延续过程是通过社会力量（包括统治者、精英人物）来实现的，而作为构成民族主体的民众来说则通过模仿、条件反射等无意识的归属感来传承这种行为方式，这种社会性的和民族性的双重作用使每个成员在群体中能够"服从于某种尽人皆知的固定模式和规则"。因此，этнос（民族/民族共同体）是有组织的机体，它虽然一般来说不是国家，但是"具有与国家类似的功

---

　　①　［美］斯蒂文·郝瑞：《论一些人类学专门术语的历史与翻译》，杨志明译，《世界民族》2001年第4期。

　　②　［俄］瓦列里·季什科夫：《苏联及其解体后的族性、民族主义及冲突——炽热的头脑》，姜德顺译，中央民族大学出版社2009年版，第4、8页。

能"，因为民族的统治精英"确定了精神道德准则并以此来规范民族成员在这种或那种场合中的行为"①。显然，这种观点在强调民族形成的自然因素的同时，十分重视这种群体延续、发展的社会因素，也就是传承其行为方式和价值观念的社会组织力量。为此，该学者认为美国等西方社会学研究中存在用"文化"概念来替代"民族"概念的现象，这恐怕正是有关ethnic group 研究中普遍存在的"文化取向"问题，它所忽略的是 ethnos 这种"族类共同体"的自然—历史性、社会性和政治性。且不论早期马克斯·韦伯在 ethnos 研究中指出它是"政治性人工制品"的看法是否为后人所重视，就拿安东尼·D. 史密斯关于 ethnic group 这种群体"主要是精英和领袖争夺权力的资源和工具"的观点来说，②其实正是针对所谓 ethnic group 属于文化概念而非政治概念的"诗学化"倾向而言的。因为不仅民族（nation）是一种构建，而且 ethnic group（族群）也是一种构建，只是这些构建都无法脱离它们所存在的社会环境。从这个意义上说，当代俄罗斯学者的上述观点，虽然在很大程度上继承了苏联民族学有关 этнос 研究中强调社会—经济因素的特点，甚至表现出强调阶级政治的取向，但是这并没有影响东西方学者之间的共鸣和对多种理论的吸纳。

　　有的俄罗斯学者认为，在当代的民族—国家中，"民族性"（этничностъ，即英文 ethnicity 的俄文拼写，一般译为"族群性"）越来越表现为群体的认同，这种认同是以某些个体承认（常常是神话水平上的承认）该文化的古代遗存为基础的，当这些个体脱离上述业已形成的民族国家的历史—文化核心时，这个过程就成为"族群性"研究的对象。"西方社会学和社会—文化人类学中的后现代主义流派代表人物所特别注意的正是民族发展的这一阶段，并且他们完全忽视地域性社会群体中民族现象的历史本质，从而曲解现代民族学中一个最为重要的问题：在历史语境中，民族性在地域性社会群体中的地位和作用是怎样的？"作者对这种"历史范式"在现实中表现的共同体形式的认识为："这些共同体在日常意识中

---

　　①　Alexander K. Guts, *Global Ethnic Sociology*, OmsU, 1997 (in Russian), http：//www. univer. omsk. su.

　　②　［英］安东尼. D. 史密斯：《全球化时代的民族与民族主义》，龚维斌等译，中央编译出版社2002 年版，第 34 页。

被理解为'народ',而在学术中则被确定为术语'этнос'。"①前者是泛指的"民族"、"人民"(即 volk 和 people),后者则是指具有本质意义上的"族类共同体",也就是基于自然—历史形成的民族。该学者认为,在历史语境中,民族(этнос)的起源,就是由血统上的同源向社会文化上的同源的转换。这是一个漫长的历史过程,而且是在强大的社会动力作用下(包括建立国家这种社会关系在内的力量)把大量的人们联合在一起。事实上,这正是人类共同体从血缘关系向地缘关系转变的结果,对民族(этнос)的整合作用也正是在这种转变中产生和不断发展的。国家权力结构(包括部落联盟阶段)是锻造民族的根本力量,这一点古今中外概莫能外,只是就笔者的理解而言,古代国家造就的是"族类共同体"的 этнос,现代国家整合的是 nation。当然,在苏联的传统民族理论中,nation 被作为"基本民族共同体"之一纳入 этнос 范畴,这是苏联按照斯大林的民族理论定义和应用 нация 概念引起国家与民族二元结构冲突而民族学界试图调节这种矛盾造成的结果。②

事实上,在当代俄罗斯民族学家有关民族(этнос)本质的研究中,对西方流行并已经在俄罗斯学术界广泛应用的"族群性"(ethnicity)和"族群"(ethnic group)也有比较清晰和准确的判断。按照中文对这两个词的俄文形式——этничностъ 和 зтническая группа 的传统理解,也可以翻译为"民族性"和"民族群体"。如前所述,后者在苏联时期曾作为取代"少数民族"概念的代用词 этнические группы(通常译为"民族志集团"或"民族集团"),其意确指"少数"自不待言,而这些"少数"属于脱离其民族母体的"碎片"则是最重要的指向。其中既包括国际性的移民群体所构成的"少数民族",也包括那些"没有固定地域,因而易于同化的族类集团(этническая группа)"。或者是"居住在有限的一些居民点上,具有语言、文化和习俗上的特点(库巴钦人、奥罗奇人等)"③。由于对苏

① [俄]И. Ю. 扎里诺夫:《论"民族"》(上),高永久、徐亚清译,蔡曼华校译,《世界民族》2003 年第 5 期。

② 参见拙文《重读斯大林民族(нация)定义——读书笔记之三:苏联多民族国家模式中的国家与民族(нация)》,《世界民族》2003 年第 6 期。

③ [苏]А. Г. 阿加耶夫:《社会主义和部族》,汤正方译,《民族译丛》1980 年第 3 期。

联民族理论的否定性批判和冠之以"原初主义"的抛弃，使俄罗斯民族学界中的一些人也将目光集中于西方学界所热衷的"族群性"和"族群"，认为"民族"（этнос）完全是想象出来的，甚至是由于史禄国的"手气好"而产生的，因此在否认历史—文化—社会这些伴随人类社会民族过程最基本要素的基础上以"自我认同"来界定和观察"族类共同体"的取向也风靡开来。其中，巴特的"族群边界"理论成为这种取向者尊奉的新公式，以致"自我范畴化或被他人范畴化被认为是寻找群体的轮廓和群体的民族界限的主要手段"①。

对这种现象持反对意见的学者认为：对"民族性"（即"族群性"）进行脱离民族过程的超历史的、境遇性的和绝对社会学的"文化色彩"本质理解，只会使其失去固有的确定因素，而这也就意味着民族性注定成为永恒的悖论——"时时处处都会作为一种非理性的尺度而存在，也就是说，会经常表现为一种幻影"。而从苏联形成的民族理论遗产中，"民族社会机体"（эсо）作为地域性社会群体和"民族体"（этникос）被理解为民族实质本身的两位一体结构，却可以解决构建论者迷离于二律背反歧途中的困境。那种强调自我认同的"族界论"，且不论其民族心理学研究方法只是在狭小有限的领域中发挥作用而不能完全显示"族群边界"，就"族界"而言也是相对的和在各个共同体相互作用中不断变化的。至于"民族群体"（即"族群"），并不属于民族共同体的一个类型，只是那些超民族、民族、亚民族和民族志群体的"复制品"。而且这种"复制品"的"族群性"正是来源于对美国和其他移民国家发展进程中"几乎所有的民族和种族现象"的解释。也正因为如此，"像民族这种包括其他组成部分及民族地域概念的历时性和体系性范畴，因为释义而被社会—文化人类学的代表人物所排斥（这里不难指出隐含的意识形态因素：如果不是替自己辩护，那么就是对西方世界历史上残酷的殖民地往事隐瞒不说）"。②

从这些研究中不难看出，所谓"民族群体"（этническая группа/eth-

---

① ［俄］И. Ю. 扎里诺夫：《论"民族"》（上），高永久、徐亚清译，蔡曼华校译，《世界民族》2003 年第 5 期。

② 同上。

nic group）就是指那些脱离了具有历史—文化和地域母体的"碎片"。源自西方移民国家现代化乃至后工业社会重新构建"族类共同体"的话语，使高度城市化进程中被激活的境遇性认同中成为融散群体构建自身符号和描述他者特征的规范。然而，这种离散群体由于脱离了其母体（民族的、地域的、国家的）并且置身于完全不同的国家、社会制度、文化传统、意识形态和生活环境之中，他们"族群认同"的自我构建只能在相当固化的"他者"认定氛围中实现。他们不可能完整地保留传统，只能在社会—文化适应中存留那些有利于自身在当地生存或自我保护的记忆、符号和规范。因此，这种认同的主观性、工具性、构建性和流变性特点自然突出起来。用俄罗斯学者的话说，就是"在离乡分散——产生民族群体本身的历史现象——的条件下，民族性也以这样的方式表现出来。和具有长久的时空连续统的民族成员的自我意识不同，脱离了这个连续统的外来移民的民族认同更加具有个体性和构想性（更加准确地说是重构性）。而如果对此在加上文化适应和同化的语境，那么就会很清楚，民族群体在社会文化意义上是一种多形态的构成体，其成员的认同在很大程度上是境遇性的，并且是多层次的"①。问题在于，有关这种移民社会"族群"现象的研究是否适用于非移民国家中的"族类共同体"？尤其是那种将客观要素置之不顾的后现代"主体立场"强调，在发现或制造绝对化的主观认同时，对造成这种认同的客观互动环境（当然包括"他者认定"）却置若罔闻。

事实上，与其说代表"族群认同"的"族群性"是对"族群"现象的本质发现，不如说"族群认同"的境遇性、工具性和流变性等后现代特征是对抹杀客观要素的回应。"族群认同之所以会变成后现代的形态，主要原因来自于认同的分裂与歧义，并从统合走向多元化及分散，族群认同的分化如果加上语言、宗教信仰不同的交叉因素（如同族群却有不同的宗教信仰），将使认同的本质更具不确定性，而这更加助长后现代认同的形成。"②后现代主义所要解构的是那些所谓"宏大的叙事"系

---

① ［俄］И. Ю. 扎里诺夫：《论"民族"》（下），高永久、徐亚清译，蔡曼华校译，《世界民族》2003年第6期。

② 孟樊：《后现代的认同政治》，台湾扬智文化事业股份有限公司2001年版，第79页。

统，所要构建的是那些非连续性、片段的、流动的、分散的、不确定的
"主体性"。

　　正因为如此，西方流行的"族群政治"也由此在苏联范围付诸"族裔
群体"建构的社会实践。对苏联的反省、清算或谋求族裔群体身份的政
治，使学术界和俄罗斯各联邦单位的官员在利用原初因素建构现实的民族
（nation）地位。"在俄罗斯，人民正在通过族性的重新获得已丢失的对个
人价值和集体自豪的感觉，同时，一些领导人则常常卷入族体论证或族体
合并，以此达到对社会控制，并进行政治动员。因此，这种族体构建就直
接表现为行使权力。"①

　　当前中国人类学、民族学和民族社会学界在关注西方有关 ethnic group
及其相关理论的研究方面形成了"热点"，但是忽略苏联民族学界有关这
方面的先期研究成果显然是一种缺憾。尽管苏联解体突出地表现了其解决
民族问题失败的惨痛教训，但是在对待苏联有关民族问题研究方面的政治
理论和学术理论探索及其成就方面，事实上我们仍缺乏深入的研究和解
读。对于我们未能深刻认识的学术理论，不能因苏联不复存在和解决民族
问题失败的后果而犯倒洗澡水连孩子也一起倒掉的错误，甚至在一定程度
上表现出只有西方学界的研究属于科学规范的认知倾向。

　　事实上，西方学界有关 ethnos 和 ethnic group 概念及其 ethnicity 理论的
研究，也并未形成统一或稳定的科学规范，无论从概念还是到理论至今仍
处于歧义颇多、莫衷一是的状态。在这样一个探索的过程中，虽然中国学
界参与国际人类学、民族学界的对话仍处于被动状态，甚至还没有像苏联
民族学界那样一套理论体系的资本，但是我们也应该看到：或许因为历史
传统等原因，中国人类学、民族学界的民族理论研究有条件更多地了解和
把握苏联民族学界的研究成果，并将其作为吸收、借鉴西方人类学理论的
另一参照系而进行比较，从而在吸收、借鉴和融通东西方民族理论观念的
基础上，逐步形成有中国特点的学术对话资本和优势。正如当代俄罗斯学
者认识到的理念："越来越多的学者倾向于认为，任何一种对人类社会分

---

　　①　［俄］瓦列里·季什科夫：《苏联及其解体后的族性、民族主义及冲突——炽热的头脑》，第
45页。

成不同民族这一现象进行深入研究的理论和观念，都不能自以为是放之四海而皆准的，即不能自以为能够完全、彻底地揭示地域性社会群体中民族构成部分的实质，只有共同努力，不摈弃以往的理论成就，并且不把所有的学术派别都置于脑后，才能在这个极为复杂的问题中获得成功。"①因此，在推动中国民族学、人类学事业，特别是丰富和发展中国民族理论研究的追求中，深入研究苏联的民族学理论体系，追踪和了解后苏联（当代俄罗斯）民族学界的学术成果，无疑是完全必要的。

---

① ［俄］И. Ю. 扎里诺夫:《论"民族"》（上），高永久、徐亚清译，蔡曼华校译，《世界民族》2003 年第 5 期。

中文语境中的"族群"及其应用之泛化

Ethnic group 在台湾被译为"族群"。这个词是从西方人类学家和其他学者的有关认知中移入的。Ethnic group 与民族，两个词在意义上无法对接。
　　　　　　　　　——［美］斯蒂文·郝瑞：《田野中的族群关系与民族认同》

20 世纪 60 年代中期以后，ethnic group 这一术语在欧美国家逐步流行开来。而几乎同一时间，苏联民族学界也展开了有关 ethnos 的讨论。但是，当时的中国大陆学界，由于中苏关系的恶化而中断了与苏联学界的联系和交流，同西方则更没有对话的条件。何况中国大陆已经陷入"史无前例的无产阶级文化大革命"狂潮之中，学术事业除了进行大批判外已处于废弃的地步，而且社会学、人类学都属于被取消的学科。在这种形势下，苏联有关 ethnos 的研究和欧美国家有关 ethnic group 的研究，基本不为中国大陆学界所知晓。

在"文化大革命"结束以后，人文社会科学各学科的学术事业在拨乱反正的过程中得以恢复，并将视线转向了已经发生巨大变化的世界。1979 年创办的、对我国民族研究学界影响重大且至今为人们所怀念的《民族译丛》杂志，成为民族研究学界各学科了解国际人类学、民族学等学科发展的最重要窗口。在《民族译丛》第一期中，苏联学界有关 ethnos 的研究和理论以及西方学界对 ethnic 的研究就开始为人们所知，当时的译者根据各自的理解将其翻译为"民族"、"民族共同体"、"族体"和"民族集团"等。①无论这些译称的理解准确与否，但是对 ethnos（этнос）和 ethnic

---

① 参见《民族译丛》1979 年第 1 期所载相关文章。

group 属于"民族共同体"范畴的概念理解是基本共识。

20 世纪 90 年代以来，大陆学界在研究和应用 ethnic group 这一术语时，日益广泛地接受了台湾学界对这一术语的翻译——族群，同时也受到台湾学界将这一术语扩大应用于典型的属于"社群"（social groups）范围的影响，从而使这一术语所谓流动的、不确定性的含义也应用于描述诸如"打工族"、"同性恋"等"族群"的范围。由此引起的概念泛化和边际蔓延，不仅造成了新的概念歧义，而且也使中国民族理论研究的话语体系出现了新的困扰。

（一）Ethnic group 翻译为"族群"的讨论

从 20 世纪 80 年代初期开始，中国的民族理论界随着对苏联民族学界有关 этнос（民族/民族共同体）及其相关理论的译介，也开展了关于"民族"定义的讨论。①尽管当时的讨论主要围绕斯大林的"民族定义"展开，但是也包括了对苏联民族理论学界有关"民族共同体"（этнос）概念及其分类的研究。其中将苏联的 этнос 和西方的 ethnos 联系起来研究的是 1983 年王明甫先生发表的《"民族"辨》一文。该文在述及 ethnos 一词的古希腊语来源的基础上，对其含义的表述为："当人们对世界上各种类型的人们共同体、种族共同体以至同源的文化、语言集团进行研究和描述的时候，往往需要有一个概括性的称谓，于是 ethnos 这个希腊字便被用来充当这个概括古今、包容全球一切族体和文化集团的统称，成为当前国际间一个共同的科学用语。"作者认为："ethnos 就是 ethnic community，因而它是一个表述一种共同体的用语。"同时，作者针对当时学界将 этнос 翻译为"民族共同体"、"族共同体"或"族体"的多样性理解指出："对于 ethnos 确实需要有一个精当的译称以与'民族'相区别。否则，由于术语概念的混同而造成理论上的混乱便无从避免，误将属于氏族社会的各类人们共同体均行纳入'民族'的范畴而无所觉察，漫令马克思主义民族理论中并不存在的所谓'广义民族'的外延随意扩展，徒使'民族'本身的

---

① 从 1980 年到 1990 年间，仅《民族研究》杂志就刊发了专门讨论民族定义的文章三十余篇。

科学含义更加惝恍迷离。"①因为 ethnos 这一术语传入中文话语主要来自苏联的 этнос，所以在此文之后学术界除了译介和评述苏联学者有关这方面的研究成果外，并没有对 ethnos 或者俄文中的 этнос 如何进行"精当"的翻译进行专门的探索。而 ethnic group 翻译为"族群"并传入大陆学界后，如何翻译 ethnos 或 ethnos 与 ethnic group 是否在概念上等同的问题也几乎无人关心了。不过"由于术语概念的混同而造成理论上的混乱"现象却"不幸言中"了。

20 世纪 80 年代以来，随着海峡两岸的接触和交往，大陆学界从台湾学界吸收和借鉴了许多在六七十年代大陆自我封闭时期未能接触到的西方学术成果。其中也包括有关 ethnic group 研究方面的情况。台湾学界在同西方交流的过程中将 ethnic group 一词翻译为"族群"、"民族"、"族裔团体"等译法，也由此传入大陆人类学、民族学界并很快流行起来。当然，这种影响并不限于学术界，在官方文本中将中国的"民族"概念翻译为英文时，也开始越来越多地应用了 ethnic 和 ethnic group 这些表述方式，以致国家专门管理民族事务的部门——"国家民族事务委员会"也由过去的英文表述 The State Nationalities Affairs Commission 改为 The State Ethnic Affairs Commissions，尽管在论证用 ethnic 替代 nationality 的专家座谈会上有学者根据 ethnic 这一词语在美国等西方国家用于表达"种族"含义而对这种改变提出了不同意见。②虽然学界和官方对 ethnic 和 ethnic group 对应中文的"民族"采取了基本接受的态度，但是由于这一术语同时被翻译为"族群"且在学术界较之"民族"更为流行，以致造成具体应用中"族群"与"民族"的矛盾，因此学术界并没有停止对 ethnic group 及其相关的 ethnicity 等术语的翻译及其与中文"民族"一词如何对应问题的关注和讨论。

引起大陆人类学、民族学界对"族群"概念关注的重要原因，不仅包括对 ethnic 或 ethnic group 译为"族群"及其含义的不同理解，而且还有对

---

① 王明甫：《"民族"辨》，《民族研究》1983 年第 6 期。

② 笔者曾应邀出席了由国家民族事务委员会组织的这次座谈会，并赞同用 ethnic 取代 nationality 的意见，因为讨论的基础是"民族事务"而非"族群事务"，ethnic（族的）并不等于 ethnic group（族群）。

将中文原有的"民族"翻译为 ethnic 或 ethnic group 的对应关系是否成立的质疑。将英文 ethnic 或 ethnic group 翻译为"族群"是否准确？中文的"民族"是否可以翻译为 ethnic 或 ethnic group？在中文语境中的"族群"与"民族"究竟是什么关系？这些问题也自然成为学术界所持续关注的问题。1998 年，中国社会科学院民族研究所主办的《世界民族》杂志在"术语译谈"栏目刊登了阮西湖关于质疑 ethnic group 一词翻译为"族群"的文章。作者的基本观点是：ethnic 虽然弹性很大，但是在民族学和人类学界已经形成共识，即该词的意义仅限于"民族"而没有其他含义，所以不能将其翻译为"族群"。①同年 12 月 2 日，中国社会科学院民族研究所、中国世界民族学会和《世界民族》杂志社共同举办了关于"'民族'概念暨相关理论问题专题讨论会"，与会的专家学者专门就中文"民族"一词的来源和概念，中文"民族"与英文 nation、nationality、ethnic group、ethnicity 等词语的对译，在实践中如何应用"族群"与"民族"等问题进行了讨论。其中对有关 ethnic 和 ethnic group 以及 ethnicity 的辨析和讨论，提出了以下几种意见：

其一是"族群"（ethnic group）一词伸缩性很大，涵盖了"民族"、"族群"、"族体"、"民系"，既指"文化群体"又指"社会群体"，即港台学者通常用法。其二是"族群"侧重"文化背景"，不受时空的限制，指一国之内权利、地位尚不清楚的群体。这种群体一旦获得身份，就不再是"族群"了。从这个意义上说，美国国内的各种文化与种族群体都可以称为"族群"，但是这个概念不适合中国已经被确认的且具有政治地位合法性的民族（即 56 个民族），特别是历史上曾建立过国家的民族。其三是不同意 ethnic group 只能对应中文"民族"的观点，认为美国应用这一术语并不意味着美国是一个"多民族"国家，美国的 ethnic groups 并无结构性样本，而只是民族学对其研究对象的抽象。其四是认为从中文中寻找对应 ethnic 词语的时机尚不成熟，ethnic 是一个具有场景性的词，其本身仍在演变中，进入科学时代是指一国之内的少数民族，如今是指所有的民族。其五是将 ethnicity 理解为"民族"的原生性，即

---

① 阮西湖：《关于术语"族群"》，《世界民族》1998 年第 2 期。

"民族实体"，等同于 ethnic group。另一种理解则是从认同理论的视角
强调其含义的变动性、调适性和可归属性，将 ethnicity 拆解为 ethnic iden-
tity（民族认同）。其六是中国的民族最准确的译法应该采取音译的方
式，即 minzu，而不能含混地译为 ethnic group。①在这次讨论中，上述几
种观点在提出的同时都引起了不同看法的回应，所以讨论未能形成统一
的认识。

　　在这次讨论会后，一些学者继续探讨有关 ethnic group 的含义和翻译
为中文的问题，其中为《民族译丛》和《世界民族》这两份杂志鞠躬尽
瘁、死而后已的翟胜德所进行的探索颇具代表性。他在较为系统地梳理
了有关英文辞书中对 ethnic 的释义及其含义流变的基础上，认为 "ethnic
group 的含义与汉语'民族'一词所表达的广义概念和狭义概念是一致
的。而且，ethnic group 的含义虽然宽泛，却不像 nation 那样具有'国
家'、'国民'的内涵，也不像 nationality 那样具有多种'分立性'含义，
因此，除了中华民族、法兰西民族这种具有国家、国民层次的民族（即
台湾学者所说的、与 nation 相对应的'国族'）外，用 ethnic group（s）
来表述我国某个'民族'或'各民族'不会有什么问题"。为此，作者
还通过对一些学界和官方的应用文本的分析论证了 ethnic group 这一术语
对应中文"民族"（除中华民族外）的可行性和既成的实践性。此外，
作者对 ethnic group 翻译为"族群"及其含义"更加宽泛"和"伸缩性
更大"的问题有所论列，认为如果将"族群"释义为"'民族'或'民
族群体'则涵盖面偏窄"。②虽然作者没有反对将 ethnic group 译为"族
群"的用法，但是作者显然认为"族群"不同于"民族"。因此，"族
群"译自 ethnic group 和"民族"译为 ethnic group 所产生的困扰在这篇
文章中并没有解决。这也导致针对 ethnic group 的中文翻译在"族群"与
"民族"之间取其一的另一种意见，即 ethnic group 不能翻译为"民族"，
应该翻译为族群。③

---

　　① 参见周旭芳《"1998 年'民族'概念暨相关理论问题专题讨论会"综述》，《世界民族》1999
年第 1 期。

　　② 翟胜德：《"民族"译谈》，《世界民族》1999 年第 2 期。

　　③ 石奕龙：《Ethnic Group 不能作为"民族"的英文对译》，《世界民族》1999 年第 4 期。

在中国人类学、民族学界就 ethnic group 翻译为"族群"和"民族"及其产生的概念歧义和对象混淆的讨论中，外国学者也发表了意见。其中，美国学者郝瑞在研究中国少数民族的实践中，对 ethnic group 和中文的"民族"进行的辨析具有代表性，这也是因为他的研究涉及了 ethnic group（族群）概念具体应用于中国的实践。他认为："ethnic group 和'民族'本来就不是一个概念。"①因为中文"'民族'这个汉语术语与任何西方的范畴都不同。中国的'民族'概念，导源于斯大林时期的苏联"②，而 ethnic group 则是欧美国家的话语。由于中文的"民族"在翻译为英文时一直采用 nationality 一词，而这一词语在西方国家往往用以表述"国籍"，所以西方人认为中国的"民族"概念翻译为 nationality 是一种错误，"因为 nationality 接近 nation，而被称为'民族'的这些群体很多都显然算不上 nations。所以，他们根据自己的理解给'民族'一个新的译词，如 ethnic group"③。问题不仅出在对英文 nationality 的理解方面，而且出于西方人类学家对中国官方识别和批准 56 个"民族"的现实结构进行的质疑和批评。因为按照西方人类学界确定 ethnic group 的"自我认同"标准来识别中国的"民族"，中国的"民族"何止 56 个，也许应该是 20 世纪 50 年代"自报家门"时的 400 多个，甚至更多。

按照郝瑞的观点，中国作为一个多民族国家，在 56 个民族中包括了 nations 和 nationalities，即那些人口规模较大且在历史上曾建立过国家的民族，而很多南方或其他地区的小民族则属于 ethnic groups。这也就触及了一个根本性的问题，即哪一个群体是"民族"（nation 或 nationality）？哪一个群体是"族群"（ethnic group）？根据郝瑞对西南彝族的研究及其从西方"认同"理论视角的观察，该地区识别为彝族的亚拉人的"自我认同"构成了一个典型的"族群"（ethnic group），即"亚拉的例子生动地说明了

① ［美］斯蒂文·郝瑞：《论一些人类学专门术语的历史与翻译》，杨志明译，《世界民族》2001年第4期。
② ［美］斯蒂文·郝瑞：《田野中的族群关系与民族认同——中国西南彝族社区考察研究》，巴莫阿依等译，广西人民出版社2000年版，第2页。
③ ［美］斯蒂文·郝瑞：《论一些人类学专门术语的历史与翻译》，杨志明译，《世界民族》2001年第4期。

英语中‘ethnic group’一词与汉语中‘民族’一词在语义上的区别”①。
而这种区别的基础要素表现为：ethnic group 属于“地方语境”，体现了
“主体”和“主体性”以及“流动性”的特点；“民族”则属于“国家语
境”，体现了“精英”、“客体”和“客体性”以及“固定性”的特征。
为此，他认为中文的“民族”一词难以在英语中找到对应的词语，应该用
汉语拼音 minzu 来表述。正是通过对中国“民族”概念的理解，他就西方
学者（包括他本人）对中国“民族识别”问题提出的批评进行了新的评
价：“欧美的学者在指责中国人在识别 ethnic group 时犯错误，这实际上是
在他们自己从来没有从事过的事业上去指责别人。”②这无疑是客观的态度。

　　时至今日，有关 ethnic group（族群）的译名和含义问题仍旧在讨论之
中，如 2001 年在中南民族学院举行的“族群理论与族际交流”国际学术
研讨会上，这个问题仍旧是与会者关注的“热点”之一。③而且还将继续
讨论下去。

（二）中文“族群”对应英文的 ethnic group 翻译与理解

　　现代英文的 ethnic group 一词，虽然释义繁多、尚无定论，但是它指称
种族的、民族的或基于宗教、语言、习俗等文化特征而“认同”的群体是
毫无疑问的。也就是说，该词所指就是具有“族类”性质的群体。因此，
如果从翻译的角度讲，将 ethnic group 翻译为“族群”是十分贴切的，甚
至可以说符合中国“信、达、雅”的翻译准则。“族群”作为一个复合名
词，体现了 ethnic 的“族”和 group 的“群”之本意。虽然在中文话语体
系中没有“族群”这一词语的传统形式，但是“族”、“群”两字及其相
应的含义是由来已久的。

---

　　① ［美］斯蒂文·郝瑞：《田野中的族群关系与民族认同——中国西南彝族社区考察研究》，第
261 页。
　　② ［美］斯蒂文·郝瑞：《论一些人类学专门术语的历史与翻译》，杨志明译，《世界民族》2001
年第 4 期。
　　③ 参见王实《“族群理论与族际交流”国际学术研讨会综述》，《中南民族学院学报》（人文社会
科学版）2001 年第 6 期。

中文"族"的含义包括"有血缘关系之亲属的合称",如"家族"、"宗族"、"氏族"之类;也有"品类"之意,如"族,类也";此外还有表达"聚结"、"集中"、"群"、"众"等意,如"云气不待族而雨"、"工不族居"等。①所以,古代"族"的使用既有表示血缘亲属关系的"族人"意思,又有表示族际区别的"非我族类"的异质性类别含义。中文"群"的本义包括"禽兽聚合",如"谁谓尔无羊,三百维群"之类;也有"人群"、"党群朋辈"之说,如"吾离群而索居"等;还有"种类"的意思,如"方以类聚、人以群分"等。②因此,古代"群"的使用既有形容动物群居的"兽三为群",也有形容人类群体的"人三为众"的量化含义。所以,从中文"族"、"群"的含义不难看出,中文话语中"族"的实质是表达人类群体的差异,其使用既包括同一民族中具有亲缘关系的不同宗族,如"宗亲"、"九族",又包括民族与民族之间的区别,如汉族、蒙古族等;③而"群"的实质是表达自然界物种聚合的量,其使用既表达了不同物种的聚合,如动物"种群"、植物"群落"、人类"群众",又表达了人类以某种差别特征结合而成数量不定的群体。

所以,"族"、"群"之间虽然有相同或相通的含义,但是它们的含义差别也可以简化地用"质"与"量"来说明。"族"确指人类社会中血缘、祖先等同一的自然因素联系,是从"我族"、"他族"的异质性角度来反映"量"的概念;而"群"则突出自然界种类、人类嗜欲的同一性以及由自然和社会原因联系在一起的数量,其中也包含着"质"的分野。所以"族"、"群"的复合,就必然使"族群"这一词语具有了比"民族"更加宽泛的含义。但是,这种宽泛是有限度的,也就是说它限于人类群体具有历史传承意义的"族类化"范畴,而非在现代社会中不断出现且日益增多并称为"族"的社会文化群体。

"族群"一词,在中国古代文献中有证可循。如"步宇宙之旷野,历

---

① 参见《辞源》二,商务印书馆 1984 年版,第 1393 页。
② 参见《辞源》三,第 2499 页。
③ 这里使用的"民族"仅限于对中文语境中人们耳熟能详的理解,有关中文的"民族"及其与英文的对译问题将另行专门讨论。

品物之族群"①；又"观此谱者微，独吾族群从子姓"②。前者是指世间万物之品类之"族"、呈现"群分类聚"之"群"，后者则指宗族之族群。不过，正如"民族"一词一样，"族群"一词在中国古代文献中虽有形迹可寻，但是并未成为通用词语，亦未收入辞书。根据中文"族"的含义，ethnic 应该理解为抽象的"族"和"族的"，为此本文也采用了基于这种理解的技术性直译方式，如 multi – ethnic（多族的）"族的构成"（ethnic components）等。但是，这种译法在中文话语中只具有理解的意义，因其不符合中文表达传统和规范而没有应用价值。对于人类社会来说，迄今为止的人类群体演进属于民族过程而非种族，除了近代以来并仍在继续的世界各国的民族构建（nation building）外，血缘氏族、部落和族体（nationality）都具有历史性并且对现代民族构建产生着现实影响。而这些影响现代社会的多样性历史群体，相对于现代民族（nation）来说都是人类群体演进的历史遗产，属于现代民族的历史背景或历史基础范畴。他们属于历史的"族类"群体经年继世、存亡绝续的"后裔"。

按照人类群体"族类化"的"人以群分"去理解也就是"族裔"，即那些仍旧享有血缘关系、部落传统、祖先记忆、符号仪式、信仰、语言、宗教、习俗等突出文化认同的历史"族类"群体的后代。在中文传统中，"裔"的本意是指衣服的边缘，也泛指边沿，包含了"远"和相对于中原地区的边远群体（古代民族）的意思，故有"裔土"、"裔民"、"裔夷"、"裔胄"等用法。③"裔"本身也有差别的意思，在古代与"夷"同义，有"投诸四裔"和"裔，夷狄之总名也"以及"边地为裔，亦四夷通以为号也"等用法。④因此，"裔"本身在中国古代已经突出了"族类"的观念。就中文"裔"的现代概念来说，它更为普遍和延续下来的古代含义是指"后代子孙"，如"苗裔"、"后裔"，"苗者，草之茎叶，根所生也；裔者，

---

① 《云笈七签》卷一百二，"混元皇帝圣记"，《四部丛刊初编·子部》，上海商务印书馆影印本，1922 年。

② 《尧峰文钞》卷三十，"来虞先生年谱后序"，《四部丛刊初编·集部》，上海商务印书馆影印本，1922 年。

③ 参见《辞源》四，第 2824 页。

④ 《辞海》下，上海辞书出版社 1999 年版，第 5427 页。

衣裾之末，衣之余也。故以为远末子孙之称"①。因此，"裔"作为中国古代"族类化"及其"后代子孙"的传承概念，对应英语中 ethnic 的历史源流和现实应用也是十分贴切的，也就是说在对 ethnic "族"和"族的"理解基础上，ethnic 通常应该翻译为"族裔"，而 ethnic group 则是"族裔群体"，简称"族群"。

当然，正如上文已经进行过的分析，对 ethnic 和 ethnic group 的理解必须更加抽象，也就是说它们可以是表现为不同历史传承要素的"族裔"或"族群"，其中也包括西方定义中强调的那些"生物上具有极强自我延续性"②的种族群体的"碎片"。对 ethnic 的含义进行"族裔"的限定后，无疑对我们理解这一术语及其应用设定了一个边界，尽管"族裔"仍旧具有抽象性。但是对"族裔"的具体化，必须根据不同的描述、讨论或研究对象及其所处的社会（国情）来加以理解和应用。

例如，ethnic conflict 在泛指的情况下可以理解为"族裔冲突"，但是在具体到一个国家或一个地区等限定单元的确指对象时，又可以翻译为进一步具体化的概念。如在涉及南非问题时，ethnic conflict 应理解和翻译为"种族冲突"，因为冲突的对象是白人和黑人；在描述斯里兰卡问题时，ethnic conflict 则应翻译为"民族冲突"甚至"教族冲突"，因为冲突的对象是信仰印度教的泰米尔人和信仰佛教的僧伽罗人，他们在种族特征上是同一的。根据美国等西方国家的应用情况，ethnic 通常都突出了种族的含义，所以在很多中文译著中都将其翻译为"种族"，这是符合这些国家实际的。因为，ethnic 的含义中包括了基于种族的、民族的、族体的、部落的、氏族的"族裔"背景和因宗教、语言、历史、习俗等文化因素彰显的差异特征。因此，multi-ethnic state，在理论上可以翻译为"多族裔国家"，在实践中则应根据其所具体应用的对象而翻译为"多民族国家"或"多种族国家"。如现南斯拉夫官方表述其国家是一个 multiethnic, multireligion and multilingual community，除了塞尔维亚人和黑山人外，还有 26 个被

---

① 《辞源》四，第 2636 页。
② ［挪威］弗里德里克·巴斯：《族群与边界》，高崇译，《广西民族学院学报》1999 年第 1 期。

承认的少数民族（national minorities），①那么在翻译为中文时应该是"多民族、多宗教和多语言的共同体"；而 multi‑ethnic Singapore 通常则翻译为"多种族的新加坡"，因为华人、马来人和印度人的基本国民构成突出了种族差异的特征，如此等等。具体到中国来说，台湾学者在解释"族群关系"（Ethnic Relations）时，释义为："族群关系是指在民族群体之间的相互关系。"②显而易见，这里的"族群关系"＝"民族关系"。如果我们严格按照上文所述原则来理解，ethnic relations 可以翻译为"族裔关系"，而具体到中国的国情"族裔关系"就是民族关系，因为在中国既没有明显的种族差异，也没有传统的种族观念。

当然，ethnic 一词在具体应用中，也有特殊的情况。例如 ethnic cleansing 一词出现于 20 世纪 90 年代，是西方人对南斯拉夫解体过程中波黑内战冲突三方为争夺领土而相互仇杀、迫害、驱赶他方民众现象的描述，在中文中翻译为"种族清洗"。虽然波黑冲突三方（塞尔维亚、克罗地亚和"穆斯林族"）从种族特征看都是斯拉夫人中的南斯拉夫人，但是波黑冲突三方的"根本目的是要通过转移敌对的族群（ethnic groups），用人口学的方法来确保对领土的军事和政治控制"。因此，冲突三方对"异己者"采取了威胁、轰炸、狙击手射杀、拷打、集体屠杀、强暴妇女、系统驱赶等暴力恐怖手段，以期使被驱赶者"再也不想回到原住地，从而消除民族（nations）和个人将来提出领土要求的可能性"③。这种近乎"种族灭绝"的对异民族的"清洗"，突出地表现出生物学意义上的不相容，如同历史上白人对印第安人和澳大利亚土著人的驱赶和屠杀一样，故 ethnic cleansing 一词本身就包含了"种族清洗"的意思。所以，对 ethnic 一词的理解和应用，限定于包括种族在内的"族类"群体结构方面是不容置疑的。不过，需要指出的是，ethnic 与 ethnic group 的含义是不同的。Ethnic 是 ethnos 的形容词形式，而 ethnic group 虽然是 ethnic 的复合名词形式，但是其确指性应该理解为 ethnos 所指称的"族类共同体"（种族的、民族的）的

---

① *The Rights of the Members of National Minorities*, http：//www. gov. yu.
② 洪泉湖等编：《族群教育与族群关系》，台湾时英出版社 1997 年版，第 17 页。
③ Editor‑in‑chief, Alexander J. Motyl, *Encyclopedia of Nationalism*, Volume 2, p. 150.

一部分。①这也是该词在美国等西方国家的应用实践中主要指称少数民族或种族"碎片"和民族"碎片"（即各色移民）的原因。

进行这样烦琐且有"雕虫小技"之嫌的分析，其目的并非要为如何翻译 ethnic 提供某种标准，而是为更深刻和准确地理解这一术语的含义提供一种实证，以便在实际应用中把握它的学术边界。因为，无论在台湾抑或在大陆，学界在使用源自英文 ethnic group 的"族群"概念时，已经超越了"族裔"或"族类"的范畴。

（三）台湾政界、学界的"族群"应用及其泛化

在台湾，族群研究应用于政治领域是十分普遍的。尤其是 20 世纪 80 年代以来，随着台湾政治民主化、原住民自我意识增强和两岸关系的演进，台湾政治中的"省籍"势力也随之崛起。"族群政治"成为台湾政治中的突出内容。所谓"族群政治"是指原住民和依托于"省籍"的不同群体政治势力，即原住民、闽南人、客家人、外省人"四大族群"在多党政治体制中的竞争。②如果按照 ethnic group 在美国等西方国家的应用范围和对象来看，台湾的"四大族群"说似乎是言之有理的。③台湾的原住民，属于土著民范畴，而闽南人、客家人、外省人则都具有移民背景，其群体的主体都在大陆，属于其主体的"移民碎片"。但是，在台湾对这种"族群"划分也并未形成共识。在上述"四大族群"分类的同时，也有划分台湾族群的两种"两分法"，其一是台湾"应该只有汉民族和台湾原住民两大族群"④。其二是"强势族群"和"弱势族群"，前者是指来自大陆的汉族及其后代，为台湾省人口的主体；后者主要指原住民，同时也包括农民、劳工、残障和妇女等团体。⑤也就是说，"弱势族群"包括了阶层、职

① 关于这个问题将另文讨论。
② 参见王甫昌《族群意识、民族主义与政党支持：1990 年代台湾的族群政治》，《台湾社会学研究》1998 年第 2 期。
③ 有关西方国家应用 ethnic group 的实证分析将专文论及。
④ 杨仁煌：《谈文化与族群关系》，载洪泉湖等编《族群教育与族群关系》，第 337 页。
⑤ 参见孙大川《泛原住民意识与台湾族群问题的互动》，载洪泉湖等编《族群教育与族群关系》，第 53 页。

业、疾患和性别群体，而这些群体属于"社群"范畴，即社会学研究的对象，即便是社会人类学研究也不能将这些非"族裔"范畴的群体纳入"族群"的研究范围，除非这种研究的基点是从这些群体的"族裔"出发，而不是从其最突出的"自认"和"他识"的"认同"出发，如贫困、打工、疾病、妇女平等之类。

台湾的"四大族群"主要是多党政治操作的产物，与西方社会的"族类政治化"有相似之处。①但是，从"族裔"的视角来看又有所不同，台湾原住民认为，所谓"外省、闽、客，其实都是汉人"，"无论我们怎样论述他们彼此间内部的许多差异性，相对于原住民来说，他们的同质性远高过他们彼此间的差异"。而汉人也认为原住民内部的"九族"、"十族"甚至"十一族"之分也很牵强。②无论是台湾的族群"两分法"还是"四大族群"，"族群现象是台湾政治过程中的重要变数。它是政党支持的重要基础，也是国家认同的重要分野"③。因此，台湾"族群政治"的分化，不仅是台湾学界族群研究无法回避的问题，而且也是"台独"势力着力利用的工具。正所谓李登辉"划分台湾居民为'四大族群'后，更让笔者感到'分而斗之'的野心，恐将遗患深远"④。甚至西方人类学者也看出了其中的问题："'族群'一词已进入了台湾的日常话语。当台湾人试图建构自身的认同以区别于中华民族这一认同时，'族群'是一个有助于排外的语汇。"⑤

此外，台湾学界也将"族群"概念广泛应用于历史上的民族和民族关系研究，自商周以降历朝各代的族际关系、民族政策等均以族群来表达，如族群关系、族群问题、族群政策、族群融合之类。但是，这些用法并未完全取代"民族"，如"明代的民族政策与族群关系"这样的表述，表现

---

①　有关西方国家"族类政治化"问题另文讨论。

②　孙大川：《泛原住民意识与台湾族群问题的互动》，载洪泉湖等编《族群教育与族群关系》，第54页。

③　吴乃德：《省籍意识、政治支持和国家认同》，载张茂桂等《族群关系与国家认同》，台湾业强出版社1993年版，第48页。

④　《编辑室手记》，《科学月刊》2000年第11期，http：//www.scimonth.com.tw.

⑤　[美]斯蒂文·郝瑞：《田野中的族群关系与民族认同——中国西南彝族社区考察研究》，第262页注释①。

出族群与民族同时使用的特点,①尽管这本身就产生了概念的歧义,既然可以称民族何以还要称族群?除非族群包括了民族和地方群体,或者是民族中包括了不同的族群。当然,正如上文所指出的"省籍"族群,有的作者在讨论宋代北方人大规模南迁问题时,以"同族间的融合"为题论述"南北族群的对立"问题,也就是汉族(或宋人)的南、北方人问题。同一民族的南、北方人是否属于族群的范畴?对此该文作者在开篇中就"族群"概念的边界作了铺垫:"近年来本地一些文化工作者突破了传统对'族群'的界定,以'新文化'(如对电子媒介和电脑科技的掌握等)来标榜'族群',如所谓'香肠族'和'电脑族'等,表示出族群定义的多元性。究竟是人种、语言、宗教、省籍、政治、经济,抑或文化较为重要,恐怕见仁见智。"②的确如此,由于台湾"弱势族群"所包含的那些属于社会学研究的另一种性质的对象和中文话语中日益增多的"某某族",也使族群这一概念在学界以外的其他社会领域广泛流行开来。

例如,在经济领域,族群被用于股市,如"概念股族群"。这种应用当然已经与 ethnic group 毫无关系了,而只是借用了"族群"这种"族类化"的分类概念而进行的拟人化应用。在社会生活领域,族群的使用则更为广泛,如台湾有关互联网站中"族群导览"名目下的"科技新贵"、"休闲玩家"、"旷男怨女"、"城市游侠"、"败家族"、"顶客族";在"最新族群"栏目下的"刷卡族"、"菜篮族"、"小气族",还有"游客会员族群"、"高考族群"、"CD—R 族群"、"免税族群";"弱势族群"名目下的残障人,等等。在生物学领域的使用也很普遍,生物学教材中在"同一地区的同种生物合称为族群"的解释基础上,分别就"人的族群"、动物和植物的族群进行论列。③当然,这些"族群"在翻译为英文时都不可能是 ethnic group。中文"族群"在经济和社会生活等领域的这种泛化应用,除了分类的意义外,可以说与本文所讨论的"族群"研究毫不相干,尽管这

---

① 参见历史月刊社编《族群融合三千年》,台湾历史智库出版股份有限公司,1996 年。

② 柳立言:《宋代的族群融合》,载历史月刊社编《族群融合三千年》,第 87 页。

③ 参见 http://www.peicheng.com.tw,http://www.285.tw,http://www.yuko.com.tw,http://wedar.com,http://pck.bio.ncue.edu.tw,http://pck.bio.ncue.edu.tw,http://www.promoney.com.tw,http://www.hoya.com.tw。

些"族群"中的确存在某种程度的认同或文化标志。无论如何，英文 ethnic group 一词翻译为中文"族群"后，在台湾的应用中已经泛化并与人类学、民族学等学科的专业术语的"族群"混为一谈了。

族群话语的无度泛化，不仅与民族学、人类学、社会学等学科对"族"的认识大相径庭，而且中文族群一词在自然科学有关学科中对应的英文也并非 ethnic group。甚至有人认为"族群"一词不宜用于人类群体。"族群即英文 population，指一群同种生物，似为颇中性之名词，但若以之用于人类群体，就易生舛谈。"[1] 在台湾官方编译馆公布的专业术语中，族群一词在诸多学科中广泛存在。从下表所列的一些专业词汇中可以看出其汉英对照的术语规范：

台湾自然科学相关学科专业术语中的族群概念（举例）。

学科	英文	中文
生态学	deme	族群
生态学	population	族群
生态学（动物部分）	population genetics	族群遗传学
生态学（动物部分）	wild population	野生族群
生态学（动物部分）	natual population	天然族群
化学工程	population balance	族群均衡
实验动物及比较医学	colony	族群
实验动物及比较医学	colony healty	族群健康
实验动物及比较医学	foundation stock	基础族群
食品科技	microbial population	微生物族群
统计学	cohort analysis	同龄族群分析
兽医学	panmictic population	随机配种族群
地球科学	fish population	鱼类族群
电子计算机	community view	族群观点

资料来源：台湾"国立编译馆"学术名词资讯网，http：//dic. nict. gov. tw。

在上述例证中，直接译为"族群"一词的英文包括 deme（［生物］同类群）、population（［生物］种群）、colony（［生物］群体），此外还有复

---

① 《编辑室手记》，《科学月刊》2000 年第 11 期，http：//www. scimonth. com. tw。

合名词的 stock（血统）、community（［生物］群落）等。虽然"族"作为中国传承久远的一个分类学概念，在自然科学界一直在使用，包括对应 family 等词，但是"族群"在很大程度上取代"族"的应用，则属颇为时尚的学术选择。在台湾版的大英百科全书的生物学条目中，中文"族群"一词指"生活在一个局限地区上的同种生物总体。也常指族群中的个体数目，而可译为人口、虫口等"。这一"族群"所对应的英文是 population。①除生物学等学科中较广泛地对动植物、水生物等族群分类外，类似的例证也见于地球化学研究中的"原油族群"（oil family），②等等。

可见，无论是在社会生活领域，还是在科学领域，中文"族群"一词在对应英文时早已超越了 ethnic group 或 ethnicity 的范畴。比较而言，中文"民族"一词所具有的对象确指性、含义明确性、范畴有限性和普遍认同性，都是中文"族群"一词不可比拟的。"民族"一词不可能放大到其约定俗成或规范明确的对象之外的人类群体，更不要说除了人类以外的自然万物范畴。从这个意义上说，"族群"一词已经实现了中国古代社会中"族"的现代复活。然而，这并非中国传统文化的发扬光大，而是为了实现西方现代的 ethnic group 概念及其理论在中国的"本土化"。一百多年前，源自中国古代汉语的"民族"一词在日本被赋予了西方的 nation 等含义，并在回归中国后实现了现代"民族"一词的"本土化"，即限定于"中华民族"、"56 个民族"及那些源远流长的历史"族类"群体。一百多年后，西方的 ethnic group 被赋予了中文"族群"的"本土化"名称，并被无意识地回归到中国古代"类族辨物"的分类传统，成为包罗万象、纷然杂陈的"族类"和"群体"通用语。后者在打破前者局限性的同时，也打破了民族学、人类学等学科研究中对概念力求准确的科学规范。

对"族群"一词的泛化使用，不仅造成了台湾学界的话语困扰，而且试图廓清"族群"概念的努力也难以自圆其说。有的学者认为："族群（ethnic groups）原本指一个民族中的各次族群单位，或少数族群。但近年

---

① 参见《大英百科全书》（台湾版），http：//tw. britannica. com/MiniSite/Article/id00049647. html。
② 参见常象春、王铁冠《新站油田原油族群类型及其成因初探》，《西安石油学院学报》2001 年 16 卷第 2 期；袁明生、李华明等《吐哈盆地台北西部原油族群及成藏期划分》，《新疆石油地质》2003 年 23 卷第 3 期；等等。

来在社会人类学讨论中，族群有被扩大为泛称所有层次的族群团体趋势。许多学者都感觉到 ethnic groups 的用法太广泛，它事实上包括了一个社会边缘的、易变的次级族群（sub – groups），以及一个社会的主要族群。"而改变这种话语边际模糊和难以界定的办法，是以 ethnos 对应中国的"民族"，用 ethnic groups 对应"族群"。①虽然这一建议值得重视，但是从引文中不难看出，既然"族群"被扩大和泛称的是所有层次的"族群团体"，那么这些"族群团体"是指哪些群体？这些"族群团体"与"族群"的区别又是什么？还有的学者把 ethnicity 翻译为"族裔"，将 ethnic group 翻译为"族裔团体"，认为"族裔团体"具有更广泛的含义，因此"它不仅指少数民族，它指一切具不同文化特征的团体"②。这里所说的"族裔团体"也就是族群，但是"一切具不同文化特征的团体"则又过于宽泛的说法，显然已经超越了"族裔"的范畴，因为上述那些泛化了的"族群"中也有一些属于"具不同文化特征的团体"。台湾学界在界定和应用"族群"概念时出现的这些泛化现象，对大陆学界产生了直接影响。

（四）大陆学界"族群"话语的泛化及其概念歧义

大陆学界使用 ethnic 大概是 20 世纪 80 年代初的事情。费孝通先生将"中国的民族识别"翻译为 Ethnic Identification in China。③这可能是大陆学界第一次用 ethnic 来表述中文的"民族"一词。按照上文有关"族裔"的分析和中国的国情，ethnic 在中国确指民族这种"族类"群体是无可争议的。80 年代，在相关的辞书翻译和编辑中，将 ethnic groups 翻译为"民族群体"或"族群"的现象也交替出现。④而翻译为"种族"的现象也很普遍，尤其在涉及美国问题研究中，通常都译为种族，这无疑也是符合美国等西方国家国情的译法。进入 90 年代以后，大陆人类学、民族学界对 eth-

---

①　王明珂：《华夏边缘——历史记忆与族群认同》，1997 年版，第 24 页注（1）。

②　葛永光：《文化多元主义与国家整合》，台湾正中书局 1991 年版，第 13 页。

③　参见费孝通《迈向人民的人类学》，新世界出版社 1981 年版，第 60 页。

④　参见亚当·库珀、杰西卡·库珀主编《社会科学百科全书》，上海译文出版社 1989 年版，第 242 页；汝信主编《社会科学新辞典》，重庆出版社 1988 年版，第 1246 页。

nic group 一词的使用，越来越广泛地接受了来自台湾的"族群"译法，而且也不可避免地在使用中与中文的"民族"相交织并泛化到"社群"范围。其主要表现为以下几种情况：

一是将"族群"与"民族"交替使用而让人无所适从。例如，有的著述在介绍安德森等人有关"民族"（nation）是"想象的共同体"观点时，却冠之以"族群现代——想象论"，在具体论列中则全部使用"民族"（nation）一词而未提及"族群"（ethnic group）。如果作者认为国家层面的民族（nation）也属于族群（ethnic group）范畴，这种表述似是无可非议。但是，作者在同一部著作中也明确指出："在中国，由于对本来就定义不清的外来民族概念的翻译和理解的模糊和不一致，人们往往把民族混同于族群，因而有不少人把族群和民族混为一谈。"显然作者是不赞同将这两个概念"混为一谈"的。然而这并没有避免类似的自我矛盾现象，如作者在讨论"马克思列宁主义的族群理论"时，认为"马克思主义的民族论是马克思、恩格斯的哲学、政治经济学和科学社会主义的一个组成部分……因此不能脱离具体的历史和环境孤立地理解和解释马克思主义的族群理论"。这里，马克思主义的"民族论"是如何转变为"族群理论"的呢？作者在谈及有关民族问题与阶级斗争关系方面的错误认识时指出："这主要是没有分清马克思主义族群理论的所指是 nation，而不是 ethnic group。"① 既然马克思有关民族理论所讨论的是 nation（民族）而非 ethnic group（族群），那么也就没有理由将马克思主义民族理论改为"马克思主义族群理论"，也不应该在指出将"民族"和"族群"混为一谈问题的同时，却继续将这两个术语混为一谈地随意置换。

二是将"族群"应用于中国的 56 个民族时进行"民族"和"族群"的区分。有的作者根据林耀华先生对 ethnic group 的解释及其对"民族"概念的辨识，认为"基于这种观点，我国的少数民族和汉族中的不同支系皆可称作族群"②。按照这种理解，族群（ethnic group）即是指少数民族和

① 纳日碧力戈：《现代背景下的族群构建》，云南教育出版社 2000 年版，第 53、66、73、123 页。
② 周大鸣：《族群与族群关系》，《广西民族学院学报》2001 年第 2 期。

主体民族中的不同支系（相对意义也是少数），而主体民族不在族群范畴之中。对中国来说，也就是汉族是一个民族，55 个少数民族是族群，汉族中的不同支系是族群。这种民族和族群的划分方式，虽然可以从西方国家的应用中找到证明，如美国的盎格鲁—撒克逊"英格兰民族"在实践中往往不被划入 ethnic group 的分类中，英国的英格兰人甚至包括苏格兰人和威尔士人也不属于 ethnic groups 而自认为是 nations。但是，这显然不符合中国解决民族问题的国情实际，中国的 56 个民族不分人口规模大小、发展程度高低，都享有政治、经济、文化和社会生活方面"一律平等"的社会地位，只有 56 个民族的共同体才能称为"中华民族"，而不是某一个民族。

　　三是将"族群"泛指人类社会不同历史阶段的所有"人们共同体"，类似于苏联学界对 ethnos 的理解。有的作者认为："由于族群强调的是文化，它的形成和发展与政治无关，所以它的使用范围宽泛，外延可大可小。一方面，它可以泛指从古到今的一切人们共同体：若从历史上看，可以指原始族群、古代族群、现代族群；若从结构上看，可以指大的人们共同体集团，如中国古代的百越集团、苗蛮集团、戎狄集团等，以及当代的中华民族，也可以指一个具体的民族共同体，如汉族、壮族、蒙古族、维吾尔族、藏族等。另一方面，它还可以指民族内部的一个支系或民系，如汉族的客家人、广府人、东北人、陕北人等。……总之，族群的使用没有什么限制，虽然看起来似乎无所不指，无所不包，但在实际应用中，操作方便，一目了然，绝不会像民族概念那样容易产生歧义，引起不必要的概念争论。"[①]且不论族群强调文化而与政治无关这样的判断根据何在，就从西方等人类学、民族学发达的国家有关 ethnic group 种种定义和应用实践的分析中来看，除了苏联将 nation（在苏联指组成联邦国家的加盟共和国、自治共和国等单位的族体）列为 ethnos 范畴的"基本民族共同体"外，将国家层面的民族（nation）列为"族群"（ethnic group）范畴的例证尚未看到。

　　所以，称"中华民族"为一个族群，本身就违背了作者有关民族与族

---

① 徐杰舜：《论族群与民族》，《民族研究》2002 年第 1 期。

群的性质区别，因为作者认为"族群强调的是文化性，而民族强调的是政治性"。那么将"中华民族"以及世界范围的所有国家层面的民族这些属于政治概念的共同体纳入族群范畴，显然不属于"操作方便、一目了然"之列，反而又陷入了概念的歧义之中，这是其一。其二，如果将地方群体（包括方言群体）也视为族群，那么绝非以"方位"或"省籍"层次可以涵盖的，"东北人"中可以有辽宁人、吉林人和黑龙江人，也可以有沈阳人、长春人、哈尔滨人，乃至每一个城镇、区县甚至乡村，都可以找到在文化习俗方面的差异和人们的"自我认同"，即该文作者所强调的"自觉为我"。该文作者在为"族群"进行定义时，除了强调文化要素、"自觉为我"外，还指出了"社会实体"，那么什么是"社会实体"？家庭是不是社会实体？是不是认为自己是"陕西人"的人就构成了"社会实体"？一个家庭完全可以具备文化特征、自我意识（自觉为我）和社会实体这三个条件，那么也就是说家庭也是一个族群。

从地方这种概念来说，苏联民族学界在对不同层级的"民族共同体"进行分析时，提出了俄罗斯人中的南、北方人属于"民俗集团"的观点，并将其与属于 ethnos 范畴的"民族共同体"俄罗斯人中的"亚民族"哥萨克人区别开来，笔者认为是有道理的。如果将"族群"范畴无限放大，漫无边际，其结果只能是将社会生活中最普通的"老乡见老乡，两眼泪汪汪"之类的乡情认同现象也统统纳入了"族群"的分析框架。根据这种"族群"观点，必然造成"族群"概念的漫无边际及其应用的泛化和"族群"范围的无限扩散，以致在社会生活中人们根据任何嗜好、境遇、职业、行为等因素结成的某种"集体无意识"的认同，自然也都成了"族群"，诸如"打工族"、[1]"公关族"、"追星族"、"上班族"、"球迷"、"网民"、"股民"、"黑客"，甚至在大陆网络中也已经出现类似于台湾用法的"香水族群"、"跨国族群"，[2]以及"同性恋"这种"同志群体"的

---

① 参见孙九霞《珠江三角洲外来企业中的族群与族群关系》（上），《广西民族学院学报》2001年第3期。

② 参见 http：//life. 263. net，http：//unirule. org. cn。

"族群"，①等等。如果"族群"泛化若此，甚至将族群的概念简约或等同于"群体"（group），那么不仅国内外学界定义"族群"（ethnic group）的努力失去了意义，而且分类学似乎也没有必要了。

四是用"族群"取代"民族"。由于中文语境中的"民族"一词同时应用于国家层面的"中华民族"和"56个民族"，所以在翻译为英文时容易与 nation 相混淆且引起政治歧义，所以有学者认为在"中华民族"译为 Chinese nation 的这种定式基础上，应该将56个民族改为"56个族群"，翻译为英文即 56 ethnic groups。按照这种方式，可以将少数民族改称为"少数族群"（ethnic minorities），由此也"不再把各少数民族的'族群意识'冠之以'民族主义'"，相应地民族问题改为"族群问题"、民族矛盾改为"族群矛盾"、民族关系改为"族群关系"等。②这种话语置换的目的，一方面是为了厘清中国在"民族"概念应用方面存在的歧义，另一方面也是希望通过应用"族群"这一概念来淡化应用"民族"时所包含的政治色彩。当然，从规范科学术语和避免文化概念政治化等方面来说这是有益的探索。但是，正如上文所罗列的有关"族群"（ethnic group）这一术语在整个中文语境中的不同理解和泛化应用甚至"族群的使用没有什么限制"，那么用"族群"替代中国"各民族"及其相关词汇的用法只能产生更多的概念歧义。

如果在中文话语中出现"族群区域自治区"、"族群区域自治法"、"中央族群大学"、"族群团结"、"少数族群干部"之类的用法，人们将如何理解和区分"打工族群"、"同性恋族群"这类话语与属于"民族共同体"类型的"族群"之间的不同？在中文话语中的所有泛化的"族群"是不是也都享有或有理由享有诸如"自治"之类的"族群政策"待遇？为了澄清中文"民族"同时应用于国家层面的"中华民族"和"56个民族"所造成的概念歧义，而将"56个族群"和已经泛化到几乎所有社会性群体的"族群"在中文表达中归结为同一个术语（族群），岂不是又造

---

① 参见李银河《性的问题》，中国青年出版社1999年版。笔者曾求教于作者，"同性恋族群"在翻译为英文时是否可以用 ethnic group？得到的答复是否定的。

② 参见马戎《评安东尼·史密斯关于"nation"（民族）的论述》，《中国社会科学》2001年第1期。

成了新的更广泛的概念歧义？一个"中华民族"的"民族"概念和"56个民族"的"民族"概念是1∶56的概念歧义率，而"56个族群"的"族群"概念与"没有什么限制"的"族群"概念则是56∶∞（无穷大）的概念歧义率。因此，如果在中文中不能用"民族"同时表达处于不同层次的"族体"，那么也就不能在中文中用"族群"同时去表达属于不同性质的"群体"。

当然，虽然提出用"族群"置换国家层面以下"民族"建议的作者并未对 ethnic group 这一概念的英文含义进行界定，也未对中文"族群"概念在中文话语中的泛化应用进行辨析，不过从行文中可以看出作者是将 ethnic group 和"族群"限定于"56个民族"及其中国民族理论话语体系的范畴来进行讨论的。但是，且不论"族群"概念放大和泛化必然在实践中与这种观点发生矛盾的问题，即便就进行这种话语置换所体现的"文化"取向来说，同样无法回避 ethnic group 这一术语在国际社会普遍的应用实践中所彰显的政治特点。因为，认为"族群"属于文化范畴的概念而不具有政治性或可以淡化政治性的理解，虽然在中国学界形成了一定程度的普遍认识，但却是"一厢情愿"的认识，甚至是对西方族群概念及其理论的片面理解。因为"族群认同也是社会构建的结果，在这一点上它丝毫也不亚于民族认同。所有的族群认同在某些程度上都是运用权力的结果，并且是从多样化的文化资源中创造出来的"①。如上所述，西方学者在应用"族群"分析框架研究中国民族时，对 ethnic group 和中文的"民族"进行了基础的比较：Ethnic group（族群）、西欧/北美的概念、地方语境、平民百姓、主位、主体性、流动性；Minzu（民族）、中国/俄国的概念、国家语境、精英、客位、客体性、固定性。其中对"族群"的"地方语境"（即地方性）的解释为："在这里，对于了解族群性的人来说，最重要的道德可以借用美国前众议院发言人 Tip O'Neill 的名言：所有的政治都是地方性的。我们可以说，所有的族群性都是地方性的。"②这一强调事实上

---

① ［英］安东尼·吉登斯：《第三条道路：社会民主主义的复兴》，郑戈译，三联书店2000年版，第137页。

② ［美］斯蒂文·郝瑞：《田野中的族群关系与民族认同——中国西南彝族社区考察研究》，第262、54页。

就像 A = B、C = B 从而 A = C 这一简单的数学关系。所以，如果我们在使用"族群"这一概念时，能够关注西方国家乃至世界范围广为流行的这些词语——ethnic conflict（族裔冲突）、ethnic violence（族裔暴力）、ethnic resistance（族裔反抗）、ethnic prejudice（族裔偏见/种族歧视）、ethnic cleansing（种族清洗）、ethnic sparatism（族裔分离主义）、ethnic war（族裔战争）、ethnic politics（族裔政治）、ethnic – nationalism（族裔民族主义）、ethnicism（族裔主义）、ethnocentrism（族裔中心主义/种族中心主义）、ethnonationnlism（族裔民族主义/种族民族主义）等，① 那么对 ethnic group 这一被翻译为"族群"的术语就不至于为西方人类学家将政治转喻为文化的倾向所误导。因此，正如 ethnic – nationalism（族裔民族主义）属于 nationalism（民族主义）范畴一样，中国宪法所规定的"反对两种民族主义"的任务，不会因为把"民族主义"改为"族群意识"而得以完成或更容易完成。

五是将"马克思主义民族理论"随意转换为"马克思主义族群理论"。提出者认为"马克思主义有狭义的民族论和广义的族群理论两类，前者主要针对资本主义民族即 nation，后来由马克思在晚年开始研究，恩格斯进一步发展，再由苏联民族学者发展成为苏联特色的'族群理论'"。"区分马克思主义的民族论（作为'批判的武器'）和马克思主义的族群理论（作为学术话语）是非常必要的，其前提是承认两者之间的继承和共生联系。"② 前者是政治理论，后者是学术话语。两者有继承关系，后者是在马克思、恩格斯研究的基础上由苏联学者发展成为"苏联特色的'族群理论'"。其代表人物是人们熟知的勃罗姆列伊，他和同行"提出了自己独特的族群理论，突破了五种社会发展阶段决定一切的教条"，等等。③ 这种观点将马克思主义民族理论、安德森和盖尔纳等人关于民族（nation）和民族主义（nationalism）的学说纳入"族群理论"（ethnic 或 ethnos）范

---

　　① 文中所列英文词汇中的 ethnic，除了有的词汇按照其原意和专用性而翻译为"种族"外，通常被译为"民族"或"族群"。有关如何理解 ethnic 这个形容词的抽象含义问题，正文中已经说明，故引证中均翻译为"族裔"。

　　② 纳日碧力戈：《问难"族群"》，《广西民族学院学报》2003 年第 1 期。

　　③ 纳日碧力戈：《现代背景下的族群建构》，云南教育出版社 2000 年版，第 85—86 页。

畴，本身就存在问题。除非将 nation 这个政治话语及其所指称的国家层面民族视为"族群"（ethnos/ethnic group）中的一种，否则将这些理论戴上"族群"的帽子毫无道理。其实，作者在自己的著述中多处解释说马克思主义民族理论研究的是 nation 而非 ethnic group，安德森的"想象论"是指nation 等。就"族群"而言也明确指出："人类学的民族志告诉我们，族群观念来自西方，只是多种群体分类的一种，要注意它符合调查对象的传统分类，即要注意它作为分析工具的有限性。"①但是，在把马克思主义民族理论解构出一个"族群理论"范畴时，却没有任何诉诸科学理性的论证。

马克思主义经典作家对人类社会"民族现象"进行研究和理论阐释的过程中，的确吸收了诸多学术研究成果，诸如马克思对摩尔根《古代社会》的研究和解读等。这样的成果，无疑也对相关学科的研究具有重要指导意义。但是，马克思、恩格斯是把历史学、人类学的研究作为其政治理论不可缺少的内容来看待的。"他们的研究早已超出学科之间严格的分界线，他们的历史学与人类学之间不存在障碍，他们的历史学、人类学与政治学之间也不存在任何障碍。"②马克思人类学笔记和恩格斯的相关研究涉及范围广泛，诸如亚细亚生产方式、原始社会、古代历史、婚姻家庭、印第安部落、氏族制度、土地制度、所有制等一系列问题，这些研究成果和笔记用"马克思主义人类学"来概括虽然可行但也未必全面。

马克思主义民族理论是经典作家研究人类社会民族过程的思想体系，是同资产阶级革命和民族国家建立联系在一起论证社会发展规律的理论。恩格斯认为，自罗马帝国崩溃后的数百年所留下的一个重大成果，"这就是一些现代的民族（moderne Nationalitäten），亦即西欧人类为了未来的历史而实现的新的形成和新的组合"③。因此，从中世纪开始，欧洲"日益明显日益自觉地建立民族国家（nationale Staaten）的趋向，是中世纪进步

---

① 纳日碧力戈：《现代背景下的族群建构》，第 283 页。

② ［英］莫里斯·布洛克：《马克思主义与人类学》，冯利等译，华夏出版社 1998 年版，第 4 页。

③ 恩格斯：《家庭、私有制和国家的起源》，中国社会科学院民族研究所编《马克思恩格斯论民族问题》下册，民族出版社 1987 年版，第 795 页。

的最重要杠杆之一"①。在《共产党宣言》中，马克思、恩格斯在回应有
关对共产党人"取消祖国、取消民族"的非议时指出："工人没有祖国。
决不能剥夺他们所没有的东西。因为无产阶级首先必须取得政治统治，上
升为民族的阶级，把自身组织成为民族，所以它本身暂时还是民族的。"②
这就是说，无产阶级虽然具有国际性，但是夺取政权首先意味着取得民族
国家的领导权，首先或暂时还必须是"民族的"。因此，他们不但严厉地
批判泛民族主义（如泛斯拉夫主义），而且针对已经落伍的传统帝国指出：
在奥地利统治下的各个大小民族中只有德国人、波兰人、马扎尔人这些有
条件通过民族自决建立民族国家的民族"现在是革命的"，③等等。

　　列宁根据马克思的思想对资本主义发展过程中民族问题两大历史趋势
的判断认为："第一个趋势是民族生活和民族运动的觉醒，反对一切民族
压迫的斗争，民族国家的建立。"④同时，列宁也针对曲解《共产党宣言》
中"工人没有祖国"这一无产阶级国际主义口号的论调指出："祖国这个
政治的、文化的和社会的环境，是无产阶级阶级斗争中最强有力的因
素。"⑤因此，第一次巴尔干战争后，虽然由于无产阶级力量薄弱使巴尔干
各国未能建立起现代意义上的资产阶级民族国家而是民族君主国，但是奥
斯曼帝国的覆灭也预示着奥匈帝国、沙俄帝国的必然垮台，所以列宁仍然
认为这"在摧毁整个东欧的中世纪残余方面，还是向前迈了一大步"⑥。
因为巴尔干各民族毕竟在一定程度上实践了建立民族国家的基本原则——
民族自决。

　　马克思主义民族理论作为科学社会主义的组成部分，不仅直接和无产
阶级革命运动的基本要求联系在一起，而且也同解决人类社会的民族问题

---

　　①　恩格斯：《论封建制度的瓦解和民族国家的产生》，《马克思恩格斯论民族问题》下册，第 819
页。

　　②　马克思、恩格斯：《共产党宣言》，《马克思恩格斯论民族问题》上册，第 131 页。

　　③　恩格斯：《匈牙利的斗争》，《马克思恩格斯论民族问题》上册，第 190 页。

　　④　列宁：《关于民族问题的批评意见》，中国社会科学院民族研究所编《列宁论民族问题》上
册，民族出版社 1987 年版，第 229 页。

　　⑤　列宁：《好战的军国主义和社会民主党反军国主义的策略》，《列宁论民族问题》上册，第 108
页。

　　⑥　列宁：《世界历史新的一章》，《列宁论民族问题》上册，第 229 页。

联系在一起。试图从这样一个直接服务于无产阶级革命和社会主义运动的政治的、策略的理论体系中剥离出"马克思主义族群理论",是需要在概念、定义和范畴以及理论框架上说出个一二三的,而不是想当然地认为:因为马克思主义对前资本主义社会进行了人类学分析和民族学研究,就必然地可以用当代西方人类学各种理论中的"族群理论"来加以括套。马克思主义经典作家的对处于不同社会发展阶段的"族类"群体进行的研究,不是为了建构一种"族群理论",而是在探索人类社会进入资本主义时代"民族过程"的必然规律,进而揭示从资本主义时代建立民族国家的必然趋势,来论证爆发无产阶级革命(包括与之相伴相生的民族解放运动)的必然性。因此,马克思主义民族理论在苏联通常被概括为"马克思列宁主义民族和民族问题理论"(The Marxist – Leninism theory of nation and the national question),这种表述突出了民族国家时代的民族(nation)理论视野。

(五)辨析"族群"(ethnic group)应用的误区

中国大陆在20世纪90年代以后开始日益广泛地使用 ethnic 和 ethnic group 这些术语,但是尚未形成统一的规范,从官方应用的情况看,主要有以下几种表述形式:其一是用 ethnic group 来指称国内的各民族,如中国有56个民族(56 ethnic groups),汉族构成中国和世界最大的民族(Han people make China's and world's largest ethnic group);其二是在表述少数民族时采用 ethnic minority,具体到每一个民族表述为 Miao ethnic minority(苗族)、Mongolian ethnic group(蒙古族),等等;①其三是对中国多民族结构的描述为:中国是一个由56个民族(56 ethnic groups)构成的统一的多民族国家(united multi – ethnic nation or united multi – ethnic state),根据第四次人口普查的民族统计(national census),汉族占全国总人口的91.96%(the Han people made up 91.96 percent of the country's total population),其他55个民族占8.04%(the other 55 ethnic groups,8.04 percent)。人口的主体

---

① *Ethnic Minority*,http：//www. china. org. cn/e – group.

（多数）是汉民族（As the majority of the population is of the Han ethnic group），中国的其他民族是通常所说的少数民族（China's other ethnic groups are customarily referred to as the national minorities）；①其四是另一种译介中国民族结构的版本，即中国有 56 个民族（56 ethnic groups），汉族（the Han people）构成全国人口的绝大多数，其他民族是少数民族（the other ethnic groups, that is the minority nationalities），他们的人口只占中华民族（the Chinese nation）的少数；②其五是将民族区域自治制度表述为 ethnic regional autonomy system；③其六是继续使用 nationality 作为中国"各民族"的英文对应词，如 2001 年 2 月 28 日由第九届全国人民代表大会常务委员会第二十次会议通过的修改后的《中华人民共和国民族区域自治法》（Law of the People's Republic of China on Regional National Autonomy），在表述民族区域自治的范围时规定："各少数民族聚居的地方实行区域自治"（Regional autonomy shall be practiced in areas where minority nationalities live in concentrated communities）。该法律在表述民族区域自治时，"民族的"使用 national，少数民族使用 minority nationality，汉族使用 Han nationality。④

　　从上述官方将中国的"民族"概念译为英文的情况来看，中华民族的"民族"对应 nation，56 个民族对应的是 ethnic group 和 nationality，少数民族对应的是 ethnic minority 和 national minority 以及 minority nationality。其中在国家基本法的英文翻译中，除民族自治地方的"民族"使用 national 外，民族政策译为 State policies concerning the nationalities，民族关系译为 relations among nationalities，民族文化译为 national cultures，大民族主义译为 big‑nation chauvinism，地方民族主义译为 local national chauvinism，等等。自国家民族事务委员会由过去的 The State Nationalities Affairs Commission 改为 The State Ethnic Affairs Commissions 之后，其隶属的报刊也采用了用 ethnic 表述中文"民族"的方式，如《中国民族报》的英文译名改为 China Ethnic News，等等。这些例证表明，中国官方在如何将中文话语中的"民

---

① *Fifty‑six Ethnic Groups*, http：//www. china‑un. org.

② *Ethnic groups*, http：//english. peopledaily. com. cn.

③ *New Progress in Human Rights in the Tibet Autonomous region*, http：//www. china. org. cn.

④ 《中华人民共和国民族区域自治法》（中英文本），民族出版社 2001 年版。

族"一词及其同时表述国家层面的"民族"和国内各民族层面的"民族"翻译为英文而为国际社会所理解的问题上，并没有形成统一的规范，仅上文列举的"少数民族"一词就有 3 种译法，即 ethnic minority、national minority、minority nationality，"民族区域自治"一语在政府颁布的"白皮书"英文本中表述为 ethnic regional autonomy，但是在国家基本法的英文文本中则表述为 regional national autonomy。或许，中国民族区域自治法的最新英译文本以其作为法律语言的严肃性和准确性，应该成为官方和学界遵循的范式。①

对中文"民族"的非官方英文表述中使用 nationality 的现象也不少见。如西方人办的介绍中国情况的网站中，除了使用 Chinese nationalities（中国的民族）和 Chinese national minority（中国的少数民族）外，对每一个民族的介绍都采用了 nationality，如 Han nationality，Zhuang nationality 和 Zhuang minority。②甚至在美国中央情报局（CIA）一年一度的《世界事实手册》中，虽然对其他各个国家人口结构中的族类构成都采取了 ethnic groups 的统计口径，但是对中国采用了 Han Chinese 91.9%，Zhuang, Uygur, Hui, Yi, Tibetan, Miao, Manchu, Mongol, Buyi, Korean, and other nationalities 8.1% 的表述。③

如前所述，在学术和社会实践中，中文语境中对"族群"的上述理解和应用，使人们对这一概念的把握变得既高度抽象又十分具体，族群成为一项具有高度弹性的帽子，可以戴到任何群体的头上。族群＝人类群体、族群＝民族、族群＝中华民族以外的所有国内民族、族群＝汉族中的支系和所有少数民族、族群＝某一地方的人或某一方言群体、族群＝同乡、族群＝外来打工者等各种在中文语境中"族类化"的社会群体，其结果是族群＝群体，也就是从 ethnic group（族群）这一术语中将其定性的 ethnic（族、族的、族裔）概念抽取掉而变成了 group（群、群体），从而使族群概念在中国本土的应用中实现了从 ethnic group 到 group 的转变。

---

① 对此，下文将专门讨论。

② *Chinese National Minorities and Their Populations*，http：//www. paulnoll. com.

③ *The World Factbook*（*CIA*），Http：//www. odci. gov/CIA/publications/factbook/index. html.

从中文语境中"族群"一词的上述应用情况来看，海峡两岸都存在着使用泛化现象，台湾尤甚而大陆也在迅速增多。当然，这些众多的"族群"在翻译为英文时，绝大部分不可能还原为 ethnic group。但是，"族群"来源于英文的 ethnic group 却又是不争的事实。当然，任何一种学术术语，都有可能进入到社会生活的应用之中且使用者无须追溯其来源或考究其本义，尤其在中国社会转型迅速、人们的经济文化生活日益多样化的条件下，"族群"话语通过传媒语言进入民间生活也不奇怪。但是，对于学术界来说，"族群"必须有规范的含义和确指的对象，因为这不仅关系到人类学界热衷于讨论的"本土化"及其实践的问题，而且关系到中国人类学、民族学如何进行国际对话的问题。

事实上，在中国的现代辞书中，对"族群"的释义是比较清楚的，例如：

1．"具有事实上或自认为的共同血统、共同文化、共同体质特征以及一整套共同态度与行为举止的人们共同体。"

2．"指任何一个具有共同文化特点或共同政治结构的群体，而不论其先进或落后。"[①]

3．"一个由民族和种族自己聚集而结合在一起的群体。"

4．"它可用来指社会阶级、都市和工业社会中的种族或少数民族群体，也可以用来区分土著居民中的不同文化和社会集团。"[②]

5．"一种社会文化群体。泛指各种类型的人类共同体。""一般是指由共同语言、宗教、信仰、习俗、世系、种族、历史和地域等一种或数种因素构成的文化复合体。其所指范围要比民族更广一些。"[③]

当然，这些对"族群"的释义，基本上是参照西方学界的释义而加以概括的结果。但是其概念的内涵与外延应该说是比较清楚的，甚至比西方国家的某些释义更加明确，它突出了"族裔"的含义和所指称的对象属于

---

①　汝信主编：《社会科学新辞典》，第 1246、1247 页。该释义虽然强调了"任何一个具有共同文化特点或共同政治结构的群体"，但是"而不论其先进或落后"的补充显然将其限定于"族类共同体"的范畴了。

②　吴泽霖主编：《人类学词典》，上海辞书出版社 1991 年版，第 308 页。

③　《辞海》下，第 4417 页。

"民族"范畴，即构成"中华民族"的那些族体及其内部的一些分支。这个范围显然是"要比民族更广一些"，但是并没有"广"到各种各样的"社群"范围。如果用这些有关"族群"的定义去衡量上述泛化的"族群"，那些来自不同地区而在同一工厂打工的"族群"是否有诸如"共同的"血统、世系、宗教、习俗等方面的认同？打工者是一个群体，但是它属于一个社会分层中阶层范畴的身份概念，其认同的基本要素是经济地位，而这种地位是不稳定的、可变的。这种不稳定性或可变性，并不是其"族群"归属的流动，而是社会地位或职业角色的变化。打工者的认同基于他们所处的劳资关系境遇，而非共同的祖先、宗教或习俗之类。

当然，在国际社会中确实存在"打工者"族群，例如菲律宾的女佣群体。尽管她们来自菲律宾的不同地区，但是她们在从业国家或地区（如中国香港），则完全置身于一个异文化的社会环境中。在这种异域他乡的社会环境中，由于种族、民族、宗教、语言（母语）、习俗及其自身的来源地（菲律宾）等因素，无论是自我认同还是为他人所确认，她们的族裔（ethnic）身份是菲律宾人，这种移民性的国际劳工群体属于 ethnic group 的范畴。而当她们回归故里后，则恢复了在菲律宾国民身份中的地方性归属，也就不再具有在外国被赋予的"族群"身份。所谓"族群"身份的流动性和可变性应该这样理解，而不是"如果一个异教徒皈依犹太教或基督教，那他就可能不属于'族群'了"[①]。如果这样理解，那就是说在人类群体中有的群体是"族群"，有的群体不是"族群"。即便是从 ethnic 一词的古代意义上去理解，非基督教、非犹太教的群体被称为"族群"，不过这些"异教徒"族群恐怕对基督教和犹太教群体也会有一个排斥性或歧视性的称呼，只是由于历史的原因未能流传下来而已。甚至或许像有的研究者所指出的那样：希腊语 ethnos 的含义并不是指"异教徒"、"非以色列人"、"非希腊人"等，而就是指"民族"（nation），如同希伯来语的 goy。[②]

无论如何，ethnic 一词演变至今，就是对人类社会"族类"群体的一

---

① 纳日碧力戈：《全球场景下的"族群"对话》，《世界民族》2001 年第 1 期。
② Bertrand L. Comparet, *Who are The Gentiles*? http：//www.childrenofyahweh.com.

种称呼，其本质是那些汗牛充栋的定义中所列举的种种要素中最稳定的"族裔"背景，正如一个美国黑人，无论其讲得美国英语如何标准，无论其是否为清教徒，无论其是否是中产阶级或政府高官，甚至无论其已经有几代混血，在美国的社会观念中仍旧是"黑人"，至多在人口统计的 Two or More Races（两个以上种族）项目中获得一席 ethnic group 之地，而不会被自认或他识为"白人"。即便是国际著名的高尔夫选手泰戈·伍兹称自己为"黑高印亚人"（Cablinasian），即高加索人（Caucasian）、黑人（Black）、印第安人（Indian）和亚洲人（Asian）的混血后裔，[①]但是却仍旧改变不了他作为"黑人"选手的称谓和归属。至于那些没有种族混血的人，例如官居美国财政部长的华人赵晓兰，在美国官方人口统计的 ethnic group 划分中仍旧属于"亚裔"，这个身份是无法改变的。这种实例在美国或其他西方国家的 ethnic group 划分中可谓俯拾皆是，并突出了"族群"认同中的客观因素。

在人类学、民族学有关族群的研究中，人们更注重利用某些分析框架（方法）来强调主观的"认同"原则而忽略了其他一些客观要素，甚至有把巴斯在《族群与边界》一书中对"族群"定义至关重要的要素——"自我归属和由他人归类的特征"[②]——的强调视为族群研究"经典"的倾向，从而把"认同"作为识别"族群"的唯一标准。当然，这种强调主观认同的唯一性也是西方人类学界"族群"理论中存在的一种倾向，正如苏联著名的民族学家布朗利所指出的："问题在于，西方社会科学对民族现象的定义虽有种种不同，但通常都忽视了民族共同体内种种社会—经济变数。并且，在这个特定的范畴，重点往往是放在诸如群体认同、'咱们'是自己人的感觉，'同族人'的意识，以及团结一致的意识这些主观因素上。"[③]对"认同"现象的这种主观或主体性的单一强调，似乎也显现了某些唯心主义、唯意志论的意味。

西方国家在族群研究方面形成了多种分析框架，日本学者将其归纳为

---

① Rochelle L. Stanfield：《美国大融合》，http：//www. usembassy - china. org. cn/chinese。

② ［挪威］弗里德里克·巴斯：《族群与边界》，高崇译，《广西民族学院学报》1999 年第 1 期。

③ ［苏］尤·弗·布朗利：《人类学、人类文化学与民族和种族偏见》，《国际社会科学杂志》（中文版）1988 年第 5 卷第 1 期，第 43 页。

三个对立的立场，"第一个立场是直接考虑民族为什么会作为持久的纽带而存在，以及什么使民族得以建立和继续存在的机制，以分析民族的本质。这里把'原初主义'（primordialism）和'境界主义'（boundary approach）这两种对立的观点组合起来是合适的。第二个立场是通过研究民族为什么会作为有魅力的人类纽带而引起众多的近代人关心这样一个问题，来考察民族的功能。这里把'表现主义'（expressivism）和'手段主义'（instrumentalism）对照起来考察，在逻辑上是适当的（人们通常是把原初主义和手段主义作为对立的观点来组合的，这是因为没有认真对待不同分析立场所致）。第三个立场是根据民族活性化现象与工业化、近代化的关系，来考察'民族存在的原因'。这里可以把'永存主义'（perennialism）和'近代主义'（modernism）作一对照"①。在这三种对立的理论分析框架中，最重要的或具有本质性对立的是"原生论"（原初主义）和"工具论"（手段主义）。前者意味着传统、稳定和传承，后者意味着构建、流动和变异，事实上就是对族裔认同（ethnic identity）现象客观特征和主观意识的不同强调，只是对任何一个方面的强调都难以完善地解释ethnicity（族群性）的特点。所以，"20世纪90年代几乎已不再有原始主义和工具主义的争论，因为很多研究ethnicity的理论家都承认，就ethnicity的表达而言，在缺乏任何实际背景的情况下，原始的思想感情也仍旧能够作为潜在的和不重要的因素保留着，甚至就连对ethnicity的完全机会主义的工具式操纵，也得建立在某种原始思想感情的基础之上"。总之，"ethnicity和ethnic groups的本质就存在于这种主观与客观、思想感情与政治权力、设想与现实之间的对话关系中"②。而在利用西方学界有关各种族群理论及其分析框架进行本土研究的实践中，中国学界似乎存在着满足于对某一种能够对号入座的"认同现象"加以"族群"标签化的倾向，以致表现出强调"认同"而忽视"排他"，强调"文化"而忽视"政治"的理解和应用偏颇。其结果不仅导致"族群"概念的应用泛化，而且造成西

---

① ［日］吉野耕作：《民族理论的展开与课题——面对"民族复活"》，《民族译丛》1989年第1期。

② ［美］斯蒂文·郝瑞：《论一些人类学专门术语的历史与翻译》，杨志明译，《世界民族》2001年第4期。

方"族群"观与中国"民族"观之间的难以相容，以及必欲以前者取代后者的取向。

　　事实上，在西方学界应用 ethnic group 这一术语时，并没有将所有的"认同群体"都视为"族群"并将其泛化到"社群"范围。如女权主义团体、同性恋群体等典型的且喜欢用民族主义话语来强调自我的"认同群体"，甚至方言群体和地方群体通常并未列入"族群"范畴。"自我认同"是人类社会普遍的结群意识，但是这些结群所认同的基本归属是不同的，女权主义的基本归属是妇女运动所要求实现的平等地位，同性恋群体的认同是性偏好者的共同心理感受和性行为方式以及为社会所承认，打工群体的认同是经济地位的共同性和改变这种地位的愿望，而族群认同则是它们能够想象或记忆的历史因素及其表现在宗教、语言、习俗等稳定的"族裔归属"及其相关的利益。尽管有关族群的定义众说纷纭，但是在一些基本要素上具有共性和限定性。例如"祖先"记忆这一反复为各种定义普遍强调的要素，在上述泛化的"族群"认同中是无法体现的，而属于民族共同体范畴的"族裔认同"（ethnic identity）则具有历史性和稳定性，体现了一种传承。其他社群的认同，并不存在这种所谓"与生俱来"的特质，而属于不稳定的、流动变化的身份认同。

　　"身份认同"是西方发达国家自 20 世纪 60 年代进入所谓后工业社会所引起的社会政治、经济、文化和社会生活裂变的产物，属于后现代话语范畴。而 ethnic group 这一术语同时开始流行，也是在这种后现代氛围中基于种族、民族、土著人、移民群体在高度城市化进程中"碎片化"的结果。所以，有关 ethnic identity（族裔认同）只是这种"身份认同"中的一种类型。所以，不能将这一种类型作为涵盖所有"身份认同"的普适性模式。同时，在美国等西方国家，"认同群体"并非是一个"中性"的概念，因为在西方的民主社会中，"政治生活与群体性的、公共的行为密切相关；它的目标必须是：在差异与冲突的语境中建构一个'我们'。但是，要建构一个'我们'就必须把'我们'与'他们'区别开来，而这就意味着设立一个定义'敌人'的边界"①。所以，"认同群体"的核心是"认

---

① ［美］查特尔·墨菲：《政治的回归》，王恒等译，江苏人民出版社 2001 年版，第 78 页。

同政治"和"差异政治"或"微观政治"。因此，对于西方发达国家来说，"今天，确定个人身份的努力，对种族、性别、性偏好和场域等当下范畴的重新关注，也许还被看成是对流动的环境，以及大量变动、不安全感和异化的心理适应模式。如果现代社会的本质存在于市场和商品化的普遍压力之中，并且被官僚机构的权力和大众传媒的力量所强化，那么，其对立面就是对多元和'差异'逐渐增强的迷恋。虽然这种对立已经产生了统治形式多元化意识，但对于变革性政治（或者任何公共领域的复兴）的长期意义是有争议的，因为，基于认同的团体和运动似乎必然包含着极有害的反政治形式"①。Ethnic group 是西方社会"认同群体"的一种类型，它也不可避免地归属于"认同政治"的范畴。因此，在借鉴和应用 ethnic group 概念及其理论时，关注西方社会的"认同政治"等后现代话语的实质是极其重要的。

　　Ethnic group（族群）概念及其理论，在学术研究中为我们提供了一个观察、分析属于民族共同体范畴的"族类"认同现象的工具，其学术价值是不容否定的，尽管其源自西方社会且属于西方社会"族类政治化"裂变的国情。但是，在引进和运用这一概念及其理论时，需要从本国的国情实际出发，这也就是"本土化"的问题。不过，"本土化"的过程是建立在对"舶来品"透彻理解基础之上的，而不是简单地"拿来"套用于本土。中国的国情实际，无论是历史的还是现实的，无论是意识形态的还是社会制度的，都不同于美国等西方国家，中国的民族识别及其结果不同于外国也正是由自身的国情特点所决定的。中国 56 个民族的识别或认定过程有不尽完善之处，其中最根本的问题是把斯大林关于民族国家意义上的"民族定义"应用于识别国内各"族体"（nationality），②但是这并不意味着中国需要用西方的 ethnic group（族群）框架来重新括套甚至重新识别中国的各民族。即便是在英美国家，哪些"族类"群体属于 ethnic group 也是在

①　［美］卡尔·博格斯：《政治的终结》，陈家刚译，社会科学文献出版社 2001 年版，第 295 页。

②　对此将在其他文章中专门论及。

官方资助下由学术界来进行"识别"的，①但是这并没有使美国学界避免在 ethnic group 理论观念上存在着歧义，而且在应用实践中也并未形成统一的规范，这一点从其应用实践中是不难看出的。虽然当代世界的全球化进程不断加快，中国也日益迅速地融入国际社会，需要在很多方面与国际社会通行的规范"接轨"。但是，这并不意味着我们可以超越自身社会发展阶段或脱离自身的国情特点去接受发达国家主导的全球化准则。

美国等西方国家"族群"观的兴起和流行，是在社会发展实践的所谓"后工业化"和思想文化的所谓"后现代主义"氛围中出现的。在西方国家，高度的城市化和日益增多的移民，传统的民族聚居格局在城市化进程中的融散和群体的"碎片化"，经济生活和生存方式的趋同及其引起的"社会麦当劳化"，身份缺失导致的"我是谁"之类困惑等现象，使"认同群体"比比皆是，其中包括以"认同"为核心的 ethnic group 现象。而中国的发展距离西方国家的发达水平还十分遥远，过去那种通过短期的"大跃进"来"超英赶美"的"神话"早已为社会主义初级阶段的脚踏实地所取代，按照现代化发展的战略部署到本世纪中叶中国才将跻身于世界中等发达国家的行列。中国的城市化进程将是一个漫长的过程，消化农民、融散民族仍将是一个久远未来的话题。所以，按照美国等西方国家的"族群"（ethnic group）观来观察当代中国难免会脱离实际。或许郝瑞的观点值得重视："中国还没有发展到这样的地步，即许多小而分散的群体在泛族群运动中联合起来。这些运动是城市化与工业化社会的产物。"②更何况中国的现代化模式正在构建中，而且它的基本取向并不是"西方化"或"美国化"的模式。

总之，在"族群"研究的本土化实践中，将"族群"概念及其应用

---

① 例如，20 世纪 70 年代中期，哈佛大学从美国政府的"民族遗产计划"中得到资助，开始编撰《哈佛美国民族集团百科全书》（*Harvar Encyclopedia of American Ethnic Groups*），该书在 1980 年面市。这部巨著"力求对各种对美国文化和生活做出贡献的族体（ethnic collectivity）作出公正和精确的学术性叙述，同时把各种有偏见的处理和党同伐异的歪曲排斥在外"。该书对美国一百多个 ethnic groups 进行了区分和确认。参见 M. G. 史密斯《美国的民族集团和民族性——哈佛的观点》，何宁译，《民族译丛》1983 年第 6 期。

② ［美］斯蒂文·郝瑞：《田野中的族群关系与民族认同——中国西南彝族社区考察研究》，第 54 页。

泛化于社会群体范围不是本土化，而将"族群"概念取代中国固有的和既定的"民族"概念也不是本土化。既然中外一些学者都承认中国的"民族"是属于具有"本土"特点的词语，而且不能对应英文中的 ethnic group，甚至为此提出了翻译为 minzu 的建议，那么我们就没有必要在热烈讨论"本土化"的过程中将"本土"的东西"西方化"，中国人类学、民族学界在"族群"问题研究中的着力点之一应该是如何将中国"本土"的概念和相关理论让国际学界知晓、理解，从而实现学术交流的双向互动，而不是世界上已经延续了几个世纪的发展中国家对西方观念的被动接纳甚至削足适履。台湾的"族群化"及其"族群政治"的兴起，值得大陆学界重视。

台湾的"族群"与"族群政治"析论

至于今天的台湾，同样处于政治变迁的阶段，族群认同已经开始发酵，在政治竞争的催化之下隐然形成区隔的标签，埋下分裂的种子。

——李亦园：《读历史，也读预言》

"族群"一词已进入了台湾的日常话语。当台湾人试图建构自身的认同以区别于中华民族这一认同时，"族群"是一个有助于排外的语汇。

——［美］斯蒂文·郝瑞：《田野中的族群关系与民族认同》

第二次世界大战以后，随着苏联、美国等西方大国构建的"雅尔塔体制"开始运作及其对德国的分割，"热战"后的世界又拉开了冷战的序幕。此后，以东西德的"柏林墙"、南北越的"17度线"、南北朝鲜的"三八线"和中国的"海峡两岸"为标志的民族与国家分裂，成为冷战时期意识形态、社会制度和军事对抗的前沿阵地。

按照"雅尔塔体制"的安排，战后美国在中国具有主导蒋介石政权的权益，所以当国民党政权退据台湾之后，台湾的政治、经济、军事、文化和社会生活也直接受到美国的影响。在这种情况下，台湾的人文社会科学研究在保持"国学"传统的同时，也逐步融入了美国等西方国家学术模式的轨道，特别是台湾学人由过去留学日本转而大批取道西方之后，美国等西方国家相关的学术理论、概念和方法对台湾学界产生的影响也与日俱增。

从20世纪50年代初开始，特别是70年代中后期，西方有关 ethnicity

的"族群"一词也由民族学范围扩展到社会学、政治学等学科领域，进而为"台独"势力所利用，成为构建"政治族群"和操控"族群政治"的基本话语，致使"族群问题"在台湾社会"国家认同"的"统独争议"中彰显了分化民众、分裂祖国的"差异政治"作用。本文拟就台湾的"四大族群"说及其"族群政治"问题作一分析，以揭示其"文化外衣"包装下的政治目的。

（一）台湾民族学界早期对"族群"概念的理解与应用

自从中国形成大陆、台湾的两岸分裂政治格局之后，差不多有三十多年两岸处于隔绝状态。冷战格局造成的意识形态、社会制度的对立遏制了两岸经济、文化和民间的交流，学术界的交流也是如此。就民族学、人类学研究而言，从 1949 年以后，台湾的民族学、人类学研究失去了大陆的田野资源，逐步形成了以台湾少数民族（山胞）和汉族民系、东南亚华人社会和其他国家或地区少数民族为主要对象的研究格局。其中，对台湾少数民族的研究成为学界相关学科的基础，也是台湾民族学、人类学等学科的基本田野依托。台湾民族学界在接续日本殖民占领时期日本学者的大量调查资料的基础上，对台湾少数民族进行了长期、深入的研究，成果卓著。①

台湾民族学界对当地少数民族的研究，是通过史料梳理和田野求证展开的。期间，从群体称谓上在剔除古代历史文献中的"土民"、"番"、"夷"、"生番"、"熟番"、"高山番"、"平埔番"②和日本殖民统治时期的

---

① 根据台湾 1945—1999 年有关族群研究目录的统计，直接研究台湾少数民族（高山族）的著作多达四百余种，学术期刊论文七百多篇，报纸论文近八百篇。参见黄士玠编《台湾族群研究目录》（1945—1999），台湾捷幼出版社 2000 年版。

② 清朝光绪年间在台湾推行"开山抚番"政策，对"生番"、"熟番"也出现了"高山番"、"平埔番"的称谓。例如"唯附近之北港高山番素称凶悍"，参见"署闽抚吴（赞诚）奏报内渡日期片"，《清季申报台湾纪事辑录》八，光绪五年，《台湾文献丛刊》第 247 种，第 883 页；又如"且平埔番虽不习耕"，参见"台湾奏事各折·查勘台湾后山情形并筹应办事宜折"，《吴光禄使闽奏稿选录》，光绪三年，《台湾文献丛刊》第 231 种，第 10 页，台湾大通书局有限公司、宗青图书出版有限公司 1995 年版。

"蕃族"、"高砂族"等后，经历了"高山族"、"土著"、"山地民族"、"山胞"、"少数民族"、"族群"（ethnic group）、"原住民"、"原住民族"等统称的变化过程。目前，"高山族"、"土著"、"山胞"等称谓通常已很少使用，"原住民"一词使用最为普遍，"原住民族"次之，"少数民族"再次之，"族群"则由于其对象不断放大到"社群"范围和生活领域以致失去了最初的确指性而成为泛化的概念。更为重要的是，这一概念在台湾政治生活中扮演着举足轻重的角色。

"族群"一词是对应英文 ethnic group 的中文翻译，这一译名通常被认为是台湾学界引进 ethnic group 概念的产物，不过笔者尚未确定其翻译的源头和时间。但是，台湾民族学界使用"族群"并将其对应 ethnic group 一词的历史却至少可以追溯到 1950 年。当时，台湾学者卫惠林在《曹族三族群的氏族组织》一文中指出："关于曹族系统现有之三族群（ethnic group），即阿里山曹族、沙阿鲁阿族及卡那布族间之分类问题，至今尚无定论。"① 这应该是台湾学术界使用族群（ethnic group）一词的最早例证。在这篇文章中，作者对曹族内部的三个族群的氏族组织进行了比较研究，其族群概念的使用具有确指对象，即阿里山曹族、沙阿鲁阿族和卡那布族，也就是指曹族的内部分支。

1962 年，卫惠林发表了《台湾土著族群研究的趋向及其问题》的主题演讲。在这篇演讲中，卫惠林回顾日本人对台湾土著的研究情况时指出："对于每一族的一群一社很少做过深入的继续的研究；对于每一专题，每一种单独现象，很少作过系统的比较分析。因此像欧洲学者对于非洲、澳洲、大洋洲、南北美洲诸土著民族社会所作的学术贡献日本人没有做到，这不仅是由于他们发表的语文的隔阂，而是由于他们深入的程度不够。"②所谓"深入的程度"当然是指对"每一族的一群一社"的精细研究，也就是类似于对曹族内部支系进行氏族组织研究和比较那样。他所倡导的"弃博而求精、舍约而求详"研究取向，实际上也反映了当时西方民

---

① 卫惠林：《曹族三族群的氏族组织》，《文献专刊》第一卷第四期，台湾省文献委员会 1950 年版，第 1 页。

② 卫惠林：《台湾土著族群研究的趋向及其问题》，《台湾文献》第十三卷第二期，台湾省文献委员会 1962 年版，第 120 页。

族学、人类学研究的走向，特别是在开展"族群"研究方面。虽然在这些文章中尚未涉及"认同"之类的族群理论要素，但是作者用族群（ethnic group）这一概念的目的是很清楚的，即对台湾"土著民族"进行"一群一社"更加细微的群体性研究。由于西方族群理论研究在20世纪60年代中期才形成气候，所以当时台湾民族学界并没有就此进行理论方面的探讨。

在台湾，"族群"（ethnic Group）这一术语于1971年收入了《云五社会科学大辞典》第十册《人类学》，其释文列举了当时西方学术界出现的诸多定义、理解和观点，如具有"文化丛"（cultural complex）或民族特质（ethnic traits）的社会群体；从前或现在仍然有一种个别的政治和民族渊源的群体；在美国指黑人，有时也指犹太人或者人口少于白人的"民族的、国籍的、人种的、及文化的"少数民族；不同于人种概念的文化群体；城市中的少数民族及其政治行为；具有宗教、文化及共同的生物学来源的群体；民主社会中之真正的民族或文化（包括宗教）多元论所涉及的群体；等等。①台湾学界开始较广泛地应用这一概念应该是20世纪70年代后期，②而且主要是用于对台湾少数民族的研究，限定在"族裔"（ethnic）的范围。需要注意的是，这一时期不仅是美国等西方国家有关ethnicity和ethnic group研究进入高潮之际，同时也是台湾社会政治形势中"反对运动"高涨之时。因此，台湾的"族群"研究和"族群化"过程不仅直接受到西方"族群理论"的影响，而且也同台湾的政治格局演变紧密联系在一起。

（二）台湾"族群化"的社会政治背景

从台湾发展的历史和人口结构来看，台湾是一个移民的社会。从明朝开始，大陆移住或暂住台湾的人口就有一定数量。荷兰殖民统治势力占领

---

① 参见《云五社会科学大辞典》第十册《人类学》，台湾商务印书馆股份有限公司1971年版，第212—213页。

② 从台湾学界有关民族学、人类学研究的著述中可以看出20世纪70年代末"族群"概念呈增多之势。

台湾后，也招募了一些大陆劳力在台为其种植、捕鹿等。郑成功收复台湾之后，大陆移民台湾的规模渐大，及至清季进一步发展为大规模移民，大陆汉族移民很快构成了台湾人口的主体。在此之前，居住在台湾的居民，一般认为主要也是远古时期从大陆移居过去的，其中也包括部分来自太平洋岛屿的移民。清朝统治台湾期间，对这些原住居民按照中原王朝对边地少数民族的传统称谓有"生番"、"熟番"之分。①前者指未归化的部落且多居于山地，即日据时期改称为"高砂族"（后来称为"高山族"、"山地民族"和"山胞"）的群体；后者为纳入清廷统治范围、剃发归顺、输饷纳税、在平原地区与汉族乡间杂处的群体，即日据时期称之为"平埔族"（即基本失去原有文化特征而"汉化"）的群体。此外，主要来自大陆广东、福建地区的汉族移民，也因来源地、方言、习俗等方面的不同和宗族因素而形成闽南、客家两大汉族民系群体。因此，如果从日本帝国主义侵占台湾前的历史来看，台湾地方的族际关系主要是汉族移民与少数民族（即所谓"生番"、"熟番"）之间的关系，而闽南、客家之间的矛盾和冲突（如大规模的械斗）则不属于族际关系之列。所以，日本统治台湾时期对台湾居民进行的民族学调查分类，也以"汉民"、"番人"划分，只是在对"汉民"来源与分布的统计中进行"福建人"、"广东人"或"闽"、"客"的汉族民系区别。②

　　1945 年日本帝国主义战败投降，台湾重新回归祖国。在国民党政府接管台湾期间，由于国民党大员专权腐败、排斥当地人士、聚敛资产，进一步加剧了战后台湾经济社会的困境，以致造成台湾社会的"民变"和1947 年的"二二八事件"。这一事件产生的重要影响之一，是使"省籍"

---

　　① 在汉文典籍中，"生番"、"熟番"用于称谓古代少数民族始自元明。如元世祖至元二十六年"丙戌，西南夷生番心相楼等八族计千二百六十户内附"。《元史》卷十五，中华书局 1976 年版，第326 页。明朝始有"熟番"一说，如"番有生熟二种，生番犷悍难制，熟番纳马中茶，颇柔服。"《明史》卷三百三十，中华书局 1974 年版，第 8549 页。清代对台湾少数民族区分"生番"、"熟番"不过是循元明旧例，在清代史料关涉对大陆范围的少数民族统治的记载中并不少见，并非专门用于指称台湾的少数民族。

　　② 日本帝国主义统治台湾时期，大力推行"皇民化"政策，全面禁止使用汉文，更改姓名、变易服饰，期间对台湾少数民族的清剿镇压、部落逼迁、殖民奴役尤甚。在外来殖民势力的统治下，台湾的民族矛盾主要表现为当地汉族、少数民族同日本帝国主义之间的矛盾，这也在一定程度上增强了"台湾人"的意识。

矛盾成为后来影响台湾政治格局的"阿里亚斯脚踵"。所谓"省籍"矛盾，是指 1945 年以前移居台湾的"本省人"同 1945 年国民党政府接管台湾、1949 年随国民党政权败退台湾的"外省人"之间的矛盾。蒋介石败退台湾后，在美国的支持下念念不忘"反攻大陆"，并把台湾作为其"光复"中华民国的基地实行威权统治和进行民族主义构建，形成人数不占优势的"外省人"对台湾"本省人"在政治上压制，进而在文化上压抑的形势。国民党政府强化"动员戡乱"的民族主义意识，"是国民党政府用来合理化大陆撤退后台湾政治权力安排的主要依据"①，而体现为推行"国语"、认同中华文化、维护"国统"和实现"反攻大陆"的"神圣民族使命"的"党国威权"实践，这对被认为受到日本帝国主义"皇民化"政策统治的"本省人"形成了强大的排拒性社会压力，甚至在社会权力结构中形成所谓"支配者常常为外省人、而台湾人处于被支配的现象"②。当然，这种排斥也包括对日本帝国主义势力离开台湾时策划"台湾独立"而罗织的"台独"势力的清肃和打击。国民党政府对台湾少数民族的政策，也在"大民族主义"的主导下突出了以"汉化"为主导的实践，它所设立的"蒙藏委员会"因两岸隔绝而对大陆范围的所谓"蒙藏事务"鞭长莫及。因此，到 20 世纪 70 年代中期前，台湾的民族问题主要是涉及"山胞"的经济社会和文化发展困境问题，通常被称为"山地问题"。属于民族分裂范畴的"台独"势力，因难以在台湾容身纷纷转向海外发展。至于"省籍"矛盾，则在强制的中华民国"国家认同"氛围中转为台湾社会的政治潜流。

　　根据亨廷顿的研究，1974 年葡萄牙废黜独裁者的政变开启了现代世界的"第三波民主化浪潮"，台湾的政治民主化也随波逐流于其中。③这固然同台湾经济社会发展相关，但是两岸在国际社会中的地位变化也是重要因

---

　　①　王甫昌：《台湾反对运动的共识动员：一九七九——一九八九年两次挑战高峰的比较》，《台湾政治学刊》创刊号，台湾政治学会 1996 年 7 月，第 145 页。

　　②　张茂桂：《台湾的政治转型与政治的"族群化"过程》，载施正锋编《族群政治与政策》，台湾前卫出版社 1997 年版，第 48 页。

　　③　参见［美］塞缪尔·亨廷顿《第三波——20 世纪末的民主化浪潮》，刘军宁译，上海三联书店 1998 年版，第 23 页。

素。事实上，1971 年中美关系解冻和中华人民共和国恢复在联合国的合法席位、1972 年尼克松访华并签署《上海公报》和中日建交以及随后的中美建交等一系列外部环境的变化，是对国民党台湾政权沉重的打击。

这些来自国际社会对中国合法政府的普遍承认，使国民党台湾政权所代表的中国"法统"地位从根本上失去了基础，同时也使国民党在台湾的威权统治和强制认同"中华民国"的民族主义失去了权威。在此期间，以台湾"本省人"为主的"党外运动"形成了高潮，先后发生了"中坜事件"和"《美丽岛》事件"，①而各类要求自主的"自力救济式抗议"活动也层出不穷。据统计，在 1980—1986 年间，共有 18 种类型的社会运动和3000 余次抗议或请愿活动，②其中也包括"山胞"运动的兴起。③这些"反对运动"不仅对国民党政权的合法性构成了挑战，而且也使"民主化"成为台湾社会普遍的政治诉求。在这一过程中，蒋经国时期曾通过大量吸纳"本省人"加入国民党等"亲民"方式以缓和社会矛盾和扩大国民党在台湾民众中的基础，这类缓解"省籍矛盾"的措施虽然使国民党政权渡过了国际形势变化带来的内外交困危机，但是也开启了国民党的所谓"本土化"进程。

在台湾社会"反对运动"高涨，"民主化"诉求逐步突破国民党专制威权的形势下，特别是 1986 年第一个本土性反对党——民主进步党

---

① "中坜事件"是指 1977 年台湾地方选举过程中"党外势力"指称国民党作弊引发的民众骚乱，中坜警察局被群众包围和纵火，军队介入形成对峙。次日，当局宣布对监票人法办、参选桃园县长的党外人士许信良获胜后，事态才得以平息。"《美丽岛》事件"是指由台湾"党外运动"激进势力于 1979 年创办的《美丽岛》杂志与国民党政府发生的政治冲突。该杂志创办后利用《世界人权宣言》发表三十周年的纪念日举行了"国际人权纪念大会及游行"，该杂志社总经理施明德指挥的游行队伍同警察、宪兵发生冲突，双方武斗。事后当局搜捕《美丽岛》杂志的骨干，并于 1980 年对施明德、黄信介、吕秀莲等数十人法办判刑。因该事件发生在高雄，也称"高雄事件"。这一事件的发生，对 20 世纪 80 年代以后台湾的政治社会形势变化产生了重要影响。参见刘红、郑庆勇《国民党在台 50 年》，九州出版社 2001 年版，第 91—95 页。

② 参见王甫昌《台湾反对运动的共识动员：一九七九——一九八九年两次挑战高峰的比较》，《台湾政治学刊》创刊号，第 173 页。

③ 1983 年台湾大学的高山族学生创立了校园刊物《高山青》，这被认为是台湾少数民族运动的开端，1984 年成立了"原住民权利促进会"，使台湾的少数民族运动进入了有组织并提出政治宣言的阶段。参见林淑雅《第一民族——台湾原住民族运动的宪法意义》，台湾前卫出版社 2000 年版，第74、397 页。

（简称民进党）成立后，"一场以'本土化'、'台湾化'为主题的政治运动，夹杂着民主意识与分离主义意识席卷台湾社会"①，对国民党专制的政治"戒严"条件下的"动员戡乱"权力体制形成了前所未有的冲击。建立"民进党"的"党外运动"激进势力，早在1983年提出的政见中就宣称："台湾的前途，应由台湾全体住民共同决定"，即"住民自决"原则。而"住民自决"口号的提出，也反映了台湾"反对运动"从"民主化"诉求转向"本土化"的政治走向。②这种"政治本土化"的要求，在张扬更改"国号"、"国歌"、"国旗"、历史教科书和强化使用"台语"（闽南话）等"台湾人"的认同理念中，形成了对抗国民党"中国民族主义"的"台湾民族主义"构建，其"所要形塑的民族是'台湾人'；而造成目前台湾民族沉沦的敌人，则是外来政权'国民党'；只有让国民党下台，台湾人才能恢复民族的光荣（'台湾人出头天'）"③。这也导致"民进党"最终将"台湾独立"写入其党纲，从而成为一个"台独政党"。

在台湾社会政治形势变化突破国民党专制威权和"党禁"体制的情况下，国民党政府在采取容忍政治异己、取消"戒严法"、同意大陆籍人士省亲和开放报禁等措施的同时，也加快了自身的"本土化"过程，以期通过提高党内"本省人"精英的地位来维护其政权的合法性。④为此，国民党内部的"本省人"精英由于能够淡化国民党的所谓"外来属性"而受到重用。继蒋经国之后的李登辉正是在这种"本土化"政治取向中掌握"党国"权力的。李登辉执政后通过构建"本省人"的权力结构和迎合"反对运动"的政治诉求，孤立和消除了国民党"旧势力"的"反扑"，最终在1993年任命"本省人"为"行政院院长"而"完成了中国国民

---

① 刘国深：《台湾"省籍族群"的结构功能分析》，《台湾研究集刊》1999年第3期。

② 台湾的"本土化"是指"台湾化"，在政治层面"乃在夸大自己的存在，认为从两蒋到李登辉、陈水扁政权，台湾是'主权独立的国家'，而暗要从中国大陆'独立'的意思"。许介鳞：《李登辉与台湾政治》，社会科学文献出版社2002年版，第42页。

③ 王甫昌：《台湾反对运动的共识动员：一九七九——八八九年两次挑战高峰的比较》，《台湾政治学刊》创刊号，台湾政治学会1996年7月，第183页。

④ 参见田珏主编《台湾史纲要》，福建人民出版社2000年版，第243页。

党、以及中华民国的'本土化、在地化'的基础工作"①。在这一过程中，海外"台独"势力也纷纷潜回台湾，助长了以"民进党"为代表的"台独政党"甚嚣尘上地分裂中国的活动。"台独"势力的嚣张和政党化的发展以及"国家认同"危机，从另一个向度加剧了"省籍矛盾"，而这一矛盾在国民党内部的浮现乃至形成矛盾的旋涡中心，则使过去依托于"省籍"的政治分化由于国民党本身的"本土化"权力结构重组和内部分裂以及台湾社会政治多元化而出现了从"差异政治"（politics of difference）到"认同政治"（politics of identity）的转型。

（三）后现代政治导引的"省籍矛盾"和"族群"分化

从 20 世纪 70 年代中期以前台湾政治中的"省籍"问题可以看出，所谓"外省人"与"本省人"之间的差异，并不是民族差异，②也不是阶级差异，③而是在国民党政权接管和据守台湾后在权力结构方面的制度安排所造成的"差异政治"。这种差异在"党国"、"民族主义"、"神圣民族使命"认同方面区隔的"我们"和"他们"，形成了以掌握政权的国民党为代表的"外省人"对曾遭受日本殖民势力统治的"本省人"之间的支配关系和排拒作用。这种支配关系突出地表现为"外省人"把持"中央"一级的党、政、军主要职权，"本省人只在省以下地方政权和民意机构中占有多数席位"④。权力结构的这种安排，强化了依托于"省籍"的二元对立结构。只是在国民党"动员戡乱"的威权体制下，"外省人"的政治诉

① 张茂桂：《台湾的政治转型与政治的"族群化"过程》，载施正锋编《族群政治与政策》，第53页。

② 虽然台湾少数民族同汉族存在民族性的差异，但是台湾少数民族相对于"外省人"来说也属于"本省人"范畴，只是因其在"本省人"中也属于边缘群体而无法进入台湾政治的视野，所以在台湾的"省籍矛盾"中通常是不包括少数民族的，因此"省籍矛盾"不体现民族差异，也不属于族际关系范畴。

③ 虽然"外省人"构成台湾政权体系的主体力量，但是"外省人"并不是一个阶级，"外省人"是由不同阶级地位的人组成的，"本省人"也是一样。但是，在"省籍"对立的二元结构中，"外省人"整体上是国民党政权依靠和信赖的力量，由此而造成的对"本省人"整体性的排拒也形成了类似"统治民族"与"被统治民族"之间的关系。

④ 陈孔立：《台湾政治的"省籍—族群—本土化"研究模式》，《台湾研究集刊》2002 年第2 期。

求处于被压抑状态而已。

如果说国民党在台湾的统治权力是其政权体系的延续,那么这种"差异政治"的形成则是为了确立其政权败退台湾后的合法地位,其中也包括消除日本帝国主义对台湾长期统治的"皇民化"影响,剪除"台独"势力,平息"本省人"对国民党统治的抗拒等统治需要。因此,这种"差异政治"是指通过利用差异形成的支配关系来实行"同一性"的统治,是国民党政权以"党国"为中心对所有异己因素在政治上的排除。

对这种现象的后现代政治解释,即"差异本身常常是支配与反支配的权力关系的一种呈现,从支配者的角度而言,差异政治常常透过所谓的排除作用来巩固和强化他的统治地位,而这一点正是后现代的认同政治所要挞伐的"①。这里所说的"差异政治"是指通过利用差异形成的支配关系来实行"同一性"的统治,事实上是"以我为中心"对异己的排除。事实上,20世纪70年代中后期出现的"反对运动"正是对这种专制统治的挞伐,取而代之的则是对包括国民党的"中国民族主义"、"反攻大陆"等"神圣民族使命"在内的"宏大叙事结构"的解构。

后现代政治理论的重要特征之一就是政治的微观化,这种"微观政治"所召唤的是一种在"社会的所有微观层面上"发展起来的"多元的自主斗争"。②它拒斥的是"中心化"的权力结构,崇尚的是"分散的"、"非中心化"的权力形式。如果说在后现代理论批判的宏观政治中所包含的"差异政治"是通过支配、排除而"求同于己",那么"微观政治"则是基于承认差异甚至崇尚差异的"存异于己"也"存异于他"的相对主义和多元主义政治理念,认同(identity)成为承认差异的核心。因此,针对那种"求同于己"的"差异政治"权力结构,"从被支配者或反支配者的角度来看,在差异关系中他强调的是处在边缘或弱势的地位(被排除)的他者的重要,他者不仅不应被漠视,而且还要主动发声,这一点恰是后现代认同政治所要鼓吹的"③。在具有后现代主义意味的族群理论中,"自

---

① 孟樊:《后现代的认同政治》,台湾扬智文化事业股份有限公司2001年版,第166页。
② [美]道格拉斯·凯尔纳、斯蒂文·贝斯特:《后现代理论批判性的质疑》,张志斌译,中央编译出版社2001年版,第72页。
③ 孟樊:《后现代的认同政治》,第166页。

我认同"与"他者认定"构成了确定"族群边界"的基本原理，而这种似乎表现出主观与客观的双重性承认，实质上只反映了后现代理论所强调的自我"主体性"，也就是排他的"自我认同"。因此，所谓"认同政治"也可以理解为另一种面向的"差异政治"，相对于前述支配、排除性的"差异政治"而言是一种"主体立场"的置换，只是这种"发展新主体性的首要条件就是要消解旧的主体性"。①

　　所谓"本土化"、"地方性"都是后现代主义"非中心化"理论所崇尚的权力话语，对台湾社会而言"本土化"即是"台湾化"②，也就是"去中国化"。这种政治"本土化"的要求，"一开始就是以'省籍符号'为工具，以民间政治亚文化对抗官方的主流政治文化"③。这种"本土化"、"台湾化"对国民党政权的排拒，反映在"省籍矛盾"上则是对"外省人"的排斥。

　　进入 20 世纪 90 年代的世界，冷战结束、苏联解体、民族主义浪潮高涨的国际大背景，对台湾社会产生的影响也是显著的。苏联和东欧地区的民族分裂引发的国家裂变，世界各地民族、宗教冲突的频繁爆发，联合国推动的国际土著人运动高涨，东西德统一等关系到民族、国家的政治话题彰显，都促发了世界范围"民族意识"的上升。台湾岛内外"台独"势力的公开活动及其鼓噪的"台湾民族"、"台湾国"和"住民自决"之类的"话语政治"，由于突出了闽南人中"福佬中心主义"的强势声音及其构建新"主体性"的政治规则，不仅使"外省人"群体从过去的中心地位转向边缘化，而且使致力于洗刷历史"污名"、争取平等权利的少数民族运动和复兴文化及维护传统的客家人运动也处于"站在这些规则之外发言，就要冒被边缘化和被排斥的危险"之中。④因此，这种以闽南人激进势力为代表的"主体性"的置换，虽然表现为"省籍矛盾"二元结构中支配与被支配角色的转变过程，但是民主化、多元主义和"认同政治"等理念所激发的差异群体权力话语，却又在少数民族运动的高涨和客家人运动的

---

① ［美］道格拉斯·凯尔纳、斯蒂文·贝斯特：《后现代理论批判性的质疑》，第 76 页。
② 参见许介鳞《李登辉与台湾政治》，社会科学文献出版社 2002 年版，第 42 页。
③ 刘国深：《台湾"省籍族群"的结构功能分析》，《台湾研究集刊》1999 年第 3 期。
④ ［美］道格拉斯·凯尔纳、斯蒂文·贝斯特：《后现代理论批判性的质疑》，第 75 页。

兴起中形成多"主体性"的"自我认同"。从而使原有的"外省人"和"本省人"二元对立结构出现了群体的结构性分化,"族群"这一词语正是在这种"自识"与"排他"的分化认同中从学术领域进入台湾的政治生活,有人认为其时间"大约不会比 1989 年更早,而把台湾的省籍问题,界定为'族群'也差不多在同样的时代"①。无论如何,有关"为了使这些群体确信共同的民族主义事业和赢得他们(全体选民),民进党在 1989 年提出了'台湾的四大族群'概念"的说法,②虽然未必是台湾"族群"政治化的源起,但却是对"台独"势力制造"族群政治"过程的时段记录。

(四)台湾的"族群"分化与"族群认同"

如上所述,台湾的民族问题主要是汉族和少数民族的族际关系问题,所以按照西方族群(ethnic group)的划分标准,台湾"应该只有汉民族和台湾原住民两大族群"③。但是,由于台湾政治多元化和汉族群体在"差异政治"条件下的"省籍"分化,台湾的"族群认同"又表现出社会学、政治学意义上的群体分化与认同。所以,以所谓"族群性"(ethnicity)分化的"族群"(ethnic groups),在台湾通行的族群分类中形成"原住民"、"闽南人"、"客家人"和"外省人"的"四大族群"格局。

1. "原住民"族群

台湾的"原住民"或"原住民族"称谓,是 20 世纪 80 年代初期取代"高山族"、"山地民族"和"山胞"等台湾少数民族统称而出现的词语。"原住民"是对应英文 indigenous people 或 aborigines 的日文汉字,④按照中文的传统其对应词通常翻译为"土著"或"土著人"。台湾"原住民"一

---

① 张茂桂:《台湾的政治转型与政治的"族群化"过程》,载施正锋编《族群政治与政策》,第 41 页。

② Michael Rudolph, *The Emergence of the Concept of "Ethnic Group" in Taiwan and the Role of Taiwan's Austronesians in the Construction of Taiwanese Identity*,http://www.taiwanfirstnations.org/mem.html.

③ 杨仁煌:《谈文化与族群关系》,载洪泉湖等编《族群教育与族群关系》,第 337 页。

④ 参见拙文《当代台湾的"原住民"与民族问题》,《民族研究》2003 年第 4 期。

词的来源，同联合国土著人事务的开展和台湾"反对运动"的高涨直接相关。1982 年，联合国经济和社会理事会通过决议，授权防止歧视和保护少数小组委员会建立土著人工作组，每年举行一次会议讨论全球范围内的土著人问题及其权益。国际社会对土著人问题的关注，尤其是有关土著人自决权、发展权、土地使用权和文化遗产保护等议题的国际性传播，对台湾的少数民族也产生了影响。因为台湾少数民族的统称（"番"、"夷"、"生番"、"熟番"、"蕃族"、"高砂族"、"高山族"、"山胞"等）并不是他们自己的称谓，在大陆移民到达台湾前他们也没有一个统称。因此，"正名"成为台湾少数民族"反对运动"的重要内容之一。

　　1983 年台湾"党外运动"激进势力政纲中提出的"住民自决"口号，也使正在兴起的少数民族运动受到了启发。谁是台湾的"住民"？对于这个问题，一直处于被挤压、被压迫、被奴役、被同化状态的少数民族，他们认为自己是台湾最早的"住民"，相对于那些以"本省人"自居的"住民"而言他们是"原住民"。在上述两种因素的作用下，台湾的"原住民"（也就是台湾的"土著"）在国际社会有关土著人权利保障的机制中找到了"归宿"。1984 年底，成立了由少数民族人士组成的政治社团"台湾原住民权利促进会"（简称"原权会"），掀起了"正名"运动，并在此基础上，提出了以"归还土地"、"实行自治"、"恢复语言和文化"等一系列关系"原住民族"权利与地位的政治诉求，构成台湾当代"族群政治"中最具民族性的"泛族群运动"或"泛原住民族主义"运动。①

　　台湾"原住民"的"泛族群运动"是相对意义上的"族群认同"整合运动。在历史上，他们并没有一种统一称谓的认同归属。在把"原住民"作为自我选择的"族群认同"统一称谓之前的所有统称，都是外部力量给予的"他者认定"。清代的"生番"、"熟番"和日本统治时期的"高砂族"、"平埔族"的类别划分是依据居住地（山地和平地）、文化特征、"归化"程度来确定的。对台湾少数民族作出具体的"族群性"分

---

　　① 参见汪明辉《台湾原住民族运动的回顾与展望》，台湾师范大学地理系区域研究中心《地友》第 52 期，http//：www. geo. ntnu. edu. tw/magazine/vol52。

类，始于日本统治时期一些学者所进行的调查研究。从 19 世纪末到 20 世纪 30 年代，日本学者就台湾"高砂族"和"平埔族"内部进行了许多分类研究，其代表人物诸如伊能嘉矩、鸟居龙藏、森丑之助、佐山融吉、小岛由道、移川子之藏、小川尚义、鹿野忠雄等，分别将"高砂族"划分为 6—12 族不等，将"平埔族"划分为 9—10 族不等。① 日本学者的这些分类，在 20 世纪 70 年代以后台湾学者通过人类学、民族学、语言学、考古学、宗教学等多学科研究和识别（包括各族的自我称谓），基本上确定为"高山九族"和"平埔十族"的通行分类。

然而，20 世纪 80 年代初出现的"高山九族"和"平埔十族"在一定程度上合一的"原住民"运动，虽然在"原住民"集体认同下形成所谓台湾"弱势群体"的"族群认同"，但是其内部各族的"族群认同"也持续发展，特别是"高山九族"由于尚保留程度不同的传统文化和历史记忆，各族的"族群构建"运动十分高涨，除了进一步"正名"（"复名"）外，② "族群分化"的走向也在发展。③ 这种"族群分化"导致各族对"我群"的历史、语言、文化和祖先的认同构拟以及在"回归部落"过程中对自我权利的维护与要求，从而使"泛原住民运动"走向分化甚至分裂。

历史上"平埔族"大都属于"熟番"，这是以"汉化"程度作为标准的称谓，国民党统治时期强调"山地"和"山胞"事实上也延续了这种观念，将"平埔族"排斥在少数民族之外。但是，在"原住民"运动兴起以后，"平埔族"的"原住民"意识和恢复"原住民"身份的政治诉求也显著发展。如已为台湾官方确认的人口 355—400 的邵族通常被认为是"隐身"于"邹族"中"平埔十族"之一，④ 而有关对"平埔十族"的重新构建在学术研究和"族群政治"的层面都在发展。由于"平埔族"文

---

① 参见杨允言《分类问题探讨》，http：//203.64.42.21/iug/Ungian/Chokphin/Hoagu/hunlui/hunlui.htm。

② 近年来，台湾少数民族的"正名"运动进一步发展为各族自身的"正名"，如"曹族"更名为"邹族"，"雅美"更名为"达悟"等。参见《复名运动延烧各原住民族》，《台湾日报》2002 年 11 月 1 日。

③ 如泰雅族要分化为"泰雅尔"、"赛德克"和"太鲁阁"族之类。甚至按照"原住民"各族语言重新识别、划分出更多的"族群"也有可能。

④ 《"行政院"核定邵族为"原住民族"第十族》，http：//210.201.172.131：8002/hot_01.htm。

化特征在普遍意义上的丧失，按照族群理论进行识别和划分缺乏足够的资源，但是无论是出于学术"创造"，还是出于"政治需要"，重新识别和构建"平埔十族"却成为台湾"族群化"的重要方面。为此，通过 DNA 检测寻求"平埔十族"的"原生"血统，并以此证明"本省人"中或多或少都存在早期汉人移民同"平埔族"融血所传承的"血缘关系"，即"盛行的说法是台湾的垦殖者后代都有平埔族的血统，也就是民间流传已久'有唐山公、没唐山母'的说法"①甚为流行，其目的无非是从血缘关系上割断台湾"本省人"同大陆的族裔联系，建立"本省人"的"草根社会"血缘基础，为此，"台独"势力甚至抛出了"原住民血统祖先论"。②不过，到目前为止还没有出现汉族"本省人"要求回归"原住民"的现象，而"隐身"于"高山九族"中的"平埔族"却正在"现身"，除"邵族"外，"平埔十族"中的"噶玛兰族"的识别也已完成。截至 2002 年 11 月 1 日，"阿美族"中已有 1705 人登记了自己的"噶玛兰族"身份，台湾"原住民"族群中的"第十一个族群"已经得到确认。③2003 年底将完成"太鲁阁族"的认定。

据统计，截至 2002 年 8 月，台湾的"原住民"族群人口 428440 万，占台湾总人口的 1.9%。④对"平埔族"人口的估计，一说为 15 万左右，⑤一说为数以百万计。⑥目前，台湾"原住民"的"族群"分化或"民族认定"仍在继续，甚至有方兴未艾之势。除了在"高山九族"中继续分化出"新族群"外，这种识别是否会从"隐身"于"本省人"范围的汉族中分离出"平埔十族"的后裔？已经"汉化"的"平埔十族""重新作番"的认同，如果不去模仿"高山九族"尚存的"文化标志"是否接受

---

① 施正锋：《平埔身份认同》，http：//mail. tku. edu. tw/cfshih/def5 – 2 – 020615. htm。

② 参见拙文《伪造的证言——所谓原住民"血统祖先论"剖析》，《台湾研究集刊》2003 年第 3 期。

③ 参见《噶玛兰族正名》，《台湾日报》2002 年 11 月 1 日。另见《游揆宣布噶玛兰族为台湾原住民第十一族》，2002 年 12 月 25 日，http：//publish. gio. gov. tw/newsc。

④ 参见《看不见的人民》，《部落烽火电子报》第 13 号，http：//www. abo. org. tw/backland/people。

⑤ 参见《政府再不保护平埔族人将消失》，《台湾日报》2002 年 11 月 1 日。

⑥ 尤哈尼·依斯卡卡夫特：《从原住民的观点来看平埔族》，载施正锋编《族群政治与政策》，第 9 页。

"他者"为他们构建的"族群特征"？何况在他们的"历史记忆"中能够发掘的"族群认同"资源还包括了历史上统治者"以夷制夷"、"以番制番"留给"高山九族"的伤痛。如此等等，正所谓"自许为平埔族后裔者，究竟要如何来与高山族作共同的想像"？如不然是否会在台湾"四大族群"格局中再创造出一个亦"番"亦"汉"的"第五族群"？①这些问题尚待观察。

2. "闽南"族群

台湾的"闽南人"占全省人口的70%以上，是台湾民众中人口规模最大的一个群体，当代的自称为闽南语发音的"daiwanglang"，即普通话的"台湾人"，通常在区别"客家人"、"外省人"时也称为"福佬人"或"鹤佬人"。因少数民族获得了"原住民"的"优先"称谓，并形成对"本省人"、"外省人"都是"外来者"的排拒心态，也出现了将以闽南人为主体的"本省人"称为"早住民"、"外省人"称为"新住民"的说法。②这种"早住民"的说法，目的在于一方面尽可能地接近"原住"的地位，另一方面也进一步拉开同"新住"的距离。

在"民进党"执政后，人口最多的"闽南"族群成为台湾社会中的"强势族群"。从台湾"反对运动"时期开始，闽南人的"党外运动"就表现出建构"台湾民族主义"的特征。这些"党外运动"的发动者、组织者是"政治工匠，他们把难懂的、技术性的、而且常常是朦胧混乱的神话般的哲学转变为明白易懂的语言，最终简化为口号"③。通过"族类政治化"的语言、符号、人物等来煽动民众和谋求认同，甚至在集会、演讲中必须讲"台语"（闽南话）而不讲"北京话"（"国语"），如果闽南人不能用"台语"演讲，唯有向听众道歉并对国民党政府推行"国语"的"同化"政策进行控诉方能得到理解。相应地，"在这些群众活动的场合中，根据台湾民族主义的论述而产生的特定口号、词汇、意象、及事件一

---

① 施正锋：《平埔身份认同》，http：//mail. tku. edu. tw/cfshih/def5 - 2 - 020615. htm。
② 参见戴宝村《原住民、早住民与新住民》，http：//www. twhistory. org. tw/index. html。
③ ［美］菲利克斯·格罗斯：《公民与国家——民族、部族和族属身份》，王建娥、魏强译，新华出版社2003年版，第102页。

再被宣扬、强调、及使用"①。

这种集中体现"福佬中心主义"的"认同政治"外溢及其"台独"走向,在加剧"省籍矛盾"的同时,也对原住民和客家人群体形成了新的"中心—边缘"关系的支配性压力,从而进一步强化了这些群体的"族群性"自我认同和"主体性"维护。也就是说,所谓"闽南族群"宣扬的"大族群主义"("福佬中心主义"、"台湾民族主义"),不可避免地会引起其他"族群"的"族群主义"对抗。

3. "客家"族群

台湾的"客家人"主要来自广东、福建,人口约占台湾总人口的15%。在中国近代历史中,有关"客家人"的民族归属问题曾引起中外学者的关注,并因此形成了"客家学"。以罗香林为代表的"客家学"研究把客家人定位为汉族的正统,使"客家人"的身份问题得以确定。台湾的"客家人"作为大陆移住台湾的移民,其民族归属并未因移民过程而改变。只是在 1949 年国民党政权退据台湾之后,台湾的"客家人"在"省籍矛盾"中被纳入"本省人"范围,唯一的区别是在官方支持下成立了"世界客属总会",以作为台湾当局"四海归心侨务工作之一环,也给予了台湾客家系属为'中国客家之一支'的族界图像"②。当然,这一"族界图像"虽然维系了台湾"客家人"认同汉族的自我意识并在国民党"中国民族主义"意识形态中找到了构成"中华民族"主体的"民族地位",但是这并没有改变他们相对于"外省人"而言的"本省人"归属感,只是历史上的"闽客矛盾"、"分类械斗"、"义民"等问题仍因"台独"势力"族群构建"对历史资源的发掘而在现实的"闽客"关系中产生影响,从而在"族类政治化"的过程中出现了"客家"族群的构建。

在台湾"反对运动"兴起以后,特别是以闽南人为主体的"台湾民族主义"政治势力造成的"国家认同"危机,对"客家人"的"族界图像"形成了破坏性的冲击,因为所谓"台湾人"对历史上所有"外来政权"

---

① 王甫昌:《台湾反对运动的共识动员:一九七九——一九八九年两次挑战高峰的比较》,《台湾政治学刊》创刊号,第 185 页。

② 杨长镇:《民族工程学中的客家论述》,载施正锋编《族群政治与政策》,第 23 页。

的控诉，其中也包括对历史上"义民"这种被视为"外来统治"势力的帮凶的揭露而形成了对"客家人"的排斥。因此，在"原住民"以"弱势群体"洗刷历史"污名"和恢复权利地位的"泛族群运动"兴起之后，20世纪80年代后期"客家人"运动也以"新的客家人"面貌加入了"反对运动"，其运动的指向之一是"福佬中心主义"，"普遍的现象是抗议福佬人族群历史的约定俗成：台湾人即福佬人，台湾话即福佬话"等，[①]同时也出现了以强调"客家人"也是"台湾人"、"客家语"也是"台湾语"的台湾"客家"族群认同。甚至也出现了"客家族群组党"的舆论。[②]这也促使台湾当局于2001年设立了"客家委员会"，以挽救客家"族群文化快速消失的危机"，等等。[③]

　　4. "外省人"族群

　　如上所述，台湾的"外省人"是指1945年国民党接管台湾和1949年国民党败退台湾时进入台湾的大陆人，也被称为"大陆省籍人"，人口约占台湾总人口的13%。这些随国民党政权迁转于台湾的大陆人，基本上都是国民党政府体系中的"党、政、军、警、文教"等系统的公职人员，而且大都是没有带家眷或未婚的男性。这些"外省人"祖籍天南地北，族裔背景多样，除了对国民党政治的认同外并没有所谓"族群"认同的基础。但是，由于这些"外省人"属于追随或被迫跟随国民党政权败退台湾的"政治移民"，他们到达台湾后并没有发生身份的变化，仍旧供职和认同国民党政权在台湾的残留体制，属于统治势力的组成部分和民众基础，而且相对于国民党政权所要统治的曾被"皇民化"的台湾民众而言，具有政治地位上的"正统性"和社会阶层地位上的优越性。一般而言，"外省人"在政府公务部门就职的比重远远大于其人口在台湾总人口中的比例，[④]如果加上在军队服役的人数这个比例会更高。而"本省人"主要集中在私营部门。这种社会角色和阶层的政治安排，在国民党推行的"中国民族主义"

---

　　①　杨长镇：《民族工程学中的客家论述》，施正锋编《族群政治与政策》，第27页。
　　②　参见施正锋《客家族群组党的政治分析》，载施正锋编《族群政治与政策》"代编者序"。
　　③　参见"客委会介绍"，台湾"行政院客家委员会"网站，http://www.hakka.gov.tw。
　　④　参见林忠正、林鹤玲《台湾地区各族群的经济差异》，载张茂桂等《族群关系与国家认同》，第109页。

对台湾的改造中，"省籍"支配关系的社会性影响也使人口居于少数的
"外省人"具有了相当于"统治民族"的地位。

　　然而，蒋介石"反攻大陆"遥遥无期的"神圣使命"无法解决"外
省人"中普遍的"家庭团聚"和"成家立业"问题，所以"外省人"与
"本省人"之间的"家庭重组"和通婚现象也自然发生。因此，从民间
层面讲，"外省人"的"本省化"或"本省人"的"外省化"现象也并
非不存在。但是就总体而言，国民党政府在台湾半个世纪的统治对"外
省人"群体的倚重，不仅造成了"外省人"在权力结构中的优势地位，
而且也使"外省人"跻身于台湾社会"中产阶级"行列的比重超过了
"本省人"。甚至有人认为"外省人"的后代在教育、职业和所处的社会
阶层等方面仍处于优越地位。[1]所以，所谓"外省人"的"族群认同"除
了"中华民族"或"中国人"外，其整体意识并不属于"族群认同"范
畴，只有在阶层、政治态度和认同中国方面表现出与其他所谓"族群"
的明显差别。但是，在"反对运动"兴起和"民进党"及其"台独"主
张陡然上升并改变了原有的政治权力结构的形势下，"国家认同"危机和
国民党在政治角逐中的"失利"，增强了"外省人"的群体危机感。"外
省人"的"族群构建"和"族群认同"也在这种形势所迫的条件下进入
了"族群政治"的旋涡。

　　台湾所谓"四大族群"的分类，并不是人类学、民族学意义上的"族
群"划分，即便从移民的角度去认识台湾的族群，除了"原住民"移民
历史长久外，其他来自大陆的移民无论是四百年还是五十年，都属于大陆
移民、中国人。正如中国的海外移民一样，无论是数百年前的移民还是当
代的新移民都属于"海外华人"一样，他们在所在国的"族群"分类中
也只有"亚裔"、"华人"这样的称谓而并没有划分出"广东人"、"福建
人"或"闽、客"之类的族群。所以，从台湾"原住民"的视角看，所
谓"外省、闽、客，其实都是汉人"。"无论我们怎样论述他们彼此间内
部的许多差异性，相对于原住民来说，他们的同质性远高过他们彼此间的

---

　　① 参见吴乃德《槟榔和拖鞋、西装及皮鞋：台湾阶级流动的族群差异及原因》，《台湾社会学研
究》1997 年第 1 期。

差异"。而汉人也认为原住民内部的"九族"、"十族"甚至"十一族"之
分也很牵强附会。①因此，台湾的"四大族群"说，从本质上讲并不是学术
界"诗学化"理解的"文化族群"，而是"政治族群"。这种"族群认同"
的形成，"不但需要长远的历史作为素材，而且需要政治动员的社会工
程"②。以民进党为代表的"台独"势力正是这种"社会工程"的操纵者，
其目的是通过多元政治消解国民党的一党专制，进而将民主化、多元化导
引为"去中国化"的"台湾国"认同，构建对"弱势族群"新的"差异
政治"支配关系，它彰显了"闽南人族群"的中心地位。而非"闽南人族
群"的"自我认同"强化，是对"大族群主义"及其关涉"统独争议"
权力话语的回应。因为就认同而言，"自我在确定自己特定身份的同时，也
确定了他者相应的反角色"③。从这个意义上说，台湾社会的"族群化"是
表现在国家认同层面的分裂政治产物。

（五）台湾的"族群政治"与"国家认同"

从台湾的"四大族群"分类中可以看出，属于民族问题的"原、汉矛
盾"，属于政治结构问题的"省籍矛盾"和属于民间冲突的"闽、客矛
盾"构成了台湾族群分化的基本对应关系。④同时，这三对关系又存在着一
些交错因素，"原、汉矛盾"包括"原住民"同"本省人"、"外省人"的
族际关系问题；"省籍矛盾"中也包括"外省人"同闽南、客家和"原住
民"之间过去的支配与被支配关系问题；"本省人"中也存在诸如"台
语"（闽南话）与"客家话"这类具有"文化台独"和"文化民族主义"
特征造成的冲突等问题。这些问题由于或明或暗地涉及"民族国家"（na-

---

　　① 孙大川：《泛原住民意识与台湾族群问题的互动》，载洪泉湖等编《族群教育与族群关系》，
第54页。
　　② 吴乃德：《搜寻台湾民族主义的意识形态基础》，台湾政治学会《台湾政治学刊》创刊号，
1996年7月，第36页。
　　③ ［美］亚历山大·温特：《国际政治的社会理论》，秦亚青译，上海世纪出版集团2000年版，第
415页。
　　④ 参见施正锋《台湾的族群政治》一文中有关"三大轴线"说，载施正锋编《族群政治与政
策》，第73页。

tion – state）层面的"中国"、"中国人"、"中华民族"与"台湾"、"台湾人"、"台湾民族"认同方面的政治歧义所体现的"民族问题"（national question），而增强了台湾的"四大族群"的"族群性"（ethnicity）特点。不过这种"族群性"并不主要表现为"民族文化"层面上的差异，①它所体现的主要是"族群政治"特征。

事实上，台湾的"四大族群"之分主要是多党政治操作的产物。所谓"四大族群"说，在政治层面炒作的目的是通过对差异政治"存异于他"的认可来加剧"统独争议"，以期分化瓦解台湾民众的中国、中华民族意识，在"去中国化"、"污名化"中国的氛围中构建"台独"势力鼓噪的所谓"台湾国"、"台湾民族"的"认同政治"。通过所谓文化差异来放大台湾民众中的"省籍"背景和强化"族群认同"的边界，实际上就是为了证明"族群现象是台湾政治过程中的重要变数。它是政党支持的重要基础，也是国家认同的重要分野"②。因此，台湾"族群政治"的分化，不仅是台湾学界族群研究无法回避的问题，而且也是"台独"势力着力利用的工具。正如有人指出的：李登辉"划分台湾居民为'四大族群'后，更让笔者感到'分而斗之'的野心，恐将遗患深远"③。事实也是如此，今天在台湾无论是讲"省籍"问题还是讲"族群"问题都不可避免地要涉及"国家认同"和"统独争议"。因此，对这种"政治族群"的认识，"只能从它们被建构成为'族群'的过程来理解，而不是从它们的'族群特质'、'族群来源'来理解"④。这一构建的过程，就是台湾政治民主化、多党制依托于"省籍矛盾"造成"族群"分化进而形成"族群政治"的过程，是一个为了进行政治动员、分配社会权力的人为安排，只是通过各个"族群"的所谓"文化差异"的塑造、"共同记忆"的召唤来制造并区隔族群意识而已。

---

①　从文化角度讲，台湾的"四大族群"中除了"原住民"文化同汉族文化之间存在"原生性"差异外，其他所谓"三个族群"只是在方言上存在差异，而非"民族文化"的差异。

②　吴乃德：《省籍意识、政治支持和国家认同》，载张茂桂等《族群关系与国家认同》，台湾业强出版社1993年版，第48页。

③　《编辑室手记》，台湾《科学月刊》2000年第11期，http://www.scimonth.com.tw。

④　张茂桂：《台湾的政治转型与政治的"族群化"过程》，第41页。

由于台湾"原住民"族群的政治诉求主要集中在"正名运动"、"还我土地"、"实行自治"和"文化复兴"等方面,较少卷入"统独争议",而且在台湾政治斗争中往往处于边缘,这也使表现在"闽南"、"客家"和"外省"所谓三个"族群"之间的"差异"更加政治化而非"文化差别"。因为这三个"族群"并非是人类学、民族学意义上的"族群"(ethnic group)或"民族"(ethnos),而"是十分人为的、有特殊时空、特定政治含义的"族群分类。① 从表面上来看,这种"族群"划分似乎反映了台湾社会多元化的"承认政治",但其实质是通过"族群化"和利用"族群政治"工具对"差异政治"的承认来销蚀台湾民众对中国、中国人的认同,从而在"统独争议"中实现"去中国化"的分裂。然而,"撕裂族群"并不是"台独"势力的目的,构建"台湾民族"(Taiwan nation)的"集体认同"才是其最终目标。只是现阶段"它的任务之一主要是在脱离中国,至少脱离中国民族主义"②。因此,在表现为"存异于他"的"差异政治"的分化过程中,"台独"势力却在不失时机地鼓噪"台湾正名"、"公投"、在教科书中将清季统治台湾的历史纳入世界史等,通过推动"渐进台独"不断引发"台湾危机感"来迫使各个"族群"认同于"台湾民族主义",以实现台湾民众对"台湾国"的政治认同。"后现代政治可以看成是聚集在'认同政治'(politics of identity)和差异政治(politics of difference)两面大旗之下。差异政治试图用被从前的现代政治所忽略的那些范畴(如种族、性别、性偏好等)来建立新的政治团体;认同政治则试图通过政治斗争和政治信仰来建立政治和文化认同,以此作为政治动员的基础。"③台湾的"族群政治"正是在这两个看似矛盾但却相互交织的层面展开的。

从1986年第一个反对党——"民进党"成立并得到国民党政府的默许,到1989年国民党开放"党禁",台湾的"多党民主制"政治结构逐

---

① 张茂桂:《台湾的政治转型与政治的"族群化"过程》,载施正锋编《族群政治与政策》,第41页。

② 吴乃德:《搜寻台湾民族主义的意识形态基础》,第36页。

③ [美]道格拉斯·凯尔纳、斯蒂文·贝斯特:《后现代理论批判性的质疑》,张志斌译,中央编译出版社2001年版,第267页。

步形成，并最终在 1996 年实行"总统"的"公民直选"而完成了所谓"民主政治"的转型。20 世纪 90 年代以来，在台湾的政治民主化、多元化竞争中政党蜂起（最新统计为 101 个政党），各政党的"政治分歧相当程度决定了政党竞争的基础，也相当程度决定了政党的成败"。其中，"省籍因素仍旧是影响台湾政党竞争的最重要政治分歧"，而这种"政治分歧"的焦点正是由于 1991 年民进党抛出"台独党纲"所造成的，它"使统独议题在 1990 年代相当程度影响政治精英的政治辩论和选民的政治讨论，也相当程度地决定了选民的政党认同与投票对象"。[①]

台湾的"多党民主制"源起于"省籍矛盾"形成的"反对运动"，这一"反对运动"的发展导致的"族类政治化"过程经过"族群"外衣的"文化"包装和"特质"构建后，形成了"族群政治"格局。"族群化"的分化表现在政治生活层面与"多党民主制"融为一体、相互推动，最终显示了台湾"多党民主制"的"族群性"。在政治学研究中，有关"族群政治"的分析工具是"族群投票"（ethnic voting），[②]所以台湾"族群政治"中的"族群性"通过选民群体对不同政党的支持是可见一斑的。在台湾政坛中，虽然没有哪一个政党宣称自己是"族群政党"，但是其构成和支持者的"族群归属"却表现出台湾民众政党支持模式中显而易见的"族群性"。当然，这里所说的"族群性"是台湾所谓"四大族群"意义上的政治"族群性"，事实上仍旧是"省籍矛盾"在政党分歧上的体现。因为"相当多的学术研究显示，闽南籍与外省籍有明显的统独立场差异"[③]，这种差异使各政党政治精英进行的选民动员和获得的选民支持往往造成"民进党最强烈的支持者主要仍是本省籍民众，特别是闽南人，新党的强力支持者则是外省籍民众"的现象。[④]而这种现象正是民进党等"台

① 盛杏湲：《政治分歧与政党竞争》，财团法人国家政策研究基金会《国政评论·宪政（评）091—416 号》，http：//www. npf. org. tw/PUBLICATION。

② 参见王甫昌《族群意识、民族主义与政党支持：1990 年代台湾的族群政治》，《台湾社会学研究》1998 年第 2 期。

③ 盛杏湲：《政治分歧与政党竞争》，财团法人国家政策研究基金会《国政评论·宪政（评）091—416 号》，http：//www. npf. org. tw/PUBLICATION。

④ 王甫昌：《族群意识、民族主义与政党支持：1990 年代台湾的族群政治》，《台湾社会学研究》1998 年第 2 期。

独"势力利用"省籍"分化"族群",制造"国家认同"危机的结果。

台湾社会围绕"统独"问题这一政治焦点表现出来的"族群认同",实质上是"国家认同"。在这方面,"原住民"族群的政治诉求仍主要表现为在族际关系领域谋求政治、经济和文化等方面的平等权利,但是在"国家认同"议题中,唯一的原住民政党,在政治上却明确主张"结合两岸少数民族各阶层领导人士,促进政治、经济、文化交流,实现和平统一之大业,共同为此目标奋斗"①。因此,"从血缘的因素而论,'台湾人'、'客家人'与'外省人'严格说来,并非属于不同的族群。但是吊诡的是,在血统、语言及文化上与汉民族为不同族群的原住民族,却反而不会被占绝大多数人口的族群视为'外人',且原住民族也并没有发生国家认同上的疑义。由此可见,血缘、语言、宗教或地缘等因素,虽然可以强化族群的凝聚力,但他们并非构成族群的必要条件,而构成'族群感'的必要条件,则是在于主观的情感认知。"然而,这种"主观的情感认知"又往往是政治操作的结果,尤其是"台独"势力通过"不断提醒民众'我们'与'他们'是不同的族群,从而使族群关系又遭到了撕裂。并且,族群关系也因此而转变成为'台湾'与'中国'之间的国家认同问题"②。如果说台湾的"四大族群"是"省籍矛盾"的人为放大和在汉、原族际关系基础上的扩展,那么业已形成的"族群政治"格局无论反映出何种政治、经济、文化和社会生活方面的种种诉求但都无法回避"国家认同"这一实质问题,而这一点恰恰是"四大族群"制造者极力操弄"族群政治"的目的。

对台湾民众来说,在民族(nation)与国家(state)的认同问题上面临的形势是国民党威权统治下"中国民族主义"意识形态的结束和"台湾民族主义"意识形态的张扬,但是鼓吹"台湾民族主义"的势力又是依托于"省籍矛盾"中以"本省人"为主体的政治力量,其"去中国化"的"台独"主张并不为台湾民众所普遍认同,尤其是"台独"势力构建

---

① 参见《中国台湾原住民党·党章》,http://www.tapt.org.tw/about/about.htm。

② 桂宏诚:《国家认同问题的根源与依归》,财团法人国家政策研究基金会《国政评论·内政(评)09—120号》,2003年7月15日,http://www.npf.org.tw/PUBLICATION。

所谓台湾"生命共同体"、"命运共同体"的"民族主义"同质化政治压力所产生的"支配性",并没有反映各差异群体在民主化、多元化进程中表现出的不同"主体立场",而是体现出"中国人"还是"台湾人"非此即彼的民族主义"国家认同"的政治抉择,台湾社会政治因此也出现了"差异分裂"和"团结重组"的双重走向,而"差异分裂"现象通过对"族群"概念的应用使差异群体认同披上了"族群化"的外衣。在这种情况下,"族群"问题虽然不是引起台湾政治变局的动因,但却是台湾政治冲突在社会层面的"延伸"。"也就是说,'族群'是政治冲突过程中的一个创造,是用来进行政治权力支配、不同社会组织方式与意识形态系统抗争时利用的一个文化发明。"[1]这种以"文化认同"为表象构建的"族群认同",突出地表现了后现代的特征。"族群认同之所以会变成后现代的形态,主要原因来自于认同的分裂与歧义,并从统合走向多元化及分散,族群认同的分化如果加上语言、宗教信仰不同的交叉因素(如同族群却有不同的宗教信仰),将使认同的本质更具不确定性,而这更加助长后现代认同的形成。"[2]这一点在台湾的"族群"构建中也十分显著。然而,认同本身产生的"自识"与"排他"作用,也迫使闽南人政治势力在代表和张扬"台湾认同"的同时,由于其他"族群"的"自我认同"形成的排拒作用而不得不回归和固化"闽南人"的"族群认同"。从而使其"四大族群"的"认同政治"构建,重蹈了支配性而非多元主义的"差异政治"覆辙。

台湾的"四大族群"既是"族群"概念应用于政治领域的产物,也是台湾"选举政治"中的斗争焦点之一。"这样的'族群'分类政治,虽然看起来是最能够解释一些人们的政治倾向,获得经验资料的支持,但是它仍然只是社会歧异、社会组织的方式之一、而非最终决定性的、或者唯一的方式。其他的社会分歧与分类,关于所得高低、阶级、性别、年龄代间、职业(专业)团体等,虽然经常被'族群'分类政治所掩盖,无法充分突显,但是进入1990年代中期之后,我们可以预期族群之外的其他

---

① 张茂桂:《台湾的政治转型与政治的"族群化"过程》,载施正锋编《族群政治与政策》,第42页。

② 孟樊:《后现代的认同政治》,第79页。

社会冲突关系、其他类属，将取得更大的自主性。"①然而，在这一所谓可预见的而且事实上也已经出现的多元化利益群体，却由于"族群"概念在台湾政治领域的广泛应用及其超越了"族裔"（ethnic）的范畴，使"其他的社会分歧与分类"也纳入了"族群化"的轨道，形形色色的"族群"纷纷出现，从而造成"族群"概念在台湾的社会化泛用。②这种泛"族群"的社会分化现象，虽然反映了台湾社会各种利益群体谋求多元承认的诉求，但是"族群"外衣的包装、"文化认同"的导引和差异政治的左右，也势必出现类似于西方国家后现代社会裂变中那些非族裔群体借助于民族主义式的话语来强调自我地位的现象。③在这种情势下，属于民族主义范畴的"族群主义"（ethnicism）④也因"族群化"边界的无限放大而与民粹主义（populism）交织在一起。台湾政治"民主化"与"本土化"的互渗作用，一方面"让台湾的民粹力量，不仅是理性的诉求，更多的是情感的号召"⑤，另一方面这种"情感的号召"往往借助于"族裔背景"、"草根社会"、"历史想像"等"族群话语"来进行认同政治的社会动员。因此，"台独"势力操弄的"族群政治"也突出地表现出"族裔民粹主义"运动的共同逻辑，即"本土化动员、文化政治化以及共同体纯洁化"，⑥其目标是构建一个"台湾民族"。

　　"台独"势力通过"族群分化"来抵消国民党威权统治下的"中国民族主义"意识形态，在制造差异政治的同时又企图构建起"台湾民族主义"的认同政治，然而"族群"认同的"自识"与"排他"特性在"族群政治"中发挥的"双刃剑"作用，不仅为台湾社会种下了"国家认同"的深刻危机，而且也不是"民进党"为代表的"台独"势力所能驾驭的

　　① 张茂桂：《台湾的政治转型与政治的"族群化"过程》，载施正锋编《族群政治与政策》，第67页。

　　② 参见拙文《中文语境中的"族群"及其应用泛化的检讨》，《思想战线》2002年第5期。

　　③ 参见拙文《西方国家社会裂变中的"认同群体"与 ethnic group》，《世界民族》2002年第4期。

　　④ 参见［日］三好将夫《没有边界的世界？从殖民主义到跨国主义及民族国家的衰落》，陈燕谷译，载汪晖、陈燕谷主编《文化与公共性》，三联书店1998年版，第501页。

　　⑤ 胡全威：《民粹主义与两岸关系》，财团法人国家政策研究基金会《国政分析·国安（析）092—009号》，2003年8月25日，http://www.npf.org.tw/PUBLICATION。

　　⑥ 参见［英］安东尼·D. 史密斯《全球化时代的民族与民族主义》，第78、80页。

形势。那种试图"使族群间的冲突能有起码的节制（conflict regulation），在相互信任与了解的条件下，族群间能建立制度化的协商机制，并在这个过程中逐渐建立彼此可以接受的价值观"的"政治整合"愿望，[1]唯有放弃"台独"主张才能实现，因为台湾的"四大族群"分裂和"族群政治"冲突的始作俑者是"台独"势力。

总之，正如西方学者所言："'族群'一词已进入了台湾的日常话语。当台湾人试图建构自身的认同以区别于中华民族这一认同时，'族群'是一个有助于排外的语汇。"[2]台湾学者也清醒地认识到：台湾已经发酵的"族群认同"，"在政治竞争的催化下隐然形成区隔的标签，埋下了分裂的种子"，并警告人们"族群意识可以建立一个国家，也可以撕裂一个国家"[3]。当然，大陆与台湾的政治生态完全不同，但是大陆学界从台湾引进了"族群"话语，并在强调其"文化本质"的理解与应用中展开了"族群研究"及其"本土化"的应用，却不能忽视台湾的"族群"分化及其"族群政治"的面向和本质。因此，大陆民族学、人类学等学科理解和应用"族群"（ethnic group）概念及其相关理论时，关注和审视台湾的"族群"和"族群政治"无疑是全面认识、借鉴族群理论不可忽视的一个政治向度。

---

① 施正锋：《族群与民族主义——集体认同的政治分析》，前卫出版社2001年版，第216页。

② ［美］斯蒂文·郝瑞：《田野中的族群关系与民族认同》，巴莫阿依、曲木铁西译，广西人民出版社2000年版，第262页注①。

③ 李亦园：《读历史，也读预言》，［美］哈罗德·伊罗生：《群氓之族》，邓伯宸译，广西师范大学出版社2008年版，第271页。

斯大林的民族定义及其在苏联的实践

民族是人们在历史上形成的一个有共同语言、共同地域、共同经济生活以及表现在共同文化上的共同心理素质的稳定的共同体。

——斯大林:《马克思主义和民族问题》

斯大林就曾经提出判断民族国家的一套标准,当然,他的标准也非世上唯一的标准。

——[英]埃里克·霍布斯鲍姆:《民族与民族主义》

民族(nation),是人类共同体依托于民族国家(nation – state)而形成的现代形式。①作为通俗的理解,一个民族就是一个民族国家的全体居民或全部享有该国家国籍的人的总称。因此,将 nation 理解为"国族"事实上是非常贴切的。但是,由于民族(nation)与国家(state)之间的密切关系,由于民族主义(nationalism)与爱国主义(patriotism)时而重叠、时而相悖,由于当代世界各个民族国家(除少数国家外)内部的居民成分大都不是同质的,普遍存在着历史源流、语言文字、宗教信仰、文化特点、生活习俗、价值观念、行为方式甚至种族特征等方面的不同,同时也存在着一些民族国家内部的居民成分在上述要素方面基本相同(如一些阿拉伯国家)的现象,所以为民族(nation)下定义变得十分困难,至今未能形成统一的规范定义。

---

① 本文讨论的"民族"概念是斯大林定义的 нация(即英文的 nation),其中也会涉及非民族国家的"民族",届时会专门说明。

由于缺乏对民族概念进行定义的共识标准，几乎所有涉及民族共同体或民族问题研究的学科都关注和试图回答"什么是民族"这一基本问题。然而，许多著名学者在回答这一问题时也往往表现出留有余地的谨慎或力不从心的困扰。马克斯·韦伯认为：民族（nation）是一个充满感情色彩、在进行社会学定义时最令人苦恼的概念；①盖尔纳认为："给民族下定义，要比给国家下定义困难得多"②；凯杜里认为：民族这种"似乎简单明了的东西其实是晦涩的、深奥的"③；安德森认为：民族、民族主义"这几个名词涵义之难以界定，早已是恶名昭彰，遑论对之加以分析了"④；霍布斯鲍姆则认为：回答这个问题"至今尚无一致通论或标准规则"⑤；等等。尽管如此，学者们并未知难而退，因为这一概念直接关系到人们热衷讨论的民族主义和民族国家等关涉人类社会民族现象的一系列重要问题，所以关于民族的定义并不匮乏，只是众说纷纭、见仁见智、莫衷一是而已。

（一）斯大林的民族定义及其理论来源

在流行或通用的各种民族定义中，斯大林的民族定义一直是为世人所关注的定义之一，无论是质疑、反对还是赞同，人们在给民族下定义或诠释民族时都无法绕开这个定义。虽然西方学者对这一定义的"学术成就"并不认同，但是从"着眼于其对后世政坛的重大影响"，特别是"对国际局势造成深远影响，且不限于社会主义国家，尤以对'依赖世界'影响最大"的事实，⑥仍将它视为最有影响的民族定义之一。甚至苏联解体之后，在西方政坛、学界普遍认为"民族主义战胜了共产主义"的形势下，1994

---

① 参见［德］马克斯·韦伯《经济、诸社会领域及权力》，李强译，三联书店、牛津大学出版社1998年版，第120页。

② ［英］厄内斯特·盖尔纳：《民族与民族主义》，韩红译，中央编译出版社2002年版，第7页。

③ ［英］埃里·凯杜里：《民族主义》，张明明译，中央编译出版社2002年版，第2页。

④ ［英］班纳迪克·安德森：《想象的共同体：民族主义的起源与散布》，吴叡人译，台湾时报文化出版企业股份有限公司1999年版，第8页。

⑤ ［英］埃里克·霍布斯鲍姆：《民族与民族主义》，李金梅译，上海人民出版社2000年版，第5页。

⑥ 同上书，第2、14页。

年西方学者编撰的有关民族和民族主义理论的文献著述中，仍将斯大林的民族定义作为具有代表性的定义之一列入其中。①这表明，虽然苏联解体的重要原因之一是解决民族问题的失败，但是斯大林的民族定义作为一种解读人类社会民族国家时代民族现象的理论遗产，仍旧受到重视。

　　事实上，斯大林民族定义是马克思主义经典作家对民族阐释的唯一系统和影响广泛的定义。同时，这一定义也是中国目前在学术研究、知识普及的实践中长期遵循且比较规范的民族定义的基础。②中国民族学界对斯大林民族定义的讨论、研究和引用是相当广泛的，因为几乎每一部（篇）关系民族理论基本原理的著述都不可避免地涉及对民族概念的界定。但是，人们对斯大林定义所指称的民族往往在理解上存在问题，主要表现为根据斯大林民族定义及其在苏联的实践而将这一定义的特定对象（通常所说"狭义民族"）理解为普遍对象（通常所说"广义民族"），以致在实践应用中出现了种种矛盾和难以解释的困扰。在这种情况下，把对斯大林民族定义本身的理解偏颇或放大作为斯大林民族定义本身的概念缺失，并由此提出一些并不深刻的质疑、批评甚至否定也就难以避免了。

　　1912 年底至 1913 年初，斯大林在维也纳完成了他著名的《马克思主义和民族问题》一文。③这篇论文于 1913 年在《启蒙》杂志（第 3—5 期）上发表，当时的标题是《民族问题和社会民主党》。次年，该文由彼得堡波涛出版社出版单行本，书名改为《民族问题和马克思主义》，后为沙皇政府列为禁书，苏联建立后再版时改为《马克思主义和民族问题》。列宁对斯大林撰写这篇文章是寄予厚望的，他曾在给高尔基的信中针对民族主义问题说："我们这里有一位卓越非凡的格鲁吉亚人正在埋头给《启蒙》杂志写一篇大块文章，他搜集了奥国的一切材料和其他国家的材料。"④斯大林的这篇文章发表后，列宁给予了高度评价，他针对当时民族问题被提

---

① Edited by John Hutchinson and Anthony D. Smith, *Nationalism*, Oxford University Press, 1994.

② 如《中国大百科全书》、《辞海》、《现代汉语词典》等代表国家级水平的辞书所列"民族"条目的释文。

③ 斯大林：《马克思主义和民族问题》，《斯大林选集》上卷，人民出版社 1979 年版，第 59—117 页。下文所述及斯大林对民族概念的分析一般不再一一注出。

④ 列宁：《给阿·马·高尔基》，中国社会科学院民族研究所编《列宁论民族问题》上册，1987 年版，第 173 页。

到显著地位的情势指出："在马克思主义的理论文献中，对于这种情况和社会民主党民族纲领的原则，最近已经作了阐明（在这方面首先要提到斯大林的论文）。"①在给加米涅夫的信中也指出：斯大林（柯巴）"那篇文章写得很好，这是当前的重要问题"②。正是在这篇论文中，斯大林首先对民族（нация）进行了概念分析和定义，列宁对这篇论文的赞赏，也应该包括对斯大林民族定义的肯定。

斯大林在这篇论文中开宗明义地指出：民族首先是一个共同体，是由人们组成的确定的共同体。而且，这个共同体不是种族的，也不是部落的。例如当时的"意大利民族"就是由罗马人、日耳曼人、伊特拉斯坎人、希腊人、阿拉伯人等组成的，"法兰西民族"是由高卢人、罗马人、不列颠人、日耳曼人等组成的，"英吉利民族"、"德意志民族"也是如此。众所周知，民族国家（nation - state）模式，是法国大革命后，特别是 1848 年资产阶级革命以后西、北欧国家体系变革的产物，所以这里所说的"法兰西民族"是指民族国家意义的全体法国居民。在欧洲民族国家构建进程中，西欧、中欧和东欧表现出不同的发展阶段。在西欧地区民族国家建立之际，中东欧地区的国家进程尚处于封建帝国模式的影响之下。相对于西欧的国家、民族发展进程而言，中东欧地区被认为是"来迟了"的或"迟到的民族"。即如哈贝马斯所说："所谓'迟到的民族'（verspätete Nation），是指意大利和德国，他们走的是另外一条发展道路，但也为民族国家在中欧和东欧的形成作出了示范。"③因此，斯大林当时所论证的民族（нация），是指组成民族国家（nation - state）的民族（nation），组成民族的成员可以是不同种族（расы）、不同部落（племена）等群体。

斯大林认为，这种民族的形成并非偶然，它是历史形成的、稳定的共同体。它所依托的民族国家同历史上的帝国不同，诸如亚历山大帝国之类的国家也是由不同种族、部落组成的，但是它们是偶然凑合起来的、昙花

---

① 列宁：《论俄国社会民主工党的民族纲领》，《列宁全集》第 19 卷，人民出版社 1963 年版，第 542 页。

② 列宁：《给列·波·加米涅夫》，《列宁论民族问题》上册，第 174 页。

③ ［德］尤尔根·哈贝马斯：《包容他者》，曹卫东译，上海人民出版社 2002 年版，第 125 页。

一现的，是内部缺少联系的集团的混合物，其分合是以某一征服者的胜败为转移的。因此，那些传统的帝国，其臣民不属于民族（нация）。而民族（нация）是在资本主义取代封建主义的过程中形成的，这种民族所依托的国家是民族国家（nation - state），也就是民族共同体与国家共同体的统一。

在西欧民族国家普遍建立的同时，中东欧地区仍存在着奥匈、沙俄这样的传统帝国。斯大林认为，虽然奥地利、俄国也是稳定的共同体，但是也不能称之为民族。原因是民族共同体与国家共同体的区别之一是前者"非有共同语言不可，国家却不一定要有共同语言"。这里所说的民族共同体与国家共同体的区别，实际上就是区分民族国家这种类型与其他国家共同体类型的关键。也就是说，斯大林认为，像古代的罗马帝国和当时的奥匈、沙俄帝国虽然都是国家且有相当的稳定性，但是它们不是现代意义上的民族国家，这种庞大帝国虽然有统治民族推行和使用的官方文牍语言（文字），但是没有民族共同体的"共同语言"，即如奥地利境内的"捷克民族"和俄国境内的"波兰民族"都有自己的共同语言，而这两个国家内部存在多种语言的事实并不妨碍奥地利和俄国的国家完整。因此，斯大林特别强调指出，这里所说的共同语言是"民众的口头语言，而不是官场的文牍语言"①。斯大林在指出奥地利、俄国不属于民族国家的同时，也指出了这两个帝国中存在着当时属于"无国家的民族"②的"捷克民族"和"波兰民族"。从"共同语言"的视角和这些为帝国所征服而有权力或有能力建立自己独立的民族国家的民族地位出发，斯大林提出了定义民族的第一要素：

① 上述两段引文都是针对奥地利这种帝国而言的，奥地利、沙俄这种帝国不属于现代民族国家，所以不是现代意义上的民族，因此这些帝国的官方语言（德语、俄语）并不能够代表民族的共同语言。斯大林认为这些帝国治下的一些民族，如捷克人、波兰人都具有通过民族自决建立自己的民族国家的共同语言，只是在帝国统治下还处于"民众的口头语言"阶段。

② "无国家的民族"（nations without states），"意指民族纵使聚居于一或多个国家的疆域内，但大体上并不认定其自身与该国是一体的；该民族的成员没有属于自己的国家，以至于视其目前所属国家为外来政权，并且，仍以共同的文化、历史、特定之生活地域，与当家作主的明确意愿为基础，而持续维系着独立的民族认同"。Montserrat Guibernau：《无国家的民族：全球时代的政治社群》，周志杰译，台湾韦伯文化事业出版社 2001 年版，第 19 页。

"总之，共同的语言是民族的特征之一。"

语言作为定义民族的基本要素由来已久，无论是早期的定义还是现代的定义都将语言作为最基本的要素之一，当然也包括马克思主义经典作家的论述。恩格斯在批判泛斯拉夫主义时曾就捷克人、克罗地亚人在布拉格筹备建立"斯拉夫人大同盟"时面临的共同语言尴尬指出："这些可怜的热心于斯拉夫主义的人，这些唯一的共同感情就是对德意志人的共同仇恨的人，最后却不得不用与会人都懂得的唯一语言——可恨的德语来表达意见！"①列宁在同崩得机会主义者的论战中，针对锡安主义的"犹太民族"思想，专门强调了"最卓越的马克思主义理论家——卡尔·考茨基"对民族进行定义的两个基本特征："语言和地域"，同时引证了一位法国犹太人同锡安主义者论战时指出的结论："一个民族应当有它发展的地域，其次，至少在目前世界联盟还没有扩大基地的时候，一个民族应当有它共同的语言。"② 对语言、民族和国家关系的论述，如恩格斯指出的：在中世纪早期的各族人民混合过程中，一旦划分为语族，"这些语族就成了建立国家的一定基础，民族（Nrtionalitäten）开始向民族（Nation）发展"③。而列宁对此的阐发则是："在现代资本主义的要求中，无疑地会包括居民的民族成分尽可能达到一致这项要求，因为民族性、语言的统一对于完全占领国内市场和保证经济流通的完全自由是一个重要因素。"④无疑，这些论述都为斯大林阐释民族定义的第一要素提供了理论支持。

当然，像英吉利人和北美利坚人虽然操同一语言，但并不是一个民族（nation）。这是因为他们并不生活在共同的地域。斯大林认为，民族只有经过长期不断的交往，经过人们世世代代的共同生活，才能形成。而这种交往和世代延续的共同生活必须有共同的地域。由此，斯大林提出了民族定义的第二个要素：

---

① 恩格斯：《德国的革命和反革命》，中国社会科学院民族研究所编《马克思恩格斯论民族问题》上册，民族出版社1987年版，第228页。

② 列宁：《崩得在党内的地位》，《列宁论民族问题》上册，1987年版，第50页。

③ 恩格斯：《论封建制度的瓦解和民族国家的产生》，《马克思恩格斯论民族问题》下册，第819页。

④ 列宁：《关于民族问题的批评意见》，《列宁论民族问题》上册，第250页。

"总之，共同的地域是民族的特征之一。"

作为民族共同体形成的地域条件，是人类群体形式发展进化的基础。在氏族社会阶段，各氏族相对固定的采集、狩猎范围，随着部落的形成而不断扩大。而亲属部落、征服者部落的联盟，又使其共同的领地在兼并、扩张中发展，这种伴随着阶级社会发展的过程最终使"各个部落领土溶合为一个民族（Volk）的共同领土"也成为必要的了。①国家正是在此基础上出现的，几乎与国家共生的民族也随着国家形式的演变被逐步塑造起来，无论是希腊城邦国家对不同部落进行的"系统的图式处理"而使"它们与后来联合为城邦的相应的政治群体完全一致"，成为一个 ethnos（民族）；② 还是罗马帝国在摧毁古代血族团体和赋予臣民缺乏民族性的"罗马人"身份的同时，残酷的剥削和压迫使各行省成为摧毁罗马的力量，致使"新民族（neue Nationen）的要素到处都已具备"③。语言界限和自然疆界所决定的地域范围，无疑是推动共同生活的重要基础。

人类共同体最基本的共同生活内容是经济生活。斯大林的论述是，在这个共同地域中"还需要有内部的经济联系来把本民族中各部分结合为一个整体"。他以格鲁吉亚为例指出：过去格鲁吉亚人虽然生活在共同的地域、操着同一语言，但是却被分割为许多彼此隔离的公国，为此而相互混战或为外部势力利用，即便偶尔统一也因王侯跋扈和农民漠视而分崩离析，所以并未形成民族。直到 19 世纪下半叶农奴制度的崩溃和资本主义经济开始发展以及交通状况的改变，格鲁吉亚内部各地区之间出现了经济生活的分工，才开始成为民族。所有度过了封建阶段并发展了资本主义的民族都是如此。由此，斯大林提出了民族定义的第三个要素：

"总之，共同的经济生活、经济上的联系是民族的特征之一。"

马克思主义认为，"一个民族本身的整个内部结构都取决于它的生产以及内部和外部的交往发展程度。一个民族的生产力发展的水平，最明显地表现在该民族分工的发展程度上"。同时，这种发展程度决定了这个民

① 恩格斯：《家庭、私有制和国家的起源》，《马克思恩格斯论民族问题》下册，第803页。
② ［德］马克斯·韦伯：《经济、诸社会领域及权力》，第119页。译者将 ethnos 翻译为"族群群体"，本文用"民族"，指早期国家形塑的古代民族。
③ 恩格斯：《家庭、私有制和国家的起源》，《马克思恩格斯论民族问题》下册，第788页。

族与其他民族之间的关系。①在阶级社会，这种关系通常表现为征服与被征服、统治与被统治、压迫与被压迫。生产力的发展水平不仅表现为数量增加和规模扩大，而主要表现为分工，工商业与农业的分离、城乡的分离、商业与工业的分离，直到个人分工越来越细致，相互依赖程度也随之越来越高。这是一个漫长的发展过程，也是阶级形态、国家形态、民族共同体形态发展演变的过程，特别在资本主义出现及其推动的大规模商品生产和全国统一市场的形成，使这一过程陡然加快。俄罗斯民族的形成，正是"由各个区域之间日益频繁的交换，由逐渐增长的商品流通，由各个不大的地方市场集中成一个全俄市场引起的。既然这个过程的领导者和主人是商人资本家，所以这种民族联系的建立也就无非是资产阶级联系的建立"②。因此，"资产阶级日甚一日地消灭生产资料、财产和人口的分散状态"，"由此必然产生的后果就是政治的集中"③。这种集中形成了统一的政府、统一的法律、统一的民族阶级利益和统一关税的民族国家体制，这种体制"无疑地会包括居民的民族成分尽可能达到一致这项要求，因为民族性、语言的统一对于完全占领国内市场和保证经济流通的完全自由是一个重要因素"④。民族国家对现代民族的整合与塑造正是为了谋求这种统一。其中最重要的或最基本的是共同经济生活中的"民族联系"。

共同的语言、共同生活的地域、共同的经济生活和经济联系，也必然导致共同的意识。因为意识只能是被意识到了的存在，这种存在就是人们的实际生活过程。"思想、观念、意识的生产最初是直接与人们的物质活动，与人们的物质交往，与现实生活的语言交织在一起的。观念、思维、人们的精神交往在这里还是人们物质关系的直接产物。表现在某一民族的政治、法律、道德、宗教、形而上学等的语言中的精神生产也是这样。"⑤正是根据这一原理，斯大林在分析民族定义各种要素时指出了必须注意到

---

① 马克思、恩格斯：《德意志意识形态》，《马克思恩格斯论民族问题》上册，第 77 页。
② 列宁：《什么是"人民之友"以及他们如何攻击社会民主主义者？》，《列宁论民族问题》上册，第 2 页。
③ 马克思、恩格斯：《共产党宣言》，《马克思恩格斯论民族问题》上册，第 129 页。
④ 列宁：《关于民族问题的批评意见》，《列宁论民族问题》上册，第 250 页。
⑤ 马克思、恩格斯：《德意志意识形态》，《马克思恩格斯论民族问题》上册，第 81 页。

结合成一个民族的人们的精神面貌上的特点，也就是"表现在民族文化特点方面的精神面貌"。每一个民族因其存在的实际生活不同而形成了各自的"民族性格"，也就是心理素质。这种心理素质并非是不可捉摸的，而是反映在共同文化的特点上。由此，斯大林提出了民族定义的第四个要素：

"总之，表现在共同文化上的共同心理素质是民族的特征之一。"

斯大林认为，上述四个要素是"民族的一切特征"，单用其中任何一个要素来定义民族都是不成立的，同时缺少任何一个要素也不能成为民族，"只有一切特征都具备时才算是一个民族"。为此，他进一步批判了奥地利社会民主党的民族问题理论家鲁·施普林格和奥·鲍威尔有关民族定义的理论，即民族是"和地域无关的文化共同体"以及"民族就是那些在共同命运的基础上结合成共同性格的人们的集合体"等观点。并再次强调指出："实际上并没有什么唯一的民族特征，而只有各种特征的总和。"因此，"民族是由所有这些特征结合而成的"。上述四个特征构成了斯大林民族定义的完整表述：

"民族是人们在历史上形成的一个有共同语言、共同地域、共同经济生活以及表现在共同文化上的共同心理素质的稳定的共同体。"

斯大林所定义的民族是具有特定时空对象的，即"民族不是普通的历史范畴，而是一定时代即资本主义上升时代的历史范畴。封建制度消灭和资本主义发展的过程同时就是人们形成民族的过程"①。也就是说，斯大林定义的民族是西欧资本主义上升时代构建民族国家产生的结果，而非前资本主义时代的人们共同体。

（二）斯大林定义的是民族国家时代的民族

马克思主义经典作家对西欧（包括美国）资产阶级革命及其所由产生的民族国家论述颇多，而且都是从人类社会发展进步的必然过程来阐释的。恩格斯认为，自罗马帝国崩溃后的数百年所留下的一个重大成果，

---

① 斯大林：《马克思主义和民族问题》，《斯大林选集》上卷，第64页。

"这就是一些现代的民族（moderne Nationalitäten），亦即西欧人类为了未来的历史而实现的新的形成和新的组合"①。因此，从中世纪开始，欧洲"日益明显日益自觉地建立民族国家（nationale Staaten）的趋向，是中世纪进步的最重要杠杆之一"②。

在《共产党宣言》中，马克思、恩格斯在回应有关对共产党人"取消祖国、取消民族"的非议时指出："工人没有祖国。决不能剥夺他们所没有的东西。因为无产阶级首先必须取得政治统治，上升为民族的阶级，把自身组织成为民族，所以它本身暂时还是民族的。"③这就是说，"工人没有祖国"虽然包含了人们通常理解的无产阶级国际主义，但是更重要的是指出了当时世界范围的无产阶级都不具有能够实施"政治统治"的民族国家领导权，无产阶级首先要从资产阶级手中夺取政权，取得民族国家的统治者地位，成为"民族的阶级"，也就是相对于"民族资产阶级"的"民族无产阶级"，即便这是"暂时的"但首先必须是"民族的"。④因此，他们不但严厉地批判泛民族主义（如泛斯拉夫主义、泛犹太主义），而且针对已经落伍的传统帝国指出：在奥地利统治下的各个大小民族中只有德国人、波兰人、马扎尔人这些有条件通过民族自决建立民族国家的民族"现在是革命的"，⑤等等。

列宁根据马克思主义对资本主义发展趋势的论述，就民族问题的两大历史趋势作出的判断为："第一个趋势是民族生活和民族运动的觉醒，反对一切民族压迫的斗争，民族国家的建立。"⑥同时，列宁还针对曲解《共产党宣言》中"工人没有祖国"这一口号的论调进一步强调了马克思、恩格斯的思想，并指出："祖国这个政治的、文化的和社会的环境，是无

---

① 恩格斯：《家庭、私有制和国家的起源》，《马克思恩格斯论民族问题》下册，第795页。
② 恩格斯：《论封建制度的瓦解和民族国家的产生》，《马克思恩格斯论民族问题》下册，第819页。
③ 马克思、恩格斯：《共产党宣言》，《马克思恩格斯论民族问题》上册，第131页。
④ 马克思、列宁对资本主义时期每一个民族中都包括两个"民族"的思想，就是指两个不同性质的"民族的阶级"。
⑤ 恩格斯：《匈牙利的斗争》，《马克思恩格斯论民族问题》上册，第190页。
⑥ 列宁：《关于民族问题的批评意见》，《列宁论民族问题》上册，第229页。

产阶级阶级斗争中最强有力的因素。"①从这个意义上说，无产阶级革命无论在多国同时爆发还是在一国首先爆发都是为了实现无产阶级作为"民族的阶级"首先取得各自的民族国家政权。

民族国家是资产阶级革命的产物，代表了资本主义取代封建主义的历史趋势，同时也是造就资本主义"掘墓人"——无产阶级的过程。在西欧资产阶级民族主义运动影响下，中东欧地区传统帝国的民族运动兴起虽然包含了资产阶级成长的因素，但是资产阶级的力量还不足以建立民族国家。资产阶级力量的薄弱也就意味着无产阶级力量的不足。因此，第一次巴尔干战争后，虽然由于资产阶级力量薄弱（也意味着无产阶级力量的薄弱），巴尔干各国未能建立起现代意义上的民族国家而是民族君主国，但是奥斯曼帝国的覆灭却预示了奥地利、沙俄这种帝国的垮台，所以列宁仍然认为这"在摧毁整个东欧的中世纪残余方面，还是向前迈了一大步"②。因为巴尔干民族毕竟在一定程度上实践了建立资产阶级民族国家的基本原则——民族自决。马克思主义经典作家对民族国家的这些论述，无疑都是斯大林进行民族定义的理论基础。

因此，我们对斯大林民族定义的理解必须限定于民族国家范畴的民族（нация/nation）。从民族国家意义上去理解这个定义，特别是把斯大林专门用黑体标注的字句——共同的语言，共同的地域，共同的经济生活、经济上的联系，共同心理素质——作为理解的基点，那么可以得出这样的对应关系：

共同的语言＝全国通用语言（或官方语言/国语）

共同的地域＝民族国家的领土

共同的经济生活、经济上的联系＝全国统一的经济体制及其所由形成的地区、行业分工和相互间依存的密切关系（统一市场）

表现在共同文化上的共同心理素质＝认同国家（state）、民族（nation）的自觉意识（爱国主义/民族主义）

---

① 列宁：《好战的军国主义和社会民主党反军国主义的策略》，《列宁论民族问题》上册，第108页。

② 列宁：《世界历史新的一章》，《列宁论民族问题》上册，第229页。

　　用这样一种对应关系分析当代世界的民族国家，认识代表这些民族国家的任何一个民族（nation），如"法兰西民族"、"俄罗斯民族"、"中华民族"等，无疑都具备了上述要素，而且确实是"缺一不可"。①斯大林民族定义可能有不尽完善之处，但是他提炼出来的四大要素（或特征）是具有普遍性的，对认识民族国家层面的民族（nation）具有科学价值。所以，西方学者也认为斯大林的民族定义是"判断民族国家的一套标准"，尽管不是唯一的标准。②因此，就斯大林民族定义而言，其基本理论来源于马克思列宁主义的相关论述，斯大林的民族定义是马克思列宁主义关于民族国家意义上的民族（nation）定义。

　　斯大林民族定义的理论基础是马克思列宁主义对资本主义时期现代民族和民族国家的论述，该定义指称的时空对象十分清楚。但是，该定义在应用于建构苏联民族国家体系过程中发生了变异，而且斯大林对这种变异所进行的理论说明也与其原定义发生了矛盾。鉴于斯大林的理论权威地位，苏联民族学界长期为这种矛盾寻求自圆其说的根据，以致水越搅越浑，使原本具有科学意义的民族定义成为僵化、教条、公式化的应用标准，从而在否定斯大林的政治氛围中将其作为了扬弃、否定甚至嘲弄的对象。事实上，斯大林的民族定义是马克思列宁主义对民族国家层面的民族（nation）最系统的定义，至今对于我们认识民族国家时代的民族现象仍具

---

　　① 就语言而言，部分民族国家的全国通用语言有两种或多种，如瑞士将德语、法语、意大利语同时列为官方语言，印度通用英语但同时也确定十多种语言为官方语言等。当然，在各种各样的民族定义中，也有将宗教、习俗等要素加入其中的，但是这些要素不仅取代不了上述四个要素，而且也没有普适性。如宗教，在有的国家确定某一宗教为"国教"，但是多数国家没有用宗教来作为体现全体国民民族特性的标识。至于风俗，则更难作为概括民族国家层面的民族特性标志，笼统地说中国人好客、法国人浪漫、英国人保守、美国人开放之类是否可以代表民族性（nationality）？如果将衣着、饮食、婚丧嫁娶、民居、游戏、节日等习俗都作为定义一个民族（nation）的标准，首先面临的问题是这些标准即便在一个国民成分完全单一的民族国家内部也会有诸多地方特色，究竟由哪一个地方特色作为这个民族的标志？从这些方面看，斯大林的"缺一不可"说对民族国家层面的民族来说并非是绝对化的教条主义。另外，包括笔者在内，以往在分析斯大林民族定义时人们都对"这些特征只要缺少一个就不能成其为民族"和"只有一切特征都具备时才算是一个民族"的论断提出质疑和批评，其原因就在于对斯大林民族定义的对象没有真正理解或严格加以限定。从一定意义上说是缺乏"民族国家"观念的结果，是将这一定义国家层面共同体的民族概念用于构成多民族国家的"各民族"的结果。当然，这是与苏联定义民族的实践直接相关的，也与中文话语中"民族"一词同时应用于国家层面的"中华民族"和构成"中华民族"的"56个民族"有关。

　　② ［英］埃里克·霍布斯鲍姆：《民族与民族主义》，第5页。

有科学价值。至于这个定义应用于苏联民族国家体系建构过程中出现的问题，则需要从苏联民族国家体系构建过程的理论与实践中去寻求答案，而不是将不确切的理解及其在应用中产生的问题归结为理论本身的缺失或错误。

（三）苏联的国家构建与斯大林民族定义的应用

斯大林界定的民族是资本主义上升时期形成民族国家的民族（nation），他所列举的"民族"例证也是指已经建立资本主义民族国家的民族或虽然置身于传统帝国统治之下但已经形成资产阶级和具备独立建国条件的民族。这种例证的区别，在当时的欧洲基本上就是西欧与东欧的区别。斯大林指出："当西欧各民族发展成国家的时候，东欧却形成了多民族国家，即由几个民族组成的国家。奥匈帝国和俄国就是这样的国家。"①他认为，这种多民族的国家结构，是由当时政治上最发展的奥地利的德意志人、最能适应国家组织性的匈牙利的马扎尔人、历史上形成的强大而有组织的贵族军事官僚为首的大俄罗斯人"担负了统一各民族的使命"而造成的。产生这种多民族国家形式的原因，是封建制度尚未消灭，资本主义尚不发达，被排挤到次要位置的各民族在经济上还没有结合成完整民族的条件。但是，随着资本主义的发展，这些具有中世纪特征的帝国统治下的各民族，也开始随着资产阶级的出现而增强"民族意识"，张扬"民族思想"，掀起民族主义运动，尽管在独立建国（即民族国家）方面"它们来迟了"，但是这一运动代表了这些民族中资产阶级及其对立面无产阶级的成长。

同时，斯大林还指出，这些由多个民族（нация）组成的国家，本身并不是一个民族（nation），因为这种帝国没有民族的共同语言。随着"十月革命"的爆发，列宁领导的布尔什维克革命面临着全面建立苏维埃政权的任务，如何在庞大的沙俄帝国废墟上建立起一个统一的无产阶级专政国家，如何使前沙俄帝国领土上的各族人民在社会主义原则基础上联合在一

---

①　斯大林：《马克思主义和民族问题》，《斯大林选集》上卷，人民出版社1979年版，第69页。

起，成为列宁实践建国思想需要解决的问题。

马克思主义经典作家在对待中、东欧地区的民族主义运动问题上，是完全从是否有利于爆发资产阶级革命和无产阶级政治觉醒的原则出发的。根据西欧资本主义的发展进程，马克思主义认为，在1848年西欧"民族之春"的资产阶级革命中，虽然"无产阶级战士归根到底只是做了资产阶级的工作"，"但它毕竟为社会主义革命扫清了道路，为这个革命准备了基础"①。因此，那一时期他们对中、东欧地区的民族进行"有生命力的"与"衰落的"或"垂死的"、"革命"与"反革命"的划分，包括对西欧民族国家中"民族的残余"或"残存的民族"的政治特点和前途所作的论述都是以上述原则为标准的。②因此，对这些评价或论断，除了从建立民族国家进步与否的意义上去理解外，并不包含马克思主义经典作家对这些民族本身的看法。

马克思主义认为，在无产阶级尚未自觉的条件下，资产阶级革命推翻封建专制制度和建立民族国家是进步的，资产阶级取得政权和实行资本主义统治才能造就它的"掘墓人"无产阶级，从而才能实现无产阶级革命。但是，马克思主义经典作家并不支持所有的民族主义运动，他们不仅反对"泛民族主义"运动，而且也反对那些试图通过"民族独立"倒退回中世纪历史的建国运动。正是在这样一种理论前提下，列宁、斯大林在分析俄国革命和民族问题形势时对民族自决权、民族区域自治、民族文化自治、联邦制等一系列问题同各种非马克思主义的理论进行了斗争，并阐释了无产阶级政党对待这些问题的政治主张和策略取向。这些关系到无产阶级夺取政权、建立民族国家和解决民族问题的基本政治纲领成为苏联民族国家建设的指导思想。

从列宁有关联邦制问题的论述中不难看出，他从反对采取联邦制或任何联邦形式到把联邦制作为走向集中统一的一种过渡形式的思想转变，

---

① 恩格斯：《1892年波兰文版序言》、《1893年意大利文版序言》，马克思、恩格斯：《共产党宣言》，中国社会科学院民族研究所编《马克思恩格斯论民族问题》上册，民族出版社1987年版，第122、123页。

② 参见恩格斯《匈牙利的斗争》、《民主的泛斯拉夫主义》、《德国的革命和反革命》、《波河与莱茵河》等，中国社会科学院民族研究所编《马克思恩格斯论民族问题》上册。

是对沙俄帝国留给布尔什维克的民族问题历史遗产作出的策略性抉择。"十月革命"后沙俄帝国的解体，西方帝国主义的干涉，资产阶级民族主义的嚣张，封建宗法制度的恢复等一系列严峻的问题，不仅对新生的苏维埃政权构成了挑战，而且使建立越大越好的社会主义国家理想几乎无法实现。在这种形势下，鼓励、发动各民族无产阶级力量和人民群众实行自决，并在独立建国的基础上实现无产阶级民族国家的联合，成为必然的选择。为此，列宁反复强调指出："我们无条件地承认争取民族自决自由的斗争，但是并不一定要支持任何的民族自决要求。"无产阶级政党"积极的和主要的任务不是促进各民族的自决，而是促进各民族的无产阶级的自决。我们应当始终无条件地力求各民族的无产阶级最紧密地联合起来。只有在个别的、特殊的情况下，我们才能提出并积极支持建立新的阶级国家的要求，或者用比较松散的联邦统一代替一个国家政治上完全的统一等要求"①。因此，列宁倡导的民族自决是无产阶级的民族自决，这种民族自决始终是同无产阶级革命利益和社会主义民主原则联系在一起的。

在"十月革命"爆发前，列宁对民族问题的研究已经相当深入和广泛，特别是在建立民族国家问题方面进行的东、西欧比较研究，对苏联的建立具有重要的指导意义。他在分析先进的，也就是经济上和政治上最发达的资本主义国家时指出："在民族方面，这些国家的民族成分大部分是完全单纯的，或者几乎是完全单纯的。民族不平等这种特殊的政治现象，在这里所起的作用是很小的。这就是'民族国家'的一个类型。"当然，这种类型并不限于西欧，在亚洲的日本和北美洲的美国也已经实现。尽管美国存在黑人和其他移民，但是"由于美国资本主义的发展具有特别有利的条件并且特别迅速，这个国家的巨大的民族差别就比世界上任何地方都更加迅速和更加彻底地消失，成为一个统一的'美国'民族"。而东欧的情况则根本不同，在沙俄、奥地利、土耳其和巴尔干的几个国家中，民族

---

① 列宁：《我们纲领中的民族问题》，中国社会科学院民族研究所编《列宁论民族问题》上册，第21页。

成分"没有一个是单纯的!"①因此，东欧这些国家普遍存在着民族压迫。同时，虽然发达资本主义的民族国家内部的民族问题并不突出，但是由于这些国家发展为帝国主义并对世界其他国家和地区进行殖民奴役而造成了世界性的民族压迫。所以，推翻民族压迫的"民族战争"（民族自决斗争）和无产阶级夺取政权的革命，不仅在殖民地和多民族帝国中会普遍发生，而且这两种革命"可能并且必然"地将汇合在一起。②对沙俄帝国来说也是一样，其中包括无产阶级革命和被压迫的非俄罗斯民族的自由自决运动。

根据马克思主义的基本原理，民族压迫的实质是阶级压迫，推翻了阶级压迫制度才能真正消除民族压迫，所以在无产阶级革命和民族解放运动的交汇中，前者必须始终发挥主导作用。对于俄国无产阶级政党来说，实践这种主导作用包括两个方面的任务，一是要反对一切民族主义，"首先是反对大俄罗斯民族主义；不仅要一般地承认各民族完全平等，而且要承认建立民族国家方面的平等，即承认民族自决权，民族分离权"。二是为了同一切民族中的各种民族主义进行斗争，"必须坚持无产阶级斗争的统一和无产阶级组织的统一，使他们不顾资产阶级使民族隔绝的倾向而极紧密地融合为一个国际整体"③。因此，"十月革命"后的布尔什维克政权，一方面要消灭所有的资产阶级残余力量，另一方面要促使各个被压迫的非俄罗斯民族自决自治、建立独立国家、同沙俄帝国的统治势力分离，以彻底瓦解资产阶级统治的社会基础，并在此基础上通过联邦的形式实现苏维埃社会主义的国家联盟，也就是"极紧密地融合为一个国际整体"。

1917年"十月革命"胜利后，在沙俄帝国崩溃的过程中苏维埃民族国家的构建进程也开启了。按照1917年11月15日发表的《俄罗斯各族人民权利宣言》中有关"俄罗斯各族人民的自由自决乃至分立并组织独立

---

① 列宁：《统计学和社会学》，中国社会科学院民族研究所编《列宁论民族问题》下册，第676—677页。在关于美国的上述论述中，列宁的比较对象是奥匈、奥斯曼、沙俄这种民族征服式的传统帝国，故未涉及美国的种族压迫、种族歧视问题。

② 列宁：《无产阶级革命的军事纲领》，中国社会科学院民族研究所编《列宁论民族问题》下册，第655页。

③ 列宁：《论民族自决权》，中国社会科学院民族研究所编《列宁论民族问题》上册，第366页。

国家的权利"的原则,①先后建立了"俄罗斯苏维埃共和国"、"芬兰社会主义工人共和国"、"乌克兰苏维埃共和国"等国家和苏维埃政权。1918年1月10日召开的全俄工人、士兵和农民代表第三次代表大会通过了《被剥削劳动人民权利宣言》,宣布"苏维埃俄罗斯共和国是在自由民族自愿联盟的基础上成立的,它是苏维埃民族共和国的联盟"②。由此,联邦制成为俄罗斯苏维埃民族国家的组织形式,俄罗斯联邦也成为构建苏联的基础。

根据上述两个《宣言》所倡导的原则,在俄罗斯苏维埃社会主义联邦共和国范围,在民族自决、多民族联合、区域自治基础上先后建立了"土耳其斯坦苏维埃联邦共和国"、北高加索地区的"捷列克苏维埃共和国"、黑海沿岸的"库班—黑海苏维埃共和国"、"顿河共和国"、"塔夫利达共和国"、"鞑靼—巴什基尔共和国"等,而这些"重新建立的共和国基本上都解决了同俄罗斯联邦的国家—法律关系的形式,都表示作为自治共和国加入俄联邦"③。虽然这些共和国在1918年以后因俄罗斯联邦所面临的国内外形势变化而不断重组或重建,但是俄罗斯苏维埃联邦共和国的民族国家模式则由这一阶段的建国实践确定下来,它所遵循的原则也就是斯大林所指出的:"苏维埃俄国正在进行世界上空前未有的实验:在统一的无产阶级国家范围内,根据相互信任的原则,根据自愿的、兄弟般的协议的原则组织许多民族(нации)和部落(нлемена)的合作。"④这种多民族的民族国家原则和模式成为苏联建立的国家基础和结构雏形。这种"空前未有的实验"是相对于西欧居民成分比较单一的民族国家模式而言的,也就是说苏维埃社会主义的建国运动正在创造一种多民族成分的民族国家的国际联盟。

在俄罗斯苏维埃社会主义联邦国家建设的同时,前沙俄帝国领土范围

---

① 《俄罗斯各族人民权利宣言》,《苏联民族问题文献选编》,社会科学文献出版社1987年版,第4页。

② 苏联科学院历史研究所编:《苏联民族—国家建设史》上册,商务印书馆1997年版,第66页。

③ 苏联科学院历史研究所编:《苏联民族—国家建设史》上册,第80页。

④ 斯大林:《苏维埃政权对俄国民族问题的政策》,中国社会科学院民族研究所编《斯大林论民族问题》,民族出版社1990年版,第153页。

内其他地区的苏维埃社会主义共和国的建立过程也在国内战争、抵抗外来侵略、同资产阶级民族主义进行斗争的复杂形势中曲折发展。如乌克兰、白俄罗斯和波罗的海沿岸的拉脱维亚、立陶宛、爱沙尼亚，外高加索地区的亚美尼亚、格鲁吉亚、阿塞拜疆等。在这些地区建立独立国家的进程中，各苏维埃社会主义共和国同俄罗斯联邦之间的关系也在不断通过政治的（政党的）、军事的、经济的等条约方式密切起来，为苏联的成立奠定着基础。到 1922 年 12 月 30 日缔结《苏维埃社会主义共和国联盟成立条约》时，缔约国包括俄联邦、乌克兰、白俄罗斯、南高加索苏维埃联邦社会主义共和国（由格鲁吉亚、阿塞拜疆、亚美尼亚三个共和国组成），它们共同组成了"苏维埃社会主义共和国联盟"，即苏联。当然，当时已经建立的共和国不止以上四个缔约联盟的国家，其原因是其他共和国还不是社会主义共和国"而是人民苏维埃共和国"，如花剌子模、布哈拉这样的共和国。[①]

斯大林认为，阻碍这些共和国直接加盟苏联的原因主要有三个：一是由于实行"新经济政策"，大俄罗斯沙文主义的优越感与日俱增，出现了"排斥一切非俄罗斯的东西"的现象，甚至造成过去被压迫民族丧失对俄罗斯无产者信任的危险；二是虽然无产阶级政党宣布了各民族一律平等，但是由于落后民族没有无产者、没有工业、文化极端落后，"完全没有力量享用革命给他们的权利"，也就是事实上仍旧不平等；三是"新经济政策"的实施在这些共和国推动了私营经济的发展，一些相对先进的民族（如格鲁吉亚、阿塞拜疆、亚美尼亚）也产生了地方民族主义，并且对共和国内的落后民族、小民族的利益不予重视，同类的问题也出现在花剌子模和布哈拉这样的共和国内。[②]因此，这些共和国不仅还没有解决好过去作为统治民族（俄罗斯族）的无产阶级同被压迫民族（非俄罗斯族）的农民之间的关系问题，而且这些共和国内尚未形成统一的经济生活利益。斯大林将大俄罗斯沙文主义和非俄罗斯民族的地方民族主义滋长的原因归结为"新经济

---

① 参见斯大林《论各苏维埃共和国的联合》，中国社会科学院民族研究所编《斯大林论民族问题》，第 215 页。

② 参见斯大林《俄共（布）第十二次代表大会》，中国社会科学院民族研究所编《斯大林论民族问题》，第 234—238 页。

政策"的实施,反映出他在发展苏联经济方面同列宁的思想分歧,也表现出他在推进苏联社会主义民族国家联盟建设方面的唯意志论倾向。

1924—1936 年期间,在斯大林领导下苏联的民族国家建设进入了一个新的发展阶段。建立在沙俄帝国废墟上的苏联,大多数非俄罗斯民族都还处于前资本主义的不同社会发展阶段,所以在这些民族传统聚居地区建立民族国家及其构成体所能依靠的力量既非资产阶级也非无产阶级,只能依靠全苏统一的布尔什维克组织及其在各族民众中的动员、宣传作用。同时,需要依靠联盟的力量按照构成民族的基本要素来为这些民族或前资本主义民族成为现代民族(нация/nation)创造条件,其中包括扶持本民族语言的发展和创制文字,进行国家构成体的划界和移民,进行社会主义经济和文化改造,等等。因此,苏联的民族国家建设是按照斯大林民族定义建立"民族"的过程逐步实现的。它与"资本主义上升阶段"形成民族的过程的不同之处,是通过社会变革实现了这些民族从前资本主义各个社会形态跨越资本主义阶段直接过渡到社会主义。这一过渡,是在政治上高度集权、经济上高速工业化和农业全盘集体化条件下实现的。

当时,为了实现全苏联的工农业生产的经济分工和布局,一方面对构成联盟主体的加盟共和国进行了重组和新建,并先后对俄罗斯联邦内的布哈拉和花剌子模等共和国进行了"民族国家划界",成立了乌兹别克等几个中亚共和国;另一方面对自治共和国、自治州和自治专区(民族区)进行重组和新建,完善民族国家构成体的组织结构。20 世纪 30 年代中期通过在原土耳其斯坦联邦共和国范围内重新划界,将哈萨克和吉尔吉斯自治共和国改组为加盟共和国,将外高加索联邦取消而使格鲁吉亚、阿塞拜疆、亚美尼亚作为加盟共和国"直接加入苏联",①这些强力推动下的社会变革过程,都体现了为这些民族形成现代民族创造必要条件的目的。

对自治共和国改为加盟共和国的标准,斯大林指出:首先这个共和国必须在边疆,也就是其外向的边界是苏联边界的组成部分,以便能够在实践自由分离权时该加盟共和国拥有能够脱离苏联国土的对外边界而不是因其在苏联国土之中无法脱离;其次这个以某一民族命名的自治共和国,命

---

① 参见苏联科学院历史研究所编《苏联民族—国家建设史》上册,第 369—375 页。

名民族的人口必须是比较聚居且占多数；再次，这个共和国的人口至少要在 100 万以上。①就自治共和国与加盟共和国的区别而言，斯大林对联盟的设计和对宪法所规定的退盟权（也就是民族自决权）的解释，一方面体现了苏维埃联盟这种所谓"自由联盟"的机制和为了实践退盟权所需要的客观条件，另一方面也限定了退出联盟的权力仅仅是针对加盟共和国而不包括自治共和国。也就是说，自治共和国的命名民族虽然是一个 нация，在民族地位方面与加盟共和国的民族（нация）没有区别，但是自治共和国的命名民族（нация）没有退盟权（即民族自决权），因为他们的共同地域是在联盟版图的内部，没有可以脱离苏联的客观条件（即对外边界）。从这个意义上说，构成苏联民族国家体系的这些民族实体所享有的权利是不同的。

到 1936 年苏联通过新宪法时，苏联的民族国家体系形成了由包括俄罗斯联邦在内的各个加盟共和国、自治共和国、自治州、自治专区（民族区）在内的基本结构。此后，苏联在经历了卫国战争和战后的国家重建以及斯大林之后的国家形势变化，加盟共和国、自治共和国、自治州和自治专区的数量、建制等也发生了一些变化。到 20 世纪 80 年代，苏联稳定为由15 个加盟共和国、20 个自治共和国、8 个自治州和 10 个自治专区组成的"总共有 53 个民族国家和民族—国家构成体"（национально - государственное образование）的联盟。②至此，苏联似乎完成了多民族构成的现代社会主义民族国家的构建，也就是斯大林所说的"空前未有的实验"。在这样一种实践过程中，由于各个民族（нация）所依托的所谓民族国家构成体不同，也决定了这些民族享有的权利不同，相应地斯大林民族定义也在这种实践中开始出现新的解释。

---

① 参见斯大林《关于苏联宪法草案》，中国社会科学院民族研究所编《斯大林论民族问题》，第432 页。

② ［苏］《苏联历史》编辑部：《苏联的民族过程：总结·趋势·问题》，赵龙庚译，《民族译丛》1988 年第 3 期。

（四）斯大林对民族定义的进一步阐发

苏联民族国家结构体系的形成过程，从一定意义上说，也是斯大林民族定义在苏联实践的过程。苏联在列宁之后，即 1924—1953 年斯大林执政期间，是斯大林社会主义模式形成和凝固化的过程。[①]斯大林有关民族问题的理论也构成了斯大林模式理论体系的重要组成部分，其中也包括了斯大林对民族定义及其应用的进一步阐发。

从"十月革命"胜利以后斯大林有关民族问题的论述中可以看出，由于更多地直接涉及俄国和苏联的民族问题，所以在论及各民族的时候也开始出现不同的用语。如车臣人、印古什人、沃舍梯人、卡巴尔达人等均称为"山民"。除过去使用的部落外，开始出现"部族"（народности），"少数民族"（национальные меньшинства），"苏维埃民族"（советские нации）、"社会主义民族"（социалистнческие начии），[②]等等。斯大林对这些不同类型的民族（народ/people）的分类所作的解释是：包括上述"山民"在内的突厥语族人口属于"部族"，因为"他们还没有来得及经过资本主义的发展，没有或者几乎没有自己的工业无产阶级，多半还保存着游牧经济和父权制氏族生活方式（吉尔吉斯、巴什基尔、北高加索），或者还没有脱离半父权半封建的原始生活方式（阿塞拜疆、克里木等），但是已被纳入苏维埃发展的总轨道"。少数民族则指俄罗斯联邦境内的拉脱维亚人、爱沙尼亚人、波兰人、犹太人等，"他们掺杂在其他聚居的民族中，多半没有一定的阶级结构，也没有一定的地域"[③]。至于"苏维埃民族"，则是相对"资产阶级民族"而言的。也就是说西方资本主义民族国家的民族，如法兰西、英吉利、意大利、北美利坚和沙俄时期的俄罗斯、乌克兰、鞑靼、亚美尼亚、格鲁吉亚等都属于"资产阶级民族"。在

---

① 参见宫达非主编《苏联剧变新探》，世界知识出版社 1998 年版，第 10 页。
② 参见斯大林《捷列克区域各族人民代表大会》，《论党在民族问题方面的当前任务》，《民族问题和列宁主义》，中国社会科学院民族研究所编《斯大林论民族问题》。
③ 斯大林：《论党在民族问题方面的当前任务》，中国社会科学院民族研究所编《斯大林论民族问题》，第 176—178 页。

推翻了俄国资本主义和消灭了资产阶级及其民族主义政党以及确立了苏维埃制度的苏联，在"旧式民族"即"资产阶级民族"基础上形成了"新式民族"，即"苏维埃民族"。这种"新式民族"也称为"社会主义民族"，包括"俄罗斯民族、乌克兰民族、白俄罗斯民族、鞑靼民族、巴什基尔民族、乌兹别克民族、哈萨克民族、阿塞拜疆民族、格鲁吉亚民族、亚美尼亚民族以及其他各民族——不论按阶级成分和精神面貌说来，或者按社会政治的利益和趋向说来，都和旧俄境内各个相当的旧式民族即资产阶级民族根本不同"。而且"他们的全民性远远超过了任何资产阶级民族"①。这种全民性可以理解为至少这些民族中已经不存在阶级划分了。需要注意的是，这些与"资产阶级民族"根本不同的"新式民族"，即便被称为"社会主义民族"，但其本质仍然是民族（нация）。在苏联社会主义时期，即社会主义在其他国家取得胜利之前，苏联的各个民族不会"消失而融合成一个有共同语言的统一民族"。不仅如此，"无产阶级专政在全世界范围内获得胜利以后，甚至在这以后，民族差别和国家差别还会存在很久"②。

就涉及民族定义的诸要素，斯大林在苏联建立以后也进行过一些论述。例如他曾针对被压迫民族的概念指出："被压迫民族通常不仅作为农民和城市劳动者受压迫，而且作为民族，即作为属于一定的民族，具有一定的语言、文化、生活方式、风俗习惯的劳动者受压迫。"③在这里，斯大林将"生活方式"和"风俗习惯"与语言、文化并列使用，似乎又在为民族的特征增加内容。1929 年斯大林在《民族问题和列宁主义》一文中再次对民族概念等问题进行了阐发。他指出："民族（нация）是人们在历史上形成的有共同语言、共同地域、共同经济生活以及表现于共同的民

---

① 斯大林：《民族问题和列宁主义》，中国社会科学院民族研究所编《斯大林论民族问题》，第397 页。

② 斯大林：《答勒·米赫里逊同志》，中国社会科学院民族研究所编《斯大林论民族问题》，第388 页。

③ 斯大林：《十月革命和中间阶层问题》，中国社会科学院民族研究所编《斯大林论民族问题》，第280 页。

族文化特点上的共同心理素质这四个基本特征的稳定的共同体。"①与1913年的定义相比,只是将"共同的文化"表述为"共同的民族文化",同时指出了"四个基本特征"。事实上,相隔16年后斯大林对民族定义的表述并没有本质变化。斯大林讲得仍然是нация,仍然是"四个特征",而这些特征当然是"民族"的而非其他共同体,但是他1929年的论述中仍然作了进一步的阐释。

在这篇文章中,斯大林针对有关加盟共和国加入苏联后就不再是民族了所以应该在民族定义的四要素中增加第五个要素(即"具有自己单独的民族国家"否则"就没有而且不可能有民族")的观点指出:如果按照这种"公式",那么挪威人在同瑞典分离出来以前就不是民族,乌克兰人在沙俄统治下不是民族,乌克兰人建立了苏维埃共和国后成为民族,乌克兰苏维埃共和国加入苏联后乌克兰人又不再是民族,等等。他认为这种论调是为资产阶级民族主义者辩护。他认为持这种观点的人所犯的严重错误是"把现有一切民族都搅在一起,看不见它们之间的原则差别"。就是说,世界上有各种不同的民族,现代民族(нация)"是在资本主义上升时代发展起来的,当时资产阶级打破封建主义和封建割据局面而把民族集合为一体并使它凝固起来了"的产物。

斯大林认为:"在资本主义以前的时期是没有而且也不可能有民族(нация)的,因为当时还没有民族市场,还没有民族的经济中心和文化中心,因而还没有那些消灭各该族人民经济的分散状态和把各该族人民历来彼此隔绝的各个部分结合为一个民族整体的因素。"②斯大林承认现代民族在语言、地域和文化等方面的共同性是在前资本主义时期逐渐形成的,但是这些共同性的要素当时还处于萌芽状态,需要在资本主义发展起来形成民族市场、经济和文化中心条件下才能形成民族(нация)。对"民族市场"、"经济中心"和"文化中心"的强调是斯大林对定义现代民族(нация)形成要素的进一步阐释。为此,他专门引用了列宁关于"民族联系"(национальные связи)的论述来

---

① 斯大林:《民族问题和列宁主义》,中国社会科学院民族研究所编《斯大林论民族问题》,第393页。
② 斯大林:《民族问题和列宁主义》,中国社会科学院民族研究所编《斯大林论民族问题》,第394、395页。

强化上述观点。列宁指出：俄罗斯民族是 17 世纪在俄国的一切区域、领地和公国融为一体的基础上形成的，"这种融合并不是由氏族联系引起的，甚至不是由它们的延续和普遍化引起的，而是由各个区域之间日益频繁的交换，由逐渐增长的商品流通，由各个不大的地方市场集中成一个全俄市场引起的。既然这个过程的领导者和主人是商人资本家，所以这种民族联系的建立也就无非是资产阶级联系的建立"①。斯大林认为，"资产阶级民族"就是这样产生的，这种民族的领导力量是资产阶级及其民族主义政党，他们鼓吹民族内部的阶级和平，掠夺异民族的领土来扩大本民族的领土，不信任和仇视异民族，压迫少数民族，沙俄帝国就是如此。因此，被沙俄帝国吞并的异民族当然包括乌克兰这样的民族（нация），也就是说虽然乌克兰当时没有自己的独立国家但是仍然是一个民族，类似的还有鞑靼、亚美尼亚、格鲁吉亚等。这些民族（нация）虽然也是"资产阶级民族"，但是由于他们不够强大而被沙俄帝国征服和吞并，统一在了一个大帝国中，他们的"共同语言"成为各自"民众的口头语言，而不是官场的文牍语言"②。所以，就沙俄帝国而言，它并不是一个民族（нация），虽然它有国家的统一性和稳定性，但没有共同的语言。但是在这个国家中却存在着包括俄罗斯人在内的一些民族（нация）。在"十月革命"以后，这些民族通过自决建立了自己的苏维埃民族国家，形成了"新式民族"，并在此基础上以主权独立共和国的名义加入苏联或以自治共和国的形式作为加盟共和国的组成部分，他们仍然是民族（нация），只是成为了与"资产阶级民族"有"原则差别"的"社会主义民族"。

这就是斯大林对要求在民族定义中加入"民族国家"要素的答复，也是斯大林对世界上存在不同民族的解释。③ 1950 年斯大林在《马克思主义语言学问题》一书中指出："至于语言的发展，从氏族语言到部落语言，

---

①　列宁：《什么是"人民之友"以及他们如何攻击社会民主主义者?》，中国社会科学院民族研究所编《列宁论民族问题》上册，第 2 页。

②　斯大林：《马克思主义和民族问题》，《斯大林选集》上卷，第 62 页。

③　斯大林关于"把现有一切民族都搅在一起，看不见它们之间的原则差别"的批评，"一切民族"是指"资产阶级民族"和"社会主义民族"，而不是说除了这两种民族外还存在第三种或更多的民族类型。就斯大林论证的"民族定义"而言，当然也不包括前资本主义的人们共同体，虽然他在这篇文章中再次谈到了前资本主义的"民族"，但是这个民族并非 нация，而是 народы，通常翻译为"人民"，相当于英文中的 people，对此下文将专门论及。

从部落语言到部族（народность）语言，从部族（народность）语言到民族（нация）语言。"①这里所说的"民族（нация）语言"是指建立民族国家后的"共同语言"，也就是不再停留在帝国体制下的"民众的口头语言"，而是享有了民族国家地位的"民族（нация）语言"，即如俄语、乌克兰语、爱沙尼亚语等。可以说，在这篇著作发表后斯大林完成了他对民族定义及其相关理论的阐发及其应用于苏联的思想指导。

在苏联民族国家体系的建立过程中，斯大林有关民族问题的理论产生的指导作用是具有权威性的。对他的上述思想、命题和概念进行逻辑性的整理，可以得出如下的论断和思路：

——由氏族到部落、由部落到部族、由部族到民族（нация），是人类社会民族过程的三个演进阶段，也就是苏联学界概括的"三段式"。

——民族（нация）是资本主义上升时期伴随着民族国家建立而形成的共同体，具有资产阶级性质，资本主义国家或具有资产阶级力量的民族属于"资产阶级民族"。全国统一市场的形成是"资产阶级民族"在经济生活中联系在一起并形成民族的基本条件。"资产阶级民族"将随着资本主义的消失而消失。

——在苏维埃社会主义国家建立以后，在旧式的"资产阶级民族"基础上出现了新式的"社会主义民族"。这是一种新型的民族，是同"资产阶级民族"有原则区别的民族（нация）。"社会主义民族"比"资本主义民族"更具有"全民性"。

——苏维埃社会主义国家中存在着前资本主义部落、部族，它们在社会主义政治、经济、文化和社会生活的改造下通过建立民族国家或民族国家构成体发展为"社会主义民族"。

——在苏联各个共和国中存在着脱离了其民族母体而同其他民族掺杂在一起的移民性群体，称为少数民族。

——加入苏联的各个加盟共和国，最重要的条件之一是其外向的边界

---

① 斯大林：《马克思主义和语言学问题》，《斯大林选集》下卷，第506页。在旧本的翻译中，народность译为部族，即部落语言—部族语言—民族语言。后来为了回避"部族"这个概念，又翻译为从"资本主义以前的民族语言到资本主义时期的民族语言"。对此，学界也多有不同意见。参见王鹏林《民族理论探索必须坚持马克思主义的历史唯物主义》，《民族研究》1986年第5期。

构成了苏联边界的组成部分，也就是退出联盟时能够在地域上同俄罗斯联邦等加盟共和国分离开，而不具备这种边界条件的民族共和国则以自治共和国的形式保留在俄罗斯联邦等加盟共和国内。

——苏联民族国家的结构是以民族命名的加盟共和国、自治共和国为主体，同时包括了基本上也是以民族命名的自治州、自治专区的民族国家构成体。这些国家和自治单位同苏联其他行政区划结合为统一的苏维埃联盟后，并没有失去各自的民族身份。"社会主义民族"将长期存在，即便是无产阶级专政在全世界取得胜利以后，民族差别也还会存在很久。

根据这样一些原则，斯大林领导的苏联民族国家体系建设过程，一方面使前沙俄帝国版图的各个民族、部族、部落等人们共同体凝结为一个统一的苏维埃社会主义共和国联盟，另一方面却没有形成一个统一的苏维埃社会主义共和国联盟意义上的民族（即"苏联民族"）。这就使人们不得不思考这样一些问题：苏联是不是一个民族国家？多个民族国家的国际联盟是否可以产生一个体现在联盟层面的统一民族（нация）？如果按照斯大林指出的沙俄帝国不是一个民族（нация）的历史视角来观察苏联，就民族与国家的关系而言，苏联是一个由多个民族国家及其构成体组成的国际联盟，所以在联盟层面似乎也不应该出现一个苏联民族（нация）。无独有偶，当东方的苏联解体之时，西方却构建起一个欧盟，即由西欧一些主权独立的民族国家和正在陆续跻身于其中的东欧民族国家结成的国际联盟，以致"欧洲人"和"欧洲民族"的说法也开始流行。当然，有关欧盟的问题需要专门讨论，但是就苏联而言，其国际联盟的构建事实上是按照民族国家模式进行的。

（五）　苏联多民族国家模式中的国家与民族

在列宁和斯大林有关西欧、北美等发达资本主义民族国家的分析和论述中，民族成分的单一性是最重要的特征之一。列宁指出："在现代资本主义的要求中，无疑地会包括居民的民族成分尽可能达到一致这项要求，因为民族性、语言的统一对于完全占领国内市场和保证经济流通的完全自由是一个重要因素。"①因此，列宁认为在西欧资本主义民族国家中，除了极个别的现象（如爱尔兰问题）已经不存在民族自决问题，因为"民族运动在西方各国早就成了过去的事情。在英、法、德等国家里，'祖国'已经唱完了自己的歌子，起了自己的历史作用"，但是在东欧情形却完全不同，"这里唤醒民众掌握祖国语言和祖国文献的过程（而这是资本主义获得充分发展、交换彻底渗入到最后一家农户的必要条件和产物）还在进行。'祖国'在这里还没有唱完自己的全部历史歌子"②。建立民族国家的民族自决运动正在兴起。但是，东欧地区的国家和俄罗斯都属于"多民族的国家"。在这种资本主义不发达甚至总体上尚处于前资本主义阶段的国家基础上，建立什么样的社会主义民族国家，正是列宁所思考的问题。

从资本主义取代封建主义的社会进步意义上，列宁赞同考茨基关于单一的民族国家是资本主义的"通例"或"常态"而"民族成分混杂的国家是一种落后状态或者是一种例外"的判断。③但是，列宁还认为资本主义民族国家只是一种类型，不能忽略了这种类型在整个资本主义发展过程中的"历史局限性和暂时性"④。一个国家中"居民的民族成分虽是极重要的经济因素之一，但它不是唯一的也不是最重要的经济因素"。因为在东欧和俄罗斯，城市资本主义起着极重要的经济作用，而城市居民中的民族成分都是十分复杂的，在这样的国家中不能以"民族"因素将城市与经济上依赖它的乡村和地方割裂开来，"马克思主义者不应当完全地绝对地立足于'民族地域'的原则"⑤。从世界范围来说，资本主义发展过程中建立民族国家是民族问题的第一个趋势，它在资本主义发展的初期占优势。"第二个趋势是民族之间各种联系的发展和日益频繁，民族

---

① 列宁：《关于民族问题的批评意见》，中国社会科学院民族研究所编《列宁论民族问题》上册，民族出版社 1987 年版，第 250 页。

② 列宁：《论对马克思主义的讽刺和'帝国主义经济'》，中国社会科学院民族研究所编《列宁论民族问题》下册，第 613 页。

③ 列宁：《论民族自决权》，中国社会科学院民族研究所编《列宁论民族问题》上册，第 315 页。

④ 列宁：《统计学和社会学》，中国社会科学院民族研究所编《列宁论民族问题》下册，第 676 页。

⑤ 列宁：《关于民族问题的批评意见》，中国社会科学院民族研究所编《列宁论民族问题》上册，第 251 页。

隔阂的被打破，资本、整个经济生活、政治、科学等等的国际统一的形成。"这一趋势标志着资本主义已经成熟且正在向社会主义社会转变。①俄国的无产阶级革命是在具有中世纪特征的帝国内爆发的，按照成熟的资本主义向社会主义过渡的判断，布尔什维克建立社会主义国家的进程必须同时顺应这两个趋势，也就是既要鼓励各民族的自决和建立独立的民族国家，又要使各民族国家的民族无产阶级在国际主义原则下"极紧密地"统一并联合在一起。

因此，虽然列宁认识到中央集权制的大国是从中世纪的分散状态走向将来世界社会主义统一的一个巨大的历史步骤，而且除此以外不可能有其他走向社会主义的道路，并为此提出"只要各个不同的民族组成统一的国家，马克思主义者就决不主张任何联邦原则，也不主张任何分权"的思想；②但是，对于"十月革命"后的俄国来说，问题恰恰在于各个正在觉醒的不同民族，在沙俄帝国分崩离析之际不可能组成一个集中统一的国家。鉴于沙俄帝国资本主义欠发达的社会发展程度和严酷的民族压迫历史遗产及其所造成的民族隔阂，列宁领导的无产阶级政党只能将表现在资本主义发展过程中不同历史阶段的"两大趋势"，通过反对民族压迫的自决和实现集中统一的联邦来同时加以顺应，否则就没有苏联。

列宁认为，民族自决和平等联合是社会主义民主最充分的体现，一方面"我们决不希望分离。我们希望有一个尽可能大的国家，尽可能紧密的联盟，希望有尽可能多的同大俄罗斯民族毗邻而居的民族"；另一方面"必须承认分离的自由，因为沙皇制度和大俄罗斯资产阶级的压迫在邻近的民族里留下了对所有大俄罗斯人的无比仇恨和不信任；必须用行动而不是言论来消除这种不信任"③。建立在享有自由分离权基础上的平等联合是无产阶级政党彻底革命精神的集中体现，而这种社会主义民主表现得越充分就越能够消除分离的愿望。因此，联邦制是一种过渡形式，也是列宁根

---

①　列宁：《关于民族问题的批评意见》，中国社会科学院民族研究所编《列宁论民族问题》上册，第229页。

②　同上书，第247页。

③　列宁：《论修改党纲》，中国社会科学院民族研究所编《列宁论民族问题》下册，第717页。

据沙俄帝国的历史及其遗留的民族问题遗产作出的策略选择,①而建立多民族统一的新型或社会主义的"尽可能大"的民族国家是列宁的基本思想。从这个意义上理解列宁倡导的"新经济政策",可以看出其中包含了通过发展商品经济和建立统一市场实现更多的非俄罗斯民族同俄罗斯民族紧密联系在一起的目的。然而,由于列宁的早逝,构建苏联民族国家联盟体系的实践是由斯大林完成的,斯大林认为列宁的"新经济政策"造成了大俄罗斯民族主义和地方民族主义的上升,从而在理论和实践上否定了列宁这一具有远见卓识的思想。

苏联是一个民族国家的国际联盟,在其构建过程中首先是建立各民族的民族国家。俄罗斯联邦是第一个苏维埃民族国家,同时也是苏联建立的雏形和基础。俄罗斯联邦居民的民族成分最为复杂,作为命名国家的俄罗斯人被视为斯大林所界定的一个民族(нация),同时众多生活在俄罗斯联邦内的非俄罗斯人则根据以本族命名的自治共和国等自治实体称为不同的民族(нация)。其他未建立这种自治实体的非俄罗斯人,被称为"部族"、少数民族、"民族集团"等。因此,俄罗斯联邦事实上也是一个民族国家联盟,因为自治共和国、自治州和自治专区都被认为是民族国家构成体。但是,在俄罗斯联邦这个国家中,不存在一个统一的民族(нация),而是有很多个民族(нация)。相应地,在乌克兰等苏维埃共和国成立后并加入苏联,乌克兰的民族(нация)就是指乌克兰人,而不包括在乌克兰加盟共和国内的其他居民(如俄罗斯人、白俄罗斯人、鞑靼人等)。这就产生了同斯大林民族定义所论证的民族(нация)含义的矛盾。而这种矛盾是由苏联、俄罗斯联邦这种联邦制造成的,也是由斯大林对形成民族(нация)过程中的融合因素的理解产生的。

斯大林论证的民族(нация)是形成民族国家后体现为国家层面的民族(nation),其最重要的特征之一是不分部落、不分种族的全体居民构成了一个民族(нация)。但是在苏联民族国家的构建过程中,虽然每一个加

---

① 当然,这一选择也包含了"苏联的多民族联邦主义是革命期间激烈的政治与意识形态辩论下妥协的产物"这种因素。参见〔美〕曼纽尔·卡斯特《认同的力量》,夏著九、黄丽玲等译,社会科学文献出版社 2003 年版,第 38 页。

盟共和国、自治共和国内或多或少地包含了不同部落、不同种族的群体（还包括苏联意义上的"少数民族"），但该共和国的民族（нация）并不包括这些部落或种族群体，只包括命名该共和国的那一个民族，居住在这些共和国的非命名民族的群体不属于这个民族。比如，居住在乌克兰共和国的俄罗斯人，其民族（нация）的族籍归属是俄罗斯民族（нация）而非乌克兰民族（нация）。对这种现象，斯大林在 1921 年提出一种观点："如果乌克兰的各个城市至今还是俄罗斯人占优势，那么随着时间的推移，这些城市必然会乌克兰化。"为此他列举了拉脱维亚的例证，即 40 年前的里加是一个德国人的城市，但是随着农村人口的不断进入，里加现在成为了一个纯粹的拉脱维亚人的城市了，因为农村"是民族的保存者"。[①]这就是说，基于对资本主义上升时期造就民族的西欧民族国家居民成分单一性的认识，斯大林在领导苏联民族国家体系的建设过程中也是以民族单一性作为构建各个民族国家的标准，[②]即便暂时乌克兰等共和国的居民成分是多样的，但是居住在乌克兰共和国内的俄罗斯人等所有的非乌克兰人，都将随着人口占大多数的乌克兰农民及其城市化的进程而被同化于乌克兰民族之中，享有乌克兰民族（нация）的族籍。且不论这样的现象是否发生抑或是在实践中反向发生，即乌克兰人的"俄罗斯化"，[③]但是斯大林提出的农村"是民族的保存者"无疑是一个重要的论断。

根据这一论断，联系斯大林有关民族的其他论述，可以为我们认识现代民族的形成过程展示一种图景：形成现代民族（нация）的那些共同性要素是在前资本主义社会萌芽的，而且这些萌芽是在人口占绝大多数的被压迫的农村劳动者所具有的那些稳定的"语言"、"文化"、"生活方式"、"风俗习惯"等基础上生成和得以保存的。当资产阶级建立民族国家后，以共同的"语言"、"地域"、"经济生活"和"经济联系"、"心理素质"

[①] 斯大林：《俄共（布）第十次代表大会》，中国社会科学院民族研究所编《斯大林论民族问题》，民族出版社 1990 年版，第 190 页。

[②] 苏联建立时撤销了"远东共和国"，原因是该共和国的基本居民都是俄罗斯人，既然存在俄罗斯联邦的俄罗斯人的民族统一性，也就不需要在俄罗斯联邦内保留另一个俄罗斯人的民族国家。参见斯大林《关于各独立民族共和国的联合问题》，中国社会科学院民族研究所编《斯大林论民族问题》，第 208 页。

[③] 参见［苏］伊凡·久巴《国际主义还是俄罗斯化?》，辛华译，商务印书馆 1972 年版。

来塑造现代民族（нация）时，特别是在"资本主义获得充分发展、交换彻底渗入到最后一家农户"的条件下，①"祖国之歌"才能真正唱起。当这些承载着民族（нация）"萌芽"的农民进入全国的统一市场联系（包括城市化），现代民族的整合作用也将得到充分发挥，像拉脱维亚的里加已经发生的那种同化现象，也会在乌克兰发生。这也正是斯大林认为的：民族问题虽然包含了民族文化、民族国家等问题，"但是民族问题的基础，它的内在实质仍然是农民问题，这也是毫无疑义的。这也就说明农民是民族运动的主力军，没有农民这支军队，就没有而且也不可能有声势浩大的民族运动"②。事实上，斯大林有关民族问题的内在实质是农民问题的论断，不仅仅是在说明推翻民族压迫的民族运动，而且也是指建立民族国家和形成民族的民族运动的内在基础。

当然，民族国家的建设及其对民族（нация）的塑造过程至少在初期是如此，因为型塑民族的传统资源积淀于乡土，构建民族的国家力量和精英势力必须依托于乡土所保存、传承的民族萌芽来培育民族（нация）。按照斯大林的上述观点，构成苏联的各个民族国家，虽然在初期包括不同的"部落"、"种族"，但是必然会随着民族（нация）的构建过程而形成为一个民族单一的民族国家，也就是乌克兰共和国的所有居民最终都将享有一个共同的族籍，即乌克兰民族（нация）。然而，事实上乌克兰等加盟共和国构建民族（нация）的过程并没有按照斯大林的理论去发展。虽然农村是"民族的保存者"，也是民族国家型塑民族的内在依托或基础，但是民族国家是构建民族（nation）的主导力量。因此，当国家的力量将民族的萌芽和传统进行了图式化的处理和加工后，体现在国家层面的民族（нация）的特征已经不再是乡土萌芽的总和，而是一种从乡土萌芽中提炼出来并经过理论升华的象征模式。在这种模式所主导的民族认同条件下，当城市化进程发展到大量消化农民时，并不意味着那些承载着民族萌芽的"民族的保存者"来改造城市，而恰恰是大量的"乡土气"被按照国家所

---

① 列宁：《论对马克思主义的讽刺和"帝国主义经济"》，中国社会科学院民族研究所编《列宁论民族问题》下册，第613页。

② 斯大林：《论南斯拉夫的民族问题》，中国社会科学院民族研究所编《斯大林论民族问题》，第300页。

设计的民族（нация）模式进行改造，国家的力量是塑造民族（нация）的主角。

　　问题在于，在苏联的高度中央集权体制下，对于乌克兰等非俄罗斯加盟共和国来说，国家的力量并不在其共和国本身，而是在苏联，甚至可以说是在俄罗斯联邦。因此，这些共和国塑造民族（нация）的过程，并不能够完全依托于各自共和国的乡土资源。事实也证明，当乌克兰的农业人口不断城市化时，曾经在拉脱维亚里加发生的现象并没有在乌克兰基辅出现，出现的反而是乌克兰人的俄罗斯化。这里，我们无须讨论斯大林时期及其以后苏联的民族政策得失，就本文主题所讨论的内容而言，造成这种与斯大林理论相反实践的原因在于苏联民族国家的集权体制及其国家和民族的关系。

（六）苏联是一个民族无国家、联盟无民族的多民族国家

　　不论苏联各个民族国家或民族国家构成体内部的民族同化状况在事实上如何发生，就苏联的这种民族国家联盟体制来说，存在着理论和实践的双重矛盾。从理论和宪法的角度讲，各个加盟共和国属于主权独立的民族国家，有自己的宪法、领土，也有国旗、国徽等民族国家象征物；自治共和国作为加盟共和国的组成部分，也有自己的宪法和领土。但是这些共和国的居民，即便是代表这个所谓民族国家的命名民族的居民都没有本国的国籍，只有族籍。在世界通行的民族国家模式中，国籍和族籍（指 nation 意义上的族籍）是一致的，[1]而苏联所有的民族、部族、少数民族或民族集团等全体居民只享有唯一的、共同的国籍，这一点在苏维埃联盟成立条约中已经作了规定，即由联盟来"为各加盟共和国公民规定统一的联盟国籍"[2]。由此也形成苏联公民的国籍统一性和共和国民族（нация）的族籍多样性局面，正是在这个意义上苏联被宪法规范为"统一的多民族联盟国

---

　　① 除实行"双重国籍"的国家外。
　　② 《苏维埃社会主义共和国联盟成立条约》，中国社会科学院苏联东欧研究所、国家民族事务委员会政策研究室编译《苏联民族问题文献选编》，社会科学文献出版社1987年版，第79页。

家"，而不是宪法名称所表述的"苏维埃社会主义共和国联盟"。①所以，苏联的共和国联盟事实上是各"民族"（нация）的联盟，也就是 nation - state（民族国家）中 nations 的族际联盟，而并不存在 states 的国际联盟。因为所谓加盟共和国、自治共和国并不是真正意义上的民族国家，在实践中它们仅仅是名义上的民族国家。这是其一。

其二，苏联本身是一个主权独立、领土完整、具有现代民族国家所有特征的国际社会行为主体，在事实上就是一个民族国家，如果按照斯大林民族定义来衡量，共同的语言（俄语），共同的地域（苏联领土），共同的经济生活、共同的经济联系（全苏的统一经济体制和地区分工），共同的心理素质（伟大的苏联人意识）可以说一样不缺，但是并不存在实际中的"苏联民族"。因为各个"社会主义民族"将长期存在，即便是无产阶级专政在全世界取得胜利以后，民族差别也还会存在很久。因此，即便在赫鲁晓夫全面否定斯大林之后，也只是表述为"在苏联形成了具有共同特征的不同民族的新的历史性人们共同体，即苏联人民。他们有共同的社会主义祖国——苏联，共同的经济基础——社会主义经济，共同的社会阶级结构，共同的世界观——马克思列宁主义，共同的目标——建设共产主义，在精神面貌上，在心理上具有许多共同特点"②。勃列日涅夫时期，虽然反对将"苏维埃民族"这一概念写入宪法，③但是却为"新的历史性人们共同体——苏联人民"补上了共同语言的特征，即"俄语在苏联各族人民的接近方面起着重要作用，它实际上已经成为苏联各族人民交际的语言，是他们团结和相互联系的强有力的工具，也是吸收苏联各族的文化成就和世界文化成就的手段"④。这也是苏联进行人口统计时特别重视居民语言使用情况的原因，也就是通过对讲俄语的人口统计来证明"苏联人民"这个"新的历史性人们共同体"正在不断地扩大和发展。

---

① 《苏维埃社会主义共和国联盟宪法》，《苏联民族问题文献选编》，第 377 页。

② 赫鲁晓夫：《苏联共产党第二十二次代表大会关于苏联共产党纲领的报告》，《苏联民族问题文献选编》，第 250 页。

③ 勃列日涅夫：《关于苏维埃社会主义共和国联盟宪法草案及其全民讨论结果的报告》，《苏联民族问题文献选编》，第 375 页。

④ ［苏］波德戈尔内：《统一的多民族的国家——苏联五十周年》，《苏联民族问题文献选编》，第 325 页。

事实上，在斯大林之后，苏联官方还是按照斯大林民族定义在努力从理论上和实践中创造一个统一的"苏联民族"，只是нация/nation 这个概念已经被用于各个构成苏联的那些命名的民族国家和民族国家构成体了。①在有关"苏联民族"问题上，虽然苏联领导人对斯大林进行了全面否定，但是斯大林对民族融合、消亡的理论认识毕竟来源于列宁的思想，这也就导致所谓"苏联人民"这个代替"苏联民族"（或"苏维埃民族"）概念的出现，作为对"社会主义民族"较之"资本主义民族"更具"全民性"的诠释，苏联已经成为"全民国家"也是对"苏联人民"的国家解释。从苏联作为一个民族国家的视角看，苏联事实上是一个由众多民族（нация）构成的一个没有苏联国家层面的民族（nation）的民族国家。但是，从斯大林时期开始，直到赫鲁晓夫、勃列日涅夫时期，消除民族差别，构建单一化的"苏联民族"实践一直在进行，只是这个"苏联民族"的内涵是指"俄罗斯化"而已。这也是导致乌克兰等加盟共和国一直未能形成共和国全体居民都享有乌克兰等命名共和国层面民族（нация）的族籍的原因。

苏联是一个联邦制国家，也是一个现代民族国家，因为联邦制和单一制都是现代民族国家的结构形式，②其基本政治要求也是一致的，即主权独立、国家统一、领土完整。联邦制国家的形成历史久远，历经演变。据统计，在当代世界民族国家体系中有 24 个符合联邦制标准的主权国家。③不过这些联邦制国家形成的原因和内部结构又大相径庭，但其目的是一致的，即通过分权体制消弭影响国家统一、领土完整的各种因素，谋求在承认多样性基础上的国家统一。苏联的联邦制是以解决民族问题为出发点的，其中也包括建立越大越好的社会主义国家的政治要求。这种联邦制的

---

① "据1970年全苏人口统计，加入这个共同体的有119 个民族，其中包括49 个社会主义民族，40 个部族和30 个民族集团。"［苏］И. П. 查麦梁：《苏联人民的民族结构及其变化规律》，赵龙庚译，《民族译丛》1982 年第 1 期。当时，苏联有 15 个加盟共和国和20 个自治共和国，这些共和国的命名民族当然是"社会主义民族"，另外14 个"社会主义民族"只能是以民族命名的自治州或自治专区的主体居民。

② 参见王丽萍《联邦制与世界秩序》，北京大学出版社2000 年版，第 24、25 页。

③ 参见［加拿大］罗纳德·瓦茨《引论：全球化时代的联邦制》，《联邦制》，中国社会科学院/联合国教科文组织《国际社会科学杂志》，第 19 卷第 1 期，2002 年版，第 9 页。

核心是无产阶级政党的统一，而表现形式是民族国家及其构成体，即民族（нация）的国家联盟。在联邦制体制模式中，联盟是其中的一种形式。"联盟指这样一种政体，其构成单位主要或完全通过共同政府的共同机构，而不是双重政府结构保持其完整性。"①在苏联也是如此，联盟中央的权力是绝对的，而各个共和国的权利是相对的，甚至仅仅体现在联盟宪法和加盟共和国、自治共和国宪法的理论意义上，在实践中苏联是一个高度中央集权的国家，这一点在斯大林时期已经奠定。

　　问题在于，在苏联这种民族国家的国际联盟体中，被命名的民族在事实上并没有宪法所规定的民族国家，或者说存在无法行使本共和国宪法主权和权利的民族国家，同时在高度中央集权的联盟国家层面也没有形成一个民族（нация/nation）。实际上就是一个民族无国家、联盟无民族的多民族国家。如果按照斯大林对民族进行定义的论述中有关沙俄、奥匈这种多民族国家的认识来看，这些帝国内部存在"无国家的民族（нация）"，同时这些帝国不是民族国家所以也没有国家层面的民族（нация）。如果我们不考虑时空、社会制度和统治角色等因素，就国家与民族的关系和结构来说，苏联和沙俄帝国的区别是什么呢？由于组成苏维埃联盟的加盟共和国、自治共和国等民族国家构成体事实上只是一种行政区划，所以苏联并不是联盟国家而就是一个中央集权的大国，因此它和沙俄帝国在结构上是一样的，即国家无民族（нация）、民族（нация）无国家的二元冲突结构。只是苏联的各民族（нация）都获得了"命名民族"的法律地位。

　　沙俄帝国是一个大俄罗斯民族主义传统极其深重的国家，对此列宁作过深刻的剖析和严厉的批判。俄国"十月革命"以后，沙俄帝国解体，除了苏维埃俄罗斯共和国等少数共和国是在布尔什维克领导下建立的以外，其他一些共和国、自治共和国的无产阶级力量都很薄弱，其建立民族国家的基本动力是列宁当时倡导的、反映无产阶级彻底革命思想原则的民族自决权，而且大都不是在"民族无产阶级"自决的条件下建立的，所以其主导独立建国的意识形态主要是民族主义。这也必然地导致苏联建立以后，

---

①　[加拿大]罗纳德·瓦茨：《联邦分权的模式》，《国际社会科学杂志》（中文版）第19卷第1期，2002年版，第24页。

在解决民族问题方面的主要政治任务是同民族主义作斗争。

（七）苏联在同民族主义斗争中向沙俄帝国的回归

在苏联建立过程中，同大俄罗斯民族主义、大国沙文主义作斗争，是列宁反复强调的思想，其最后的政治遗嘱仍在指出大俄罗斯民族主义的危险性。斯大林虽然多次转述列宁的这些思想，但是在实践中又经常出现大俄罗斯沙文主义的倾向，这也是列宁严肃批评斯大林并且提出不能由斯大林作为接班人的重要原因之一。

列宁去世以后，斯大林作为苏联、苏共的领导者，随着剪除政敌和权力地位的稳定开始逐步背离了列宁主义的基本原理。在克服民族主义问题上，斯大林认为列宁倡导的"新经济政策"造成了大俄罗斯民族主义和非俄罗斯地方民族主义的高涨，是影响苏联民族国家建设的重要原因。所以，从1929年实施第一个五年计划开始，在强制实行农业集体化的基础上，斯大林将优先发展重工业作为了苏联社会主义经济建设的根本原则，以"战时共产主义"的激进方式推动苏联社会主义的发展，相应地由高度集权、个人崇拜、阶级斗争尖锐化、残酷的政治清洗、对学术事业的打压、对外国共产党的"老大哥"态度等一系列特征构成的"斯大林模式"的理论与实践也随之出现。在这种形势下，斯大林在反对两种民族主义首先是反对大俄罗斯民族主义的问题方面发生了思想上的逆转（或回归），非俄罗斯的地方民族主义问题成为解决民族问题的主要矛盾和主要斗争方向。[①]对地方民族主义的打击，是在"大清洗"的阶级斗争氛围中展开的，几乎遍及所有的非俄罗斯民族的加盟共和国、自治共和国甚至自治州等自治地区，[②]社会主义时期的民族问题作为阶级斗争问题的观念也由此确立。

然而，在打击地方民族主义的同时，大俄罗斯民族主义却日甚一日地公行天下，特别是在卫国战争胜利以后，俄罗斯民族的辉煌历史、伟大的

---

① 参见拙文《历史的"反弹"与现实的演变》，载郝时远、阮西湖主编《苏联民族危机与联盟解体》，四川民族出版社1993年版，第4—21页。

② 参见［美］鲍里斯·列维茨基编《三十年代斯大林主义的恐怖——苏联出版物材料汇编》，克雄等译，人民出版社1981年版，第393—410页。

功绩、现实的榜样作用被鼓吹到无以复加的地步，①"俄罗斯化"成为苏联所有非俄罗斯民族甚至几乎所有"经互会"成员国发展、进步的唯一标准，也成为解决民族问题的标志。斯大林时期形成的苏联"俄罗斯化"、其他社会主义国家"苏联化"的对内大俄罗斯主义和对外大国沙文主义，并没有因其后继者对斯大林的否定而改变，而且一直在以霸权形式继续发展。苏联从斯大林时期公行大俄罗斯民族主义，是与斯大林唯意志地、激进地、超越社会发展阶段地推进苏联社会主义建设联系在一起的。斯大林在1936年就宣布苏联"已经基本上实现了共产主义第一阶段，即社会主义"②。如果不是卫国战争爆发，苏联迈向共产主义的步伐会更快，甚至有可能宣布进入共产主义。斯大林对社会主义进程盲目乐观的判断，也必然导致对包括解决民族问题在内的所有社会问题采取简单的处置方式。任何非俄罗斯民族的共和国或自治共和国依据联盟宪法或共和国宪法所规定的权利提出实践的要求，都会被认为是资产阶级民族主义的反映而诉诸最简单化且轻车熟路的阶级斗争。

赫鲁晓夫时期虽然力图改变斯大林的集权专制，采取了诸多下放权力和加强民主机制的措施，然而对斯大林的否定虽然一定程度上释放出非俄罗斯民族在"斯大林模式"统治下积压的不满，但同时也造成压抑已久的非俄罗斯民族表现出来的民族权利热望及其对联盟权利统一性的威胁，这一苗头迫使赫鲁晓夫重新回到了斯大林的轨道上，为此而提出的社会发展目标是"20年后进入共产主义"。而"共产主义难道还能迁就一个由许多忠实于过去的传统的民族组成的社会吗？"③正是在这样的背景下，赫鲁晓夫开始鼓吹"新的历史共同体"，并在各民族经济、文化发展的基础上推进"俄罗斯化"的全面社会化。

勃列日涅夫时期虽然从实现共产主义的激进口号中退回到发达社会主义建成论，但是在民族问题方面仍旧延续了"苏联人民"的观念，而且在推进"俄罗斯化"方面与其前任相比有过之而无不及。因此，斯大林之后

---

①　参见［苏］罗·亚·麦德维杰夫《让历史来审判——斯大林主义的起源及其后果》，赵洵等译，人民出版社1981年版，第844页。

②　斯大林：《关于苏联宪法草案》，《斯大林选集》下卷，人民出版社1979年版，第399页。

③　［法］埃莱娜·卡·唐科斯：《分崩离析的帝国》，郗文译，新华出版社1982年版，第31页。

的苏联领导人虽然已经意识到"斯大林模式"的种种弊端，但是触动这些积重难返的弊端的任何努力都会引起苏联社会意识形态的反叛。特别是在民族问题方面，其反应更加敏感。所以，无论是赫鲁晓夫时期"昙花一现"的改革，还是勃列日涅夫时期的保守，最终只能在"斯大林模式"僵化、固化的历史惰性中寻求保险，而这种"保险"恰恰是苏维埃面貌下的"俄罗斯帝国"。

苏联在对内以大俄罗斯民族主义同非俄罗斯民族主义斗争的同时，对外则以大国沙文主义的霸权同美国为首的西方阵营较量，同时这种霸权也包括对社会主义阵营中"离经叛道"者的理论挞伐或武力相向。这种霸权行径的精神来源当然不是马克思列宁主义，也不是社会主义，而是源自沙俄帝国时期形成的大俄罗斯民族主义，它对苏联的政治和社会意识产生的影响极其深刻，而且社会化甚至在社会主义阵营范围的国际化影响的程度也十分深重。以至于包括对苏联政界、学界在民族问题上进行"祝酒词"式的乐观估计进行批评和对苏联进行"新思维"变革的戈尔巴乔夫，也会不由自主地脱口而出："对于正在全力奋斗的全体人民来说，俄罗斯，我的意思是指苏联，我是说——我们今天这样称呼它，事实上它就是苏联——对于全体人民来说，它是一个堡垒。"①或许戈尔巴乔夫的确意识到苏联僵化的思想和体制及其所形成的弊端，但是俄罗斯＝苏联、俄罗斯民族＝"苏联人民"（"苏联民族"）的观念却是根深蒂固的。这种等同的意识，不仅来源于斯大林及其后继者所推动的苏联社会"俄罗斯化"，而且来源于苏联从斯大林时期开始的向俄罗斯帝国的回归。从这个意义上说，苏联的解体并不代表社会主义运动的失败，也不是西方人所说的"民族主义战胜共产主义"，如果一定要诉诸民族主义评判，那就是大俄罗斯民族主义倾覆了联盟大厦，非俄罗斯民族的民族主义战胜了大俄罗斯民族主义。

---

① 转引自［美］兹比格涅夫·布热津斯基《竞赛方案——进行美苏竞争的地缘战略纲领》，中国对外翻译出版公司 1988 年版，第 116 页。

（八）对斯大林民族定义在苏联实践中的几点思考

斯大林主导的具有"空前未有的实验"意义的多民族的民族国家实践没有造就出一个"苏联民族"，但是却一直在试图以俄罗斯民族为样板地造就一个"苏联人民"，其结果不但没有消除苏联的民族主义问题，反而导致了以大俄罗斯民族主义压制非俄罗斯民族主义的恶性循环，因为非俄罗斯民族主义是对大俄罗斯民族主义的反应，也是对大俄罗斯民族主义的防御形式。斯大林背离了列宁首先反对大俄罗斯民族主义的基本原则及其所包含的消除两种民族主义的辩证思想，结果造成非俄罗斯民族主义在高压下的积蓄和浓缩，最终在戈尔巴乔夫的"改革"环境下爆发出来，并表现出民族主义的极端性，成为了苏联解体的重要动因，造成了世纪性的悲剧。斯大林构建多民族的民族国家的"空前未有的实践"失败了，如果从斯大林民族定义及其相关论述中找原因，主要包括以下几点：

第一，斯大林试图按照他对民族定义的例证分析来构建一个沙俄、奥匈帝国所没有的国家层面的民族（нация），这事实上是他进行"空前未有的实验"的出发点。但是，实现这一目标的前提是首先建立各民族无产阶级领导的民族国家，由这些主权独立的民族国家结成统一的苏维埃国际联盟。在这个国际联盟中，各个"社会主义民族"应该是依托于各共和国、自治共和国乃至其他民族国家构成体的全体居民，即如他对乌克兰民族（нация）含义的解释，也体现了斯大林对民族单一性与民族国家关系的基本认识。这些由"社会主义民族"组成的民族国家实现国际联盟后，他们的差别仍将长期存在。不仅社会主义在其他国家取得胜利之前，苏联的各个民族不会"消失而融合成一个有共同语言的统一民族"，而且"无产阶级专政在全世界范围内获得胜利以后，甚至在这以后，民族差别和国家差别还会存在很久"[①]。这就清楚地表明斯大林对这个"空前未有的实验"在理论上给予了漫长的实践过程。也就是说，在苏联层面出现一个统

---

① 斯大林：《答勒·米赫里逊同志》，中国社会科学院民族研究所编《斯大林论民族问题》，第388页。

一的民族（нация），在斯大林看来是一个十分久远的未来话题。

第二，随着"斯大林模式"的形成及其在战苏联取得的发展成就，斯大林对实现共产主义的前景出现了盲目乐观的激进思想，唯意志的权威力量导致他对实现一个苏联层面民族（нация）的迫切实践要求。在这一时期，苏联的国际联盟体制和依托于俄罗斯联邦的中央集权体制之间，苏联的各个相对落后或保守的非俄罗斯"社会主义民族"与开放的、先进的、几乎在每个加盟共和国和民族国家构成体中都占较大甚至多数的俄罗斯民族之间出现的矛盾，被简化为阶级斗争的反应而加以强力消除。这种消除的作用，不仅使那些在理论上具备国家塑造民族力量的非俄罗斯共和国未能完成斯大林所预见的乌克兰对国内全体居民"乌克兰化"的民族（нация）整合实践，而且也塑造了"苏联人民"这样的"苏联民族"代名词，不过其本质是各非俄罗斯民族在"第一民族"、"老大各民族"和"最优秀的民族"所彰显的大俄罗斯民族主义氛围下的"俄罗斯化"。

第三，在"斯大林模式"主导下的苏联民族国家联盟体制的建设和发展过程，事实上是逐步回归沙俄帝国意识和体制的过程。因此，其结果也最终在理论层面同沙俄帝国一样，苏联没有一个统一的民族（нация），苏联的各个非俄罗斯民族（нация）没有自己的国家。如果从国家发展进程的角度来看苏联和沙俄帝国之间的区别，前者在时空范畴和现代国家主权意义上是一个民族国家，后者是一个具有中世纪特征的帝国。但是，就帝国模式而言，苏联对内的大俄罗斯民族主义和对外的大国沙文主义，与沙俄帝国时代的霸权行径在本质上并无二致。而帝国终归是要解体的，古往今来帝国解体的重要动因之一就是民族主义。即如马克思、恩格斯所说："民族主义导致了罗马和希腊的灭亡。"①

第四，苏联及其构成体是民族国家时代的产物，社会主义社会的建立和完善是一个长期的过程。斯大林在构建苏联民族国家联盟体制的过程中，急切地认为苏联已经完成了共产主义的第一阶段——社会主义，苏联的各个民族也已经成为完全不同于资本主义上升时期形成民族国家的那种

① 马克思、恩格斯：《神圣家族，或对批判的批判所做的批判》，中国社会科学院民族研究所编《马克思恩格斯论民族问题》上册，民族出版社1987年版，第46页。

"旧式民族"的"新式民族"（即社会主义民族）。这两种民族的区别在于"社会主义民族"具有比"资本主义民族"更大的全民性。也就是说，"社会主义民族"是马克思、恩格斯所说的消除了民族内部阶级压迫的民族，也是列宁所说的消除了在阶级社会统治下每个民族中都有"两个民族"（即两个阶级）现象的民族。苏联官方和学界虽然对"社会主义民族"进行了种种符合苏联社会主义发展进程和精神面貌的诠释，但是这些"社会主义民族"在本质上仍然是民族（нация），他们的全民性中也仍旧包含着民族主义和阶层分化，只是在戈尔巴乔夫的"改革"之前，大俄罗斯民族主义已经成为官方推动的主流意识而漫散于苏联社会而并不为俄罗斯人所自觉感知，而非俄罗斯的民族主义则在阶级斗争式的高压政策下浓缩、固化，成为社会意识的潜流。因此，当戈尔巴乔夫的"新思维"为苏联人打开所谓所有的"悲惨记忆"时，非俄罗斯民族的民族主义如同"潘多拉魔盒"中的怪物释放出来一样，成为冲击苏联社会的一股股极端性的"反弹"力量，而社会化的大俄罗斯民族主义也在汹涌而至的非俄罗斯民族主义冲击下迅速收缩在本民族的范围，各个所谓的"社会主义民族"张扬的或收缩的民族主义，成为倾覆联盟大厦的一支支杠杆。

第五，虽然斯大林对民族（nation）进行了马克思主义的科学定义，但是对民族的本质并没有进行深入的研究，当他认为给苏联的各个民族贴上"社会主义"标签就可以作为区分所谓"旧式"和"新式"这些完全不同的民族（нация）时，却在实践中回归了"沙俄"、"奥匈"那样的帝国模式，其结果也必然地导致苏联国家层面没有或不是一个民族（нация），而那些被命名的民族及其国家和联邦实体又形成民族（нация）没有国家（或仅仅在理论上拥有国家）的局面。前者超越社会发展阶段地推进"苏联民族"替代品的"苏联人民"过程，造成了对内的"俄罗斯化"和对外的"苏联化"霸权；后者则造成了非俄罗斯民族（нация）为谋求事实上的主权独立国家而表现在民族主义层面上的反俄、反苏及其必然在政治宣示层面上的反共、反社会主义，其结果是导致苏联最终以那些"无国家民族"纷纷独立而解体。

第六，苏联在构建国家层面民族的实践中，试图在承认各个民族国家构建和型塑本民族（нация）的基础上创造出一个由各个主权独立国家结合而成的国际联盟,①但是斯大林模式及其惯性对中央集权的专制要求与联邦制设计的内在冲突，却使苏联形成了民族国家（nation‑state）有机结构中的民族（nation）与国家（state）的分离。"苏联人民"这种"新的人们历史共同体"由于渗透了"俄罗斯化"的主导作用而无法自然、自觉和有效地整合各个民族（нация），而各个被赋予民族（нация）地位的非俄罗斯加盟共和国等苏维埃国际联盟的民族国家构成体却力求实践联盟、加盟共和国、自治共和国宪法所规定的国家地位和权力，这两个完全矛盾的走向所体现的苏联的国家（state）统一和民族（nation/нация）分立的二元结构冲突，成为苏联时期国家权力结构中族际政治冲突的焦点。也就是说，交叉在这一焦点的冲突既包括了中央集权与联邦制之间的权力冲突，又包括"俄罗斯化"与各"民族化"之间的民族冲突。在这样一种内在相连的双重矛盾中，对"苏联人民"的认同没有民族（nation/нация）认同的依托，而各个民族、特别是非俄罗斯民族的民族认同又没有事实上的国家基础。各个民族（нация）的自我认同及其对地域性（苏联各层次民族国家构成体）的内在心理维护，在迫使苏联国家强化中央集权统合作用的同时，其反作用力则进一步增强了各民族的自我认同。因此，对这种后果的简单化表述也可以理解为"虽然苏联人民（sovetskii narod，the soviet people）不是一个失败的认同方案，但是它在苏联人心目中及生活中扎根之前就被摧毁了"②。

　　无论如何，苏联构建民族国家体系和解决民族问题的失败，并不意味着斯大林民族定义在揭示人类社会民族现象及其与国家互动关系方面的科学意义丧失或过时。斯大林对民族（нация）进行的定义，是马克思列宁主义对资本主义上升时代构成民族国家层面民族（nation）的科学认识，

---

　　①　其初衷十分类似当代的"欧洲联盟"。但是，当代的"欧盟"是一个由若干民族国家组成的超国家的国际联盟，在欧盟层面虽然有"欧洲民族"、"欧洲人"之说，但是就民族（nation）而言，仍体现为构成欧盟的各个主权独立的民族国家层面的民族。因此，欧洲联盟与苏维埃联盟的共性与区别在于联盟层面没有统一的民族（nation），而各个民族（nation）则有各自主权独立的国家（state）。当然，就民族国家模式的发展而言，对苏维埃联盟与欧洲联盟进行比较研究无疑是一个很有意思的课题，对此笔者将在其他文章中论述。

　　②　[美] 曼纽尔·卡斯特：《认同的力量》，夏著九、黄丽玲等译，社会科学文献出版社 2003 年版，第 43 页。

至今对我们认识和理解国家层面的民族仍是无可替代的一个经典定义。就其定义在实践层面存在的应用问题而言，我们需要从苏联实践这一定义的错误中去吸取教训，其中包括因对马克思主义经典作家就某些原理的系统论述缺乏全面认识和准确理解而标签化地应用这一定义所造成的误解及其实践方面的教训，以纠正那种因实践中发生某些错误或出现某些问题就诉诸对某些理论、定义的怀疑甚至否定的形而上学思维模式，要认识到错误的实践既可能源自错误理论的指导，也可能源自对正确理论的错误理解和背离。

中华民族的建构与伟大复兴

中国共产党成立88年、执政60年、领导改革开放30年来，几代中国共产党人始终以实现中华民族伟大复兴为己任，坚持把马克思主义基本原理同中国具体实际相结合，团结带领全国各族人民不懈奋斗，战胜各种艰难险阻，不断取得革命、建设、改革的伟大胜利。

——《中国共产党十七届四中全会公报》

1921年，中国共产党成立。在那以后，"使中华民族来一个大翻身，由半殖民地变为真正的独立国"，[①]就成为中国共产党领导新民主主义革命的奋斗目标。1949年，中国共产党领导全国各民族人民实现了中华民族的自决，建立了独立自主的中华人民共和国。中国人从此站起来了，中华民族发展进步从此开启了新的历史纪元。

1978年，中国共产党在经历了探索社会主义建设道路的曲折之后，走上了立足于社会主义初级阶段国情的改革开放之路，这是一条中国特色社会主义现代化的建设之路，是一条实现中华民族伟大复兴之路，也是一条任重道远、十分艰难、充满挑战与考验之路。其中，解决民族问题和建构中华民族即是这一道路中最艰巨的任务。

（一）中国解决民族问题之路不是"苏联模式"

中国共产党根据马克思主义民族理论的基本原理，与中国统一的多民

---

① 毛泽东：《将革命进行到底》，《毛泽东选集》第四卷，人民出版社1991年版，第1375页。

族国家实际相结合，确立和实行了解决民族问题的基本政治制度——民族区域自治，颁布了《中华人民共和国民族区域自治法》，制定了一整套立足于真正平等基础上的、涉及政治、经济、文化、社会生活诸方面的民族政策，建立了5个自治区、30个自治州、120个自治县和数以千计的民族乡，形成了从国家到地方体系化的民族宗教工作部门，设立了以招收各少数民族学生为主的中央和地方民族大学（学院），在中国社会科学院、一些地方社会科学院、高等教育院校、民族宗教工作部门设置了专门从事民族学、人类学、民族理论和民族政策的研究机构和教学科系。建立这样一种规模庞大的民族事务体系，目的只有一个——通过各民族共同团结奋斗、共同繁荣发展，实现中华民族的伟大复兴。

在世界范围，联邦制、民族区域自治、民族自治是多民族国家协调民族关系、解决民族问题通行的一些制度模式。当然，在有的国家还存在其他体制，如美国的印第安人保留地、加拿大魁北克"国中之国"的高度自治等。在多民族国家实行哪一种具有分权、自治特点的制度最有利于国家统一和社会和谐？这没有现成的答案。但是，中国选择民族区域自治而不是其他制度，则是立足于本国历史与现实国情的结果。列宁指出："在分析任何一个社会的问题时，马克思主义理论的绝对要求，就是把问题提到一定的历史范围之内；此外，如果谈到某一个国家（例如，谈到这个国家的民族纲领），那就要考虑到在同一历史时代这个国家不同于其他各国的具体特点。"① 这一原则的中国实践，就是在统一的多民族国家基础上，从中国的具体实际出发确定的"国家的民族纲领"——在少数民族聚居地区实行民族区域自治。

中国是一个统一的多民族国家，这是最基本的国情之一。中国在历史上就是一个统一的多民族国家，中国各民族都是统一的多民族国家的缔造者、建设者。理解这一命题需要把握三个关键词，即"天下统一"、"因俗而治"、"和而不同"。这是中国古代思想中十分重要的几个观念。

所谓"天下统一"，是中国封建王朝始终追求的政治目标，边疆少数民族入主中原建立的王朝也是如此。在中国统一的多民族国家形成和发展

---

① 列宁：《论民族自决权》，《列宁选集》第2卷，人民出版社1995年版，第350页。

的历史进程中出现过四个阶段性的大统一，即秦汉统一、隋唐统一、元朝统一、清朝统一。其中，元朝、清朝作为中国历史地理意义上最大范围的统一王朝，是分别由蒙古族、满族入主中原建立的。吐蕃地区在元朝纳入国家行政区划治理，台湾地区在清朝实行省治。这两个朝代为奠定中国版图的历史基础，为稳定中国多民族的社会结构，为密切中国各个地区之间、各个民族之间的交流与合作作出了重要贡献。历史表明，中国在"华夏"中心与"四夷"边缘的互动关系中，从来没有封疆裂土的保守和分离。统一是中国历史的大趋势，国家统一对中国各民族人民来说，是根深蒂固的历史意识，也是不可变更的现实心理。

所谓"因俗而治"，是指中央王朝在治理不同地区、不同民族的事务时，从当地的实际出发，遵循当地社会文化传统、实行因地制宜的治理。这就是先秦时期形成的民族观："修其教不易其俗，齐其政不易其宜。"就是说，以中原文化之礼仪观念教化四方，需随其风俗习惯；以中原文化之政令法律统一四方，需因地制宜。这种观念正是中国古代哲学思想中"和而不同"观念在族际关系方面的集中体现。

所谓"和而不同"，是中国古代极富哲理的为人、处世、治世之道。"和"代表了统一性、一致性，而"不同"则是差异性、多样性。"和"对"不同"的尊重与包容，"不同"对"和"的认同和维护，这就是统一与多样的共生关系。中国形成统一的多民族国家的历史过程，就在于形成了"天下统一"的共识，实行了"因俗而治"的政策，达到了"和而不同"的结果。这样的历史国情，在世界范围可以说是绝无仅有的。这是中国共产党立足于历史国情选择民族区域自治道路的原因，也是马克思主义民族理论的基本原理与中国民族问题实际相结合的产物。

在中国共产党解决民族问题的实践中，吸收和借鉴苏联民族政策、措施的现象并不奇怪。因为制定这些政策的指导思想是马克思列宁主义，这是苏、中两国执政党共同的指导思想。苏联作为第一个社会主义国家，其成功经验或制度设计也必然具有示范效应。但是，这并没有妨碍中国共产党在不断把握中国国情实际的探索中去实践马克思列宁主义，而不是照搬照抄地追随"老大哥"。中国并没有亦步亦趋地按照"苏联模式"建立联邦，但是也遵循了马克思主义经典作家关于"根据当地居民自己对经济和生活习惯条件、居民民族成分等等的估计，确定大概自治地区和区域自治地区的边界"的基本原则。①在这个问题上，早在 1957 年周恩来就对苏联的联邦制、中国民族区域自治作过深入的阐释，通过对苏、中两国历史国情和取得政权的不同路径，指出"历史发展给了我们民族合作的条件，革命运动的发展也给了我们合作的基础。因此，解放后我们采取的是适合我国情况的有利于民族合作的民族区域自治制度"。他通过对中国实行民族区域自治制度的历史背景、国情特点、民族分布等方面的比较，对苏、中两国解决民族问题的制度模式区别作出结论性的论述："这不单是名称的不同，制度本身也有一些不同，也就是实质上有一些不同。"②这篇文献及其内在的历史眼光、国情立场，需要去认真研读和理解。

周恩来指出的"实质上有一些不同"，在实践中就是"苏联模式"最终失败，而中国并没有因实行了民族区域自治制度而分裂，这是一个基本事实。但是，这不意味着中国不存在民族分裂的危险，"台独"、达赖集团、"东突"势力就是分裂中国、分裂中华民族的几股势力。不过，这些势力并非实行民族区域自治制度的产物，即如苏联解体也并非由于实行了联邦制的结果。"十月革命"以后，列宁领导的苏维埃政权，面对分崩离析为六十多个国家和政权的沙俄帝国废墟，如果不采取联邦制的政治设计，就不可能有苏联。"当时列宁没有别的选择，因为如果立即完成统一国家的架构，这个国家实际上就不可能建立。"③这是历史唯物主义的态度。如果我们曾经为苏联的建立而欢欣鼓舞，并且今天仍为苏联解体而痛心疾首，那就要承认列宁时代布尔什维克领导人的政治智慧。按照列宁的思想，社会主义民主越充分，分离的愿望越小。所以，平等自愿的加盟并享有"退盟权"，是结成"苏维埃联盟"的政治理性抉择。问题在于后来几十年的实践是遵循和贯彻了宪法原则，还是偏离和超越了宪法原则。

① 列宁：《有党的工作人员参加的党中央委员会 1913 年夏季会议的决议》，《列宁全集》第 23 卷，第 61 页。
② 周恩来：《关于我国民族政策的几个问题》，中共中央文献研究室、中共新疆维吾尔自治区委员会编《新疆工作文献选编》（1949—2010），中央文献出版社 2010 年版，第 190、185 页。
③ ［俄］雷日科夫：《大国悲剧——苏联解体的前因后果》，徐昌翰等译，新华出版社 2008 年版，第 384 页。

在苏联解体 20 年后的今天，人们对这一世纪性剧变的原因仍在探索，而将苏联实行联邦制、规定"退盟权"作为解体的动因之说依然流行，甚至因面对"西藏问题"、"新疆问题"而强化了将中国民族区域自治制度视为"苏联模式"的认知效应。甚至认为"退盟权"原本是说说而已，没想到几十年后能假成真。这类观点的指向都是中国的民族区域自治制度，取消之论彰显其中。且不论中国的民族区域自治制度没有所谓"退盟权"，就苏联之后的欧盟也在其宪法中规定了"成员国有权自愿脱离欧盟"的条款，那么欧盟解体前景是不是也可以预见？

苏联解体的动因很多，但是执政党出了问题最为根本，这是苏联出现"政治大气候"的根源。成就了这种"大气候"，可谓倾巢之下、岂有完卵？就是其宪法中没有"退盟权"，苏联一样会解体。波罗的海三国的民族分离主义动员，准确地说也不是打着"退盟权"的旗号，而是通过对1939 年"苏德互不侵犯条约"中"秘密议定书"这一关系到三国加入苏联"阴谋"的"政治历史清算"，从而使"它成了摧毁苏联的某种政治杠杆，成了把苏联归入'占领者'一类的一个借口"。[①]由此颠覆了苏联宪法对波罗的海三国的政治合法性和领土约束力。波罗的海三国的这种"独立经验"也成为所谓联合国"无代表民族和人民组织"（UNPO）成员效法的手段。

今天图谋分裂中国的境外达赖集团，不也是企图否定《十七条协议》而制造"西藏独立"的历史和政治合法性吗？不是要谋求"名副其实"的"高度自治"吗？《十七条协议》的总原则阐释了中央人民政府解决民族问题的基本政治制度——民族区域自治制度，第三条明确规定"根据中国人民政治协商会议共同纲领的民族政策，在中央人民政府统一领导之下，西藏人民有实行民族区域自治的权利"。那么否定民族区域自治制度、取消民族区域自治制度，也就意味着对《十七条协议》的自我否定。这是"与时俱进"的"民族政策"，还是自毁长城地为达赖喇嘛递送"政治杠杆"？在这场斗争中，中国不会放弃维护宪法尊严、维护民族区域自治法权威、维护《十七条协议》历史地位的坚定立场。因为中国实行民族区域

---

① ［俄］雷日科夫：《大国悲剧——苏联解体的前因后果》，第 118 页。

自治制度并非"说说而已"的"计谋",也非"名不副实"的"政治花瓶",而是实现各民族真正平等和在实践中完善的制度安排。

苏联解决民族问题失败,只是苏联建设社会主义失败教训中既非特殊,也不例外的组成部分。列宁之后的苏联,并没有始终如一地以马克思列宁主义的理论指导社会主义建设,同样也没有坚定不移地按照马克思列宁主义的民族观来解决民族问题。其中,盲目激进地判断社会主义建设的进程,从而导致在解决民族问题的实践中"屡屡未能克服的不顾客观情况超前进行动的愿望"①,才是值得高度警惕的教训!在民族问题上,坚持和完善民族区域自治制度是党和国家始终强调的基本原则。胡锦涛指出:"民族区域自治制度是我国的一项基本政治制度,是发展社会主义民主、建设社会主义政治文明的重要内容,是党团结带领各族人民建设中国特色社会主义、实现中华民族伟大复兴的重要保证。……实践证明,这一制度符合我国国情和各族人民的根本利益,具有强大生命力。民族区域自治,作为党解决我国民族问题的一条基本经验不容置疑,作为我国的一项基本政治制度不容动摇,作为我国社会主义的一大政治优势不容削弱。"② 坚持和完善民族区域自治制度,就是坚持和完善中国特色社会主义制度。这是接受苏联解决民族问题失败教训的深刻认知。

中国处于社会主义初级阶段,物质文明、政治文明、精神文明和社会和谐的建设的实现程度不可能超越这一发展阶段的基本特征。这也是坚持和完善民族区域自治制度的出发点,目的是充分实现这一制度真正立足于民族平等、切实保障各民族共同繁荣发展的作用。在这方面,制度本身的发展和完善必须立足于民族区域自治地方的经济社会基础。没有经济社会基础支撑的任何制度,都不可能发挥其应有的功能和作用。任何一种先进的制度设计及其优越性,只能在这项制度的实践成效不断积累中才能得到逐步发挥。

---

① [俄] 雷日科夫:《大国悲剧——苏联解体的前因后果》,第36页。
② 胡锦涛:《在中央民族工作会议暨国务院第四次全国民族团结进步表彰大会上的讲话》,《人民日报》2005年5月28日。

（二）　中华民族需要在现代化进程中建构

无论是马克思主义经典作家，还是西方政治理论，对资本主义上升时期形成的民族国家及其所伴随的"民族"（nation）现象，都有基本观点方面的共同认识，即民族国家时代的民族是一个主权独立国家的全体国民。因此，近代以来中国话语中的"国族"十分贴切。但是，当代世界几近200个国家中，国民成分单一的国度只是极少数，而且这些国家也在国际移民浪潮的影响下发生着国民成分"异质性"的变化。因此，多民族、多移民及其必然伴随着的多语言、多文化、多宗教等多样性特点的国家是世界国家格局中的主体形态。传统的民族国家理论——"一个民族、一个国家"——的实践，只有在统一、整合异质性国民的基础上才具有现实意义，这就是"民族建构"（nation building）。

1939年顾颉刚先生提出的"中华民族是一个"，体现了"一族一国"的想象，只是这种愿望是建立在中国"各种各族"已经在历史上"融为一体"基础上的认识，即也不存在"汉族"的"中华民族"。这与孙中山后期有关中国"各种各族"都是"汉族的宗族"之说相比，似更加开明。但是，仍旧未能摆脱对"民族建构"（nation building）现实过程的畏难和简化。与顾颉刚先生论战的费孝通先生，强调中国的多民族结构，并且践行了顾颉刚先生对人类学家、民族学家的"率直奉劝"——"你们应当从实际去考定中国境内究竟有多少种族，不应当听了别人说中国有五大民族就随声附和"。[1]费孝通先生也因此成为20世纪50年代中央政府组织全国性民族识别的高端专家，并在几十年后提出了中华民族"多元一体"的理论观点。

虽然学界对"多元一体"的命题和论说基本没有异议，甚至在政治层面对此也颇为认同。但是，在中华民族"一体"、56个民族"多元"的认识方面，似乎存在越来越多的争议。首先，对中华民族的理解，依然存在着自然而然的"汉族说"，所以才有在"族群"概念理解和应用中将其指

---

① 顾颉刚：《续论"中华民族是一个"——答费孝通先生》，《益世报》1939年5月8日。

向 55 个少数民族的见解；其次，对民族识别及其结果 56 个民族的理解，即认为民族识别造成了"多元"的各族别认同，而影响了中华民族的认同，加之实行民族区域自治制度的"领土区隔"和对少数民族的"优惠政策"，导致了民族分裂主义问题日趋严重，出现了 2008 年西藏拉萨"3·14 事件"、2009 年新疆乌鲁木齐"7·5 事件"，等等。当然，持这种观点的学人或官员，并未把 20 世纪 90 年代以来在台湾甚嚣尘上的"台独"现象视为民族分裂主义，基本指向是 20 世纪 50 年代的民族识别，也就是对"多元"的政治承认是"苏联模式"。因此，有关民族事务"去政治化"，即取消民族区域自治制度及其法律保障，将地域广阔的少数民族聚居地区进行"省治"的分解，取消居民身份证的"族别"标识，改"民族"为"族群"等一系列对策建议纷至沓来，似乎中国解决民族问题的道路是作茧自缚，必然导致苏联解体那样的后果。

1939 年，顾颉刚先生曾大声疾呼："在中华民族之内我们绝不再析出什么民族。"①是不是按照当年顾颉刚先生的观点，不进行民族识别，就不会出现今天的民族问题？是不是向西方国家倡导"人人生而平等"的理念那样，只承认个人权利、不承认集体（群体）权利就不会面临多民族、多语言、多宗教、多文化以及经济社会发展程度的多样性？这其实是不需要回答的问题。新民主主义革命时期，没有中国共产党的政治主张和革命实践，就不会有新中国。没有中国共产党自延安开始形成的民族工作思路和民族政策实践，也不会有新中国。对这一历史过程，既不能颠覆性地反思，也不能权宜之计地假设，而需要从那一个历史过程所面对的国情实际出发去体会中国共产党用马克思主义理论指导中国实践的政治智慧，而不是扮演历史过程的"事后诸葛亮"，通过寻求"历史过错"来掩盖面对现实过程的困窘。

同样的道理，在解读和推介所谓"国际经验"方面也是如此。因为在主张民族事务"去政治化"、族别"去身份化"的动议者所推崇的美国、

---

① 顾颉刚：《中华民族是一个》，《益世报》1939 年 2 月 13 日。

巴西、印度等国的"国际经验"中，①都有一个从不承认到承认的过程。这些国家都经历了避开"种族"、"民族"、"族群"不平等的群体权利问题，而试图实行所谓对"弱势群体"、"落后阶级"的（优惠）扶持政策的实践，但是结果证明这些"弱势群体"、"落后阶级"恰恰主要是黑人等有色人种、印第安人、低种姓群体，故不得不承认种族、民族、土著人、移民群体的不平等问题。②在这方面，中国承认多民族的国民结构和少数民族的集体权利，并非作茧自缚，而是有先见之明。

从这个意义上说，无论是承认国民成分多样性，还是不承认国民成分异质性，就世界范围而言，实现"一族一国"或"一国一族"的"想象"，"更常见的情况是，民族是非建不可的，全然不同的人民碰巧杂处国境之内，于是就成了民族。将一国的人民变为一族——在居民中建构共同的民族认同——的努力，便都汇聚在了'民族建构'这面旗帜之下了"。③而构建民族国家的民族认同，"在很多国家中，成功地普及共同的民族认同是一个意外而脆弱的成就——一个正在进行的过程，而不是一个已经完成的事实"④。中国也是如此，只是我们在统一的多民族国家这一基本国情基础上的国家民族——中华民族——建构尚处于初级阶段而已。

实际上，马克思主义经典作家早就对民族国家建构中无产阶级政党的任务作出了阐释："在民族国家形成时期，无产阶级的作用有些不同。如果只抓住第一个原理（工人没有祖国），而忘记了它同第二个原理（工人组织成为民族的阶级，不过这不是资产阶级所理解的那个意思）的联系，这将是天大的错误"⑤。因为忽视了第二个原理，民族"就不能巩固、成

---

① 参见胡鞍钢、胡联合《第二代民族政策：促进民族交融一体和繁荣一体》，《新疆师范大学学报》（哲学社会科学版）2011 年第 5 期。

② 参见拙文《评"第二代民族政策"说的理论与实践误区》，《新疆社会科学》2012 年第 2 期；《美国是中国解决民族问题的榜样吗？——评"第二代民族政策"的"国际经验教训"说》，《世界民族》2012 年第 2 期。

③ ［美］杰罗姆·布劳恩、乔治·迈克：《导论：民族建构的困境》，《国家/民族建设中的两难》，中国社会科学院/联合国教科文组织《国际社会科学杂志》第 26 卷第 3 期，2008 年版，第 7 页。

④ ［加拿大］威尔·金里卡：《少数群体的权利：民族主义、多元文化主义与公民权》，邓红风译，台湾左岸文化出版社 2004 年版，第 367 页。

⑤ 列宁：《致伊·费·阿尔曼德》，《列宁专题文集·论马克思主义》，人民出版社 2009 年版，第 164 页。

熟和最终形成"。①无产阶级取得政权后的国家民族建构，与资产阶级所理解的那个"民族"的不同之处，不仅在于能够建立由多民族无产阶级联合的统一的多民族国家，而且还在于必须通过颁布全国性的法律保障少数民族的平等权利。中国共产党领导全国各族人民建立新中国的革命，包括1947年建立内蒙古自治区，就是马克思主义上述两个原理的中国实践。而新中国成立以后的实践，包括全面推行民族区域自治制度，改革开放、实施西部大开发、构建和谐社会、全面建设小康社会，乃至在21世纪中期实现中等发达国家程度的现代化，目的就是在保障各民族真正平等基础上的中华民族建构，从而实现中华民族的伟大复兴。

对中国而言，"中华民族"这一概念自近代以来早已渗透于中国的社会政治之中了。中国共产党自建立以来就以实现中华民族伟大复兴为己任，中国共产党是中华民族先锋队的宣示也庄严地写入了党章，中华民族伟大复兴已经成为激励中国现代化建设的时代强音。中华民族成为宪法概念也是迟早的事情。因此，所谓有人声称"取消"中华民族，或有人"建议保留"中华民族之类的说法，不过是自说自话的呓语。前者至少属于缺乏对民族国家建设、国家民族建构基本理论的认识，后者则颇有"危言耸听"以谋"力挽狂澜"之功的嫌疑。中华民族这一国家民族概念，虽然在社会中仍存在对其内涵的认知的理解问题，但是根本不存在引起"取消"或"保留"之争的问题。20世纪50年代包括民族识别在内的民族大调查所产生的学术成果之一，就是《中华民族》。包括海峡两岸关系中最大公约数的共识，"一个中国"的民族共同体表达，就是两岸人民同属中华民族。因此，如果按照经典民族国家"一族一国"的理论括套，那就是"一个中华民族、一个中国"。这在概念上不存在歧义，但是达成广泛、深入、稳定的自觉共识（自觉认同）则是民族国家建设的任务。

近代以来，中国的民族国家建设从思想理论到政治实践，已经历了百年。有关"民族"、"国族"及其"主义"的解读和阐释也数度形成高潮，但是"中华民族"的国家建设仍是一个正在进行的过程，而且也还处于初级阶段，需要在理论方面不断深化认识和在实践中努力建构。2005年，中

---

① 列宁：《卡尔·马克思》，《列宁专题文集·论马克思主义》，第32页。

国共产党对中国化的马克思主义民族理论和民族政策的十二个基本原则，进行了概括和阐释。其中，对"民族"这个概念作出了定义性的解读——"民族是在一定的历史发展阶段形成的稳定的人们共同体。一般来说，民族在历史渊源、生产方式、语言、文化、风俗习惯以及心理认同等方面具有共同特征。有的民族在形成和发展的过程中，宗教起着重要作用"；对人类社会民族现象及其过程作出了阐发——"民族的产生、发展和消亡是一个漫长的历史过程。在人类社会发展的进程中，民族的消亡比阶级、国家的消亡还要久远"；对多民族国家在社会主义阶段的特点作出概括——"社会主义时期是各民族共同繁荣发展的时期，各民族间的共同因素在不断增多，但民族特点、民族差异和各民族在经济文化发展上的差距将长期存在"。[1]无疑，这是马克思主义民族理论的中国化成就。

如果从"民族"定义的视角看，上述民族定义吸收了斯大林民族定义中的若干要素，同时结合中国多民族国情特点及其民族识别的原则，作出了新的概括。但是，这是就56个民族而言的定义，不是斯大林对国家民族的定义，因此也就不是中华民族意义上的民族（нация/nation）定义。从这个意义上说，在"历史渊源、生产方式、语言、文化、风俗习惯以及心理认同等方面具有共同特征"的中国56个民族，如何整合为一个代表中国自立于世界民族之林的国家民族——中华民族（Chinese Nation），仍存在需要从定义方面解读的问题。因此，上述民族定义并不是对斯大林民族定义的否定或取代。虽然从学术研究的角度讲，的确存在定义民族的困扰——"不论是民族的主观认定或客观标准，都不尽令人满意，反而会误导大家对民族的认识"[2]，但是斯大林对国家民族（state nation）的定义在众多的国家民族定义中仍旧具有科学性和现实性。尤其对我们倡导强化中华民族意识的现实需求而言，至少提供了一个中华民族建构的目标：

共同语言——国家通用语言（大陆的普通话、台湾的"国语"）。

---

① 《中共中央、国务院关于进一步加强民族工作加快少数民族和民族地区经济社会发展的决定》，国家民族事务委员会、中共中央文献研究室《民族工作文献选编》（2003—2009），中央文献出版社2010年版，第91—93页。

② ［英］埃里克·霍布斯鲍姆：《民族与民族主义》，第9页。

共同地域——"一个中国"的领土（含台湾）。

共同经济生活——社会主义公有制为主体、多种所有制经济（包括港澳台的经济体制）共同发展的现代经济生活。

建立在共同文化基础上共同心理素质——吸收各民族传统文化优秀成分基础上的中华文化及中华民族整合基础上的民族和国家认同。

斯大林对这些共同特性所强调的"缺一不可"，无疑都属于构建国家民族的必备条件，其中包括客观标准也包含主观认同。这对我们理解各民族共同团结奋斗、共同繁荣发展具有重要现实意义。"共同"这一关键词体现了国家民族——中华民族整合的内在机理，"共同"意味着平等、公正、共享和认同。中华民族的认同对当代中国是一个民族国家建构中的新课题，中华民族这一国家民族概念不仅需要写入宪法，而且需要在国家的政治、经济、文化、社会、生态建设中形成共同的权利、共同的职责、共享的权益机制，建立这种机制就是为了缩小和消除各民族之间在经济社会发展水平方面的差距。实现少数民族聚居地区的经济社会的快速甚至是跨越式的发展，这就是中国民族政策所要达成的目标，也是民族区域自治地方各族人民的福祉所在。

（三）中华民族伟大复兴任重道远

中国共产党以中华民族伟大复兴为己任，并于 2007 年将中国共产党"同时是中国人民和中华民族的先锋队"写入了党章。中国特色社会主义现代化建设所要求的各民族共同团结奋斗、共同繁荣发展，就是为了构建中华民族的整合，就是在构建中华民族伟大复兴的国民认同基础。对一个统一的多民族国家来说，国家民族的整合并非一个虚幻的"共同的想象"，在实践中它"是各个组成部分在共享和互利秩序中的协调。统一并不消除多样性，因为它是在组织的一个共享的社团层次上发生的；整合是多样化的补充，而不是它的否定"①。中国 56 个民族"共享的社团层次"就是中华民族，"各个组成部分在共享和互利秩序中的协调"就是中国各民族在

---

① ［美］E. 拉兹洛：《决定命运的选择》，李吟波等译，三联书店 1997 年版，第 136 页。

平等、团结、互助、和谐的社会主义民族关系机制中共同繁荣发展、共享改革开放成就。这是中国构建国家民族、实现中华民族整合的必然要求。当然，这是一个任重道远的伟大使命。没有少数民族的现代化，就不可能有中华民族的伟大复兴；没有"一国两制"保障的主权独立和领土完整，就没有中华民族的伟大复兴；没有包括台湾在内的中国和中华民族统一，就没有中华民族的伟大复兴。

就大陆而言，在以中华民族为56个民族总称的国家民族概念中，对中华民族的内部结构性认同，仅仅从"多数"（或经常使用的"主体"）和"少数"的表述而言，就是中华民族中存在着国家民族的多数（national majority）和国家民族的少数（national minority）。中国"少数民族"这一概念用英文表述为national minority，就是增强中华民族意识、中华民族归属感的标准形式。中国主管民族事务的专门机构是国家民族事务委员会，从其职责来说就是主管中国的少数民族事务。那么，中国的"少数民族事务"如何为英语世界所认知？这一问题导致了20世纪90年代从nationality改为ethnic的变化，即今天表述的State Ethnic Affairs Commssion of the People's Republic of China。但是，如果我们把ethnic理解为56个民族所指的"民族"，那么汉族也应该包括在内，否则ethnic就指向或限定为少数民族。若然如此，将56个民族（56 nationalities）改为"56个族群"（56 ethnic groups），所谓ethnic Han与ethnic Miao/ethnic Yao/……从学理上如何作出解释？

因此，从建构中华民族的理论观念和整合实践的要求去认识，中华人民共和国国家少数民族事务委员会的英文表述（State National Minority Affairs Commssion of the People's Republic of China），是把少数民族纳入构成国家民族——中华民族组成部分且在中英文语境中毫无歧义的表述。在nation、national、nationality这一同源词语的范畴内，中国包括汉族在内的各民族使用英文的nationality，就是指具有中华民族"民族性"的各个群体，如果从nationality包含的"国籍"意思去理解，它体现的就是民族国家（nation‐state）这种国家形态的内涵，即现代英语中的nation具有"民族"与"国家"的共同含义。正如在常识中或规范中不能把联合国（the United Nations）翻译为"联合民族"一样，对一个民族国家而言，nationality 可以是"国籍",也可以是"族籍"。中华民族是中国 56 个民族的总称,56 个民族在民族国家形态中享有共同的中国的国籍和共同的中华民族的族籍。①

当然,如此烦琐地对应英文的目的是便于国际交流和对话,让国际社会了解中国统一的多民族国家国情和民族政策。同时也是借助英语的表达来解读中国的"民族"概念在不同语境中的含义。而这些含义目前在国家的法律文献、政府宣示、学术研究、教科书中的表述不尽相同,也导致国人在基本认知方面的概念不清。因此,增强中华民族的认同感,的确需要在理论、范畴、概念上得以厘清,而不是似是而非地甚至盲从地与"国际接轨"。中国是一个统一的多民族国家,存在着历史遗留的民族问题,面对现实存在的民族问题,消除民族问题的"历史遗产"、解决民族问题的"现实存在",是中国的重大国家事务,关系到执政党地位和国家建设以及中华民族伟大复兴的全局。因此,中国共产党认为:

——民族问题既包括民族自身的发展,又包括民族之间、民族与阶级、国家之间等方面的关系。在当今世界,民族问题具有普遍性、长期性、复杂性、国际性和重要性。

——中国特色社会主义道路是解决我国民族问题的根本道路。我国的民族问题,只有在建设中国特色社会主义、实现中华民族伟大复兴的共同事业中才能逐步解决。

——我国是各族人民共同缔造的统一的多民族国家。祖国统一是各族人民的最高利益,各族人民都要继承和发扬爱国主义传统,自觉维护祖国的安全、荣誉和利益。我国的民族问题是我国的内部事务,反对一切外部势力利用民族问题对我国进行渗透、破坏和颠覆活动。

——各民族不分人口多少、历史长短、发展程度高低,一律平等。国家为少数民族创造更多更好的发展机会和条件,保障各民族的合法权益,

---

① 至于入籍他国的中国人,则不再享有中国的 nationality(国籍/族籍),他们在入籍国享有种族(race)的身份(如新加坡)或族群(ethnic group)的归类(如美国等),但大都仍持有或被认为存在认祖归宗的感情意义上的"中华民族子孙"或者更具历史性的"炎黄子孙"认同。在关涉"海外华人"这一概念及其应用方面,可参见[新加坡]王赓武《无以解脱的困境?》一文,载《读书》杂志编《亚洲的病理》,生活·读书·新知三联书店 2007 年版,第 248—295 页。

各族人民都有义务维护宪法和法律的尊严。

　　——民族区域自治是我们党解决我国民族问题的基本政策，是符合我国国情的一项基本政治制度，是发展社会主义民主、建设社会主义政治文明的重要内容，必须长期坚持和不断完善。民族区域自治法是民族区域自治制度的法律保障，必须全面贯彻执行。

　　——平等、团结、互助、和谐是我国社会主义民族关系的本质特征，汉族离不开少数民族，少数民族离不开汉族，各少数民族之间也相互离不开。各族人民要互相尊重、互相学习、互相合作、互相帮助，不断巩固和发展全国各族人民的大团结，构建社会主义和谐社会。

　　——各民族共同团结奋斗、共同繁荣发展是现阶段民族工作的主题。加快少数民族和民族地区经济社会发展，是现阶段民族工作的主要任务，是解决民族问题的根本途径。要坚持科学发展观，大力支持、帮助少数民族和民族地区加快发展。

　　——文化是民族的重要特征，少数民族文化是中华民族文化的重要组成部分。国家尊重和保护少数民族文化，支持少数民族优秀文化的传承、发展、创新，鼓励各民族加强文化交流。大力发展教育、科技、文化、卫生、体育等各项事业，不断提高各族群众的思想道德素质、科学文化素质和健康素质。

　　——培养选拔少数民族干部是解决民族问题、做好民族工作的关键，是管长远、管根本的大事。要努力造就一支宏大的德才兼备的少数民族干部队伍。民族地区人才资源开发是一项战略任务，要大力培养民族地区现代化建设需要的各级各类人才。①

　　这些理论认识和政策原则阐释，就是关系到坚持中国共产党执政地位、坚持中国特色社会主义道路、实现中华民族伟大复兴目标在解决民族问题方面的根本立场。其中，特别是要认识到在当今世界民族问题具有普遍性、长期性、复杂性、国际性和重要性的基本特性。世界上还没有哪一个国家能够宣称已经成功地解决民族问题。民族问题的长期性在相当程度

---

　　① 《中共中央、国务院关于进一步加强民族工作加快少数民族和民族地区经济社会发展的决定》，国家民族事务委员会、中共中央文献研究室《民族工作文献选编》（2003—2009），第91—93页。

上是由其复杂性所决定的，所谓复杂性不仅涉及历史问题，更重要的是在现实中民族问题始终伴随着世事变化、社会变迁而形成和演化，并在一个开放发展的国际环境中受到日益广泛的交互性影响。

同时，也必须认识到，民族问题虽然具有长期性的特性，但是并不意味着可以在现实中无所作为或束之高阁，当然也不能因其复杂性的特点而试图采取突击、激进、简化的方式去推进其解决过程。苏联解决民族问题失败的教训中，就包括"学者、文艺界知识分子的某些代表以及政治家们明显过早地强调了民族融合，而那些谈到每个民族全面发展具有首要意义，应该小心谨慎对待民族传统和习俗的人，则被斥为民族主义。这也就是为什么我国各级管理机关在作出有关大民族和小民族经济、社会发展、文化领域的实际决定时，没有考虑到民族关系的复杂性和它们之间许许多多的细微差异"①。中国也曾经在1958年的"大跃进"中刮起一股"民族融合风"。然而，这种主观唯意志的人为激进，不但没有达成"民族融合"的结果，而且还导致了"文化大革命"以阶级斗争的简化方式处理民族、宗教等复杂问题的灾难，而消除这种灾难的负面影响也不可避免地引起了民族问题、宗教问题的后续反弹，并随着经济全球化的国际环境变化而产生了一系列新的问题。因此，以任何超越社会发展阶段的愿望（哪怕这种愿望是良好的）去处理和解决民族问题，其结果只能适得其反，甚至造成"遗产式"、"发酵型"的新问题。

苏联的教训也说明了这一点。在西方的学界研究和政界判断中，主流的认识是苏联解决民族问题"走进死胡同"的重要原因之一是来自中亚诸共和国的"穆斯林民族主义的挑战"，即"认为造成苏联瓦解的狂涛巨浪，乃是这些中亚民族所掀起，因为他们不满于'民族压迫'或受召于伊斯兰宗教意识，也只是某些西方观察家一厢情愿的理解，这些观察家一向对苏维埃制度持高度怀疑的态度，也不认为它可以长久维持。事实上，除了某些曾在斯大林掌政时代被驱逐到偏远地区的少数民族，大多数中亚部族在苏联解体之前，都不曾兴起强烈的政治反抗运动。中亚各共和国的民

①　［俄］雷日科夫：《大国悲剧——苏联解体的前因后果》，徐昌翰等译，新华出版社2008年版，第36页。

族主义运动，乃是后苏联时代的产物"①。事实也是如此，在苏联解体前夕，1991 年 3 月 17 日全苏举行的"是否保留苏联"的公民投票中，9 个加盟共和国参加投票的 1.48 亿人中赞同保留苏联的比例达 76.4%，中亚五国赞同保留苏联的比例均高达 90% 以上，而反对保留苏联的最高投票比例则来自乌克兰（28%）和俄罗斯（26.4%）。这是西方研究苏联民族问题的专家们始料未及的结果。②今天我们面对中国民族问题的某些极端实证时，是不是也存在着因循美国等西方学界、政要的"引导式"判断而对包括民族区域自治制度在内的民族政策体系产生怀疑和质疑的情况？这是值得深思的问题。

早在 1913 年列宁就对资本主义世界在民族问题方面呈现的两种历史趋势作出了这样的判断：第一种趋势就是"民族生活和民族运动的觉醒，反对一切民族压迫的斗争，民族国家的建立"。而第二种趋势是"各民族彼此间各种交往的发展和日益频繁，民族隔阂的消除，资本、一般经济生活、政治、科学等等的国际统一的形成"。这两种趋势都是"资本主义的世界性规律。第一种趋势在资本主义发展初期是占主导地位的，第二种趋势标志着资本主义已经成熟，正在向社会主义社会转化"。③第一种趋势，在世界范围已经实现，但是对大多数国家而言，构建民族国家的任务尚未完成。

同时，第二种趋势也已经显现，以经济全球化所推动的"国际统一"及其"民族隔阂的消除"现象最为显著。但是，距离"政治、科学等等的国际统一的形成"尚属遥远。意识形态、社会制度的政治对立仍严峻存在，科学技术能力、核心技术的拥有仍局限于某些西方国家，资本主义的成熟程度还无法解决其内部的问题——发动战争、经济危机（金融危机）、社会问题、民族、种族、移民问题等，同时世界范围的社会主义建设事业的探索——虽然中国已经取得了为世界瞩目的伟大成就——尚处于初级阶

---

① ［英］埃里克·霍布斯鲍姆：《民族与民族主义》，李金梅译，上海人民出版社 2000 年版，第 201 页。

② 参见［俄］瓦列里·季什科夫《苏联及其解体后的族性、民族主义及冲突——炽热的头脑》，姜德顺译，中央民族大学出版社 2009 年版，第 96—97 页。

③ 列宁：《关于民族问题的批评意见》，《列宁专题文集·论资本主义》，第 290 页。

段，还不能为人类社会提供成功的经验或促使资本主义"向社会主义社会转化"的条件。因此，98 年前列宁预见这两种趋势时的告诫仍具有重要的现实意义——"马克思主义者的民族纲领考虑到这两个趋势，因而首先要维护民族平等和语言平等，不允许在这方面存在任何特权（同时维护民族自决权，关于这一点下面还要专门谈），其次要维护国际主义原则，毫不妥协地反对资产阶级民族主义（哪怕是最精致的）毒害无产阶级"①。虽然这是针对国际关系中的国家民族关系而言的，但是对多民族国家内部各民族之间的关系也具有启发意义。即维护包括语言平等在内的民族平等，反对一切民族主义的表现。

构建民族国家、构建国家民族，在资本主义世界离不开民族主义的动能。马克思主义经典作家对民族主义在建立民族国家过程中的两重性已有过深刻的论述。对无产阶级革命借助和支持民族解放运动、对多民族国家消除资产阶级残余的"两种民族主义"、对无产阶级国际主义与资产阶级民族主义的不可调和性等也作出了阐释。其结论是"民族主义——这是资产阶级最后的阵地；要彻底战胜资产阶级，就必须把它打出这个阵地"②。当然，就世界范围而言，社会主义战胜资本主义的斗争仍处于前沿阵地的较量，而"资产阶级最后的阵地"尚遥不可及。因此，民族主义现象及其所由产生的问题，仍是世界范围普遍存在的。美国等西方国家的霸权主义，就是民族主义的产物，正如民族主义曾经产生了沙文主义、殖民主义、帝国主义、军国主义、法西斯主义一样。而抗拒这种霸权主义出现的国家民族性反应同样具有民族主义性质，也可以说具有爱国主义性质。

在民族国家构建中，如果说国家民族是国家力量打造的一枚硬币，那么它的一个面向是爱国主义（patriotism），一个面向是民族主义（nationalism）。前者唱响的是"祖国之歌"，后者表达的是"民族之情"。也有人认为"民族主义是一种特殊形式的爱国主义"③。在实践中，一般而言前

---

①　列宁：《关于民族问题的批评意见》，《列宁专题文集·论资本主义》，第 290 页。

②　斯大林：《在鞑靼—巴什基里亚苏维埃共和国成立大会筹备会议上的讲话》，《斯大林全集》第 4 卷，第 84 页。

③　［英］厄内斯特·盖尔纳：《民族与民族主义》，韩红译，中央编译出版社 2002 年版，第 181 页。

者属于国家能力培植、控制下的具有理性特点的灌输和引导，后者则属于民间社会偶发、激情感染下具有非理性特点的动员和响应。而这都是外部出现压力下不可避免的具有国民、民众参与的情感和情绪表达。对中国来说，在解决属于内政的民族问题方面，"反对两种民族主义"是为了消除由于历史和民族压迫（包括帝国主义挑拨离间）所造成的民族间的隔阂、不信任、歧视、侮慢等因素，从而实现各民族在观念、意识和心理上的相互尊重、相互理解、和睦相处、团结互助。在现实的发展中，各个民族对自身传统文化的珍惜、保护和自尊意识的增强，不能简单地视为民族主义，而是有利于增强自信心、自尊心和自我发展能力的心理状态。这一趋向在未来的发展中将在包括汉族在内的各民族中继续呈现增强的态势。对此需要重视和引导。为此，中国迫切需要在构建中华民族认同方面加强国家的能力。

在实践中，国家的象征物、仪式是民族建构的重要内容，在天安门广场的人民英雄纪念碑就是中华人民共和国、中华民族的永久象征物，而自1991年根据《国旗法》开始规范举行的天安门广场升旗仪式，则是中华人民共和国、中华民族最重大且每天都在操演的国家仪式。这些能够使全国各民族人民、男女老少自觉肃然起敬的象征和仪式，潜移默化于人们的心中，并自然而然地普及于全国各地（甚至到达只有几个学生的山区小学或几名士兵的边防哨所），它所产生的力量就是国家、民族的认同（national identity）。当然，国家博物馆、国家庆典、国家节日乃至历史教科书、国家通用语言文字、公民教育规范，等等，都属于构建中华民族认同的象征和载体。中国构建中华民族的认同，需要通过经济社会的发展，从中国各民族人民日益密切的互动交融的实践中去提炼和凝聚鲜活的养分，使各民族在相互尊重、相互理解、相互帮助和相互吸收的发展过程中实现相互的认同，进而升华为中华民族整合的认同。

对任何一个现代民族国家来说，在领土、主权、国防、外交、行政区划、政治、经济、文化、教育、科技、医疗等社会生活各个领域形成集中体现国家统一意志的体制、法律和政令，这是不容置疑的内政通则，在此基础上构建、维护、巩固国民认同的整合，这就是"民族是非建不可的"的必然选择。在这种"非建不可"中，语言即是构建国家民族整合的最基本要素之一。甚至可以说："实际上对官方语言的界定、标准化和教学已经成为世界各地'民族国家建构'的首要任务之一。"①对中国来说，中华民族的建构同样需要强化国家通用语言的培育。当代中国的国家通用语就是汉语普通话（台湾称为"国语"），也就是"中华民族语言"。

中国各民族都需要学习和掌握"中华民族语言"，汉族也不例外。因为绝大多数汉族的母语发音尚属"口音各异"甚至难以沟通的方言。因此，国民整合、国家民族建构的最重要的要素之一，就是各民族共同学习和掌握汉语普通话——"中华民族语言"。这就是笔者曾多次强调的各民族都要"中华民族化"，而非"汉化"。当然，在多民族、多语言、多文化的国民结构中，各民族学习和掌握国家共同语言并不意味着取代各民族的母语、包括汉族的方言。尤其是对少数民族掌握汉语普通话，需要通过双语教育模式循序渐进地实施。所谓循序渐进，就是说双语教育不仅要遵循不同地区的社会语言环境、语言学习规律，而且要随着经济社会发展进程来逐步推进。列宁指出："经济流转的需要就会愈迫切地推动各个民族去学习最便于共同的贸易往来的语言。"②这方面不是通过简单的"一体化"、大胆的"放卫星"、激进的"大跃进"就可以实现的。

汉族作为构成中华民族人口、文化、社会生活方面的多数（national majority），必然在中华民族特征的构建中作出浓墨重彩的贡献，但是这不意味着汉族就理所当然地代表了中华民族。少数民族作为构成中华民族人口、文化、社会生活的少数（national minority），也必然在中华民族特征的构建中作出色彩斑斓的贡献，从而使中华民族这一共同体完整地体现统一的多民族国家的国家民族形象。中华民族（Chinese Nation）的整合是实现中华民族伟大复兴的国民认同基础。而这一整合的过程，就是中华民族"各个组成部分在共享和互利秩序中的协调"③，即各民族在平等、团结、互助、和谐的民族关系机制中共同繁荣发展、共享改革开放的成就。这是

① ［加拿大］威尔·金里卡：《少数群体的权利：民族主义、多元文化主义与公民权》，第480页。

② 列宁：《自由派和民主派对语言问题的态度》，《列宁全集》第23卷，人民出版社1990年版，第447页。

③ ［美］E. 拉兹洛：《决定命运的选择》，第136页。

中国构建国家民族、实现中华民族整合的必然要求。

中国共产党历来倡导爱国主义，热爱祖国、拥护共产党的领导、拥护社会主义制度，维护国家统一、民族团结，奉公守法，都是爱国主义的内容。中国倡导和谐世界、永不称霸的宣示，本身就不属于民族主义范畴。但是，在资本主义民族国家这样一个时代，中国处于民族国家建构的进程中，而且要实现多民族统一的国家民族认同——中华民族认同，也不可避免地或者说难以绕过去"民族主义造就了民族"①的影响。而这些影响，也包括了"它不是原生的和自发的，而是对环境变化的一种反应，首先当然是对中国国际环境的反应"。而"西方学者却根据西方本身发展经验得出了几乎相反的结论，即民族主义的兴起表明中国因为其经济实力的剧增而开始要挥舞'拳头'来验证其力量了"。②虽然这种刻意的"误解"的确能够列举出诸如中国"要做英雄国家和世界领导者"、"英雄国家：每一个中国人都应该具有的心理指标"之类的"中国民族主义旗手"的宣示。③但是这些属于"虚骄讹见"的"激情冲动"不仅不能代表中华民族的意志，而且也无助于实现中华民族的认同。

在西方主导的经济全球化及其推动的大众性、流行性的经济文化生活和所包含的价值观念，一方面在培植着社会中流动、变化的对后现代价值、行为的追求，另一方面也在迫使人们向传统、自我的前现代价值、行为的回归。"我是谁"、"谁是他"的认同区隔，在民间社会意识中滋长，身着汉代服装的年轻人招摇过市地宣示着传统，长衣束发的"私塾先生"向孩童吟诵着"三字经"、"弟子规"等经典；同时，地方化及其人文历史资源的争夺也在自豪感、旅游业等因素的拉动下，使大量的金钱投入到了交响攀比、规模浩大的帝陵、古城、古街、标志、象征等构建之中，而大规模的"人文始祖"、"历史英雄"等"祭陵"活动在制造地方优势的轰动效应中，也在影响着国家民族建构的进程。在这种地方性、民间化的

---

① ［英］厄内斯特·盖尔纳：《民族与民族主义》，第73页。

② 郑永年：《中国模式：经验与困局》，浙江人民出版社2010年版，第28、29页。

③ 诸如王小东《天命所归是大国——中国：要做英雄国家和世界领导者》，江苏人民出版社2009年版；宋晓军、王小东、黄纪苏《中国不高兴——大时代、大目标及我们的内忧外患》，江苏人民出版社2009年版。

认同趋势中，一些包括"大汉民族"、"皇汉民族"、"少数民族"在内的民族主义话语色彩浓厚的族别性网站，也在演奏着重新评价历史的"交响乐"，或张扬历史伟业，或诉说历史悲情。这些缺乏科学支持且情绪化的内容，不仅对青年（网民的主体）的民族观产生着不良影响，而且有损民族团结，有损中华民族的认同。

理论上的认知，是为了指导行动的实践。国家力量如何去构建中华民族的认同？政治、经济、文化和社会生活的平等，是实现中华民族认同的基础。在区域、城乡、阶层、族别经济社会发展水平差距显著的条件下，实现爱国主义的国家认同，是不可能的。平等才能无差别，共享才能无隔阂。列宁曾指出："无产阶级不能支持任何巩固民族主义的做法，相反，它支持一切有助于消灭民族差别、消除民族隔阂的措施，支持一切促进各民族间日益紧密的联系和促进各民族打成一片的措施。"[①]中国共产党的民族政策体系，就是建立在反对"两种民族主义"基础之上，立足于各民族一律平等，通过共同团结奋斗、共同繁荣发展，促使各民族之间的联系日益紧密，并最终实现各民族的自觉融合。这一过程，也就是中华民族在整合基础上的认同，在认同基础上的融通，在融通基础上的融合。这是一种感情、心理、价值观念和行为方式的培育过程，需要国家的力量通过精神的、物化的塑造来实现。

事实上，中华民族的整合与认同的过程，就是各民族水乳交融的过程。彰显各民族特点的要素，都会在这种交融中出现"外溢"与"内化"的扩散和吸收。"社会主义时期是各民族共同繁荣发展的时期，各民族间的共同因素在不断增多，但民族特点、民族差异和各民族在经济文化发展上的差距将长期存在。"[②]因此，"尊重差异、包容多样"就成为在共同团结奋斗、共同繁荣发展的实践中必须牢固树立的观念。包容性发展不仅在于经济增长方式的转变，使发展成就惠及广大民众；而且要面对和解决发展实践中日益增多、纷繁复杂的社会问题，其中包括民族、宗教等方面的

---

① 列宁：《关于民族问题的批评意见》，《列宁全集》第24卷，第138页。
② 《中共中央、国务院关于进一步加强民族工作加快少数民族和民族地区经济社会发展的决定》，国家民族事务委员会、中共中央文献研究室《民族工作文献选编》（2003—2009），第92页。

问题。包容是"包"和"容"的统一体，"包"是对多样性的整合，"容"是对差异性的尊重，多样性、差异性都是构成复杂性的基础，而民族问题就是具有复杂性的社会事物，民族政策也必须适应这种复杂性而体现出其多样和差异的特征。

民族在形成中发展，在发展中融合，在融合中消亡。这些阶段相互交叠但不能逾越，也不能人为地去加快这一进程。民族只有在充分发展的基础上才能实现自觉的融合，只有在自觉融合的基础上才能实现自然的消亡。只有做到包括汉族在内的各民族的充分发展，就是在政治、经济、文化和社会生活等方面的全面发展，才能实现中华民族的伟大复兴。